普通高等教育“十一五”国家级规划教材

工程热力学

（第5版）

Engineering Thermodynamics

华自强 张忠进 高青 等编

中国教育出版传媒集团
高等教育出版社·北京

内容简介

本书是普通高等教育“十一五”国家级规划教材，是根据教育部“四新”重点建设教材的建设要求，在第四版的基础上，并考虑战略性新兴领域人才培养和我国高等教育课程改革的需要修订而成的。

全书共14章，内容包括热力学的基本概念、基本定律，气体和水蒸气的热力性质，热力过程和热力循环的分析和计算，气体动力循环、蒸汽动力循环、制冷循环以及压气机压气过程和气体流动的热力学分析，系统热能可用性分析，化学热力学基础知识等。本书着重强调热力学基本内容的论述及其工程应用，以及节能基本原则的理论分析，各章末均附有思考题和习题，书末附有必要的热力性质图表供查阅。

本书可作为高等学校能源动力类专业及其他相关专业的教材，也可供有关工程技术人员参考。

图书在版编目（CIP）数据

工程热力学 / 华自强等编 . -- 5 版 . -- 北京 : 高等教育出版社, 2025. 9. -- ISBN 978-7-04-064831-7

Ⅰ. TK123

中国国家版本馆 CIP 数据核字第 2025G5X212 号

Gongcheng Relixue

策划编辑　宋　晓　　责任编辑　宋　晓　　封面设计　张志奇　　版式设计　李彩丽
责任绘图　杨伟露　　责任校对　胡美萍　　责任印制　刁　毅

出版发行	高等教育出版社	网　　址	http://www.hep.edu.cn
社　　址	北京市西城区德外大街 4 号		http://www.hep.com.cn
邮政编码	100120	网上订购	http://www.hepmall.com.cn
印　　刷	北京市鑫霸印务有限公司		http://www.hepmall.com
开　　本	787mm×960mm　1/16		http://www.hepmall.cn
印　　张	23. 25	版　　次	2009 年 11 月第 1 版
字　　数	350 千字		2025 年 9 月第 5 版
购书热线	010-58581118	印　　次	2025 年 9 月第 1 次印刷
咨询电话	400-810-0598	定　　价	46.00 元

本书如有缺页、倒页、脱页等质量问题，请到所购图书销售部门联系调换

物 料 号　64831-00

新形态教材网使用说明

工程热力学
（第5版）

华自强 张忠进 高青 等编

计算机访问：

1 计算机访问https://abooks.hep.com.cn/1231914。

2 注册并登录，进入“个人中心”，点击“绑定防伪码”，输入图书封底防伪码（20位密码，刮开涂层可见），完成课程绑定。

3 在“个人中心”→“我的学习”中选择本书，开始学习。

手机访问：

1 手机微信扫描下方二维码。

2 注册并登录后，点击“扫码”按钮，使用“扫码绑图书”功能或者输入图书封底防伪码（20位密码，刮开涂层可见），完成课程绑定。

3 在“个人中心”→“我的图书”中选择本书，开始学习。

受硬件限制，部分内容无法在手机端显示，请按提示通过计算机访问学习。

如有使用问题，请直接在页面点击答疑图标进行问题咨询。

https://abooks.hep.com.cn/1231914

第5版前言

本书是普通高等教育"十一五"国家级规划教材，是结合第四版使用过程中的经验和问题修订而成的。

本书自第一版发行至今已经四十多年，经历四版，第5版教材编写的基本思想和体系与第四版基本相同，仍然坚持一贯的编写原则，重视教学中知识、能力和素养贯通，按照认识规律引导学生思考性学习。同时仍旧遵循面向宽专业和密切结合工程实际应用的基本宗旨，强调热力学基本理论和基本概念的论述，突出基础理论与工程应用结合，注重培养学生应用工程热力学理论分析和解决复杂工程实际问题的能力，奠定学生坚实的热工基础，培养学生优良朴实的治学精神。本书的编写力求简明易读，在内容上做到由浅入深、循序渐进。

本次修订对全书的大部分章节进行了一定的必要修改。根据教学的基本规律及教学实践经验，结合科技进步和社会经济发展，充分听取多方意见和建议，主要修订包括更新绪论部分中能源动力装备的新进展，以符合现今科学技术发展；精练梳理理想气体热力过程相关内容和公式，以便于学生更好地掌握热力过程；充实完善热力学第二定律中孤立系统熵增原理相关内容的论述，以利于学生理解和把握实质内涵；优化调整气体流动章节内容及论述顺序，强化了逻辑性与知识性，提升学生学习中理解应用和解决实际问题能力；制冷循环章节中，为应对符合双碳目标及冷媒的不断进步，加强了制冷和热泵过程及原理的拓展性引入；更新并调整了书中附表和附图，准确表达更便于学生自主性学习和解决实际工程问题。修订中也对相关习题和例题进行了调整，对概念、定义、公式符号进行了修订和统一，力求精练、易读易懂。同时，本版进一步纠正了第四版的不当之处，在全面提高教材理论性、知识性和严谨性基础上注重工程技术应用的科学性、拓展性和创新性，增强培养学生发现问题和解决问题的能力。

本书配套了多媒体课件和习题提示。所提供的多媒体课件以本书内容为基本素材，给出课程教学的基本框架和主要内容。学生通过课件可更方便地掌握课程内容的主线。使用本书作为教材的教师可在该课件的基础上，结合具体的教学要求、学科特色和个人教学经验进行再延展，方便地制作出具有个性的授课课件。习题提示对各章的部分习题给出了基本解题思路，主要目的在于引导学生思考及方便课后学习，起到帮助学生探寻解决工程热力学问题方法的作用，提升学生自学能力。

全书采用我国法定的名词术语和计量单位。

本书由华自强、张忠进和高青负责修订。本次的修订人员为李明（绪论、第十二章部分）、刘研（第一～三章、附表、附图、参考文献等）、王永珍（第四、五、七、八章）、张天时（第六、十、十四章）和金英爱（第九、十一、十二章部分、十三章），他们编写了相应章节的多媒体课件和习题提示。张忠进和高青负责统稿，刘研协助他们完成相关工作。

哈尔滨工业大学谭羽非教授审阅了本书，提出了宝贵的修改意见，在此表示由衷的感谢。同时，也对在本书编写过程中给予帮助的所有同志表示由衷的谢意。

由于水平所限，虽已尽力，但书中不妥之处在所难免，望读者不吝指正。编者邮箱为 gqing@jlu.edu.cn。

编　者

2025 年 4 月

目录

主要符号

拉丁字母

A	面积
c	声速
c_{f}	流动速度
c_p	比定压热容(质量定压热容)
c_V	比定容热容(质量定容热容)
$C_{p,\mathrm{m}}$	摩尔定压热容
$C_{V,\mathrm{m}}$	摩尔定容热容
d	含湿量,直径
e	比总能
E	总能
$e_{\mathrm{x},U}$	闭口系统㶲参数(可用度参数)
$e_{\mathrm{x},H}$	开口系统㶲参数
f	比亥姆霍兹自由能(比自由能)
F	力,亥姆霍兹自由能
g	比吉布斯自由能(比自由焓)
G	吉布斯自由能
G_{m}	摩尔吉布斯自由能
h	比焓
H	焓
H_{m}	摩尔焓
K_p	平衡常数
L	汽化潜热
m	质量
q_m	质量流量

M	摩尔质量
Ma	马赫数
n	物质的量,多变指数
p	压力
q	单位质量物质的吸热量
Q	吸热量
$\dot{Q}$	单位时间的吸热量
R	摩尔气体常数
R_g	气体常数
s	比熵
S	熵
S_m	摩尔熵
t	摄氏温度
T	热力学温度
u	比热力学能
U	热力学能
U_m	摩尔热力学能
v	比体积(比容)
V	体积(容积)
V_m	摩尔体积
w	单位质量物质作的容积变化功,质量分数
W	容积变化功
w_s	单位质量物质作的轴功
W_s	轴功
w_0	单位质量物质作的循环净功
W_0	循环净功
P_s	轴功功率
x	距离
y	摩尔分数
z	离地高度,压缩因子

Z 空气燃料比

希腊字母

α 离解度

γ 比热[容]比(质量热容比)

τ 增温比,时间

ε 压缩比,制冷系数

η 效率

η_t 热效率

κ 等熵指数

λ 压力升高比

μ 回热度,引射系数

ξ 喷射式与吸收式制冷装置的热量利用系数

π 增压比

ρ 密度,预胀比

φ 相对湿度,体积分数

ζ 热泵装置的供热系数

下角标

a 空气的

c 临界状态的

C 压气机的,卡诺循环的

eq 化学平衡状态的

m 平均数值的,每摩尔物质的

n 多变过程的

p 定压过程的

P 生成物的

r 对比状态的

rev 可逆过程的

R 反应物的

s	定熵过程的
s	饱和状态的,轴功的
T	涡轮机(透平)的
T	定温过程的
v	水蒸气的
V	定容过程的
0	周围物质的或周围物质状态的,理想气体状态的,滞止状态的

上角标

0	标准状态的

绪论

0-1 能源动力装备的重要地位

人类社会的发展是和社会生产力的发展密切相关的，而社会生产力的一个重要组成部分就是为生产过程提供原动力的动力装备。动力装备不仅应该提供数量上足够的原动力，而且原动力装备应该功率大、重量轻、体积小、智能化。只有当原动力装备能充分满足生产需要时，社会生产才能得到迅速的发展，从而推动人类社会的不断前进。

热能动力装备是利用热能转化成为机械能而获得生产所需原动力的装备。它最初出现于18世纪，当时生产规模已日趋扩大，所用机械也日益增多，而所用的原动力还停留在人力、畜力等原始水平，严重地阻碍了生产的发展。在生产发展的强烈推动下，1784年瓦特制成了一种通用的蒸汽机，为生产提供了一种强有力的动力装置，开创了热能动力装备的新纪元。蒸汽机的广泛应用推动生产飞速发展，从而掀起了历史上著名的“工业革命”，彻底改变了原来自然经济的小生产方式，奠定了工业化生产的牢固的物质基础。

在现代社会生产中，热能动力装备的地位是极为重要的。今天，工农业各部门及人民生活所消耗的电力绝大部分是由热能动力的发电厂生产的电能提供的；在人类征服宇宙空间的伟大斗争中，也正是热能动力家族中的一员——强大的火箭发动机建立了功勋。总之，对于现代的社会生产的发展，热能动力装备起着十分重要的保证作用和积极的推动作用。

随着社会生产的发展，热能动力装备本身也在不断地发展和进步，特别是面对未来生产发展对原动力需要迅速增加的趋势，热能动力装备正在积极地向采用原子能、太阳能、风能、地热能、潮汐能等新能源的方向努力前进。从20世纪50年代起，人们就开始研究利用原子核反应产生的巨大热能作为热能动力装置的能源，并且已经取得了很大的成就。现在，利用浓缩的铀 235 发生核反应所产生的能量为能源的核电厂，已经大量应用，基于核聚变原理的核电厂已经完成实验验证。我国已经掌握了设计、制造、运行核电厂的技术。由于热核反应可产生更巨大的能量，特别是热核反应物质氘的储量极大，可在相当长的时期内为社会提供稳定的能源，因此人们特别重视热核反应能量利用的研究，近些年来在这方面已经取得了很大的进展。2022 年，我国自主三代核电“华龙一号”中核集团福清核电 6 号机组首次并网成功。另外，利用太阳能作为热能动力的新能源也具有非常大的价值。在地球表面上，根据不同的纬度，太阳光辐射强度可达数百瓦至一千瓦左右。太阳能是一种无污染永恒存在的能量。长期以来人们对太阳能利用进行了许多研究工作，现在已有多个国家建立了以太阳能为能源的能源动力装置。目前，中国太阳能光伏转换装置、光热利用装置相关技术已经领先全球。

风能技术在国家可再生能源政策的引导下也得到了全面的发展，目前风能领域的关键核心技术实现了完全自主化，百兆瓦级的机组得到了成功应用，并引领世界。风能和太阳能等可再生能源只有功率密度低、随机性强等特点，如何充分利用这类资源是当前面临的巨大挑战。制取氢气或者绿色甲醇是当前研究热点，其中实现能量低成本、高效率转化是研究的核心主题，也是热力学未来的发展重点。

地热能利用具有较为悠久的发展历史，随着科学技术的不断发展和政策的有力支持，近年来该项技术得到了充分发展，地球深部地热能的利用成为产业发展热点，特别是地源热泵技术，在高档建筑和绿色工厂中得到广泛的应用。

可以预见，随着社会生产的发展，热能动力装备必将不断趋于完善并在新的领域取得成功。

0-2　能量转换装置工作过程简介

本节将简单介绍蒸汽动力装置、内燃机、燃气轮机装置及蒸气压缩制冷装置的工作过程,以便后面各章讨论这些装置中能量转换的基本规律。

一、蒸汽动力装置

蒸汽动力装置是最早得到应用的一种热能动力装置。由于它可以燃用固体燃料,甚至燃用廉价的劣质燃料,又可以制成功率很大的机组(例如,其锅炉每小时可生产数百吨甚至几千吨的超超临界水蒸气,其汽轮机的单机功率可达数百万兆瓦),因此蒸汽动力装置现在仍然是一种极重要的动力设备,特别是在大型固定式动力设备方面。它主要用作热力发电厂的动力设备。

图 0-1 为简单蒸汽动力装置的示意图。它由锅炉、汽轮机、冷凝器及给水泵四部分组成。水蒸气是蒸汽动力装置的工作物质,称为工质。锅炉是水蒸气的发生器。锅炉产生的高温高压的过热蒸汽首先送入汽轮机作功。在汽轮机中,蒸汽通过喷管(图 0-2)提高流速后,高速流过涡轮的叶片推动涡轮转动,使汽轮机输出轴功,驱动发电机发电。从汽轮机排出的乏汽被引入冷凝器,并在其中被冷却水冷却而凝结成水。乏汽凝结时,其体积骤降为原体积的万分之一左右,因而在冷凝器中及汽轮机出口处造成很高的真空度,使蒸汽在汽轮机中得到更加充分的膨胀,从而能推动涡轮作出更多的轴功。从冷凝器出来的冷凝水经给水泵加压后重新送回锅炉,受热产生蒸汽。在锅炉中,供燃料燃烧用的空气从大气吸入后,先在锅炉的空气预热器中受热提高温度,然后送入炉膛和燃料混合并进行燃烧,把燃料的化学能转变成热能,产生高温的烟气。锅炉中的水先在省煤器中利用高温的烟气加热提高温度,然后进入其中的对流管束及水冷壁等蒸发受热面,受热汽化而产生水蒸气,再进一步在过热器中继续受热升高温度成为过热蒸汽。于是,过热蒸汽又可送往汽轮机膨胀作功,重复上述循环过程。

二、内燃机

内燃机是 19 世纪末期开始出现的一种热能动力装置。它重量轻、体积小、使用方便、热效率高,因而得到广泛的应用,特别是在交通运输工具和移动式中小型机械上都应用内燃机作为动力设备。现代用于船舶、机车及发电的大型内燃机的单机功率已达数十兆瓦。

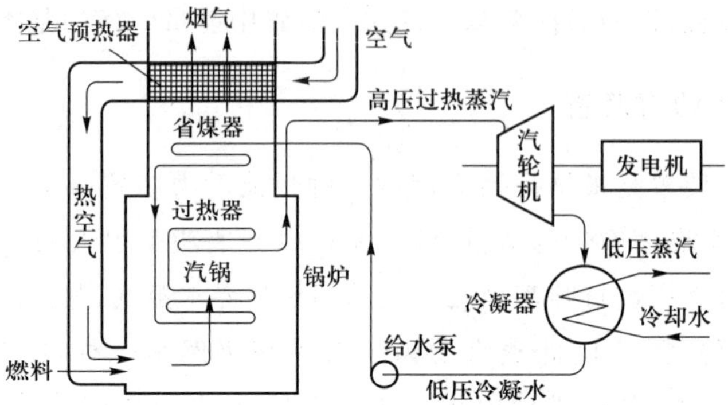

图 0-1　简单蒸汽动力装置示意图

图 0-2　喷管和涡轮工作示意图

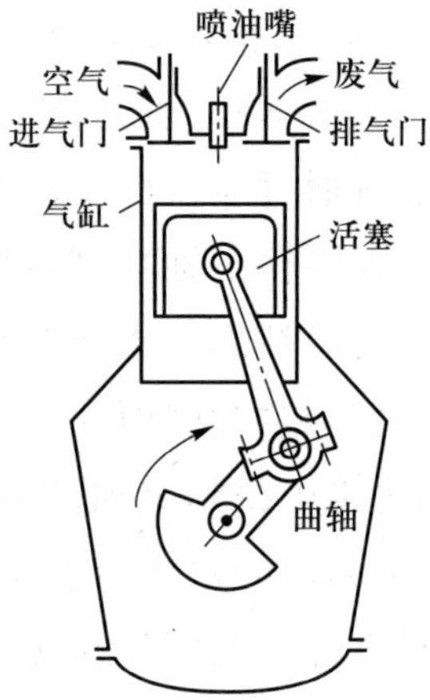

图 0-3　柴油机示意图

图 0-3 为柴油机的示意图。其工作过程分为吸气、压缩、燃烧、膨胀及排气几个阶段。理论上，吸气开始时进气门打开，排气门关闭，活塞向下运动把空气吸入气缸。活塞到达下止点，即活塞位移的最低点时，进气门关闭，吸气过程结束。然后关闭进气门，活塞向上运动压缩气缸内的空气，气缸内空气的压力和温度不断增高。当活塞运动到接近上止点，即活塞位移最高点时，喷油嘴适时地把适量柴油喷入气缸。由于这时气缸中的温度已超过柴油的自燃温度，因而当活塞到达上止点时，柴油正好开始猛烈燃烧。燃烧过程进行得很快，当活塞稍微离开上止点时，燃烧过程已结束。接着燃烧产生的高温高压燃气发

生膨胀,推动活塞向下运动并输出功量。活塞到达下止点时排气门打开。因气缸内气体的温度和压力还比较高,故当排气门打开时立即有一部分气体冲出气缸排入大气,使气缸压力降至大气压力。接着,在活塞向上运动时气缸内剩余的气体被活塞排出气缸至大气中,直到活塞到达上止点时排气完毕。当活塞再一次自上止点向下运动时又重新吸气,重复上述工作循环。

汽油机的工作过程基本上和柴油机差不多。汽油预先在进气道内雾化并和空气混合成可燃气体,在吸气过程中一起被吸入气缸。在压缩终了活塞接近上止点时,混合气体的温度仍低于其自燃温度,必须用电火花点燃后才开始燃烧过程。其他过程则和上述柴油机的工作过程一样。

三、燃气轮机装置

燃气轮机装置是20世纪40年代后迅速发展的热能动力装置。由于它是轮机式机械,具有转速高及工质流量大的优点,因此燃气轮机装置每单位功率的机体重量及体积都比内燃机要小很多。相应的单机功率也可达上千兆瓦,远大于内燃机。正是这些因素使得它首先在航空上得到应用,燃气轮机装置和喷气技术相结合而成的航空用涡轮喷气发动机,已成为航空发动机最主要的形式。此外,燃气轮机也常用作舰船动力设备及发电装置的动力设备。

图0-4为燃气轮机装置的示意图。它由压气机、燃烧室及涡轮机三部分组成。它吸入空气后,在轴流式或离心式压气机中对空气进行增压,提高空气的压力及温度。经增压后的空气送至燃烧室,一部分空气用于喷入燃烧室的燃料的燃烧,另一部分空气则用于和燃烧生成的高温燃气混合,以降低燃气的温度,使进入涡轮机的燃气温度和涡轮叶片允许的最高温度相适合。当燃气进入涡轮机后,先在喷管中提高流速,然后以高速流过涡轮的叶片,推动涡轮转动并输出轴功,其工作过程与汽轮机的工作过程相同。作功后的高温废气则直接排入大气。

四、蒸气压缩制冷装置

制冷就是以消耗功量或其他能量为代价,使物体获得低于周围环境的温度并维持该低温。制冷在生产和生活中的应用极为广泛,也属于能源动力工程的范围。

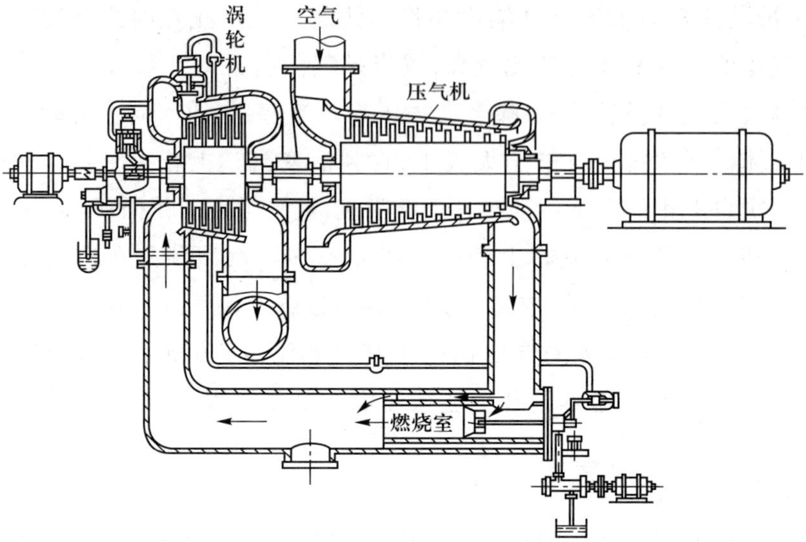

图 0-4 燃气轮机装置示意图

蒸气压缩制冷装置是常用的一种制冷装置。图 0-5 为蒸气压缩制冷装置的示意图。从冷凝器中流出的高压液体工质先通过节流阀节流降压，使温度降低到所需的低温，然后送入冷藏库的蒸发器中，便可从冷藏库内其他物体吸热而使这些物体处于低温。当低温的液体工质吸热后，便汽化成为低压的蒸气。于是再送入压气机压缩提高压力，经冷凝器冷却降温，重新得到高压的液体工质，重复上述循环过程。

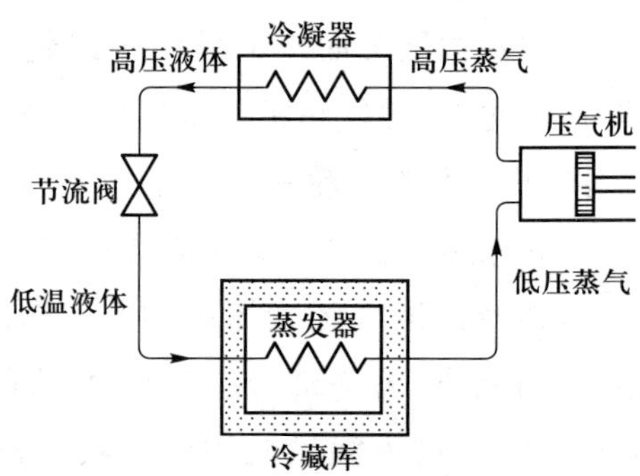

图 0-5 蒸气压缩制冷装置示意图

综合上面所述各种热能动力装置的工作过程可知：为实现将热能转换为机械能，总是利用工质吸收燃料燃烧产生的热能，使工质体积膨胀推动机器而作功量，但为了连续地实现这种能量转换，必须接着使工质向环境放热或排出废气，以便重新开始新的吸热过程，重复地循环工作。

从上述蒸气压缩制冷装置的工作过程可以看到：通过降压过程可使一定

温度的工质达到所需的低温，实现制冷。但为了连续地实现制冷，必须消耗功量压缩工质提高其压力和温度，然后经过冷却，即向环境放热而使工质恢复高压中温的状态，以便重新通过降压降温用于制冷，重复循环工作。

为了合理地设计各种能量转换的设备，必须掌握热能和机械能转换的规律，以及掌握能量转换过程的分析方法，这些正是工程热力学所要研究的内容。

0-3 工程热力学的研究内容及研究方法

热力学是研究热能的性质以及热能和其他能量相互转换规律的科学。

虽然人类很早就在生产和生活中利用了各种热现象，但直到 19 世纪中下叶才认识热的本质并相继确立热力学第一定律和热力学第二定律。以无数实践经验为基础而总结得到的这两条基本定律，是整个热力学理论的基础。以热力学两条定律为基本依据，经过研究又得到了各种热现象的具体规律，从而形成了一门完整的学科——热力学。它涉及的范围包括物理、化学及工程等领域，近年来又发展到气象、生物、环境保护等领域。

经典热力学采用宏观的研究方法，即完全从直接观察的宏观现象出发描述客观规律。这种研究方法，首先把物质看成连续的整体，采用一些宏观物理量来描述物质所处的状况，并通过实验找出所研究现象中的一些可测定的物理量的变化关系。由于可测定的物理量是有限的，实验所得的关系也往往是不全面的，因此还必须根据热力学基本定律导出各宏观物理量之间固有的内在关系。把这些普遍关系和实验结果相结合，便可求得所研究现象中各种物理量变化的基本规律。

研究热现象的微观理论称为统计热力学，它应用力学的规律来研究单个分子的运动，然后用统计方法来说明大量分子紊乱运动的统计平均性质，从而找出宏观热现象所服从的基本规律。因此，统计热力学能够从物质内部分子运动的微观机理更好地说明宏观热现象的物理实质。但它的分析过程较为复杂、抽象，不像宏观理论那样简单、直观。

工程热力学是热力学的一个分支，它着重研究与能源动力工程有关的热能和机械能相互转换的规律。它在阐明热力学两个基本定律的基础上，着重应用这两个定律分析热能工程中有关的各种热力过程及热力循环,从理论上研究提高热能和机械能转换有效程度的途径。此外,能量转换过程所用工质的热力性质,也是工程热力学研究的重要内容之一。工程热力学的研究范围还扩大到了诸如燃烧现象等包括化学反应的热现象即化学热力学的领域。工程热力学主要采用宏观的研究方法,但在必要时为了更好地说明现象的物理实质,也适当引用物质分子运动的微观概念及结论。

工程热力学是能源动力工程的基础理论之一。它既是能源动力工程专业学科的基础,又是对能源动力工程问题进行热力学分析所必需的理论知识。对于每个学习能源动力工程的学生及从事能源动力工程工作的人员,只有很好地掌握工程热力学的基本理论并具备进行热力学分析的能力,才能正确地设计热工设备及解决能源动力工程问题,特别是当前围绕双碳目标战略,工程热力学更为设计出高效率的动力系统、制冷装置提供了理论极限。

第一章

基本概念及定义

按照热力学的宏观方法，在分析能量转换过程时，总是根据转换过程中有关物质的状态变化特点来确定能量转换的规律。为了描述能量转换过程中物质的变化行为，本章将介绍一些基本的概念及定义，从热力学观点重新认识某些已经熟悉的概念。

1-1 热力学系统

工程热力学主要研究热能和机械能之间转换的规律。无论热能或机械能，作为一种能量，都是物质运动的某种形式，它们都不能脱离物质而单独存在及相互转换。例如在蒸汽动力装置中，水在锅炉中吸热生成蒸汽，然后在汽轮机中蒸汽膨胀推动叶轮旋转对外作功，作功后的乏汽在冷凝器中向冷却水放出热量而又凝结成水。这个过程中，实现热能和机械能转换的工质是水蒸气，向工质提供热量的高温热源是炉膛中燃烧生成的高温燃气，而吸收工质所释放的热量的低温热源是冷凝器中的冷却水。正是通过工质的状态变化及它和高温热源、低温热源的相互作用实现了热能和机械能的转换。

热力学是通过对有关物质的状态变化的宏观分析来研究能量转换过程的。为了便于研究，应选取某些确定的物质或某个确定空间中的物质作为主要的研究对象，并称它为热力学系统，简称系统。热力学系统之外和能量转换过程有关的一切其他物质统称为外界。在进行热力学分析时，对于热力学系统在能量转换过程中的行为及变化规律，要做详细分析。而对于外界，一般只笼统地考察它们和热力学系统间相互作用时所传递的各种能量与质量。热力学系统和外界之间的分界面称为边界。根据具体问题，边界可以是实际的，也可以是假想的；可以是固定的，也可以是移动的。当热力学系统和外界间发生相互作用时，必然有能量和质量穿越边界，因而可以在边界上判定热力学系统和外界间传递能量和质量的形式及数量。实际上也只有在边界上才能判定系统和外界间是否有能量和质量的交换。由于热力设备是通过工质状态变化而实现能量转换的，且其变化规律决定了过程的特点，故在分析热力设备的工作时经常取工质作为热力学系统，而把高温热源、低温热源等其他物体取作外界。

热力学系统按其和外界是否发生物质交换可分为闭口系统及开口系统。

若一个热力学系统和外界不发生物质交换，则称为闭口系统（也称闭口系）。如图 1-1 所示，工质在气缸中受热膨胀而推动活塞及重物作功。这时若取工质为一个热力学系统，而取活塞、重物及热源为外界，则当系统膨胀对外界作功时，系统的边界随活塞一起移动，没有任何物质穿越边界进入或离开系统，因而这个热力学系统为闭口系统。闭口系统中包含的物质是固定的，故也称闭口系统为控制质量。

若一个热力学系统和外界间有物质交换，则称为开口系统（也称开口系）。如图 1-2 所示，有一个涡轮机，工质不断从进口流入，在其中膨胀推动叶轮旋转对外界作功，然后从出口流出。这时若取涡轮机外壳及进、出口截面（假想边界）所包围空间中的工质为一个热力学系统，则因系统和外界间不断通过进口和出口处的边界交换物质，故这个系统为开口系统。开口系统中物质的量是可以改变的。开口系统所占据的空间一般是固定的，常把空间不变的系统称为控制容积或控制体。

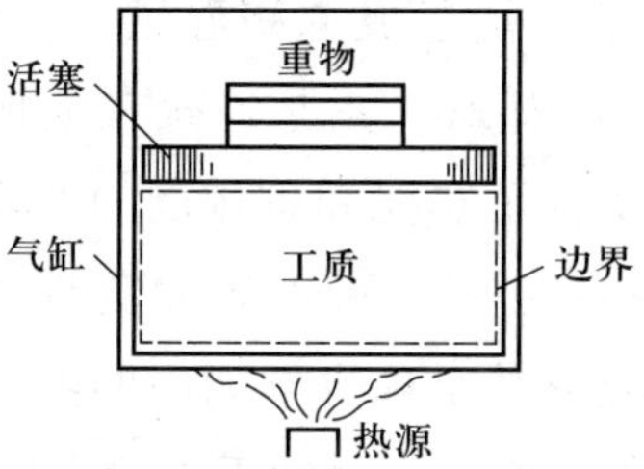

图 1-1　闭口系统示意图

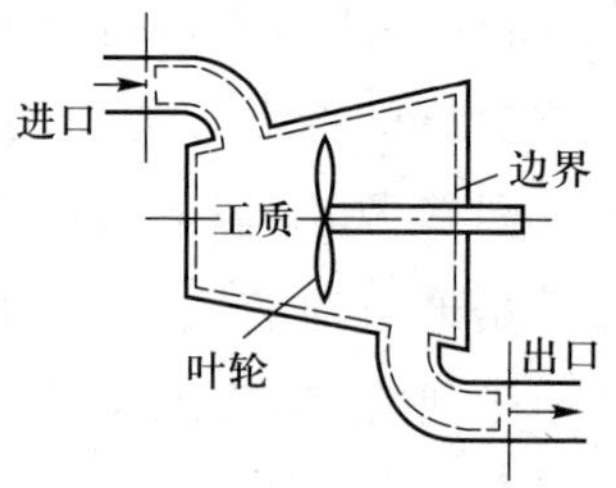

图 1-2　开口系统示意图

若一个热力学系统和外界间既无能量交换又无质量交换，则称为孤立系统。例如把进行能量交换的一切有关物质如工质、高温热源、低温热源、耗功设备等一起取作一个热力学系统，则该系统和外界不发生任何能量和质量的交换，这样的系统就是一个孤立系统。

若一个热力学系统和外界间无热量交换，则称为绝热系统。

在热力学问题分析中经常用到的热源（高温热源、中温热源和低温热源）可看作仅与其他热力学系统进行热量交换的一种特殊的热力学系统。一般情况下，可认为热源具有无限的热能储存能力，即无论吸收多少热量，其温度也不升高，无论放出多少热量，其温度也不降低。

热力学系统的选取，取决于分析问题的需要及分析方法上的方便。例如对图 0-3 所示的活塞式内燃机的热力分析，常取其气缸内部的气体作为研究对象，即热力学系统。内燃机在工作时，其气缸内的工质有流进和流出，应作为开口系统进行分析。但内燃机的主要热功转换过程是在其进、排气阀均关闭的条件下进行的，因而在适当简化的条件下，也可将其作为闭口系统来研究。又例如，当涡轮机或压气机等热工设备工作时，工质与外界交换的热量与其他形式的能量相比很小，因此可将其简化成为绝热系统来研究。

1-2 热力学系统的状态及基本状态参数

在实现能量转换的过程中，系统本身的状况总是在不断地发生变化。为了描述系统的变化，就需要说明变化过程中系统所经历的每一步的宏观状况。热力学中把热力学系统所处的宏观状况称为系统的热力学状态，简称状态。系统的状态常用一些物理量来描述，这种物理量称为状态参数。热力学问题分析中常用的状态参数有温度、压力、比体积，以及热力学能、焓、熵等，其中温度、压力和比体积是可以直接测量的物理量，称为基本状态参数。其他状态参数可根据基本状态参数计算得出，因此称为导出状态参数。

由状态参数的定义可知：对应于某个给定的状态，所有状态参数都应有各自确定的数值，反之一组数值确定的状态参数可以确定一个状态；状态参数的数值仅决定于系统的状态，而与达到该状态所经历的途径无关。例如，系统由某个状态 1 变化到另一个状态 2，不管经过什么途径，其压力变化总

是相同的，即

$$\Delta p_{1,2}=p_2-p_1$$

相应地，微元变化时压力的微增量 dp 具有全微分的性质，即有

$$\int_1^2 \mathrm{d}p=p_2-p_1=\Delta p_{1,2}$$

和

$$\oint \mathrm{d}p=0$$

工程中，常利用过程中工质状态参数的变化来分析系统与外界的能量交换情况。

状态参数可分为强度量和尺度量（又称广延量）。与系统质量无关的状态参数称为强度量，如压力 p、温度 T 等；与系统质量成比例的状态参数称为尺度量，如热力学能 U、焓 H、熵 S 等。尺度量除以质量就转化成强度量，其名称是在相应尺度量前冠以“比”或“质量”，并用相应的小写字母表示，如比热力学能 u、比焓 h、比熵 s 等。

下面逐个介绍比体积、压力和温度这三个基本状态参数的含义。

一、比体积

比体积是描述热力学系统内部物质分布状况的状态参数。它表明单位质量物质所占有的体积，其符号为 v，单位为 m^3/kg。按比体积的定义可得

$$v=\frac{V}{m} \tag{1-1}$$

式中：m 为物质的质量，kg；V 为物质所占有的体积，m^3。

单位体积物质的质量称为密度，符号为 ρ，单位为 kg/m^3。由定义可知，密度和比体积互为倒数，即有

$$\rho=\frac{m}{V}=\frac{1}{v} \tag{1-2}$$

二、压力（压强）

压力是描述流体物质组成的热力学系统内部力学状况的状态参数。流体的压力，也称压强，是流体在单位面积上的垂直作用力，符号为 p。根据力学原理，若作用于物体上的各力所组成的力系平衡，则物体的运动状况保持

不变。热力学中称该物体处于力平衡状态。对于气态物质组成的热力学系统,重力场及电磁力场的作用通常可以忽略不计,因而当气体内各处的压力相同时热力学系统内部就处于力平衡的状态。压力也称绝对压力。

工业上压力容器的受力情况主要取决于其中流体的绝对压力和环境大气压的差值,故采用这个差值作为设备工作压力的指标,测压表(计)测量的也是这个差值。通常,把流体压力高出大气压力的差值称为表压,以符号 p_e 表示。若大气压力为 p_b,则这时流体的绝对压力为

$$p=p_b+p_e \tag{1-3}$$

流体压力低于大气压力的差值称为真空度,以符号 p_v 表示,则流体的绝对压力为

$$p=p_b-p_v \tag{1-4}$$

表压、真空度和绝对压力间的上述关系如图 1-3 所示。根据上述关系,即使流体的绝对压力不变,由于大气压力的变化,表压或真空度也会发生变化。因此,只有流体的绝对压力才能作为描述流体状态的状态参数。

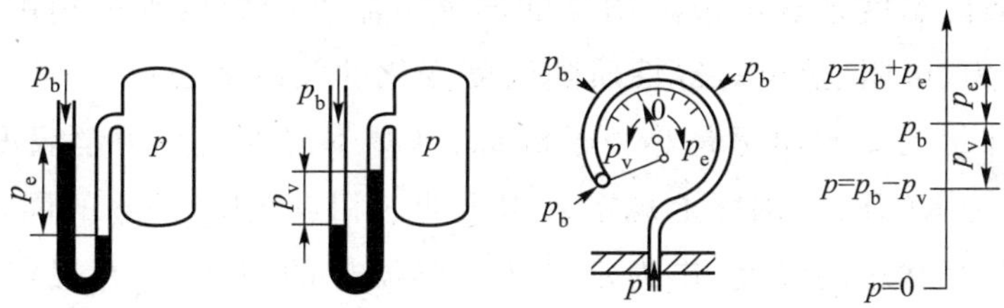

图 1-3　表压、真空度和绝对压力的关系示意图

压力的单位为 Pa(帕),因其单位量较小,工程上常用 MPa(兆帕)作为压力的单位,并有

$$1\ \text{MPa}=10^6\ \text{Pa}$$

此外,曾经得到广泛应用、目前仍能见到的其他压力单位还有 bar(巴)、atm(标准大气压)、mmHg(毫米汞柱,0 ℃)及 mmH_2O(毫米水柱,4 ℃)等。书后的附表 14 给出了各种压力单位的换算关系。

三、温度

温度为描述热力学系统热状况的状态参数,它表示物体的冷热程度。

确立温度概念所依据的基础是热力学第零定律或称热平衡定律。热平衡现象是一种常见的现象。如果两个冷热程度不同的物体相接触，两者的状态就会发生变化，而当两物体达到相同的冷热程度时，两者的状态便保持恒定而不再变化，这时两物体就处于热平衡。经验表明，如果 A、B 两物体分别和 C 物体处于热平衡，则只要不改变它们各自的状态，使 A、B 两物体相接触，该两物体的状态维持恒定不变，即证明它们也处于热平衡。根据热平衡这一性质即可总结得到热力学第零定律：两个系统分别与第三个系统处于热平衡，则两系统彼此也必然处于热平衡。根据热力学第零定律，一切系统必定有一个共同的表征系统宏观热状况的状态参数，对于所有处于热平衡的系统该状态参数具有相同的数值。这个状态参数就称为温度。

按照气体分子运动学说，气体的温度是气体分子平均移动动能的量度。因此只要气体的状态一定，其分子的平均移动动能就有一定的数值，相应地气体的温度也就有确定的数值。这就说明，温度是系统的状态参数。

根据热平衡的概念，只要温度计与被测物体处于热平衡，就可按温度计中测温物质的温度来表示被测物体的温度。温度的数值则可利用测温物质的体积、压力、电阻、热电势等性质随温度变化的关系来表示。

温度计量的基本温标是热力学温标，其基本温度是热力学温度，以 T 来表示，单位为 K（开）。国际上规定采用水的三相点温度，即水的固相、液相和汽相三相共存状态的温度，作为定义热力学温标的固定点，并规定该点的热力学温度为 273.16 K。而热力学温度单位 K 为水的三相点温度的 1/273.16。

热力学温标也用摄氏温度 t 来表示，单位为℃（摄氏度）。摄氏温度的定义式为

$$\{t\}_{℃}=\{T\}_{K}-273.15 \tag{1-5}$$[①]

即 0 ℃相当于 273.15 K，而 0 K 相当于 −273.15 ℃。工程上，为了简化，有时采用以下的近似计算式：

$$\{t\}_{℃}=\{T\}_{K}-273 \tag{1-6}$$

例 1-1　应用气压计测定大气压力。气压计的水银柱高度为 758.3 mm，室温为 25 ℃，试求这时的大气压力，并采用下列各单位表示：(1) mmHg(0 ℃)；(2) atm；(3) Pa。

解　因水银的密度随温度而变化，故应把 25 ℃时水银柱高度表示为 0 ℃时相应的水银

---

① 该式为国家标准 GB 3101—1993《有关量、单位、符号的一般原则》规定的数值方程式的表示方法。

柱高度。其换算公式为

$$h_{0\ ℃}=h_t(1\ ℃-0.000\ 172t)$$

（1）按上式可得

$$h_{0\ ℃}=758.3\ \text{mmHg}(25\ ℃)\times(1\ ℃-0.000\ 172\times25\ ℃)=755\ \text{mmHg}(0\ ℃)$$

（2）查附表 14，1 atm = 760 mmHg(0 ℃)，可得

$$p_b=\frac{755\ \text{mmHg}}{760\ \text{mmHg/atm}}=0.993\ \text{atm}$$

（3）查附表 14，1 mmHg(0 ℃) = 133.32 Pa，可得

$$p_b=755\ \text{mmHg}\times133.32\ \text{Pa/mmHg}=1.007\times10^5\ \text{Pa}$$

1-3 平衡状态和状态参数坐标图

热力学分析中所涉及的热力学系统的状态通常都要求是热力学平衡状态，简称平衡状态。如果热力学系统内同时存在热平衡、力平衡，对于有化学反应的系统还同时存在化学平衡，则热力学系统所处的状态就称为热力学平衡状态。当系统中存在各种平衡条件时，只要没有外界影响，系统的状态就不会发生变化。因而，在不受外界影响的条件下（重力场除外），如果系统的状态不随时间而变化，则系统就处于平衡状态。

一个处于热力学平衡状态的系统，由于其内部存在热平衡，故系统内一定具有均匀一致的温度。又由于其内部存在力平衡，故系统内具有确定不变的压力分布，而对于气态物质组成的热力学系统，因重力场及电磁场的作用通常可忽略不计，故系统内具有均匀一致的压力。工程上常见的系统大都是气态物质组成的系统，于是整个系统可用一组具有确定数值的温度、压力及其他参数来描述其状态。本书后面所讨论的大部分系统属于这类系统。

在平衡状态下，表示系统状态的各状态参数并不是都可以单独地自由确定其数值的。经验表明：系统从一个平衡状态变化到另一个平衡状态，完全取决于系统和外界间的能量传递。因各种能量传递的方式都是独立进行的，因而确定热力学系统所处平衡状态所需的独立状态参数的数目，就等于系统和外界间进行能量传递方式的数目。对于工程上常见的气态物质组成的系统，当没有化学反应时，它和外界间传递的能量只限于热量和系统容积变化所作的功两种，因此只有两个独立的状态参数。也就是说，只要确定两个独

立状态参数的数值，其他参数的值也就随之确定，系统的状态即可确定。

应用两个独立状态参数可以组成状态参数坐标图。如图 1-4 所示的压力-比体积坐标图，简称压容图或 $p-v$ 图。对于只要两个独立状态参数就可确定其状态的系统来说，$p-v$ 图上的任意一点，如点 $1(p_1,v_1)$ 即可代表系统的一个平衡状态，而点 $2(p_2,v_2)$ 则代表另一个平衡状态。

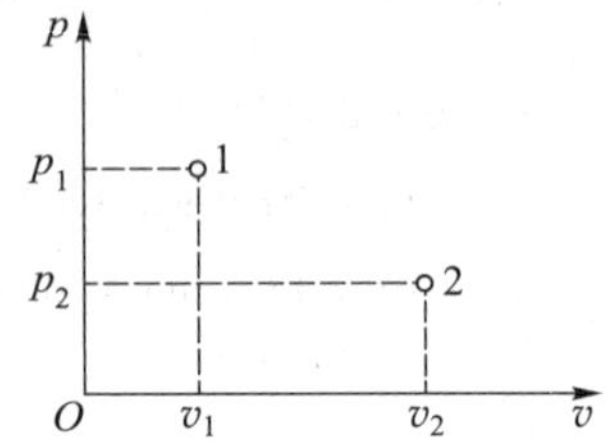

图 1-4 状态在 $p-v$ 图上的表示

如果热力学系统内部不存在热平衡或力平衡等各种平衡条件，则系统内各部分会自发地发生热的相互作用或力的相互作用，使系统状态发生变化，并趋于平衡状态。当系统处于不平衡状态时，其状态难以用简单的数值表示，也无法在状态参数坐标图上表示。

1-4 状态方程式

在平衡状态下，由气态物质组成的系统只要知道两个独立的状态参数，系统的状态就完全确定，即所有的状态参数的数值完全确定。这说明，状态参数之间存在着确定的函数关系。状态参数之间的各种函数关系，统称为热力学函数。其中温度、压力和比体积三个基本状态参数间的函数关系式是最基本的关系式，称为状态方程式，并可表示为

$$F(p,v,T)=0$$

或写成对某一状态参数的显函数形式：

$$T=f_1(p,v)\ ,p=f_2(v,T)\ ,v=f_3(p,T)$$

理想气体状态方程式是大家所熟悉的一个状态方程式。它由波义耳-马略特定律、盖吕萨克定律等实验定律导得。对 1 mol 的理想气体有

$$pV_m=RT \tag{1-7}$$

式中：V_m 为 1 mol 理想气体所占有的体积，称为摩尔体积，m^3/mol；R 称为摩尔气体常数。根据阿伏伽德罗定律可推得：在同温同压下，任何理想气体的摩尔体积都相同。于是由式（1-7）可知，对于任何理想气体，其 R 的数值相同。根据物理标准状态，即 $p_0=101\ 325$ Pa 及 $T_0=273.15$ K，并利用该状态下

理想气体摩尔体积的数值 $V_{m,0}=22.414\ 1\times10^{-3}\ m^3/mol$，由式(1-7)可以求得摩尔气体常数的值为

$$R=8.314\ 510\ J/(mol\cdot K) \tag{1-8}$$

1 mol 理想气体的质量称为摩尔质量，以 M 表示，其单位为 kg/mol。由摩尔的定义可知，1 kmol 气体质量的数值等于各种气体的相对分子质量 M_r。若以 M 除以式(1-7)等号两侧，则可得适用于 1 kg 理想气体的状态方程式

$$pv=R_gT \tag{1-9}$$

式中，$R_g=R/M$，称为气体常数。因摩尔质量 M 随气体种类而异，故气体常数 R_g的数值和气体的种类有关。书后的附表 1 中列有各种常用气体的气体常数 R_g的数值。对 n(mol)的理想气体，由式(1-7)可得

$$pV=nRT \tag{1-10}$$

对于 m(kg)的理想气体，由式(1-9)可得

$$pV=mR_gT \tag{1-11}$$

理想气体状态方程式反映了在平衡状态下气体的温度、压力及比体积间的基本关系，其形式简单，便于实用计算，特别是式(1-7)及式(1-10)不包含与气体种类有关的量，因而在热力学的分析及计算中非常有用。

完全遵守理想气体状态方程式的气体才可称为理想气体。根据分子运动学说，这种气体的分子是本身不占有体积的完全弹性的质点，且分子间没有内聚力。由此可见，理想气体仅是一种理想的模型。实际上，当压力比较低或温度比较高①，使气体的比体积变得比较大而相应的分子本身的体积和分子间内聚力的影响比较小时，气体的状态参数之间的关系就基本上符合理想气体状态方程式。历史上就是根据对这种情况下各类气体所做的大量实验，建立了波义耳-马略特定律、盖吕萨克定律等实验定律，并总结得到了理想气体状态方程式。工程中常用的氧、氮及空气等，在通常的温度及压力下均可当作理想气体，按理想气体状态方程式进行分析。甚至像燃气(因其温度较高)及空气中包含的水蒸气(因其分压力很低)也可作为理想气体处理。

例 1-2 储气瓶中装有 C_2H_6气体 1 kg，瓶的容积为 50 L。现室温为 27 ℃，试求瓶内气体的压力。

---

① 对于氧、氮、氢、一氧化碳等气体，在常温下，只要其压力不高于 10 MPa。

解　假设在所给条件下 C_2H_6 气体的性质符合理想气体性质，则可按理想气体状态方程式求解气体压力。若计算所得的气体压力不高，即可认为假设正确，所得结果的误差不大。根据式(1-11)

$$pV=mR_gT$$

因

$$V=50\ \text{L}=0.05\ \text{m}^3$$

$$T=(27+273)\ \text{K}=300\ \text{K}$$

$$R_g=\frac{R}{M}=\frac{8.314\ 510\ \text{J/(mol}\cdot\text{K)}}{0.03\ \text{kg/mol}}=277.15\ \text{J/(kg}\cdot\text{K)}$$

可得

$$p=\frac{mR_gT}{V}=\frac{1\ \text{kg}\times 277.15\ \text{J/(kg}\cdot\text{K)}\times 300\ \text{K}}{0.05\ \text{m}^3}=1.663\times 10^6\ \text{Pa}=1.663\ \text{MPa}$$

例 1-3　压缩空气储气罐的容积为 0.3 m^3，罐内空气压力 p_1 为 1 MPa。经过一段时间的使用后，罐内空气的压力 p_2 降为 0.9 MPa。设环境温度为 20 ℃，求罐内原有空气的质量 m_1 及用后剩下空气的质量 m_2。

解　在上述温度和压力下，空气可作为理想气体，故按理想气体状态方程式计算。

（1）查附表 1 得空气的气体常数 $R_g=287.1\ \text{J/(kg}\cdot\text{K)}$，又按题意得 $T=(273+20)\ \text{K}=293\ \text{K}$，$p_1=1\ \text{MPa}=1\times 10^6\ \text{Pa}$，故储气罐内原有空气的质量

$$m_1=\frac{p_1V}{R_gT}=\frac{1\times 10^6\ \text{Pa}\times 0.3\ \text{m}^3}{287.1\ \text{J/(kg}\cdot\text{K)}\times 293\ \text{K}}=3.57\ \text{kg}$$

（2）根据理想气体状态方程式，用气前后的状态可列出

$$p_1V=m_1R_gT$$

$$p_2V=m_2R_gT$$

于是可以得到

$$\frac{p_1}{p_2}=\frac{m_1}{m_2}$$

故用气后储气罐内剩下的空气质量

$$m_2=m_1\frac{p_2}{p_1}=3.57\ \text{kg}\times\frac{0.9\times 10^6\ \text{Pa}}{1\times 10^6\ \text{Pa}}=3.21\ \text{kg}$$

1-5　准静态过程和可逆过程

处于平衡状态的系统在受到外界作用时，系统的状态就要发生变化。热力学系统从一个状态出发，经过一系列中间状态而变化到另一状态，它所经历的全部状态的综合称为热力过程，简称过程。例如图 1-5 所示由气缸中气

体组成的热力学系统，当活塞及重物的重量和气体压力对活塞的推力相等时，系统和外界处于力平衡，系统本身也处于平衡状态。当移去一块重物时，活塞受气体压力推动而升起，气缸的容积增大。这时贴近活塞的气体首先发生膨胀而压力降低，接着其余部分气体也逐步发生膨胀降压，气体的状态发生一系列的变化。当气体对活塞的推力降低到和重物及活塞的重量相等时，活塞停止运动。这时系统和外界又达到力平衡，系统本身也达到一个新的平衡状态。这样，系统就完成了一个热力过程。再如图 1-6 所示的由封闭容器中气体组成的热力学系统，气体通过透热材料所制的底部和恒温热源相接触并相互处于热平衡，保持温度为 T。这时系统本身也处于平衡状态。若把容器移至温度为 $T+\Delta T$ 的恒温热源处，则气体受热而温度升高。这时，贴近热源的气体先升温，然后其余部分气体的温度也逐步升高，气体的状态发生一系列的变化。当气体的温度升至 $T+\Delta T$ 时，系统和热源间达到热平衡，系统本身也达到一个新的平衡状态，系统完成了一个热力过程。

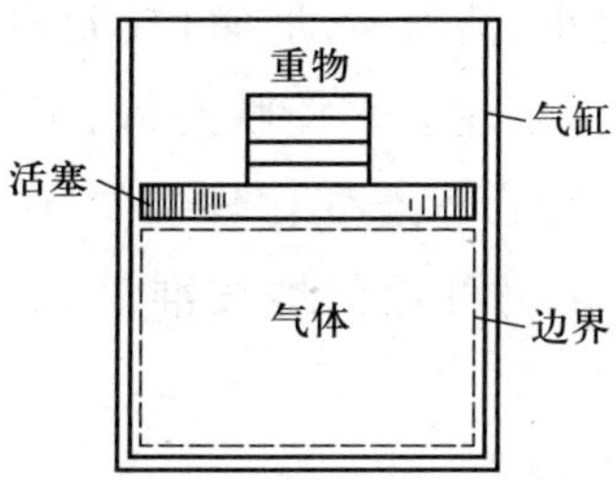

图 1-5

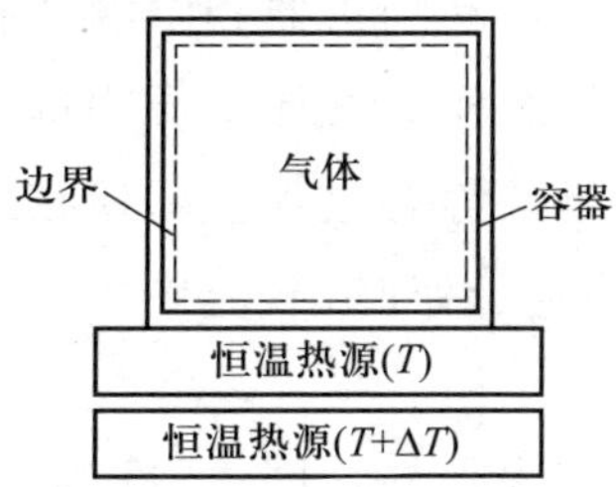

图 1-6

分析上述热力过程可以看到，处于平衡状态的热力学系统所发生的所有状态变化，都是平衡遭受破坏的结果。由于外界条件的变化，在外界和系统间形成热或力的不平衡时，受该不平衡势的作用，在系统内部造成不平衡，使系统的平衡状态遭到破坏，从而引起系统状态的变化，向新的平衡状态过渡。由此可见，热力过程中系统所经历的是一系列不平衡状态。

1. 准静态过程

因为只有平衡状态才具有确定的状态参数，才能用状态方程式表示状态参数间的关系，故难以分析由一系列不平衡状态组成的热力过程。为此，热力学引入一种理想的热力过程。如图 1-5 所示的系统，设想用大量的微粒物体代替重物，并将这些微粒慢慢地一粒一粒地移去，使系统进行一连串的变化。又如图1-6所示的系统，设想用只有微小温度差的大量恒温热源，依次与系统接触足够的时间而使系统进行一连串的变化。在这种情况下，系统每次只发生微小的状态变化，且每当系统的状态稍微偏离平衡状态之后，能有充分的时间建立新的平衡状态。若令系统每次状态变化趋于无限小，而变化次数趋于无限多，则得到这样的一种热力过程：过程中热力学系统经历的是一系列平衡状态并在每次状态变化时仅无限小地偏离平衡状态。这种过程称为准静态过程，以说明其进行得如此缓慢，似乎处于静止不变的状态之中。由于准静态过程中系统所经历的是平衡状态，易于利用状态参数来描述及分析系统的行为，因而热力学中主要研究准静态过程。

虽然准静态过程是理想的过程，但是大部分实际过程可以近似地当作准静态过程。因为气体分子热运动的平均速度可达每秒数百米以上，气体压力传播的速度也达每秒数百米，因而在一般工程设备具有的有限空间中，气体的平衡状态被破坏后恢复平衡所需的时间（即所谓弛豫时间）非常短。尤其像一般往复运动的机器，其气缸内部空间很小，活塞运动速度仅每秒十余米，因此当机器工作时气体工质内部能及时地不断建立平衡状态，而工质的变化过程很接近准静态过程。即使在气流速度较高、状态变化较快的涡轮式机器中，当它稳定工作时，气流中气体状态的变化仍可近似地按准静态过程进行分析。

在状态参数坐标图上，准静态过程可表示为一条曲线。如图 1-7 所示的 $p-v$ 图，曲线 1-2 即表示一个准静态过程。如果系统由状态 1′到 2′的变化经历的不是准静态过程，即过程中系统经历的是一系列不平衡状态，则除 1′及 2′两个平衡状态外，整个过程经历的状态无法表示在 $p-v$ 图上，而仅能在 1′及 2′两点间连以虚线，以表示存在某个非准静态过程。

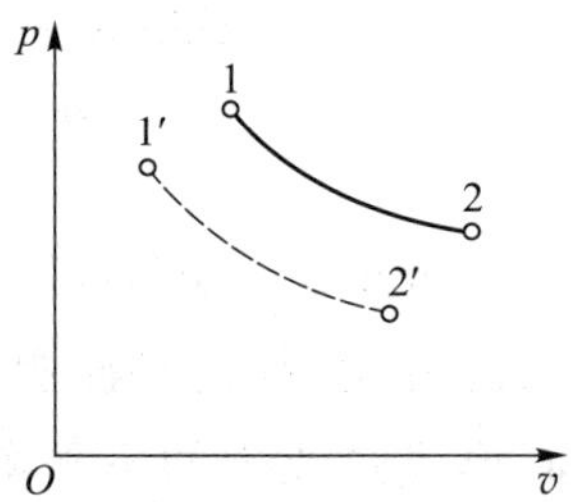

图 1-7 准静态过程和非准静态过程示意图

2. 可逆过程

设图 1-8 所示的由气缸和活塞包围的气体组成的热力学系统进行了一个准静态膨胀过程 1-2，过程中气缸内的工质推动活塞向外移动，使得系统对外作功。可以想象，如果活塞与气缸之间没有摩擦，则外界得到的功量等于系统所作的功。之后，如果外界消耗功量，推动活塞对气缸内的气体进行压缩,使气缸内的工质再经历一个准静态过程 2-1 沿原路径回复到初始状态,则外界所消耗的功量等于它在过程 1-2 中从系统得到的功量。这也就是说,经过过程 2-1,外界将其由系统得到的功量全部返回系统,即外界也回复到初始状态。

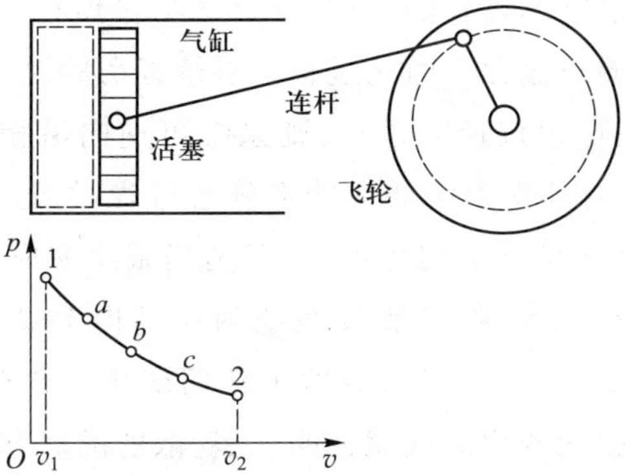

图 1-8 可逆分析过程示意图

热力学中把这种具有可逆性的过程称为可逆过程,并定义:热力学系统进行一个热力过程后,有可能沿原过程逆向进行,使系统和有关的外界都返回原来的初始状态,不留下任何变化,则称这样的热力过程为可逆过程。显然,上述的过程 1-2 是一个可逆过程。

如果气缸与活塞之间存在摩擦,则在膨胀过程 1-2 中外界得到的功量小于系统所作的功,即由于摩擦造成了功量的耗散。由摩擦所耗散的功量被转换成了热能。而当外界消耗功量对气体压缩时,热力学系统内部气体可以沿原路径回复到初始状态,但由于摩擦,外界消耗的功量要大于系统得到的功量,多消耗的功量也被转换成了热能。这一部分热能被散失在外界。可见,当有摩擦存在时,系统从初态出发进行一个热力过程后,系统可能沿原路径回复到初态,但由于功量耗散而转换成热能却被“遗留”在了外界中。即由于摩擦,系统进行了一个不可逆过程。

摩擦、涡流以及温差传热等都是引起过程不可逆的因素。

对于一个由工质组成的热力学系统,要进行一个可逆热力过程时,必须消除不可逆的因素,即在热力过程中保持系统内部以及系统和外界间时刻处于热平衡,以及在热力过程中保持系统内部以及系统和外界间时刻处于力平衡。这就是说，为了消除不可逆因素，系统经历的热力过程应是准静态过程。除此之外，当由于存在摩擦、涡流等引起功耗散的现象时，就会消耗功而转变成热能，造成不可逆复的变化，因此还应避免功耗散现象。这就是说，为消除一切不可逆因素，该过程应是无耗散的准静态过程。

根据无耗散的准静态过程的性质，可以证明它具有可逆性。设过程 1-2 为一个无耗散的准静态过程。因该过程中系统经历的是一系列平衡状态，故在过程完成后，若使过程按逆向进行，则系统可逆向沿相同的途径由状态 2 返回状态 1。显然，当过程为无耗散的准静态过程时，过程 2-1 和过程 1-2 中功的绝对值相等（详见下节的分析）。于是当系统完成过程 1-2 后又逆向经过程 2-1 返回初始状态时，外界和系统间在过程 1-2 中所交换的功在过程 2-1 中都全部得到清偿，外界没有留下任何变化。此外，过程中没有功耗散现象产生的不可逆的变化。这就证明，无耗散的准静态过程具有可逆性。

显然，在可逆过程中，热力学系统内部进行的是一个准静态过程，因此可逆过程在状态参数坐标图可以用实线表示。

1-6　可逆过程的功

力学中把物体通过力的作用而传递的能量称为功，并定义功等于力 F 和物体在力作用方向上的位移 Δx 的乘积，即

$$W=F\Delta x$$

按此定义，气缸中气体膨胀推动活塞及重物升起时气体就作功，涡轮机中气体推动叶轮旋转时气体也作功。但除此之外，还有许多其他形式的功，它们并不直接地表现为力和位移，但其效果等同于力乘以力方向上的位移。例如电池对外输出电能，即可认为电池对外输出电功。于是，根据能量转换的观点，热力学中功的定义如下：功是热力学系统和外界间通过边界而传递的能量，且其全部效果可表现为举起重物。必须注意，功是通过边界而传递的能量，所以系统本身宏观运动的动能及离地一定高度的重力势能等系统本身“储存”的机械能，决不可和功相混淆。

直接由系统容积变化和外界发生作用而传递的功称为容积变化功，或直接称为膨胀功及压缩功。如图 1-9 所示的热力学系统，当气体发生膨胀而推

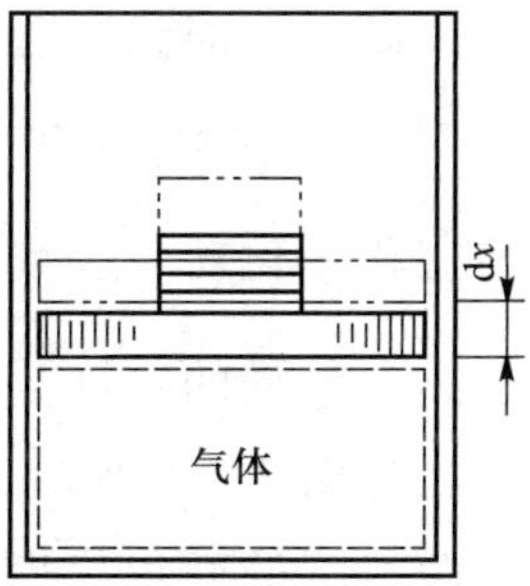

图 1-9

动活塞升起时，系统即对外界作膨胀功。在微元过程中，设在边界上活塞所受推力为 F，而位移为 $\mathrm{d}x$，则系统对外界作的膨胀功为

$$\delta W = F\mathrm{d}x$$

若膨胀过程为可逆过程，则在边界上活塞所受推力 F 可表示为系统的压力 p 和活塞面积 A 的乘积，即 $F = pA$。于是可得微元可逆过程中系统对外界所作膨胀功的表示式：

$$\delta W = p\mathrm{d}V \tag{1-12}$$

当系统由状态 1 到状态 2 进行一个可逆过程 1-2 时，系统对外界所作的膨胀功即为 δW 沿过程 1-2 的积分，即

$$W_{1-2} = \int_1^2 \delta W = \int_1^2 p\mathrm{d}V \tag{1-12a}$$

若该系统中气体的质量为 m(kg)，则按 1 kg 气体计算的膨胀功为

$$\delta w = \frac{\delta W}{m} = p\mathrm{d}\left(\frac{V}{m}\right)$$

即

$$\delta w = p\mathrm{d}v \tag{1-13}$$

$$w_{1-2} = \int_1^2 p\mathrm{d}v \tag{1-13a}$$

当可逆过程中系统的压力 p 随体积 V 或比体积 v 变化的函数关系 $p=p(v)$ 已知时，即可按上述公式通过积分来计算膨胀功。例如过程中系统状态变化的关系为 $pv=p_1v_1=$ 常量，则该过程中系统对外所作的功为

$$w_{1-2} = \int_1^2 p\mathrm{d}v = \int_1^2 \frac{p_1v_1}{v}\mathrm{d}v = p_1v_1\ln\frac{v_2}{v_1}$$

气体膨胀对外作功时，由式(1-13)及式(1-13a)计算所得功的数值为正；气体受压缩而外界消耗功时，功的数值为负。

功的单位为 J(焦)，且

$$1\ \mathrm{J} = 1\ \mathrm{N}\cdot\mathrm{m}$$

1 kg 气体所作的功 w 的单位为 J/kg。

按照式(1-13)及式(1-13a)，可以在 $p-v$ 图上表示可逆过程中系统所作的容积变化功。如图 1-10 所示，若在可逆过程 1-2 的曲线上取一微段 $a-b$，

则该微段下面的阴影部分的面积即可代表微元可逆过程 a-b 中系统所作的容积变化功 $\delta w=p\mathrm{d}v$，而 1-2 曲线下面的面积代表可逆过程 1-2 中系统所作的容积变化功 $w_{1-2}=\int_1^2 p\mathrm{d}v$。采用 p-v 图表示容积变化功形象、直观，故常用于热力过程的定性分析。

如图 1-11 所示，自状态 1 到状态 2 可以有许多不同的过程，相应地各过程曲线下的面积代表的各过程中系统对外所作的功也不同。因而容积变化功是决定于过程性质的量，称为过程量。在符号方面，过程量 W_{1-2} 和状态参数例如压力的增量 $\Delta p_{1,2}$ 分别采用角标“1-2”及“1,2”表示；微元过程的功 δW 和状态参数的全微分 $\mathrm{d}p$，则分别用符号“δ”及“d”来表示，以示区别。

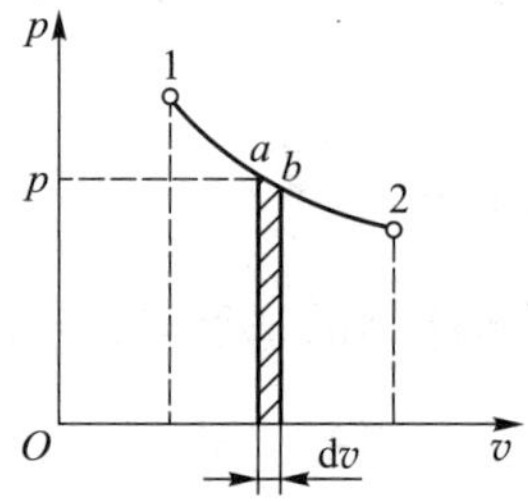

图 1-10　容积变化功在 p-v 图上的表示

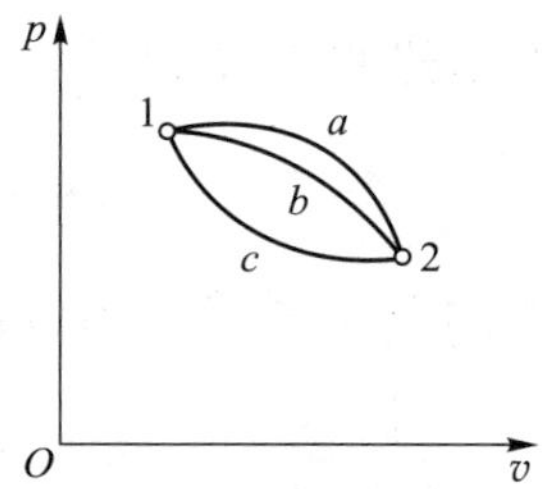

图 1-11　容积变化功为过程量的图示

最后必须指出，当过程中存在摩擦、扰动等现象时，必然引起功的耗散，且状态变化的情况也较为复杂，因而除简单情况外，不深入考虑各种功耗散因素对系统作功的影响。而上述功的计算公式及图示分析也只适用于可逆过程，即不存在功耗散现象的准静态过程。实际上，除特别指明外，热力学中一般都是分析可逆过程。有关不可逆因素对能量转换的影响将在第五章中详细讨论。

例 1-4　设气缸中的气体的压力为 4 MPa，容积由 500 cm³膨胀至 1 000 cm³。气体膨胀时：(1) 压力保持不变；(2) 压力和容积的函数关系保持 $pV=p_1V_1$。试求这两种过程中气体所作的功，并利用 p-v 图上过程曲线下的面积进行比较。

解　已知

$$p_1=4\ \mathrm{MPa}=4\times10^6\ \mathrm{Pa}$$

$$V_1=500\ \mathrm{cm}^3=5\times10^{-4}\ \mathrm{m}^3$$

$$V_2=1\ 000\ \mathrm{cm}^3=1\times10^{-3}\ \mathrm{m}^3$$

（1）当 $p=p_1$ 时设过程为 1-2；测 $V_{2'}=V_2$，可得

$$W_{1-2'}=\int_1^{2'}p\mathrm{d}V=\int_1^{2'}p_1\mathrm{d}V=p_1(V_{2'}-V_1)$$
$$=4\times10^6\ \mathrm{Pa}\times(1\times10^{-3}-5\times10^{-4})\ \mathrm{m}^3=2\ 000\ \mathrm{J}$$

（2）当 $pV=p_1V_1$ 时，设过程为 1-2″，则 $V_{2''}=V_2$ 可得

$$W_{1-2''}=\int_1^{2''}p\mathrm{d}V=\int_1^{2''}\frac{p_1V_1}{V}\mathrm{d}V=p_1V_1\ln\frac{V_{2''}}{V_1}$$
$$=4\times10^6\ \mathrm{Pa}\times5\times10^{-4}\ \mathrm{m}^3\times\ln\frac{1\times10^{-3}\ \mathrm{m}^3}{5\times10^{-4}\ \mathrm{m}^3}=1\ 386\ \mathrm{J}$$

（3）该两过程在 p-v 图上的过程曲线如图 1-12 所示，过程 1-2′为水平线，而过程 1-2″为双曲线。显然。曲线 1-2′下面的面积较大，计算结果与此相符。

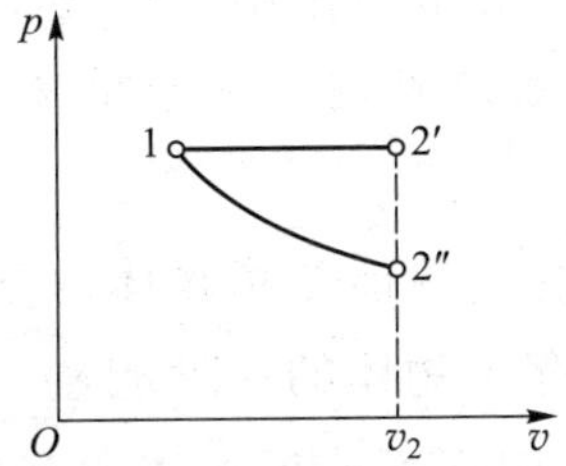

图 1-12 不同过程功量比较示意图

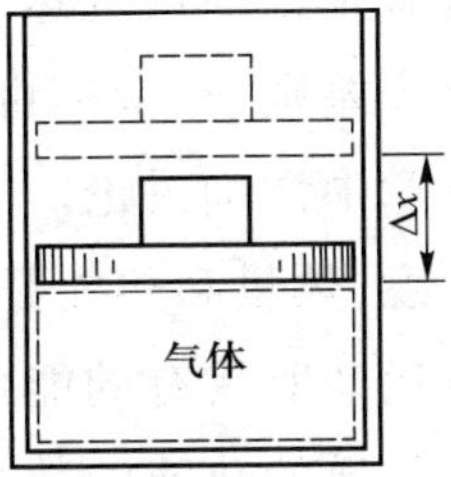

图 1-13

例 1-5 如图 1-13 所示，在活塞及重物作用下，气缸内气体具有一定的压力。若突然取去一些重物，致使活塞作用于气体的压力降低为 20 MPa，气体发生膨胀，使气缸的容积由 500 cm^3 增大至 1 000 cm^3。试求过程中气体对活塞及重物所作的功。

解 由于取去一些重物后活塞作用于气体的压力和气缸内气体的压力不相同，因而在气体膨胀时气体内部的状态很大地偏离平衡状态，整个过程是一个非准静态过程，即不可逆过程。为计算系统对活塞及重物所作的功，可按照功的定义，直接根据活塞及重物的重量和其移动距离的乘积来计算，即

$$W_{1-2}=F\Delta x=(pA)\Delta x=p(V_2-V_1)$$
$$=20\times10^6\ \mathrm{Pa}\times(1\ 000-500)\times10^{-6}\ \mathrm{m}^3=1\times10^4\ \mathrm{J}=10\ \mathrm{kJ}$$

1-7 热量

物体间除了以功的方式传递能量，还常以热量的方式传递能量。热力学中对热量做如下定义：热量是热力学系统和外界之间仅仅由于温度不同而通过边界传递的能量。根据气体分子运动学说，可以对热量的概念给予更明确

的说明。如前所述，气体的热力学温度是气体分子平均移动动能的量度，故两种气体的温度不同时，其分子平均移动动能就不相同。当这两种气体相接触时，它们的分子在紊乱运动中相互碰撞，由动能大的分子向动能小的分子传递动能，于是温度较高的气体分子平均移动动能减小而温度较低的气体分子平均移动动能增大，即由温度较高的气体向温度较低的气体传递了能量。这就是热量传递的微观实质。固态物质间热量传递的过程也相类似，只是固态物质分子动能的传递形式有所不同而已。

热量和功都是系统和外界间通过边界传递的能量，但两者有着本质的差别：热量是物体间通过紊乱的分子运动发生相互作用而传递的能量；功则是物体间通过有规则的微观运动或宏观运动发生相互作用而传递的能量。也正是由于这个差别，热量不可能把它的全部效果表现为举起重物，关于这一点将在第五章中详细讨论。

应该注意，热量和热能是两个不同的概念。热能是指物体内分子紊乱运动即分子热运动所具有的能量，故它是可储存于物体的一种能量。而热量则是两物体间传递的热能的数量，也称传热量，因而不能说物体含有热量。

热量也是过程量，故用 Q_{1-2} 表示过程 1-2 中传递的热量，用 δQ 表示微元过程中传递的微量的热量。热量的单位为 J。按 1 kg 物质计的热量用 q_{1-2} 及 δq 表示，其单位为 J/kg。通常规定，系统吸热时热量为正，系统放热时热量为负。

热力学系统和外界间进行的各种能量传递过程所遵循的规律是类似的，因而可以采用类似的关系来描述各种方式的能量传递作用。类比于物体在力的作用下其空间位置发生变化而传递功量的现象，热力学中引用势和状态坐标两类状态参数，把各种能量传递过程都描述为系统在势参数的作用下，状态坐标发生变化而实现的与外界间的能量传递过程。

所谓势，就是推动能量传递的作用力，其数值的大小直接地决定能量传递作用的强度。而所谓状态坐标，乃是其变化可作为衡量某种能量传递作用的标志。例如，当系统和外界间传递容积变化功时，推动作功的势是压力，状态坐标是比体积，比体积的变化则是衡量作功的标志：比体积增大系统对外作功，比体积减小外界对系统作功；比体积不变，则无论状态发生何种变化，系统和外界无容积变化功的交换。

与此类似，当系统和外界传递热量时，系统的温度 T 是推动热量传递的势，而作为传递热量作用的状态坐标必然有一个状态参数，这个状态参数称为熵，其符号为 S，单位为 J/K。类比于可逆过程中容积变化功的表示式

$$\delta W = p\mathrm{d}V$$

及

$$W_{1-2} = \int_1^2 p\mathrm{d}V$$

在可逆过程中，系统和外界传递的热量可表示为

$$\delta Q = T\mathrm{d}S \tag{1-14}$$

及

$$Q_{1-2} = \int_1^2 T\mathrm{d}S \tag{1-14a}$$

由该式可知，可逆过程中，系统吸热时熵增大，系统放热时熵减小，系统和外界不发生热交换时熵不变。

对于 1 kg 工质传递的热量，按照式(1-14)及式(1-14a)可得

$$\delta q = \frac{\delta Q}{m} = T\mathrm{d}\left(\frac{S}{m}\right) = T\mathrm{d}s \tag{1-15}$$

及

$$q_{1-2} = \int_1^2 T\mathrm{d}s \tag{1-15a}$$

这里 s 为 1 kg 工质的熵，称为比熵。式(1-14)、式(1-14a)及式(1-15)、式(1-15a)对于系统和外界间传递热量的分析有很重要的作用。

以温度和比熵为坐标组成的坐标图称为温熵图，或称 $T-s$ 图。如图 1-14 所示，$T-s$ 图和 $p-v$ 图一样，图上一个点可代表一个平衡状态，一条曲线可代表一个准静态过程。类似于在 $p-v$ 图上表示可逆过程的容积变化功 $w_{1-2} = \int_1^2 p\mathrm{d}v$，在 $T-s$ 图上，曲线 1-2 下面的面积可以表示可逆过程中系统和外界之间所交换的热量，即 $q_{1-2} = \int_1^2 T\mathrm{d}s$。当 $s_2>s_1$ 时，表示系统吸热；而当 $s_2<$

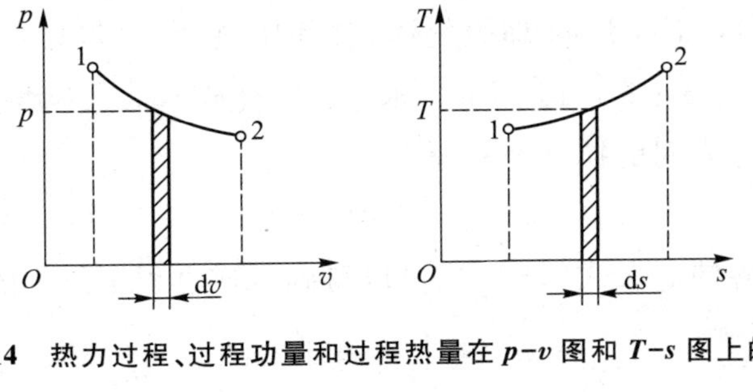

图 1-14 热力过程、过程功量和过程热量在 $p-v$ 图和 $T-s$ 图上的表示

s_1时，表示系统放热。温熵图给分析系统和外界传递的热量带来很大方便。根据温熵图，如图 1-15 所示，在点 1 和点 2 之间可连接许多不同的过程曲线，各曲线下面的面积所代表的热量显然是不同的，从而说明系统和外界间传递的热量和过程性质有关，即热量是一个过程量。

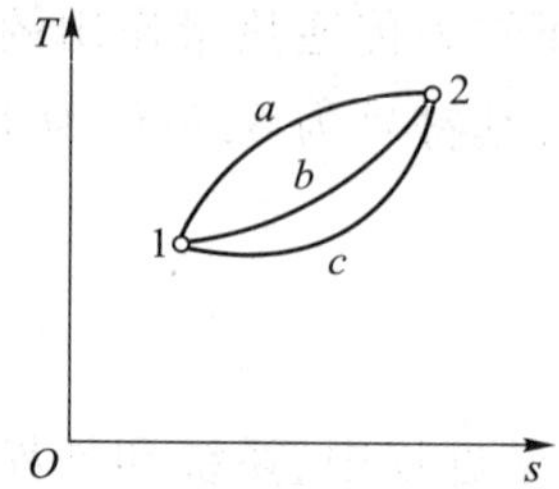

图 1-15　热量为过程量的图示

计算热量时常采用物质比热容的概念。在可逆过程中：1 kg 物质温度升高 1 K（或 1 ℃）所需的热量称为物质的质量热容或比热容，符号为 c，单位为 J/(kg · K)，即

$$c=\frac{\delta q}{\mathrm{d}T} \tag{1-16}$$

因热量是过程量，故对不同的过程，比热容的数值也不同。相应于定容过程的比热容称为比定容热容，用 c_V表示。则有

$$c_V=\left(\frac{\delta q}{\mathrm{d}T}\right)_V \text{及}\ \delta q_V=c_V\mathrm{d}T \tag{1-16a}$$

相应于定压过程的比热容称为比定压热容，用 c_p表示，则有

$$c_p=\left(\frac{\delta q}{\mathrm{d}T}\right)_p \text{及}\ \delta q_p=c_p\mathrm{d}T \tag{1-16b}$$

应该指出，上述关于比热容的定义及表达式只适合于可逆过程，以保证过程按规定的条件如定容或定压过程进行，并避免由于摩擦等功耗散现象引起附加的温度变化。

除比热容 c_p及 c_V外，热工计算中也常用摩尔热容及容积热容。摩尔热容为 1 kmol 物质温度升高 1 K（或 1 ℃）所需要的热量，用 $C_{p,\mathrm{m}}$及 $C_{V,\mathrm{m}}$表示；容积热容为标准状态下 1 m^{3}的气体温度升高 1 K（或 1 ℃）所需要的热量，用 C_p及 C_V表示。显然，对 1 kmol 理想气体，若其比热容、摩尔热容和容积热容的单位分别为 kJ/(kg · K)、kJ/(mol · K) 和 kJ/(m^3 · K)，则按单位之间的关系可求得三种热容间的换算公式如下：

$$C_{p,\mathrm{m}}=22.4C_p=Mc_p \tag{1-17}$$

根据比热容的定义式(1-16)，可以得到可逆过程中热量的计算公式为

$$q_{1-2}=\int_1^2\delta q=\int_1^2 c\mathrm{d}T \tag{1-18}$$

比定容热容和比定压热容的数值可以由实验确定，只要有热容的实验数据，便可通过积分计算求得热量。在许多情况下，过程的规律比较复杂而没有现成的比热容实验数据可利用，这就需要应用热力学第一定律的普遍关系来计算热量。

1-8 热力循环

如绪论中所述，各种能量转换装置都是利用工质连续不断地循环而实现能量转换的。例如蒸汽动力装置中，水先在锅炉中受热而变成蒸汽，然后被送入汽轮机，在其中膨胀作功，作功后变成的乏汽再送入冷凝器中重新凝结成水，最后经水泵加压送回锅炉受热。于是，作为工质的水从初始状态出发，经过了一系列变化又回复到原来的初始状态，周而复始地循环工作。

在内燃机或燃气轮机装置中，空气经吸气过程吸入机器，经过压缩过程提高空气的温度及压力，然后空气和燃料混合在燃烧室中进行燃烧，燃烧生成的高温燃气在膨胀推动机器对外输出功量后成为低压的废气，最后在排气过程中直接排入大气。这类机器中，工质的变化比较复杂。不仅机器中每次循环工作都要重新吸入新鲜空气，而且每次循环中工质的化学组成还要发生变化，由空气变成燃气。为了便于进行热力学分析，在舍弃一些次要的因素后，可以采用一个理想的循环变化过程来替代它。这时，把工质化学组成发生变化的燃烧过程改换成一个假想的加热过程，并把排气及吸气过程合起来看作把工质送到机器外面大气中冷却的过程。于是，仍然得到和蒸汽动力装置相同的工作方式，工质在经过一系列的变化后重新回复初始状态，周而复始地循环工作。

热力学中，把系统由初始状态出发，经过一系列中间状态后重新回到初始状态所完成的一个封闭的热力过程称为热力循环，或简称循环。若循环中系统经历的是可逆过程，则它可以在 $p-v$ 图及 $T-s$ 图上表示为一条封闭曲线。如图1-16所示的封闭曲线 $a-b-c-d-a$ 即代表一个热力循环。

按 $p-v$ 图，在过程 $a-b-c$ 中比体积 v 增大，所以容积变化功 $\int_{a-b-c}\delta w$ 为正，系统对外作功；而在过程 $c-d-a$ 中比体积 v 减小，$\int_{c-d-a}\delta w$ 为负，外界对

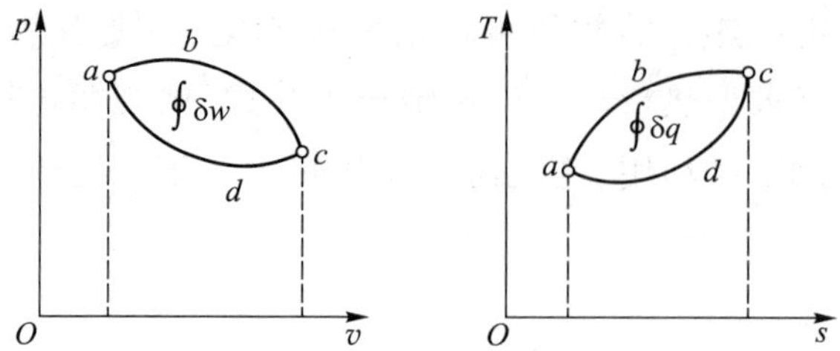

图 1-16　热力循环示意图

系统作功。于是整个热力循环中系统所作的净功应为该两过程功的代数和，即

$$\oint \delta w=\int_{a-b-c}\delta w+\int_{c-d-a}\delta w$$

它可用 $p-v$ 图上循环曲线所包围的面积表示。

按 $T-s$ 图，在过程 $a-b-c$ 中比熵 s 增大，过程的热量 $\int_{a-b-c}\delta q$ 为正，系统吸热；而在过程 $c-d-a$ 中，热量 $\int_{c-d-a}\delta q$ 为负，系统放热。于是，整个热力循环中系统接受的净热量为该两过程热量的代数和，即

$$\oint \delta q=\int_{a-b-c}\delta q+\int_{c-d-a}\delta q$$

它可用 $T-s$ 图上循环曲线所包围的面积表示。

由于过程进行的先后次序不同，过程在状态参数坐标图上的方向也不同。根据过程的方向，热力循环可分为正循环和逆循环两种。按顺时针方向进行的是正循环，其目的是利用热能来产生功量。所有的动力循环都是按正循环工作的。按逆时针方向进行的是逆循环，其目的是付出一定的代价使热量从低温区传向高温区。所有的制冷循环及热泵循环都是按逆循环来工作的。

思　考　题

1-1　何谓平衡状态？热力学中为什么要引入平衡状态的概念？

1-2　当热力学系统的状态不随时间而改变时，称为系统处于稳定状态。试分析稳定状态和平衡状态是否相同。

1-3　当热力学系统内的温度、压力及比体积等状态参数均匀一致时，

称为系统处于均匀状态。试分析均匀状态和平衡状态是否相同。

1-4　何谓理想气体？其实际意义何在？

1-5　何谓准静态过程？实现准静态过程的条件是什么？

1-6　准静态过程和可逆过程有何区别？利用状态参数坐标图表示这两种过程时有什么限制条件？

1-7　在非准静态过程、准静态过程和可逆过程中，系统的容积变化功是否都可以表示为 $w_{1-2}=\int_1^2 p\mathrm{d}v$？系统和外界交换的热量是否都可以表示为 $q_{1-2}=\int_1^2 T\mathrm{d}s$？

1-8　热量和功量有什么相同的特征？两者的区别是什么？

1-9　热量与热能有什么相同的特征？两者的区别是什么？

1-10　按习题 1-16，试分析充气过程中气球内各处压力分布的情况，并说明该情况下容积变化功的计算方法。

习　题

1-1　试确定表压力为 0.1 kPa 时，以下两种情况下 U 形管压力计中的液柱高度差。(1) 液体为水，其密度为 1 000 kg/m^3；(2) 液体为酒精，其密度为 789 kg/m^3。

1-2　测量锅炉烟道中真空度时常用斜管压力计。如图 1-17 所示，若 $\alpha=30°$，液柱长度 $l=200$ mm，且压力计中所用液体为煤油，其密度为 800 kg/m^3，试求烟道中烟气的真空度为多少 mmH$_2$O(4 ℃)。

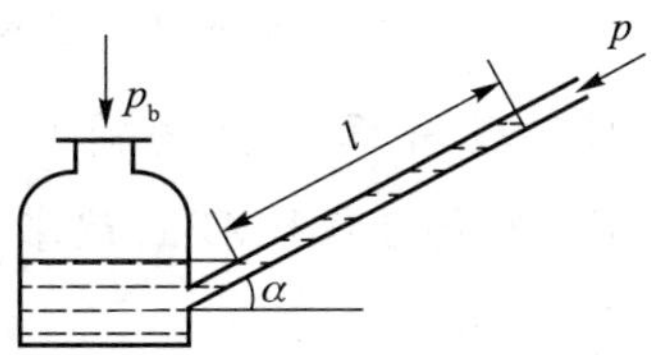

图 1-17　斜管压力计工作示意图

1-3　在某高山实验室中，温度为 20 ℃，重力加速度为 976 cm/s^2，设某 U 形管压力计中汞柱高度差为 30 cm，试求实际压差为多少 mmHg(0 ℃)。

1-4　某水塔高 30 m，该高度处大气压力为 0.098 6 MPa，若水的密度为 1 000 kg/m^3，求地面上水管中水的压力为多少 MPa。

1-5　设地面附近空气的温度均相同，且空气为理想气体，试求空气压力随离地高度变化的关系。又若地面大气压力为 0.1 MPa，温度为 20 ℃，求 30 m 高处大气压力为多少 MPa。

1-6　某烟囱高30 m,其中烟气的平均密度为0.735 kg/m^3。若地面大气压力为0.1 MPa,温度为20 ℃,现假设空气密度在烟囱高度范围内为常数,试求烟囱底部的真空度。

1-7　设一容器被刚性壁分为两部分,如图1-18所示,在容器不同部位装有压力表,若压力表A的读数为0.19 MPa,压力表B的读数为0.12 MPa,大气压力为0.1 MPa,试确定压力表C的读数,以及容器两部分内气体的绝对压力。

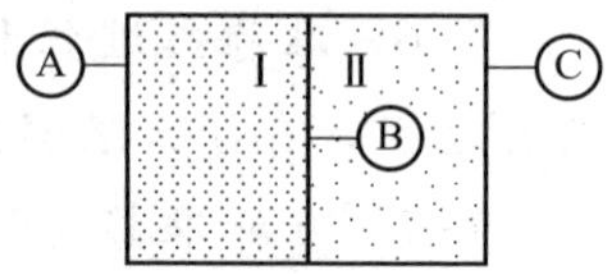

图1-18

1-8　某容器中储有氮气,其压力为0.6 MPa,温度为40 ℃。设实验消耗1 kg氮气,且温度降为30 ℃时容器中压力降为0.4 MPa。试求该容器的容积。

1-9　利用真空泵为某设备抽真空,真空泵每分钟的吸气量为0.5 m^3。若设备中空气压力已达到0.1 mmHg,温度为-30 ℃,试求每分钟真空泵可吸出空气的质量。

1-10　有两个容器,容器A的容积为0.3 m^3,其中充有压力为0.6 MPa、温度为60 ℃的氮气;容器B为真空。连通两容器,使氮气由容器A流入容器B,并且容器B中压力达到0.15 MPa、温度为20 ℃时,容器A中的压力降到0.4 MPa,温度为50 ℃。试求容器B的容积。

1-11　有一储气筒,其容积为9.5 m^3,筒内空气压力为0.1 MPa、温度为17 ℃。现用压气机向筒内充气,压气机每分钟吸气0.2 m^3,大气温度为17 ℃,压力为0.1 MPa,试求筒内压力达到0.7 MPa、温度仍为17 ℃时所需的时间。

1-12　输气管道采用压气机加压,设进气的压力为0.1 MPa、温度为20 ℃,而要求每分钟输出压力为0.3 MPa、温度不高于60 ℃的气体80 m^3,现有吸气量为每分钟8 m^3的压气机,问需用多少台?

1-13　一刚性容器内储有压缩空气0.1 m^3,其压力为0.4 MPa。一橡胶气球内储有0.1 m^3的压力为0.15 MPa的空气。两者的温度和环境温度相同,均为25 ℃。现把两者连通,使刚性容器内的空气流入橡胶气球,直至两者压力相同。若橡胶气球的压力正比于其容积,试求空气温度仍为25 ℃时的最终平衡压力及气球的容积。

1-14　上题中，若容器也具有弹性，且容积正比于其中的压力。试求最终的平衡压力及气球、容器两者各自的容积。

1-15　压气机气缸中有 0.05 kg 氮气，在压缩过程中其压力由 0.1 MPa 升高到 0.5 MPa，且氮气温度始终保持为 50 ℃。试求压缩过程中所消耗的功。

1-16　有一皮革制的无弹性的气球，原来气球呈折叠状态，其内部无任何气体。若用储气罐中的压缩空气给气球充气，充满时气球的容积为 2 m^3。设储气罐内气体压力远高于大气压力，而现大气压力为 0.9 atm，试求充气过程中气体所作的功。

1-17　若气缸中气体在进行一准静态过程，其状态变化关系为 $pv^n=p_1v_1^n=$常量，试证明气体所作容积变化功为

$$w_{1-2}=\frac{1}{n-1}(p_1v_1-p_2v_2)$$

1-18　若气缸中 CO_2气体的初始压力为 0.25 MPa、温度为 200 ℃，气体经历了一个膨胀过程后温度为 100 ℃。设过程中气体的状态变化规律为 $pv^{1.2}=p_1v_1^{1.2}=$常量，试求膨胀过程中气体所作的膨胀功。

1-19　某种气体在气缸中进行一个膨胀过程，其容积由 0.1 m^3增加到 0.3 m^3。已知膨胀过程中气体的压力与容积变化关系为 $\{p\}_{MPa}=0.24\{V\}_{m^3}+0.04$。试求：(1) 气体所作的膨胀功；(2) 当活塞和气缸的摩擦力保持为 1 000 N而活塞面积为 0.2 m^2时，扣除摩擦消耗后活塞所输出的功。

1-20　有一橡胶气球，当它内部的气体压力和大气压力同为 0.1 MPa 时，气球处于自由状态，其容积为 0.3 m^3。当气球受太阳照射其内部气体受热时，容积膨胀 10%，压力升高为 0.15 MPa。设气球压力增加和容积的增加成正比，试求：(1) 该膨胀过程在 $p-v$ 图上的过程曲线；(2) 该过程中气体所作的功；(3) 用于克服橡胶球弹力所作的功。

1-21　设某种气体的状态方程式为 $p(v-b)=R_gT$，试导出定温过程中该气体所作容积变化功的计算公式，并分析有相同容积变化时理想气体定温变化的容积变化功是大于还是小于该种气体的功。

1-22　图 1-19 所示为压缩空气驱动的升降工作台示意图。由储气罐来的压缩空气经阀门调节压力后送入气缸，在压缩空气的推动下活塞上升举

起工作台。已知活塞面积为 0.02 m^2，活塞及工作台重 5 000 N。活塞上升 300 mm 后开始和弹簧相接触，继续上升时将压缩弹簧。设弹簧的刚度系数为10 N/mm。若气缸内气体的表压力达到 0.3 MPa 时停止供气，试求在举升过程中气体所作的功及弹簧所吸收的功。

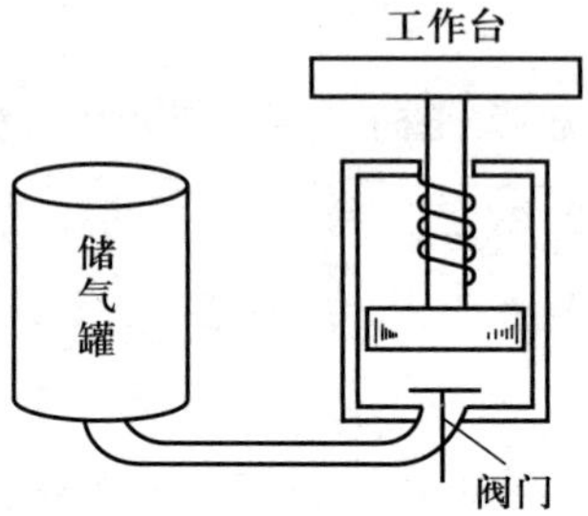

图 1-19　压缩空气驱动升降工作台示意图

第二章

热力学第一定律

热力学第一定律是热力学的基本定律。实质上它就是普遍的能量守恒和转换定律应用于热现象的一种表述形式。它阐明了热能和其他能量形态转换中能量守恒的原理。根据能量守恒和转换定律建立的闭口系统能量方程式、开口系统能量方程式及稳定流动能量方程式,就是热力学第一定律的数学表达式,它们是进行能量转换分析的基本关系式。

2-1 热力学第一定律

能量守恒及转换定律是自然界中最重要的普遍规律之一。它说明:自然界中物质所具有的能量既不能被创造也不能被消灭,而只能从一种能量形态转换为另一种能量形态,转换中能量的总量守恒。这是长期以来人们生产实践经验的总结,而不是从任何其他定律导出的,而且在生产和科学的实践中还在不断地得到证实和丰富。

热力学第一定律就是能量守恒及转换定律用于热能和其他能量形态转换关系时的表述。它说明:热能作为一种能量形态,可以和其他能量形态相互转换,转换中能量的总量守恒。在各种能量转换中,热能和机械能的转换在人类生产的历史上始终受到极大的关注,而那种企图不消耗能量而获取机械动力的所谓第一类永动机,都不可避免地归于失败,因而热力学第一定律也常表述为:第一类永动机是不可能制成的。

实际上,所有热能动力装置或称热机,都必须利用燃料燃烧所获得的热能来产生机械能。如前所述,在热机中,热能和机械能的转换是通过适当的热力循环而实现的。在进行一个热力循环时,工质从外界接受一定的净热量,同时工质对外输出一定的净功。当然,在经历一个热力循环后,工质又回复到初始状态,所以工质本身状态没有发生改变。因而根据热力学第一定律,热力循环中,工质作为一个热力学系统,它所接受的净热量应该等于对外所作的净功,即

$$\oint \delta Q = \oint \delta W \tag{2-1}$$

或者按 1 kg 工质计算,有

$$\oint \delta q = \oint \delta w \tag{2-1a}$$

热量和功的单位为 J(焦),因其单位量值较小,故工程上常用 kJ(千焦)为单位。单位时间所作的功称为功率,其单位为 W(瓦),而工程上则常用 kW(千瓦)及 MW(兆瓦)为单位。也曾采用过其他一些功和功率的单位,书后的附表 14 中列有各种常用的功单位及功率单位的换算系数。

例 2-1 一台 10 kW 的柴油机,耗油量为每小时 2 kg,柴油的发热量为 44 000 kJ/kg。试求其废气及冷却水每小时排出的热量。

解 设柴油机每小时通过燃料燃烧获得的热量为 Q_1,每小时通过废气及冷却水带走的热量为 $|Q_2|$,每小时柴油机所作的功为 W_0。由热力学第一定律 $\oint \delta Q = \oint \delta W$ 可以得到

$$Q_1 - |Q_2| = W_0$$

已知柴油的发热量为 44 000 kJ/kg,故柴油机每小时从燃料燃烧得到的热量 Q_1 为

$$Q_1 = 44\ 000\ \text{kJ/kg} \times 2\ \text{kg} = 88\ 000\ \text{kJ}$$

而每小时柴油机所作的功为

$$W_0 = 10\ \text{kW} \times 3\ 600\ \text{s} = 36\ 000\ \text{kJ}$$

于是可得废气和冷却水每小时所带走热量的数值为

$$|Q_2| = 88\ 000\ \text{kJ} - 36\ 000\ \text{kJ} = 52\ 000\ \text{kJ}$$

2-2 闭口系统能量方程式

热力学第一定律的能量方程式是热力学中最基本的方程式之一。它不仅是对热力学系统进行能量分析的重要关系式,同时也是分析热力学系统状态参数变化关系的重要手段。闭口系统能量方程式根据热力学第一定律的

能量守恒关系,集中反映了热力过程中热力学系统与外界交换的能量及系统本身的总能量 E 之间的关系。

储存于热力学系统内部各种形式能量的总和称为系统的热力学能,用符号 U 表示。

热力学能是由系统热力学状态确定的系统本身的能量,是个状态参数。按照气体分子运动学说,气体的热力学能就是气体分子和原子的动能和势能。其中分子的移动动能和转动动能加上原子的振动动能组成气体的内部动能,而气体分子间的作用力形成的分子间的位能组成气体的内部势能。这就是气体热力学能的微观图像。显然,气体内部动能仅和气体的温度有关,而气体的内部势能主要和气体的比体积有关。当气体的温度和比体积一定时,热力学能即有确定的数值,因而气体的热力学能是一个状态参数。

若系统中工质的质量为 m,总热力学能为 U,则 1 kg 工质的热力学能应为

$$u=\frac{U}{m}$$

称为比热力学能。

比热力学能可由任意两个独立参数确定,如

$$u=u_1(p,v),\quad u=u_2(v,T),\quad u=u_3(p,T)$$

热力学能的单位为 J 或 kJ,比热力学能的单位为 J/kg 或 kJ/kg。

一般来说系统的总能量 E 除了由系统热力学状态确定的系统内部的能量(即热力学能)U 外,还包括由系统整体力学状态确定的系统宏观运动的动能 E_k 及系统的重力势能 E_p。于是有

$$E=E_k+E_p+U \tag{2-2}$$

对于一个闭口系统来说,热力过程中它和外界间的能量交换只限于通过边界传递热量 Q 和功 W。与此同时,由于系统的状态发生变化,系统本身的能量也有变化。一般情况下,闭口系统不作整体位移,E_k 与 E_p 的变化均为零。对于这种系统,系统本身的能量 E 中,只有热力学能 U 可能发生变化。于是根据热力学第一定律的能量守恒原理,在微元热力过程中系统的能量平衡可以表示为

$$\delta Q=\mathrm{d}U+\delta W \tag{2-3}$$

而对于热力过程 1-2,则可表示为

$$Q_{1-2}=(U_2-U_1)+W_{1-2} \qquad (2-3a)$$

如按系统中每 1 kg 工质计算，则由上述两式可得到

$$\delta q=\mathrm{d}u+\delta w \qquad (2-3b)$$

$$q_{1-2}=(u_2-u_1)+w_{1-2} \qquad (2-3c)$$

上述四个公式称为闭口系统能量方程式。它们说明：闭口系统在热力过程中从外界接受的热量一部分用于增加系统的热力学能，另一部分用于对外界作功。

上述公式中各项的正负号规定为：系统吸热为正，放热为负；系统对外界作功为正，外界对系统作功为负。

在导出上述公式时，没有对过程进行的条件做任何规定，故公式既可用于准静态过程和可逆过程，也可用于非准静态过程和不可逆过程。但无论用于何种过程，为了能确定初始状态及终了状态下系统的热力学能，至少该两状态应该是平衡状态。

当系统所经过的过程为微元可逆过程时，过程中系统对外界所作的容积变化功可以用 $p\mathrm{d}v$ 的形式表示，于是上述式(2-3)～式(2-3c)可以表示如下：

对微元可逆过程，闭口系统能量方程式为

$$\delta Q=\mathrm{d}U+p\mathrm{d}V \qquad (2-4)$$

对可逆过程 1-2，则有

$$Q_{1-2}=(U_2-U_1)+\int_1^2 p\mathrm{d}V \qquad (2-4a)$$

如按系统中每 1 kg 工质计算，则由上述两式可得到

$$\delta q=\mathrm{d}u+p\mathrm{d}v \qquad (2-4b)$$

$$q_{1-2}=(u_2-u_1)+\int_1^2 p\mathrm{d}v \qquad (2-4c)$$

在应用上述能量方程式时，必须注意适用的条件和各项能量的正负号及单位。

例 2-2　在内燃机的压缩过程中，气体的热力学能增加了 370 J，过程中气体向冷却水放热 20 J，试求过程中消耗的压缩功。

解　由闭口系统能量方程式

$$Q_{1-2}=(U_2-U_1)+W_{1-2}$$

可得

$$W_{1-2}=Q_{1-2}-(U_2-U_1)=-20\ \mathrm{J}-370\ \mathrm{J}=-390\ \mathrm{J}$$

W_{1-2}为负值，表示系统受压缩接受外界的功，即压缩气体消耗功 390 J。

2-3 开口系统能量方程式

许多能量转换装置工作时不断有工质流过设备。分析这类装置时，常采用开口系统即控制体的分析方法。图 2-1a、b 所示分别为 τ_0和 $\tau_0+\mathrm{d}\tau$ 两时刻的开口系统。在 $\mathrm{d}\tau$ 时间内系统进行的一个微元过程中，质量为 δm_1的微元工质经进口截面 1-1 流入，而质量为 δm_2的微元工质经出口截面 2-2 流出；同时系统与外界交换热量 δQ，对外输出轴功 δW_s。这时系统内工质质量增加了 $\mathrm{d}m$，系统的总能量增加了 $\mathrm{d}E$。

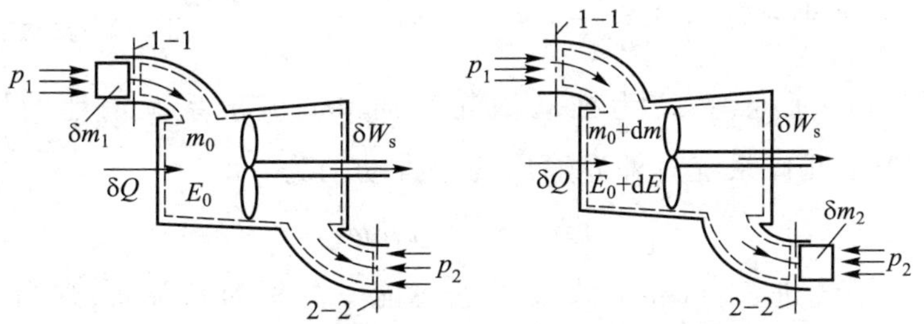

图 2-1 开口系统能量分析示意图

根据质量守恒定律，开口系统内增加的质量应等于流入和流出系统的质量之差，即

$$\mathrm{d}m=\delta m_1-\delta m_2 \tag{2-5}$$

若单位时间流过的质量（即质量流量）用 q_m（单位为 kg/s）表示，因微元过程经历的时间间隔为 $\mathrm{d}\tau$，于是上式可表示为

$$\frac{\mathrm{d}m}{\mathrm{d}\tau}=\frac{\delta m_1}{\mathrm{d}\tau}-\frac{\delta m_2}{\mathrm{d}\tau}$$

即

$$\frac{\mathrm{d}m}{\mathrm{d}\tau}=q_{m1}-q_{m2} \tag{2-5a}$$

式中，q_{m1}及 q_{m2}分别为进、出口截面处工质的质量流量。该式称为连续性方程式，它说明单位时间内开口系统中工质质量增加的数量等于流入和流出系

统的质量流量之差。

根据热力学第一定律,开口系统中总能量的增加来源于两部分:一部分是系统由外界接受的热量与系统对外作功两者之差的净能量;另一部分是流入和流出系统的工质所带入系统的净能量。

开口系统和外界间所传递的热量以 δQ 表示。

开口系统和外界间所传递的功由以下两部分组成:开口系统和外界间通过进、出口截面以外的边界(一般为机器轴)所传递的功,称为轴功,以 δW_s 表示;在进、出口截面上为推动工质进、出系统所传递的功,称为推动功。

如图 2-2 所示,在进口截面有 δm_1 的微元工质流入系统,则外界推动该微元工质流动消耗的推动功为

$$F_i \mathrm{d}x = (p_1 A_1)\frac{\mathrm{d}V_1}{A_1} = p_1 v_1 \delta m_1$$

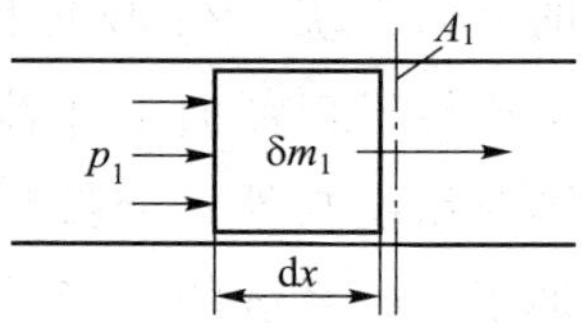

图 2-2 推动功示意图

同样,在出口截面处,系统为推动微元工质 δm_2 流出系统消耗的推动功为 $p_2 v_2 \delta m_2$。于是开口系统对外界输出的净推动功为

$$p_2 v_2 \delta m_2 - p_1 v_1 \delta m_1$$

若开口系统进、出口处 1 kg 工质的总能量分别为 e_1 及 e_2,则当微元工质 δm_1 流入系统时带入的能量为 $e_1 \delta m_1$,而微元工质 δm_2 流出系统时带出系统的能量为 $e_2 \delta m_2$。于是,微元过程中流入、流出系统的工质所带入系统的净能量为

$$e_1 \delta m_1 - e_2 \delta m_2$$

由上述各项能量可以得到开口系统的能量转换关系为

$$\mathrm{d}E = [\delta Q - \delta W_s - (p_2 v_2 \delta m_2 - p_1 v_1 \delta m_1)] + [e_1 \delta m_1 - e_2 \delta m_2]$$

按式(2-2)有 $E = E_k + E_p + U$,而按力学原理,当工质的流速为 c_f 时,其宏观运动动能为

$$E_k = \frac{1}{2} m c_f^2$$

或

$$e_k = \frac{1}{2} c_f^2$$

当工质在重力场中的离地高度为 z 时,其重力位能为

$$E_{\mathrm{p}}=mgz$$

或

$$e_{\mathrm{p}}=gz$$

式中,g 为重力加速度。将以上关系式代入上述开口系统的能量转换关系式,并经整理后可得

$$\delta Q=\mathrm{d}E+\delta m_2\left[\left(u_2+\frac{1}{2}c_{\mathrm{f}2}^2+gz_2\right)+p_2v_2\right]-\delta m_1\left[\left(u_1+\frac{1}{2}c_{\mathrm{f}1}^2+gz_1\right)+p_1v_1\right]+\delta W_{\mathrm{s}} \tag{2-6}$$

常把上式改写成以下按单位时间计的能量转换关系:

$$\dot{Q}=\frac{\mathrm{d}E}{\mathrm{d}\tau}+q_{m2}\left[\left(u_2+\frac{1}{2}c_{\mathrm{f}2}^2+gz_2\right)+p_2v_2\right]-q_{m1}\left[\left(u_1+\frac{1}{2}c_{\mathrm{f}1}^2+gz_1\right)+p_1v_1\right]+P_{\mathrm{s}} \tag{2-6a}$$

式中:$\dot{Q}=\delta Q/\mathrm{d}\tau$ 为单位时间中系统的换热量;$P_{\mathrm{s}}=\delta W_{\mathrm{s}}/\mathrm{d}\tau$ 为系统所作轴功的功率。上两式称为开口系统的能量方程式,它们可应用于各种情况的开口系统。

2-4 稳定状态稳定流动能量方程式

一般能量转换装置经常是在稳定条件下工作的。例如蒸汽动力装置或燃气动力装置经常需保持稳定的输出功率;压气机输出的压缩气体经常需保持稳定的状态及流量;制冷装置从冷藏库吸热的功率经常需保持稳定数值等。在这种稳定工况下,系统所进行的能量转换过程维持稳定,不随时间而变。对于一个开口系统来说,这时除了系统和外界间传递的热量和功量保持稳定不变外,在系统内各处及进口、出口截面处,工质的热力学状态和流速、流量均保持不变。这种过程称为稳定状态稳定流动过程,或简称稳定流动过程。

根据质量守恒的连续性方程式(2-5a)

$$\frac{\mathrm{d}m}{\mathrm{d}\tau}=q_{m1}-q_{m2}$$

在稳定流动过程中,因开口系统内各处的状态保持稳定,故系统内所包含的

工质质量保持不变，即有

$$\frac{\mathrm{d}m}{\mathrm{d}\tau}=0$$

又因进、出口处工质的质量流量 q_{m1}、q_{m2} 以及系统内的质量流量 q_m 均保持稳定，于是可得到稳定流动过程的连续性方程式为

$$q_{m1}=q_{m2}=q_m=\text{常量} \tag{2-7}$$

该式说明：稳定流动过程中，工质始终稳定地以一定的流量经过进、出口截面流过整个开口系统。

根据开口系统能量方程式(2-6a)，在稳定流动过程中，因系统内状态及流动保持稳定，故系统内各处的总能量保持不变，从而整个系统的总能量也保持不变，即有

$$\frac{\mathrm{d}E}{\mathrm{d}\tau}=0$$

再考虑连续性方程式(2-7)，便可得到稳定流动能量方程式为

$$\dot{Q}=q_m\left[(u_2-u_1)+(p_2v_2-p_1v_1)+\frac{1}{2}(c_{f2}^2-c_{f1}^2)+g(z_2-z_1)\right]+P_s \tag{2-8}$$

按每 1 kg 工质流过开口系统时的能量平衡关系来表示稳定流动能量方程式，这时取 $\dot{Q}/q_m=q$，$P_s/q_m=w_s$，于是可得

$$q=(u_2-u_1)+(p_2v_2-p_1v_1)+\frac{1}{2}(c_{f2}^2-c_{f1}^2)+g(z_2-z_1)+w_s \tag{2-8a}$$

上述两式说明：稳定流动过程中，系统交换的热量一部分用于与外界交换轴功及净推动功，另一部分则用于使进出口工质的热力学能、宏观动能及重力势能发生改变。

稳定流动能量方程式可应用于任何稳定流动过程，甚至对于连续工作的周期性动作的能量转换装置，只要在平均单位时间所作的轴功、吸热量以及工质的平均流量为常量，虽然它内部工质的状态及流动情况是变化的，但这种周期性的变化规律不随时间而变，所以仍然可以利用稳定流动能量方程式分析其能量转换关系。

开口系统的热力学分析中经常遇到 $u+pv$ 这个量。由于 p、v 及 u 都是状态参数，故 $u+pv$ 这个量也是状态参数，并可用 h 表示，即

$$h=u+pv$$

h 为 1 kg 工质的焓，称为比焓（质量焓），习惯上有时也常称为焓，单位为J/kg 或 kJ/kg。显然，对质量为 m 的工质有

$$H=mh=m(u+pv)=U+pV$$

式中，H 是质量为 m 的工质的焓，单位为 J 或 kJ。

焓是状态参数，因此它也可表示为任意两个独立状态参数的函数：

$$h=h_1(p,v),\quad h=h_2(v,T),\quad h=h_3(p,T)$$

引入焓后，稳定流动能量方程式可写成以下更简明的形式：

$$q=(h_2-h_1)+\frac{1}{2}(c_{f2}^2-c_{f1}^2)+g(z_2-z_1)+w_s \tag{2-8b}$$

对于流动工质来说，如前所述，pv 表示用于推动工质流动的推动功，它总是伴随着工质流动而一起进入或离开系统。由流动工质的热力学能及促使工质流动的推动功两者所组成的焓，可近似认为是流动工质移动时随工质一起转移的能量。

焓并不能看作是工质储存的能量。由图 2-3 所示系统可以看出：当有微元工质 δm 进入该开口系统时，带入系统的能量有微元工质的热力学能 $u\delta m$ 及外界所作的推动功 $pv\delta m$。系统中能量的变化为热力学能增加了 dU_0。因而按照热力学第一定律，该开口系统的能量平衡关系为

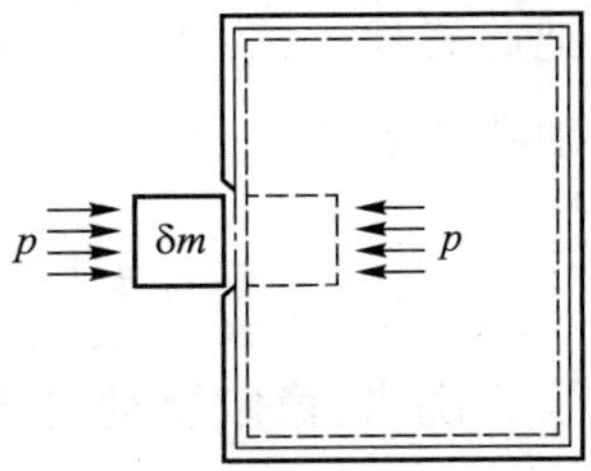

图 2-3

$$dU_0=u\delta m+pv\delta m=h\delta m$$

这就是说，微元工质带入系统的焓转换为系统工质的热力学能而储存于系统。反之，若有微元工质离开系统，则微元工质所带走的焓也将由系统工质的热力学能转换而成。因此，热力学能是工质内部储存能量的唯一形式，而焓则是随工质流动跨越边界而转移的能量。

根据能量方程式（2-4b），对于可逆过程有

$$\delta q=du+pdv$$

因 $u=h-pv$，代入上式可得

$$\delta q=d(h-pv)+pdv=dh-d(pv)+pdv$$

即

$$\delta q=dh-vdp \tag{2-9}$$

该式普遍适用于各种可逆过程，是热力学第一定律能量方程式的主要形式之一。

2-5 轴功

在稳定流动的情况下，开口系统和外界间传递的轴功保持稳定，不随时间而变。根据稳定流动能量方程式，可以得到轴功与其他形式能量之间的关系式为

$$w_s=[q-(u_2-u_1)]-(p_2v_2-p_1v_1)-\frac{1}{2}(c_{f2}^2-c_{f1}^2)-g(z_2-z_1) \qquad (2-10)$$

在稳定流动过程中，用于转换为机械能的热能 $q-(u_2-u_1)$ 是先通过工质容积膨胀而以容积变化功的形式转换为机械能的。如果工质的状态变化过程可以看作可逆过程，即有

$$q-(u_2-u_1)=\int_1^2 p\mathrm{d}v$$

把此式代入式(2-10)，便可得稳定流动过程中工质状态变化为可逆过程时轴功的表达式

$$w_s=\int_1^2 p\mathrm{d}v-(p_2v_2-p_1v_1)-\frac{1}{2}(c_{f2}^2-c_{f1}^2)-g(z_2-z_1) \qquad (2-10a)$$

该式说明：稳定流动过程中开口系统所作的轴功，是工质受热而得到的相当于容积变化功的能量在扣除了推动工质流动的净推动功以及流动动能、重力位能的变化之后通过边界输出的功。

式(2-10a)中的 w_s、$(c_{f2}^2-c_{f1}^2)/2$ 和 $g(z_2-z_1)$ 三项是工程上直接可以利用的机械能，称为技术功或工程功，记作 w_t，即

$$w_t=\frac{1}{2}(c_{f2}^2-c_{f1}^2)+g(z_2-z_1)+w_s \qquad (2-11)$$

将式(2-10a)代入上式，有

$$w_t=\int_1^2 p\mathrm{d}v-(p_2v_2-p_1v_1)=-\int_1^2 v\mathrm{d}p \qquad (2-11a)$$

等式右侧负号说明当压力增高即 $\mathrm{d}p$ 为正时技术功为负，即外界对开口系统作技术功。反之，压力降低即 $\mathrm{d}p$ 为负时技术功为正，系统对外界作技术功。

在 $p-v$ 图上，$-\int_1^2 v\mathrm{d}p$ 也如 $\int_1^2 p\mathrm{d}v$ 一样可用图上的面积表示。如图 2-4 所示，在过程线 1-2 上任取一微段 $a-b$，可以认为该微段曲线 $a-b$ 左侧的阴

影面积即等于 $-v\mathrm{d}p$。按照积分关系可知，曲线 1-2左侧的面积等于 $-\int_1^2 v\mathrm{d}p$。

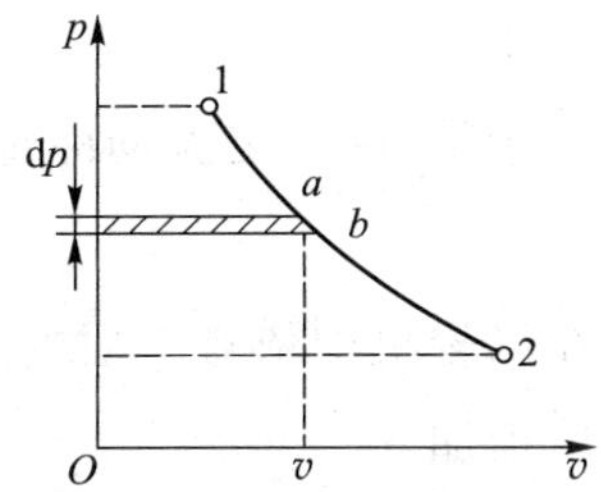

图 2-4　技术功在 $p-v$ 图上的表示

在许多情况下，能量转换设备的进口和出口的离地高度相差不大，两处工质的流速也较相近，所以进、出口工质的流动动能及重力势能的变化可以忽略不计。于是，由式(2-11)式可得

$$w_s = w_t \tag{2-12}$$

此时稳定流动的开口系统的轴功即等于技术功。

2-6　稳定流动能量方程式应用举例

稳定流动能量方程式的应用非常广泛，分析过程简单明了。下面仅举几个常见过程说明之。

一、换热器

这类设备的主要任务是传递热量，如锅炉、燃烧室、太阳能集热器、空气加热器、热水器、冷却器及散热器等各种热交换器都属此类，其示意图如图 2-5所示。它们的特点是：

$$w_s = 0,\quad c_{f2}^2 \approx c_{f1}^2,\quad z_2 \approx z_1$$

于是，由稳定流动能量方程式(2-8b)可得

$$q = h_2 - h_1$$

即系统接受的热量等于工质的焓的增量，反之放热量等于系统的焓降。

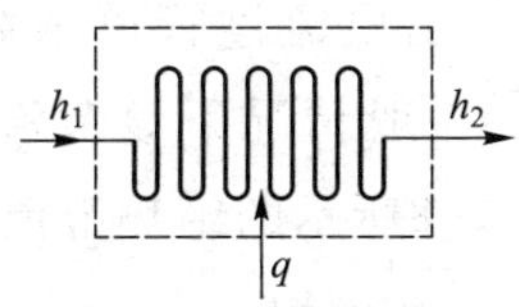

图 2-5　换热器示意图

二、涡轮机或压气机

涡轮机中工质膨胀而输出轴功，压气机中消耗轴功压缩工质，其示意图如图 2-6 所示。它们的特点是：

$$c_{f2}^2 \approx c_{f1}^2,\quad z_2 \approx z_1$$

若过程可以看成绝热，则，

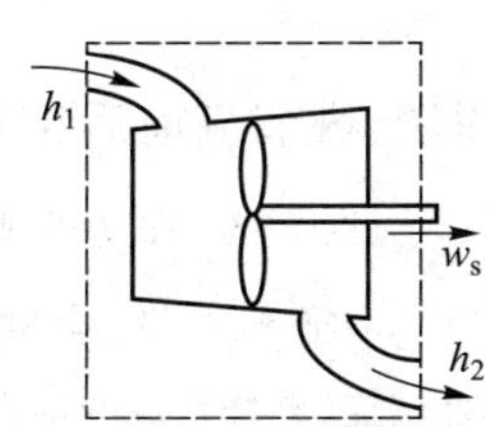

图 2-6　涡轮机(压气机)示意图

$$q=0$$

于是，由稳定流动能量方程式(2-8b)可得

$$w_s=h_1-h_2$$

即在涡轮机中依靠工质的焓降而输出轴功，反之压气机中消耗的轴功使工质的焓增加。

三、喷管和扩压管

喷管中工质降压膨胀而获得高速，扩压管中工质降低流速而使其自身压力提高，其示意图如图 2-7 所示。喷管和扩压管的特点是：

$$q=0,\quad w_s=0,\quad z_2\approx z_1$$

于是，由稳定流动能量方程式(2-8b)可得

$$h_1-h_2=\frac{1}{2}(c_{f2}^2-c_{f1}^2)$$

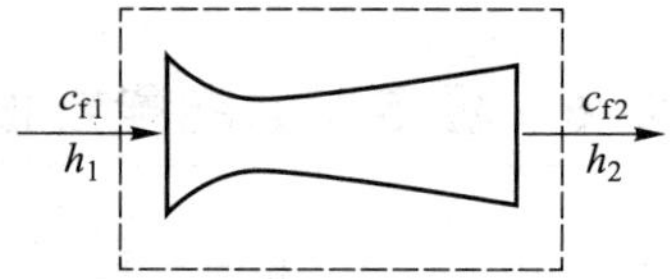

图 2-7　喷管(扩压管)示意图

即喷管中依靠工质的焓降而使工质的流动动能增大，而在扩压管中工质的流动动能降低而使工质的比焓增加。

四、绝热节流

工质流过管道中截面突然缩小的部分而发生压力降低的现象称为节流，一般情况下该节流过程可视为绝热过程。如图 2-8所示的绝热节流过程的特点是：

$$q=0,\quad w_s=0,\quad c_{f2}^2\approx c_{f1}^2,\quad z_2\approx z_1$$

于是，由稳定流动能量方程式(2-8b)可得

$$h_1=h_2$$

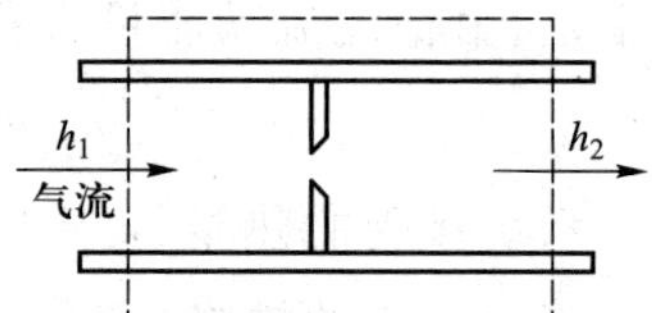

图 2-8　绝热节流示意图

即绝热节流前后工质的焓值相等。

例 2-3　图 2-9 所示为一台燃气轮机装置，其空气消耗量 $q_{m,a}=100$ kg/s。压气机入口空气的焓 $h_1=290$ kJ/kg，出口的压缩空气的焓 $h_2=580$ kJ/kg；在燃烧室中压缩空气和燃料混合燃烧，燃烧生成的高温燃气的焓 $h_3=1\ 250$ kJ/kg；高温燃气送入涡轮机中膨胀作功，作功后排出废气的焓 $h_4=780$ kJ/kg。试求：(1) 压气机消耗的功率；(2) 燃料的发热量为 43 960 kJ/kg 时的燃料消耗量；(3) 涡轮机输出的功率；(4) 燃气轮机装置的总功率。

解　按稳定流动能量方程式

(1) 在压气机中压缩 1 kg 空气所消耗的功为

$$w_{s,c}=h_1-h_2=290\ \text{kJ/kg}-580\ \text{kJ/kg}=-290\ \text{kJ/kg}$$

可得压气机消耗的功率为

$$P_c=|w_{s,c}|q_{m,a}=290\ \text{kJ/kg}\times100\ \text{kg/s}=2.90\times10^4\ \text{kW}$$

(2) 若忽略燃料的质量,而按燃气和空气的流量相同计算,则加热 1 kg 空气所需的加热量为

$$q_1=h_3-h_2=1\ 250\ \text{kJ/kg}-580\ \text{kJ/kg}=670\ \text{kJ/kg}$$

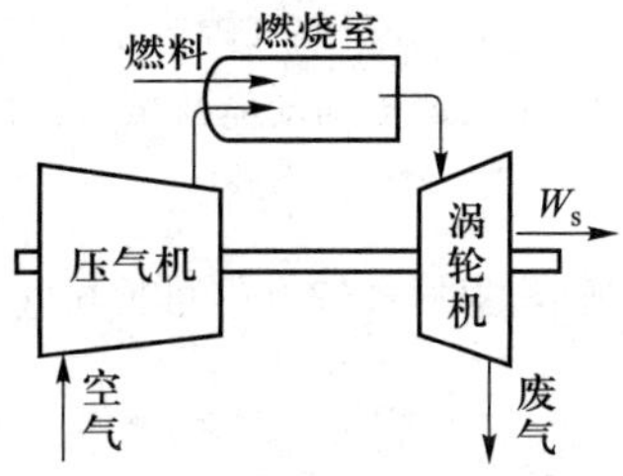

图 2-9　燃气轮机装置工作示意图

于是按燃料的发热量 Q_f 可求得燃料的消耗量为

$$q_{m,f}=q_1q_{m,a}/Q_f=670\ \text{kJ/kg}\times\frac{100\ \text{kg/s}}{43\ 960\ \text{kJ/kg}}=1.5\ \text{kg/s}$$

(3) 在涡轮机中,1 kg 燃气所作的功为

$$w_{s,T}=h_3-h_4=1\ 250\ \text{kJ/kg}-780\ \text{kJ/kg}=470\ \text{kJ/kg}$$

故涡轮机的功率为

$$P_T=w_{s,T}\ q_{m,a}=470\ \text{kJ/kg}\times100\ \text{kg/s}=4.70\times10^4\ \text{kW}$$

(4) 燃气轮机装置的总功率等于涡轮机发出的功率及压气机消耗功率之差,即

$$P=P_T-P_c=4.70\times10^4\ \text{kW}-2.90\times10^4\ \text{kW}=1.80\times10^4\ \text{kW}$$

例 2-4　如图 2-10 所示,有一储气罐,初始时其内部为真空,现连接于输气管道进行充气。假设输气管内空气的状态始终保持稳定,其焓为 h。经过 $\Delta\tau$ 时间的充气后,储气罐内空气的质量达到 m_0,试求此时储气罐内空气的热力学能 U_0。

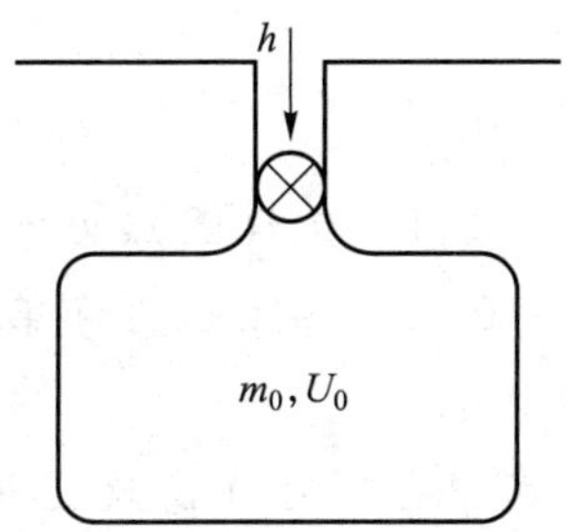

图 2-10　储气罐充气过程示意图

解　取储气罐内空气为一个开口系统,由输气管向系统充气的空气流量为 q_m,则按质量守恒定律的连续性方程式,储气罐内空气质量 m 和流量 q_m 之间的关系为

$$\frac{\text{d}m}{\text{d}\tau}=q_m$$

设送气时间为 $\Delta\tau=\tau_2-\tau_1$,则按此时间段积分上式得

$$\int_{\tau_1}^{\tau_2}q_m\text{d}\tau=\int_{\tau_1}^{\tau_2}\frac{\text{d}m}{\text{d}\tau}\text{d}\tau$$

因

$$\int_{\tau_1}^{\tau_2}\frac{\text{d}m}{\text{d}\tau}\text{d}\tau=\int_{\tau_1}^{\tau_2}\text{d}m=m_0-0=m_0$$

于是得到储气罐内空气质量的守恒关系为

$$\int_{\tau_1}^{\tau_2}q_m\text{d}\tau=m_0$$

即储气罐内空气量增加的数值等于送气流量的积分。

为了分析储气罐内空气热力学能的变化,需要按开口系统能量方程式求解。在送气过程中,工质的流动动能及重力位能可以忽略不计,且系统和外界没有任何轴功和热量的交换,即

$$E_0=U_0,\quad e=u,\quad Q=0,\quad \dot{W}_s=0$$

所以,根据式(2-6a)可把输气过程中系统能量平衡关系表示为

$$\frac{dU}{d\tau}-q_m h=0$$

对上式积分

$$\int_{\tau_1}^{\tau_2}\frac{dU}{d\tau}d\tau=\int_{\tau_1}^{\tau_2}q_m h d\tau$$

于是可得

$$\int_{\tau_1}^{\tau_2}dU=h\int_{\tau_1}^{\tau_2}q_m d\tau$$

因 $\int_{\tau_1}^{\tau_2}q_m d\tau=m_0$,及 $\tau=\tau_1$ 时 $U=0$,代入上式可以得到

$$U_0=m_0 h$$

这就是说,储气罐内热力学能的增加来自输气管的空气的焓。

思 考 题

2-1 试说明热力学能的定义及其物理意义。

2-2 按照热力学第一定律能量方程式

$$Q=\Delta U+W$$

设式中各项可任意改变其正负号,试说明相应的能量转换关系,并举一两个实例。

2-3 试说明下列三式的物理意义:

$$dU+\delta W,\quad dU+pdV,\quad dU+d(pV)$$

它们三者或其中两者各在什么条件下可以彼此相等?

2-4 试说明焓的定义及应用于开口系统时的物理意义。

2-5 何谓稳定状态稳定流动过程?试分析该过程中工质所经历的状态变化过程与闭口系统中工质所经历的状态变化过程的相似之处。

2-6 一个充气的玩具橡胶气球放置于一真空容器中。若气球突然爆破,试分析所发生的能量转换。

2-7 一个绝热材料所制成的小瓶内盛有气体,而小瓶放置在绝热材料所制成的真空容器中。因小瓶密封不严,瓶内气体慢慢逸出容器,直至瓶内、外气体压力相同为止。试分析漏气停止时下述三部分在漏气过程中所经历

的能量转换：(1) 瓶内气体；(2) 瓶外气体；(3) 全部气体。

习　题

2-1　一辆汽车在 1.1 h 内消耗汽油 37.5 L，已知通过车轮输出的功率为 64 kW，汽油的发热量为 44 000 kJ/kg，汽油的密度为 0.75 g/cm^3，试求汽车通过排气、水箱散热及机件的散热所放出的热量。

2-2　一台工业用蒸汽动力装置，每小时能生产 11 600 kg 蒸汽，而蒸汽在汽轮机中膨胀作功输出的功率为 3 800 kW。如果该装置每小时耗煤 1 450 kg，煤的发热量为 30 000 kJ/kg，而在锅炉中水蒸气吸收的热量为 2 550 kJ/kg。试求：(1) 锅炉排出废烟气带走的能量；(2) 汽轮机排出乏汽带走的能量。

2-3　夏日室内使用电扇纳凉，电扇的功率为 0.5 kW，太阳照射传入的热量为 0.5 kW。当房间密闭时，若不计人体散出的热量，试求室内空气每小时热力学能的变化。

2-4　某车间各种机床的总功率为 100 kW，照明用 100 W 电灯 50 盏。若车间向外散热可忽略不计，试求车间内物体及空气每小时热力学能的变化。

2-5　人体在静止情况下每小时向环境散发的热量为 418.68 kJ。某会场可容纳 500 人，会场的空间为 4 000 m^3。已知空气的密度 1.2 kg/m^3，空气的比热容为 1.0 kJ/(kg·K)。若会场空气温度允许的最大温升为 15 ℃，试求会场所用空调设备停机时间最多可允许多少分钟。

2-6　有一个热力循环，在吸热过程中工质从高温热源吸热 1 800 J，在放热过程中工质向低温热源放热 1 080 J，又在压缩工质时外界消耗 700 J，试求工质膨胀时对外所作的功。

2-7　一个热机循环由 1-2、2-3 及 3-1 三个过程组成。已知 $Q_{1-2}=10$ kJ，$Q_{2-3}=30$ kJ，$Q_{3-1}=-25$ kJ；$\Delta U_{1,2}=20$ kJ，$\Delta U_{3,1}=-20$ kJ，试求 W_{2-3} 及循环净功 $\oint \delta W$。

2-8　为保持冷藏箱内的低温不变，必须把环境传入的热量取出。若驱动制冷机所需的电流为 3 A，电源电压为 220 V(假设电动机的功率因数已提高到 1)，制冷机每小时排出的热量为 5 024 kJ，试求由环境传入冷藏箱的热量。

2-9　一热交换器利用内燃机废气加热水。若热交换器中气和水的流动可看作稳定流动，且流动动能及重力位能的变化可忽略不计。已知水受热后每秒钟焓增加了 25 kJ，试分析热交换器的能量转换关系，并求废气焓值的变化。

2-10　一台锅炉每小时生产水蒸气 40 t，已知供给锅炉的水的焓为 417.4 kJ/kg，而锅炉生产的水蒸气的焓为 2 874 kJ/kg。煤的发热量为 30 000 kJ/kg。若水蒸气和水的流速及离地高度的变化可忽略不计，试求当燃烧产生的热量用于产生水蒸气的比率即锅炉效率为 0.85 时，锅炉每小时的耗煤量。

2-11　有一台空气涡轮机，它所应用的压缩空气的焓为 310 kJ/kg，而排出空气的焓为 220 kJ/kg。若空气的流动为稳定流动过程，且进、出口处的流动动能及重力位能的变化不大，试求涡轮机的轴功。

2-12　有一水槽，槽内使用一个泵轮以维持水作循环流动。已知泵轮耗功 20 W，水槽壁和环境温度的温差为 ΔT，而槽壁和环境间每小时的热交换量为 $\{q\}_{\mathrm{kJ/h}}=10.5\{\Delta T\}_{\mathrm{K}}$。若环境温度为 20 ℃，试求水温保持稳定时的温度。

2-13　设某定量理想气体为一闭口系统，若令该系统分别进行一个定压过程及一个定容过程，而两过程中系统焓的变化相同。已知系统热力学能按 $\Delta U=mc_V\Delta T$ 的关系变化，试求两过程中系统接受的热量之比。

2-14　某压气机所消耗的功率为 40 kW，压缩前空气的压力为 0.1 MPa、温度为 27 ℃，压缩后空气的压力为 0.5 MPa、温度为 150 ℃。已知空气热力学能变化的关系式为 $\{\Delta U_{1,2}\}_{\mathrm{kJ/kg}}=0.716(\{T_2\}_{\mathrm{K}}-\{T_1\}_{\mathrm{K}})$，若压缩过程中空气和外界没有热交换，且进、出口流动动能和重力势能的变化可忽略不计，试求稳定工况下压气机每分钟的吸气量。

2-15　气缸中空气组成的热力系统如图 2-11 所示。气缸内空气的容积为 800 $\mathrm{cm^3}$，温度为 20 ℃，压力和活塞外侧大气压力相同，为 0.1 MPa。现将空气加热使其压力升高，并推动活塞上升而压缩弹簧。已知活塞面积为 80 $\mathrm{cm^2}$，弹簧的刚度系数 $k=400$ N/cm，实验得出的空气热力学能随温度变化的关系式为 $\{\Delta U_{1,2}\}_{\mathrm{kJ/kg}}=0.716\{\Delta T_{1,2}\}_{\mathrm{K}}$。若活塞重量可忽略不计，试求使气缸内空气压力达到 0.3 MPa 时所需的热量。

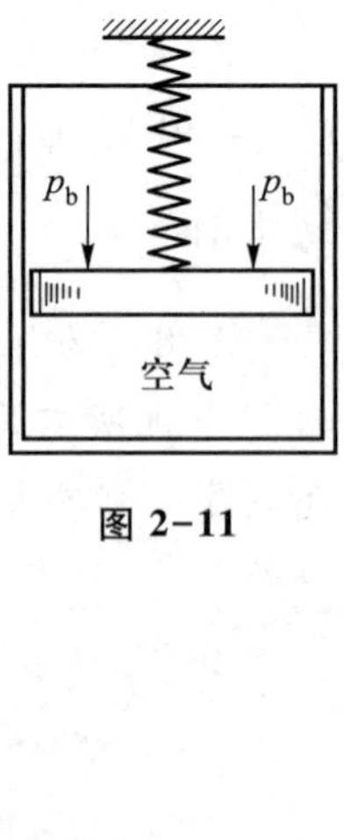

图 2-11

2-16　一真空容器，因密封不严外界空气逐渐渗漏入容器内，最终使容器内的温度、压力和外界环境相同，并分别为 27 ℃及 101 325 Pa。设容器的容积为 0.1 m^3，且容器中温度始终保持不变，试求过程中容器和环境交换的热量。

2-17　有一压缩空气储气罐，容积为 3 m^3。由于用户消耗，气压由 3 MPa 降为 1.2 MPa。假设气体的比热力学能仅为温度的函数，供气过程中罐内气体的温度保持和环境温度相同，且气流速度不高，可忽略不计，试求供气过程中储气罐和环境交换的热量。

2-18　某种气体的热力学能可表示为 $u=a+bpv$，式中 a、b 为常量，试证明：当气体经过一个无耗散现象的准静态绝热过程时，有 $pv^{(b+1)/b}=$常量。

第三章

理想气体热力学能、焓、比热容和熵的计算

热力学第一定律的能量方程式建立了热力过程中能量平衡的基本关系。但是,能量转换总是通过工质实现的,而不同性质工质的状态变化特性是不相同的。因此,工质的热力学性质研究乃是热力学的一个重要内容。从实际应用来说,为了求解工程技术问题,也必须知道工质的热力学能、焓、熵及比热容等各种计算公式。本章将讨论理想气体及理想气体混合物的上述性质,而实际气体的性质将在第十章讨论。

3-1 理想气体的热力学能和焓

理想气体的热力学能的性质,是 1845 年焦耳通过著名的焦耳实验确定的。其实验装置的示意图如图 3-1 所示。两个用带有阀门的管路相连的金属容器,放置于一个有绝热壁的水槽中,两容器可以通过其金属壁和水实现热交换。实验前先在 A 中充以低压的空气,而将 B 抽成真空。当整个装置达到稳定时先测量水(亦即空气)的温度,然后打开阀门,让空气自由膨胀充满两容器,当状态又达到稳定时再测量一次温度。测量结果表明:空气自由膨胀前后的温度相同。若把空气取作一个闭口系统,按实验情况,两金属容器为刚性容器,则气体不可能对外作功,而系统从作为外界的水所得到的热量亦为零。因此,按照热力学第一定律的能量平衡关系,自由膨胀前后,虽然气体的容积和压力都有变化,但系统的热力学能不变。从而说

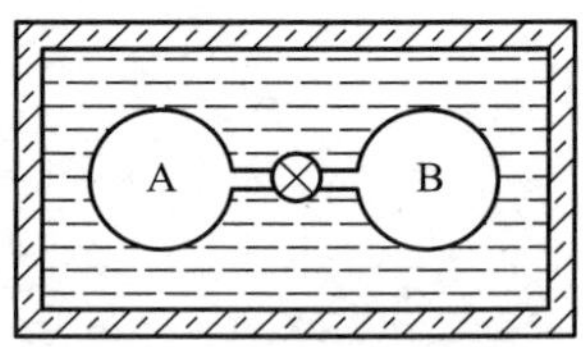

图 3-1 焦耳实验示意图

明:只要空气的温度相同,其热力学能也相同,而与空气的压力和比体积无关。

上述实验只有当空气处于低压状态,而可以认为它具有理想气体的性质时温度才不变。用其他气体做实验的结果也相同,因而上述结果可视为理想气体的共同属性,即理想气体的比热力学能仅仅和温度有关,而和压力及比体积无关。理想气体的这一性质可表示为

$$u=f(T)$$

即理想气体的比热力学能仅是温度的单值函数。

按照气体分子运动学说关于理想气体的假说,其分子间没有作用力,即没有分子间的位能,因而理想气体的比热力学能即为其分子运动的动能,显然仅仅是温度的函数。

根据理想气体比热力学能的这个性质,对于同一种理想气体,只要有相同的初态温度和终态温度,任何过程中其比热力学能的变化都相同。如图 3-2 所示,2、3、4、5 各点有相同的温度,则由点 1 至各点的过程中,比热力学能的变化都和定容过程 1-2 中比热力学能的变化相同。按能量方程式并考虑比热容的定义,可知定容过程中比热力学能的变化为

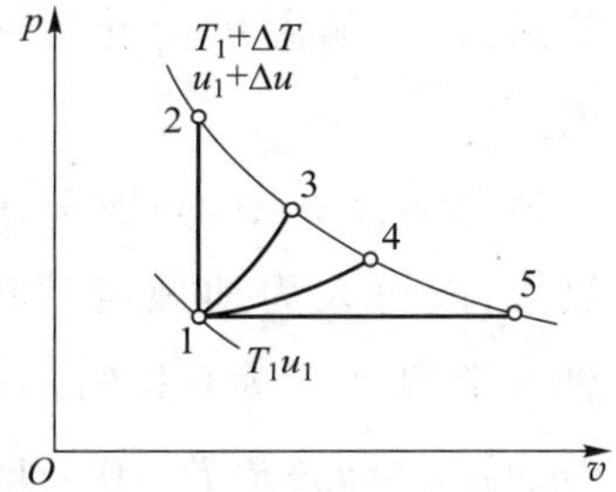

图 3-2 过程热力学能变化和焓变分析示意图

$$(\mathrm{d}u)_V=(\delta q)_V=c_V\mathrm{d}T$$

若用 c_{V0} 表示理想气体的比定容热容,则对于理想气体来说,任何过程中比热力学能的变化都可表示为

$$\mathrm{d}u=c_{V0}\mathrm{d}T \tag{3-1}$$

及

$$u_2-u_1=\int_1^2 c_{V0}\mathrm{d}T \tag{3-1a}$$

只要知道比定容热容 c_{V0} 随温度变化的关系,便可利用上述公式计算理想气体比热力学能的变化。

根据焓的定义式,理想气体的比焓可表示为

$$h=u+pv=u+R_gT$$

由于理想气体的比热力学能仅是温度的函数,由上式可知,理想气体的比焓也仅是温度的函数,即

$$h=f(T)$$

于是对于同一种理想气体，只要有相同的初态温度和终态温度，任何过程中其比焓的变化都相同。如图 3-2 所示的各过程，其比焓的变化都和定压过程 1-5 中比焓的变化相同。按能量方程式并考虑比热容的定义，可知定压过程中比焓的变化为

$$(\mathrm{d}h)_p=(\delta q)_p=c_p\mathrm{d}T$$

若用 c_{p0} 表示理想气体的比定压热容，则对于理想气体来说，任何过程中比焓的变化都可表示为

$$\mathrm{d}h=c_{p0}\mathrm{d}T \tag{3-2}$$

及

$$h_2-h_1=\int_1^2 c_{p0}\mathrm{d}T \tag{3-2a}$$

只要知道 c_{p0} 随温度变化的关系，便可利用上述公式计算理想气体比焓的变化。

热力学计算中，一般只求比热力学能和比焓的变化，而不必确定其绝对数值，故可人为地规定某状态下比热力学能或比焓的数值为零。通常规定热力学温度 T 为 0 K 时的热力学能 u_0 为零，即 $T=0$ K 时 $u_0=0$ J/kg，这时 $h_0=u_0+p_0v_0=u_0+R_gT_0=0$ J/kg。由于理想气体的比热力学能及比焓仅为温度的函数，于是可根据比热容的实验数据及上述公式求得各种气体在不同温度下的比热力学能及比焓的数值，制成理想气体状态下各种气体的热力性质表。利用表中所列数值便可准确地求取任意两温度间理想气体比热力学能和比焓的变化。本书附录中附有几种常用气体的热力性质表，可供查用。

3-2　理想气体的比热容

比热容就是单位质量物质的热容，又称为质量热容，是描述物质性质的重要热力学参数之一，其实验数据在热力学分析中得到非常广泛的应用。

按照比热容的定义，在可逆过程中，可得到比定容热容（质量定容热容）和比定压热容（质量定压热容）的表示式为

$$c_V=\left(\frac{\delta q}{\partial T}\right)_V$$

$$c_p=\left(\frac{\delta q}{\partial T}\right)_p$$

根据热力学第一定律的能量方程式(2-4b)及比热力学能的全微分关系式，在可逆过程中有

$$\delta q=\mathrm{d}u+p\mathrm{d}v=\left[\left(\frac{\partial u}{\partial T}\right)_V\mathrm{d}T+\left(\frac{\partial u}{\partial v}\right)_T\mathrm{d}v\right]+p\mathrm{d}v$$

即
$$\delta q=\left(\frac{\partial u}{\partial T}\right)_V\mathrm{d}T+\left[\left(\frac{\partial u}{\partial v}\right)_T+p\right]\mathrm{d}v$$

在定容过程中，$\mathrm{d}v=0$，由上式得

$$(\delta q)_V=\left(\frac{\partial u}{\partial T}\right)_V\mathrm{d}T$$

代入比定容热容的表示式可得

$$c_V=\left(\frac{\partial u}{\partial T}\right)_V \tag{3-3}$$

即比定容热容等于单位质量的物质在定容条件下温度升高 1 K 时比热力学能增加的数值。比热力学能是物质的状态参数，而由上式可知，比定容热容也是仅和物质状态有关的热力学参数。由于原来按热量定义热容时未能直观地反映这个性质，因而常直接应用式(3-3)作为热力学中关于比定容热容的定义式。

同样地，根据热力学第一定律的能量方程式(2-11)及比焓的全微分关系式，在可逆过程中有

$$\delta q=\mathrm{d}h-v\mathrm{d}p=\left[\left(\frac{\partial h}{\partial T}\right)_p\mathrm{d}T+\left(\frac{\partial h}{\partial p}\right)_T\mathrm{d}p\right]-v\mathrm{d}p$$

即
$$\delta q=\left(\frac{\partial h}{\partial T}\right)_p\mathrm{d}T+\left[\left(\frac{\partial h}{\partial p}\right)_T-v\right]\mathrm{d}p$$

在定压过程中，$\mathrm{d}p=0$，由上式得

$$(\delta q)_p=\left(\frac{\partial h}{\partial T}\right)_p\mathrm{d}T$$

代入比定压热容的表示式可得

$$c_p = \left(\frac{\partial h}{\partial T}\right)_p \tag{3-4}$$

即比定压热容等于单位质量的物质在定压条件下温度升高 1 K 时比焓增加的数值。比焓是物质的状态参数，而由上式可知，比定压热容也是仅和物质状态有关的热力学参数，因而常直接应用式(3-4)作为热力学中关于比定压热容的定义式。

理想气体的比热力学能和比焓仅是温度的函数，如前所述其微分关系式可表示为

$$\mathrm{d}u = \left(\frac{\partial u}{\partial T}\right)_V \mathrm{d}T$$

$$\mathrm{d}h = \left(\frac{\partial h}{\partial T}\right)_p \mathrm{d}T$$

因此，根据式(3-1)和式(3-2)，理想气体的比定容热容及比定压热容可表示为

$$c_{V0} = \left(\frac{\partial u}{\partial T}\right)_V = \frac{\mathrm{d}u}{\mathrm{d}T} \tag{3-5}$$

$$c_{p0} = \left(\frac{\partial h}{\partial T}\right)_p = \frac{\mathrm{d}h}{\mathrm{d}T} \tag{3-6}$$

即在任何过程中，单位质量的理想气体的温度升高 1 K 时比热力学能增加的数值即等于其比定容热容的值，而比焓增加的数值即等于其比定压热容的值。

比定容热容和比定压热容之间的关系是热力学中的重要关系式。对于理想气体，可以得到几个简单又很有用的关系式。根据理想气体比定压热容的表示式

$$c_{p0} = \frac{\mathrm{d}h}{\mathrm{d}T} = \frac{\mathrm{d}}{\mathrm{d}T}(u+pv)$$

由理想气体状态方程式 $pv = R_\mathrm{g}T$，可以得到

$$c_{p0} = \frac{\mathrm{d}u}{\mathrm{d}T} + \frac{\mathrm{d}}{\mathrm{d}T}(R_\mathrm{g}T) = c_{V0} + R_\mathrm{g}$$

即

$$c_{p0} - c_{V0} = R_\mathrm{g} \tag{3-7}$$

若将上式换算成摩尔热容的关系，把 $c_{p0} = C_{p0,\mathrm{m}}/M$、$c_{V0} = C_{V0,\mathrm{m}}/M$ 代入上式可得到

$$C_{p0,m}-C_{V0,m}=R \tag{3-7a}$$

式中 R 等于 8.314 510 J/(mol · K)。上述两式说明,理想气体的定压热容和定容热容之差是一个常量。

比定压热容和比定容热容之比称为质量热容比或比热容比,其符号为 γ。按定义可表示为

$$\gamma=\frac{c_{p0}}{c_{V0}}$$

代入式(3-7)可以得到

$$c_{V0}=\frac{1}{\gamma-1}R_g \tag{3-8}$$

$$c_{p0}=\frac{\gamma}{\gamma-1}R_g \tag{3-9}$$

及

$$\gamma=1+\frac{R_g}{c_{V0}} \tag{3-10}$$

根据理想气体的比热容公式(3-5)及式(3-6),因为理想气体的比热力学能及比焓仅为温度的函数,故理想气体的比定容热容及比定压热容也仅是温度的函数。不同气体的比热容随温度而变化的关系可通过实验直接确定。

通常,根据实验数据把理想气体状态下各种气体的比热容表示成随温度而变化的经验公式:

$$c_{p0}=a_0+a_1T+a_2T^2+a_3T^3$$

或

$$c_{V0}=a_0'+a_1T+a_2T^2+a_3T^3$$

对于不同的气体,a_0、a_1、a_2、a_3各有一定的值。按比定压热容和比定容热容的关系式(3-7)可知,$a_0-a_0'=R_g$。书后附表 2 中列出了理想气体状态下各种常用气体的摩尔定压热容的经验公式。在一定温度范围内,按照这些公式计算得到的任意指定温度下气体摩尔热容的数值,称为真实摩尔热容值。将该经验公式代入式(3-1a)及式(3-2a)便可计算理想气体的比热力学能及比焓的变化。

热工计算中,为了简化运算过程,常采用平均比热容值 $c_{p,m}\Big|_{0\ ℃}^{t}$ 或 $c_{V,m}\Big|_{0\ ℃}^{t}$ 制成的平均比热容表。$c_{p,m}\Big|_{0\ ℃}^{t}$ 称为 0 ℃到温度 t 的平均比定压热容(平均质量定压热容),$c_{V,m}\Big|_{0\ ℃}^{t}$ 称为 0 ℃到温度 t 的平均比定容热容(平均质

量定容热容），它们的定义式为

$$c_{p,\mathrm{m}}\Big|_{0\,℃}^{t}=\frac{1}{t}\int_{0\,℃}^{t}c_{p0}\mathrm{d}t$$

$$c_{V,\mathrm{m}}\Big|_{0\,℃}^{t}=\frac{1}{t}\int_{0\,℃}^{t}c_{V0}\mathrm{d}t$$

利用平均比热容，便可把计算比热力学能变化及比焓变化时所进行的积分运算改变成算术运算，即按

$$\int_{T_1}^{T_2}c_{p0}\mathrm{d}T=\int_{t_1}^{t_2}c_{p0}\mathrm{d}t=\int_{0\,℃}^{t_2}c_{p0}\mathrm{d}t-\int_{0\,℃}^{t_1}c_{p0}\mathrm{d}t$$

可得

$$\int_{T_1}^{T_2}c_{p0}\mathrm{d}T=c_{p,\mathrm{m}}\Big|_{0\,℃}^{t_2}t_2-c_{p,\mathrm{m}}\Big|_{0\,℃}^{t_1}t_1 \tag{3-11}$$

同样

$$\int_{T_1}^{T_2}c_{V0}\mathrm{d}T=c_{V,\mathrm{m}}\Big|_{0\,℃}^{t_2}t_2-c_{V,\mathrm{m}}\Big|_{0\,℃}^{t_1}t_1 \tag{3-11a}$$

表 3-1、表 3-2 分别列出了理想气体状态下各种常用气体的平均比定压热容及平均比定容热容的数值。

表 3-1　理想气体状态下气体的平均比定压热容 $c_{p,\mathrm{m}}\Big|_{0\,℃}^{t}$　kJ/(kg · K)

温度/℃	O_2	N_2	CO	CO_2	H_2O	SO_2	空气
0	0.915	1.039	1.040	0.815	1.859	0.607	1.004
100	0.923	1.040	1.042	0.866	1.873	0.636	1.006
200	0.935	1.043	1.046	0.910	1.894	0.662	1.012
300	0.950	1.049	1.054	0.949	1.919	0.687	1.019
400	0.965	1.057	1.063	0.983	1.948	0.708	1.028
500	0.979	1.066	1.075	1.013	1.978	0.724	1.039
600	0.993	1.076	1.086	1.040	2.009	0.737	1.050
700	1.005	1.087	1.098	1.064	2.042	0.754	1.061
800	1.016	1.097	1.109	1.085	2.075	0.762	1.071
900	1.026	1.108	1.120	1.104	2.110	0.775	1.081
1 000	1.035	1.118	1.130	1.122	2.144	0.783	1.091
1 100	1.043	1.127	1.140	1.138	2.177	0.791	1.100
1 200	1.051	1.136	1.149	1.153	2.211	0.795	1.108
1 300	1.058	1.145	1.158	1.166	2.243	—	1.117
1 400	1.065	1.153	1.166	1.178	2.274	—	1.124
1 500	1.071	1.160	1.173	1.189	2.305	—	1.131
1 600	1.077	1.167	1.180	1.200	2.335	—	1.138
1 700	1.083	1.174	1.187	1.209	2.363	—	1.144
1 800	1.089	1.180	1.192	1.218	2.391	—	1.150

续表

温度/℃	O_2	N_2	CO	CO_2	H_2O	SO_2	空气
1 900	1.094	1.186	1.198	1.226	2.417	—	1.156
2 000	1.099	1.191	1.203	1.233	2.442	—	1.161
2 100	1.104	1.197	1.208	1.241	2.466	—	1.166
2 200	1.109	1.201	1.213	1.247	2.489	—	1.171
2 300	1.114	1.206	1.218	1.253	2.512	—	1.176
2 400	1.118	1.210	1.222	1.259	2.533	—	1.180
2 500	1.123	1.214	1.226	1.264	2.554	—	1.184
2 600	1.127	—	—	—	2.574	—	—
2 700	1.131	—	—	—	2.594	—	—
2 800	—	—	—	—	2.612	—	—
2 900	—	—	—	—	2.630	—	—
3 000	—	—	—	—	—	—	—

表 3-2 理想气体状态下气体的平均比定容热容 $c_{V,m}\Big|_{0\,℃}^{t}$ kJ/(kg · K)

温度/℃	O_2	N_2	CO	CO_2	H_2O	SO_2	空气
0	0.655	0.742	0.743	0.626	1.398	0.477	0.716
100	0.663	0.744	0.745	0.677	1.411	0.507	0.719
200	0.675	0.747	0.749	0.721	1.432	0.532	0.724
300	0.690	0.752	0.757	0.760	1.457	0.557	0.732
400	0.705	0.760	0.767	0.794	1.486	0.573	0.741
500	0.719	0.769	0.777	0.824	1.516	0.595	0.752
600	0.733	0.779	0.789	0.851	1.547	0.607	0.762
700	0.745	0.790	0.801	0.875	1.581	0.624	0.773
800	0.756	0.801	0.812	0.896	1.614	0.632	0.784
900	0.766	0.811	0.823	0.916	1.648	0.645	0.794
1 000	0.775	0.821	0.834	0.933	1.682	0.653	0.804
1 100	0.783	0.830	0.843	0.950	1.716	0.662	0.813
1 200	0.791	0.839	0.857	0.964	1.749	0.666	0.821
1 300	0.798	0.848	0.861	0.977	1.781	—	0.829
1 400	0.805	0.856	0.869	0.989	1.813	—	0.937
1 500	0.811	0.863	0.876	1.001	1.843	—	0.844
1 600	0.817	0.870	0.833	1.011	1.873	—	0.851
1 700	0.823	0.877	0.839	1.020	1.902	—	0.857
1 800	0.829	0.883	0.896	1.029	1.929	—	0.863
1 900	0.834	0.889	0.901	1.037	1.955	—	0.869
2 000	0.839	0.894	0.906	1.045	1.980	—	0.874
2 100	0.844	0.900	0.911	1.052	2.005	—	0.879

续表

温度/℃	O_2	N_2	CO	CO_2	H_2O	SO_2	空气
2 200	0.849	0.905	0.916	1.058	2.028	—	0.884
2 300	0.854	0.909	0.921	1.064	2.050	—	0.889
2 400	0.858	0.914	0.925	1.070	2.072	—	0.893
2 500	0.863	0.918	0.929	1.075	2.093	—	0.987
2 600	0.868	—	—	—	2.113	—	—
2 700	0.872	—	—	—	2.132	—	—
2 800	—	—	—	—	2.151	—	—
2 900	—	—	—	—	2.168	—	—
3 000	—	—	—	—	—	—	—

实际应用中，在定性地分析或计算时，为了简化运算过程，常把比热容看作定值，并把 25 ℃时理想气体状态下各种气体的实验数据确定为定值比热容的值。书后附表 1 中列有常用气体的定值比热容的数值。

例 3-1　水力测功器用于测定发动机功率。当发动机带动测功器转子搅动机壳中的水而消耗功时，水获得能量而温度升高。设水流过测功器时的允许温升最多不超过 40 ℃。已知所测定的发动机的功率为 80 kW，试求流过水力测功器的水的必需最小流量。

解　假设测功器向环境的散热量可忽略不计，水流的动能变化和重力势能变化很小，亦可以忽略不计，则由稳定流动能量方程式可以得到

$$P_s = q_m(h_2 - h_1)$$

在测功器中水受搅拌时，水的压力保持不变，故可得到

$$dh = \left(\frac{\partial h}{\partial T}\right)_p dT = c_p dT$$

水的比热容变化很小，通常按比热容为定值考虑，上式积分得

$$h_2 - h_1 = \int_1^2 c_p dT = c_p(T_2 - T_1)$$

设 $c_p = 4.187$ kJ/(kg · K)，于是水的流量至少为

$$q_m = \frac{|P_s|}{h_2 - h_1} = \frac{|P_s|}{c_p(T_2 - T_1)}$$

$$= \frac{80\ \text{kW}}{4.187\ \text{kJ/(kg}\cdot\text{K)} \times 40\ \text{K}} = 0.478\ \text{kg/s} = 1\ 720\ \text{kg/h}$$

实际上应比该值大，以保证可靠地工作。

例 3-2　在空气加热器中，空气的温度从 27 ℃升高到 327 ℃，而压力保持不变。试求加热 1 kg 空气所需的热量：(1) 按定值比热容计算；(2) 按比热容随温度变化的经验公式计算；(3) 按平均比热容表计算；(4) 按空气热力性质表计算。

解 由热力学第一定律能量方程式

$$q_{1-2}=(h_2-h_1)+w_t$$

因空气流过加热器的流动动能及重力位能的变化可忽略不计，加热器无轴功输出，故技术功为零，则

$$q_{1-2}=h_2-h_1=\int_1^2 c_{p0}\mathrm{d}T$$

(1) 按定值比热容计算

由附表 1 查得空气的比定压热容为 1.004 kJ/(kg · K)，因而可得加热 1 kg 空气所需的热量为

$$\begin{aligned}q_{1-2}&=h_2-h_1=c_{p0}(T_2-T_1)\\&=1.004\ \mathrm{kJ/(kg\cdot K)}\times(600-300)\ \mathrm{K}=301.2\ \mathrm{kJ/kg}\end{aligned}$$

(2) 按比热容的经验公式计算

由附表 2 可知，空气的摩尔定压热容公式为

$$\begin{aligned}&\{C_{p0,\mathrm{m}}\}_{\mathrm{kJ/(kmol\cdot K)}}\\&=(28.15+1.967\times10^{-3}\{T\}_{\mathrm{K}}+4.801\times10^{-6}\{T\}_{\mathrm{K}}^2-1.966\times10^{-9}\{T\}_{\mathrm{K}}^3)\ \mathrm{kJ/(kmol\cdot K)}\end{aligned}$$

于是得到

$$\begin{aligned}q_{1-2}=h_2-h_1=\frac{1}{M}\int_1^2 C_{p0,\mathrm{m}}\mathrm{d}T=&\frac{1}{28.97\ \mathrm{kg/kmol}}\times\Big[28.15\times(600-300)+\\&1.967\times10^{-3}\times\frac{600^2-300^2}{2}+4.801\times10^{-6}\times\frac{600^3-300^3}{3}-\\&1.966\times10^{-9}\times\frac{600^4-300^4}{4}\Big]\ \mathrm{kJ/(kmol\cdot K)}\\=&309\ \mathrm{kJ/kg}\end{aligned}$$

(3) 按平均比热容表计算

根据表 3-1，经插值计算得空气的平均比定压热容为

$$c_{p,\mathrm{m}}\Big|_{0\ ℃}^{27\ ℃}=1.004\ 5\ \mathrm{kJ/(kg\cdot K)},\quad c_{p,\mathrm{m}}\Big|_{0\ ℃}^{327\ ℃}=1.021\ 2\ \mathrm{kJ/(kg\cdot K)}$$

于是可由式(3-11)得到

$$\begin{aligned}q_{1-2}=h_2-h_1=\int_1^2 c_{p0}\mathrm{d}T&=c_{p,\mathrm{m}}\Big|_{0\ ℃}^{327\ ℃}\times327\ ℃-c_{p,\mathrm{m}}\Big|_{0\ ℃}^{27\ ℃}\times27\ ℃\\&=1.021\ 2\ \mathrm{kJ/(kg\cdot K)}\times327\ \mathrm{K}-1.004\ 5\ \mathrm{kJ/(kg\cdot K)}\times27\ \mathrm{K}\\&=306.81\ \mathrm{kJ/kg}\end{aligned}$$

(4) 按空气热力性质表计算

由附表 3 可知：$T_1=300$ K 时 $h_1=300.19$ kJ/kg；$T_2=600$ K 时 $h_2=607.02$ kJ/kg。于是可得

$$q_{1-2}=h_2-h_1=607.02\ \mathrm{kJ/kg}-300.19\ \mathrm{kJ/kg}=306.83\ \mathrm{kJ/kg}$$

由于空气的热力性质表及平均比热容表都是根据精确的实验数据及理论计算制成的，因此按两者数据计算所得的结果最精确，且两种计算的结果非常一致。实际上，由本例的计算结果看，即使在取值时带入一定误差，两者结果的数值相差仍在 0.1‰的范围内。与这两种方法的计算结果相比，根据比热容经验公式所得的计算结果，其误差在 1%左右；而按定值比热容计算，其误差较大，但应用定值比热容计算最为简便。

3-3　理想气体的熵

在第一章中，根据热量和功的类比关系，说明系统存在一个可作为状态坐标的状态参数熵，在闭口可逆的条件下，可用它来计算系统和外界传递的热量。本节将利用熵的这一性质，来建立理想气体熵变的计算公式。

在可逆过程中，将系统所接受的微量热量除以系统的温度所得的商定义为系统的熵的微分，即

$$\mathrm{d}S=\left(\frac{\delta Q}{T}\right)_{\mathrm{rev}} \tag{3-12}$$

或

$$\mathrm{d}s=\left(\frac{\delta q}{T}\right)_{\mathrm{rev}} \tag{3-12a}$$

式中，下角标 rev 表示可逆过程。如前所述，可逆过程中系统的熵的变化是系统和外界间传递热量的标志。当系统接受热量时系统的熵增加；当系统放出热量时系统的熵减小；而当系统的熵不变时，系统和外界间不传递热量。

根据热力学第一定律的能量方程式，在可逆过程中

$$\delta q=\mathrm{d}u+p\mathrm{d}v$$

$$\delta q=\mathrm{d}h-v\mathrm{d}p$$

可以把熵的微分表示为

$$\mathrm{d}s=\frac{\mathrm{d}u+p\mathrm{d}v}{T}=\frac{\mathrm{d}u}{T}+\frac{p}{T}\mathrm{d}v$$

$$\mathrm{d}s=\frac{\mathrm{d}h-v\mathrm{d}p}{T}=\frac{\mathrm{d}h}{T}-\frac{v}{T}\mathrm{d}p$$

对于理想气体，其比热力学能和比焓的微分可表示为

$$\mathrm{d}u=c_{V0}\mathrm{d}T$$

$$dh = c_{p0}dT$$

又理想气体的状态方程式为

$$pv = R_g T$$

或表示为微分的形式

$$\frac{dp}{p}+\frac{dv}{v}=\frac{dT}{T}$$

把上述关系式代入熵的微分关系式,即可得到理想气体熵的微分表示式为

$$ds = c_{V0}\frac{dT}{T}+R_g\frac{dv}{v} \tag{3-13}$$

$$ds = c_{p0}\frac{dT}{T}-R_g\frac{dp}{p} \tag{3-13a}$$

$$ds = c_{V0}\frac{dp}{p}+c_{p0}\frac{dv}{v} \tag{3-13b}$$

当系统由状态 1 至状态 2 进行了一个过程,且已知比热容随温度而变化的关系时,便可通过以上各式的积分来计算理想气体熵的变化。若把理想气体的比热容看作定值,则过程的熵变可表示为

$$s_2-s_1 = c_{V0}\ln\frac{T_2}{T_1}+R_g\ln\frac{v_2}{v_1} \tag{3-14}$$

$$s_2-s_1 = c_{p0}\ln\frac{T_2}{T_1}-R_g\ln\frac{p_2}{p_1} \tag{3-14a}$$

$$s_2-s_1 = c_{V0}\ln\frac{p_2}{p_1}+c_{p0}\ln\frac{v_2}{v_1} \tag{3-14b}$$

由上列各组计算公式可见,理想气体熵的变化仅与过程始末的状态有关,而与过程的中间变化过程无关。这就证明理想气体的熵是一个状态参数。根据这个性质,当理想气体状态变化时,不管经过的是可逆过程还是不可逆过程,只要知道初始状态与终了状态的任意两个状态参数,就可按上述公式计算理想气体的熵的变化。

若气体温度变化较大或计算精度要求较高,则不能按定值比热容计算理想气体的熵的变化,而必须按照比热容随温度而变化的关系,通过式(3-13)~式(3-13b)的积分进行计算。在热工计算中,为了避免积分运算,可利用有关熵的数值表进行计算。在气体热力性质表中列出了标准状态熵 s^0 的值。

标准状态熵的定义式为

$$s^0=\int_{T_0}^{T}c_{p0}\frac{\mathrm{d}T}{T} \tag{3-15}$$

式中，T_0为制表时规定的参考零点的温度。按照定义，标准状态熵的数值仅为温度 T 的函数，故在气体热力性质表中按温度列出 s^0的数值。根据理想气体熵变化的计算式，有

$$s_2-s_1=\int_{T_1}^{T_2}c_{p0}\frac{\mathrm{d}T}{T}-R_g\ln\frac{p_2}{p_1}$$

$$=\int_{T_0}^{T_2}c_{p0}\frac{\mathrm{d}T}{T}-\int_{T_0}^{T_1}c_{p0}\frac{\mathrm{d}T}{T}-R_g\ln\frac{p_2}{p_1}$$

于是，根据标准状态熵 s^0的定义式，可以得到

$$s_2-s_1=s_2^0-s_1^0-R_g\ln\frac{p_2}{p_1} \tag{3-16}$$

只要在气体热力性质表中查得 T_1及 T_2温度下 s^0的数值，便可利用该式计算得到变比热容理想气体熵变化的精确数值。

例 3-3 有 0.5 m^3空气，其温度 $t_1=150$ ℃、压力 $p_1=0.3$ MPa。若空气进行一个膨胀过程，其压力降至 $p_2=0.08$ MPa，温度降至 20 ℃。试求空气熵的变化：(1) 按定值比热容计算；(2) 按空气热力性质表计算。

解 根据理想气体的熵的性质，只要初态和终态已知，便可求得初态至终态理想气体的熵的变化，而不必知道气体变化所经过的过程，也不管过程是否为可逆过程还是不可逆过程。

理想气体熵变化的计算式为

$$S_2-S_1=m(s_2-s_1)=m\left[\int_1^2 c_{p0}\frac{\mathrm{d}T}{T}-R_g\ln\frac{p_2}{p_1}\right]$$

按理想气体状态方程式，空气的质量为

$$m=\frac{p_1V_1}{R_gT_1}$$

查附表 1，空气的 $R_g=0.287\ 1$ kJ/(kg · K)，故得

$$m=\frac{0.3\times10^6\ \mathrm{Pa}\times0.5\ \mathrm{m}^3}{287.1\ \mathrm{J/(kg\cdot K)}\times(273+150)\ \mathrm{K}}=1.235\ \mathrm{kg}$$

(1) 当比热容为定值时，比熵的变化为

$$s_2-s_1=c_{p0}\ln\frac{T_2}{T_1}-R_g\ln\frac{p_2}{p_1}$$

查附表 1，空气的 $c_{p0}=1.004$ kJ/(kg · K)，故得

$$s_2-s_1=1.004\ \text{kJ/(kg·K)}\times\ln\frac{293\ \text{K}}{423\ \text{K}}-0.287\ 1\ \text{kJ/(kg·K)}\times\ln\frac{0.08\times10^6\ \text{Pa}}{0.3\times10^6\ \text{Pa}}$$
$$=0.010\ 8\ \text{kJ/(kg·K)}$$

于是质量为 m 的空气的熵变为

$$S_2-S_1=m(s_2-s_1)=1.235\ \text{kg}\times0.010\ 8\ \text{kJ/(kg·K)}=0.013\ 3\ \text{kJ/K}=13.3\ \text{J/K}$$

（2）按热力性质表计算时，比熵的变化为

$$s_2-s_1=s_2^0-s_1^0-R_g\ln\frac{p_2}{p_1}$$

查附表 3 得：$T_2=293$ K 时，$s_2^0=1.678\ 3$ kJ/(kg·K)；$T_1=423$ K 时，$s_1^0=2.048\ 6$ kJ/(kg·K)。故得

$$s_2-s_1=1.678\ 3\ \text{kJ/(kg·K)}-2.048\ 6\ \text{kJ/(kg·K)}-0.287\ 1\ \text{kJ/(kg·K)}\times\ln\frac{0.08\times10^6\ \text{Pa}}{0.3\times10^6\ \text{Pa}}$$
$$=0.009\ 18\ \text{kJ/(kg·K)}=9.18\ \text{J/(kg·K)}$$

于是质量为 m 的空气的熵变为

$$S_2-S_1=m(s_2-s_1)=1.235\ \text{kg}\times9.18\ \text{J/(kg·K)}=11.34\ \text{J/K}$$

3-4 理想气体混合物

能量转换装置所用的气体大部分不是单一气体，而是由多种气体组成的混合物。例如空气是由氮、氧等组成的，燃烧产物是由氮、氧、二氧化碳和水蒸气等组成的。如果混合物内的各组成气体具有理想气体的性质，那么混合物内各组成气体分子的体积及分子间作用力同样可以忽略不计，即该混合物也具有理想气体的性质。在平衡状态下，理想气体混合物的压力、温度和比体积间的关系也遵守理想气体状态方程式，即

$$pV=nRT$$

既然理想气体混合物内各组成气体分子间没有作用力且分子体积可以忽略不计，因而各组成气体的分子间互相不影响各自的行为，就如同各自单独存在时一样。这样就可先按各组成气体进行分析，然后简单叠加起来得到理想气体混合物的整体性质。

根据质量守恒定律，混合物的质量应为各组成气体的质量的总和，即

$$m=m_1+m_2+\cdots+m_i+\cdots+m_n$$

同样，混合物中包含的分子数应为各组成气体分子数的总和，也即混合物物

质的量应为各组成气体物质的量的总和,即

$$n=n_1+n_2+\cdots+n_i+\cdots+n_n$$

以上两式中,下角标表示某种组成气体,而无下角标的物理量是相应于混合物的量。

一、分压力和分容积

若混合物中的某种组成气体单独占有混合物的容积并具有与混合物相同的温度,则它的压力称为混合物中该组成气体的分压力。用 p_i 表示第 i 种组成气体的分压力,根据理想气体状态方程,其值为

$$p_i=\frac{n_iRT}{V}$$

于是各组成气体分压力的总和为

$$\sum_{i=1}^{n} p_i=\frac{RT}{V}\sum_{i=1}^{n} n_i=n\frac{RT}{V}$$

即

$$p_1+p_2+\cdots+p_n=p \tag{3-17}$$

上式说明:理想气体混合物的压力等于各组成气体分压力的总和。这就是道尔顿定律。

若某种组成气体具有与混合物相同的温度及压力而单独存在,则它占有的容积称为分容积。用 V_i 表示第 i 种组成气体的分容积,则有

$$V_i=\frac{n_iRT}{p}$$

各组成气体分容积的总和为

$$\sum_{i=1}^{n} V_i=\frac{RT}{p}\sum_{i=1}^{n} n_i=n\frac{RT}{p}$$

即

$$V_1+V_2+\cdots+V_n=V \tag{3-18}$$

上式说明:理想气体混合物的容积等于各组成气体分容积的总和。这就是阿马加定律。

如果取第 i 种组成气体,按分压力及分容积分别列出其状态方程式,则有

$$p_iV=n_iRT$$

$$pV_i=n_iRT$$

对比两式即可得到

$$\frac{p_i}{p}=\frac{V_i}{V} \tag{3-19}$$

即组成气体的分压力与混合物压力之比等于其分容积与混合物总容积之比。

二、混合物的组成

一般用组成气体的含量与混合物总量的比值来表示混合物的组成，由于物量可以按质量、物质的量或体积表示，故混合物中各组成气体的含量与混合物总量的比值可表示为质量分数 w_i、摩尔分数 y_i或体积分数 φ_i，即

$$w_i=\frac{m_i}{m}$$

$$y_i=\frac{n_i}{n}$$

$$\varphi_i=\frac{V_i}{V}$$

显然各组成气体的分数的总和为 1，即

$$w_1+w_2+\cdots+w_n=1$$

$$y_1+y_2+\cdots+y_n=1$$

$$\varphi_1+\varphi_2+\cdots+\varphi_n=1$$

混合物组成气体的分数的各种表示法之间存在一定的换算关系。由

$$\varphi_i=\frac{V_i}{V}=\frac{n_iRT/p}{nRT/p}=\frac{n_i}{n}$$

得

$$\varphi_i=y_i \tag{3-20}$$

由

$$w_i=\frac{m_i}{m}=\frac{n_iM_i}{nM}$$

得

$$w_i=y_i\frac{M_i}{M} \tag{3-21}$$

由

$$w_i=\frac{m_i}{m}=\frac{V_i\rho_i}{V\rho}$$

得

$$w_i=\varphi_i\frac{\rho_i}{\rho} \tag{3-22}$$

式中，M、ρ 为混合物的摩尔质量及密度，可按下述方法求取。

三、混合物的密度、摩尔质量及折合气体常数

由密度的定义可知，混合物的密度为

$$\rho=\frac{m}{V}=\frac{m_1+m_2+\cdots+m_n}{V}=\frac{\rho_1 V_1+\rho_2 V_2+\cdots+\rho_n V_n}{V}$$

即

$$\rho=\rho_1\varphi_1+\rho_2\varphi_2+\cdots+\rho_n\varphi_n \tag{3-23}$$

也可按下列关系得到混合物的密度，即

$$\rho=\frac{m}{V}=\frac{m}{V_1+V_2+\cdots+V_n}=m\Bigg/\left(\frac{m_1}{\rho_1}+\frac{m_2}{\rho_2}+\cdots+\frac{m_n}{\rho_n}\right)$$

即

$$\rho=1\Bigg/\left(\frac{w_1}{\rho_1}+\frac{w_2}{\rho_2}+\cdots+\frac{w_n}{\rho_n}\right) \tag{3-24}$$

由摩尔质量的定义，混合物的摩尔质量为

$$M=\frac{m}{n}=\frac{m}{n_1+n_2+\cdots+n_n}=m\Bigg/\left(\frac{m_1}{M_1}+\frac{m_2}{M_2}+\cdots+\frac{m_n}{M_n}\right)$$

即

$$M=1\Bigg/\left(\frac{w_1}{M_1}+\frac{w_2}{M_2}+\cdots+\frac{w_n}{M_n}\right) \tag{3-25}$$

也可按下列关系得到混合物的摩尔质量，即

$$M=\frac{m}{n}=\frac{m_1+m_2+\cdots+m_n}{n}=\frac{n_1M_1+n_2M_2+\cdots+n_nM_n}{n}$$

即

$$M=y_1M_1+y_2M_2+\cdots+y_nM_n \tag{3-26}$$

根据混合物的摩尔质量，可以求得理想气体混合物的折合气体常数。按

$$R_g=\frac{R}{M}$$

利用式(3-26)、(3-25)即可得到

$$R_g=R/(y_1M_1+y_2M_2+\cdots+y_nM_n) \tag{3-27}$$

及

$$R_g=R\left(\frac{w_1}{M_1}+\frac{w_2}{M_2}+\cdots+\frac{w_n}{M_n}\right) \tag{3-28}$$

以上两式还可写为

$$R_g=1\Bigg/\left(\frac{y_1}{R_{g1}}+\frac{y_2}{R_{g2}}+\cdots+\frac{y_n}{R_{gn}}\right) \tag{3-29}$$

及

$$R_g=w_1R_{g1}+w_2R_{g2}+\cdots+w_nR_{gn} \tag{3-30}$$

四、理想气体混合物的热力学能及焓

根据能量守恒原理,各组成气体无论分开或混合在一起,其热力学能保持不变。因而混合物的热力学能可表示为

$$U=U_1+U_2+\cdots+U_n \tag{3-31}$$

若把上式改写为

$$mu=m_1u_1+m_2u_2+\cdots+m_nu_n$$

于是可得混合物的比热力学能为

$$u=w_1u_1+w_2u_2+\cdots+w_nu_n \tag{3-31a}$$

即混合物的比热力学能为各组成气体的比热力学能和质量分数乘积的总和。

根据焓的定义及阿马加定律,理想气体混合物的焓可表示为

$$\begin{aligned}H&=U+pV\\&=(U_1+U_2+\cdots+U_n)+p(V_1+V_2+\cdots+V_n)\end{aligned}$$

即

$$H=H_1+H_2+\cdots+H_n \tag{3-32}$$

若把上式改写为

$$mh=m_1h_1+m_2h_2+\cdots+m_nh_n$$

则可得理想气体混合物的比焓为

$$h=w_1h_1+w_2h_2+\cdots+w_nh_n \tag{3-32a}$$

即理想气体混合物的比焓为各组成气体的比焓与质量分数乘积的总和。

五、理想气体混合物的热容

理想气体混合物的比热容,可利用比热力学能及比焓对温度求导数得到。按理想气体比定容热容的关系式(3-5),有

$$c_{V0}=\frac{\mathrm{d}u}{\mathrm{d}T}=\frac{\mathrm{d}}{\mathrm{d}T}(w_1u_1+w_2u_2+\cdots+w_nu_n)$$

即

$$c_{V0}=w_1c_{V0,1}+w_2c_{V0,2}+\cdots+w_nc_{V0,n} \tag{3-33}$$

按理想气体比定压热容的关系式(3-6),有

$$c_{p0}=\frac{\mathrm{d}h}{\mathrm{d}T}=\frac{\mathrm{d}}{\mathrm{d}T}(w_1h_1+w_2h_2+\cdots+w_nh_n)$$

即

$$c_{p0}=w_1c_{p0,1}+w_2c_{p0,2}+\cdots+w_nc_{p0,n} \tag{3-34}$$

上两式说明：理想气体混合物的比热容为各组成气体的比热容与质量分数乘积的总和。

理想气体混合物的摩尔热容可利用摩尔热容和比热容的关系求得。根据式(1-17)，可把式(3-34)改写为

$$\frac{C_{p0,\mathrm{m}}}{M}=w_1\frac{C_{p0,\mathrm{m},1}}{M_1}+w_2\frac{C_{p0,\mathrm{m},2}}{M_2}+\cdots+w_n\frac{C_{p0,\mathrm{m},n}}{M_n}$$

把混合物成分间的关系式(3-21)，即 $w_i=y_i(M_i/M)$ 代入上式，即可得到理想气体混合物的摩尔热容为

$$C_{p0,\mathrm{m}}=y_1C_{p0,\mathrm{m},1}+y_2C_{p0,\mathrm{m},2}+\cdots+y_nC_{p0,\mathrm{m},n} \tag{3-35}$$

同样可以由式(3-33)导得

$$C_{V0,\mathrm{m}}=y_1C_{V0,\mathrm{m},1}+y_2C_{V0,\mathrm{m},2}+\cdots+y_nC_{V0,\mathrm{m},n} \tag{3-36}$$

上两式说明：理想气体混合物的摩尔热容为各组成气体摩尔热容与摩尔成分乘积的总和。

例 3-4 有两个刚性绝热容器，容器 A 中有 0.3 kg 氧气，其温度为 20 ℃；容器 B 中有 0.2 kg一氧化碳，其温度为 100 ℃。若连通两个容器，使两种气体混合，求混合气体的温度。

解 取两个容器中的气体作为一个系统，则当两个容器内气体相混合时，系统和外界没有任何能量和质量的交换，该系统为一个孤立系统。按热力学第一定律，孤立系统中热力学能始终保持不变。如用状态 1 表示混合前的状态，用状态 2 表示混合后的状态，则可以得到

$$U_{\mathrm{A1}}+U_{\mathrm{B1}}=U_{\mathrm{A2}}+U_{\mathrm{B2}}$$

为便于分析，设比热容为定值，则混合过程中两种气体热力学能的变化各为

$$U_{\mathrm{A2}}-U_{\mathrm{A1}}=m_{\mathrm{A}}\int_{T_{\mathrm{A1}}}^{T_2}c_{V0,\mathrm{A}}\mathrm{d}T=m_{\mathrm{A}}c_{V0,\mathrm{A}}(T_2-T_{\mathrm{A1}})$$

$$U_{\mathrm{B2}}-U_{\mathrm{B1}}=m_{\mathrm{B}}\int_{T_{\mathrm{B1}}}^{T_2}c_{V0,\mathrm{B}}\mathrm{d}T=m_{\mathrm{B}}c_{V0,\mathrm{B}}(T_2-T_{\mathrm{B1}})$$

把以上二式代入上面能量守恒关系式，可以得到

$$m_{\mathrm{A}}c_{V0,\mathrm{A}}(T_2-T_{\mathrm{A1}})=m_{\mathrm{B}}c_{V0,\mathrm{B}}(T_{\mathrm{B1}}-T_2)$$

于是解出混合气体的温度为

$$T_2=\frac{m_{\mathrm{A}}c_{V0,\mathrm{A}}T_{\mathrm{A1}}+m_{\mathrm{B}}c_{V0,\mathrm{B}}T_{\mathrm{B1}}}{m_{\mathrm{A}}c_{V0,\mathrm{A}}+m_{\mathrm{B}}c_{V0,\mathrm{B}}}$$

由附表 1 查得：氧气的 $c_{V0}=0.657\ \mathrm{kJ/(kg\cdot K)}$，一氧化碳的 $c_{V0}=0.745\ \mathrm{kJ/(kg\cdot K)}$。代入上式得

$$T_2=\frac{0.3\ \mathrm{kg}\times0.657\ \mathrm{kJ/(kg\cdot K)}\times293\ \mathrm{K}+0.2\ \mathrm{kg}\times0.745\ \mathrm{kJ/(kg\cdot K)}\times373\ \mathrm{K}}{0.3\ \mathrm{kg}\times0.657\ \mathrm{kJ/(kg\cdot K)}+0.2\ \mathrm{kg}\times0.745\ \mathrm{kJ/(kg\cdot K)}}=327.4\ \mathrm{K}$$

$$t_2=54.4\ ℃$$

六、理想气体混合物的熵

与理想气体混合物的热力学能和焓关系式的推导相同,理想混合气体的熵可表示为

$$S=S_1+S_2+\cdots+S_n \tag{3-37}$$

上式也可改写为

$$ms=m_1s_1+m_2s_2+\cdots+m_ns_n$$

于是可得混合物的比熵为

$$s=w_1s_1+w_2s_2+\cdots+w_ns_n \tag{3-37a}$$

需要说明的是,由于理想气体的熵不仅是温度的函数,而且还与压力(或比体积)有关,因此式(3-37a)中各组成气体的熵值应该是处于混合气体温度 T 及各自分压力 p_i 状态下的熵值。组成气体的熵变可由理想气体熵变化的计算公式(3-13)、(3-13a)和式(3-37b)求出,例如:

$$\mathrm{d}s_i=c_{p0,i}\frac{\mathrm{d}T}{T}-R_{gi}\frac{\mathrm{d}p_i}{p_i}$$

因此,混合气体的熵变为

$$\mathrm{d}s=\sum_{i=1}^{n}w_ic_{p0,i}\frac{\mathrm{d}T}{T}-\sum_{i=1}^{n}w_iR_{gi}\frac{\mathrm{d}p_i}{p_i}$$

此外,如果已经求得理想气体混合物的热容及折合气体常数,也可按理想气体熵变化的计算公式直接求取理想气体混合物的熵变化。

思 考 题

3-1 试说明理想气体的热力学能和焓的特点。

3-2 按 $(\partial u/\partial T)_V$ 及 $(\partial h/\partial T)_p$ 和按 $(\delta q/\partial T)_V$ 及 $(\delta q/\partial T)_p$ 定义比定容热容和比定压热容,两者有什么共同点和不同点?

3-3 理想气体比热容和一般物质的比热容有什么不同?

3-4 试说明比热容计算中应用定值比热容、变值比热容和平均比热容几种方法的意义。

3-5 试根据理想气体的熵的性质说明自由膨胀实验中空气熵的变化。

习　题

3-1　有 1 kg 氮气，若在定容条件下受热，温度由 100 ℃ 升高到 500 ℃，试求过程中氮所吸收的热量。

3-2　有 1 mol 二氧化碳，在定压条件下受热，其温度由 800 K 升高到 1 000 K，试求按定值比热容计算所引起的误差并分析其原因。

3-3　有一个小气瓶，内装压力为 20 MPa、温度为 20 ℃ 的氮气 10 cm^3。该气瓶放置在一个 0.01 m^3 的绝热容器中，设容器内为真空。试求当小瓶破裂而气体充满容器时气体的压力及温度，并分析小瓶破裂时气体变化经历的过程。

3-4　有一储气罐，罐中压缩空气的压力为 1.5 MPa、温度为 37 ℃，现用去部分压缩空气，罐内压力降为 1 MPa，温度降为 3.1 ℃。假设耗气时储气罐和环境的热交换可忽略不计，试说明罐内所剩空气在储气罐耗气过程中所进行的能量转换过程及其输出能量的数量。

3-5　内燃机用增压器的进气压力为 0.1 MPa、进气温度为 27 ℃，而供给内燃机的气体压力为 0.2 MPa、温度为 92.7 ℃。设增压器中空气的压缩过程可视为绝热的稳定流动过程，且进、出口流速及位置高度的变化可忽略不计，试求增压器消耗的功。

3-6　有一输气管断裂，管中压缩空气以高速喷出。设压缩空气的压力为 0.15 MPa、温度为 30 ℃，当喷至压力等于 0.1 MPa 的环境中时，气流的温度降至 0 ℃。试求喷出气流的流速，并说明必要的假设条件。

3-7　有 1 mol 氧气，设其温度为 300 K，因受热而升温至 520 K，设比热容按经验公式变化，试计算氧气的热力学能变化。

3-8　设在定压条件下加热 1 mol 氧，使其温度升高 220 ℃，若初始温度分别为 300 K 及 800 K，试求后者所需热量为前者的几倍，并说明其原因。

3-9　根据氮的热力性质表中 25 ℃ 及 327 ℃ 时氮的焓数值，试求氮的平均比定压热容 $c_{p,m}\Big|_{25\ ℃}^{327\ ℃}$ 的数值。

3-10　有 0.2 kg 空气，其压力为 0.1 MPa、温度为 27 ℃，若在定温下压缩使其压力增加到 0.15 MPa，试求其熵的变化。

3-11　有 1 mol 氧，其温度由 300 K 升高至 600 K，且压力由 0.2 MPa 降低

到 0.15 MPa,试求其熵的变化:(1) 按氧的热力性质表计算;(2) 按定值比热容计算。

3-12　有一空储气罐自输气总管充气,若总管中空气的压力为 0.6 MPa、温度为 27 ℃,试求:(1) 当罐内压力达到 0.6 MPa 时罐内空气的温度;(2) 罐内温度和输气总管内空气温度的关系。

3-13　图 3-3 所示气缸中的气体为氢气。设气体受热膨胀推动重物及活塞上升,至销钉处后活塞受阻,但仍继续使气体受热一段时间。已知该过程中气体接受的热量为 4 000 kJ/kg,气体温度由 27 ℃升高到 327 ℃。试求过程中气体所作的功及活塞到达销钉时气体的温度。

3-14　图 3-4 所示为自输气总管向气缸绝热送气,设输气总管中空气压力为0.6 MPa,温度为 27 ℃,而气缸中活塞及重物产生的压力为 0.2 MPa。试求送气过程中气缸内空气的温度。

3-15　图 3-5 所示为自输气总管向气缸绝热充气,设输气总管中空气的压力为 0.6 MPa、温度为 27 ℃,而弹簧变形正比于压缩力。试求充气终了时气缸内空气的温度。

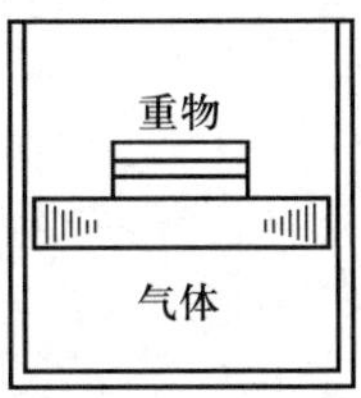

图 3-3

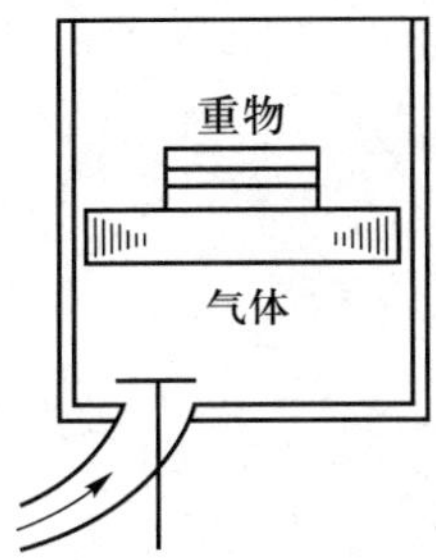

图 3-4

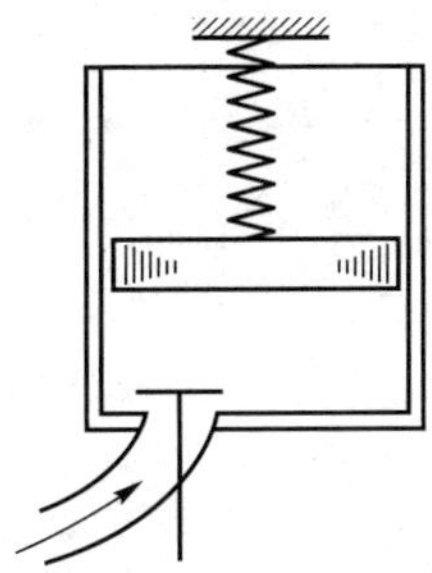

图 3-5

3-16　有 50 kg 废气,其质量分数为 $w_{CO_2}=0.14$、$w_{O_2}=0.06$、$w_{H_2O}=0.05$、$w_{N_2}=0.75$。又有 75 kg 空气,其质量分数为 $w_{O_2}=0.232$、$w_{N_2}=0.768$。试求两者混合物的:(1) 质量分数;(2) 摩尔质量;(3) 折合气体常数。

3-17　汽油发动机吸入气缸的是空气和汽油蒸气的混合物,其中汽油的质量分数 $w_g=0.06$。若汽油的相对分子质量为 114,混合气的压力为 0.095 MPa,试求:(1) 空气和汽油蒸气的分压力;(2) 混合气的摩尔质量;(3) 混合气的折合气体常数。

3-18 已知空气的质量分数为 $w_{O_2}=0.23$、$w_{N_2}=0.77$，空气的温度为 25 ℃。试求：(1) 按氧及氮的热力性质表求取空气的热力学能及焓；(2) 按氧和氮的定值比热容计算空气的定值比热容。

3-19 燃烧气体的分数为 $w_{CO_2}=0.12$、$w_{H_2O}=0.03$、$w_{O_2}=0.07$、$w_{N_2}=0.78$。设比热容为定值，试求燃烧气体的定值比热容的数值。

3-20 有一密封容器，用隔板分成 A、B 两部分，并各充有压缩空气。已知：$V_A=2.5\ \mathrm{m^3}$，$p_A=6.86\times10^5$ pa，$t_A=80$ ℃；$V_B=1\ \mathrm{m^3}$，$p_B=9.8\times10^5$ Pa，$t_B=30$ ℃。现抽去隔板使两部分混合，若混合过程中容器向外散热 41 900 J，设比热容为定值，试求混合后空气的温度及压力。

3-21 在密闭的绝热气缸中，活塞把气缸分成 A、B 两部分，设 A、B 两部分中都充有某种理想气体，而 p_A、p_B，V_A、V_B，T_A、T_B，n_A、n_B 等均为已知。现使 A、B 两部分气体通过活塞传热及移动活塞而使两部分达到相同的温度及压力。设比热容为定值，活塞和气缸的摩擦可忽略不计，试证明：

$$T=T_A\frac{n_A}{n_A+n_B}+T_B\frac{n_B}{n_A+n_B},\quad p=p_A\frac{V_A}{V_A+V_B}+p_B\frac{V_B}{V_A+V_B}$$

第四章

理想气体的热力过程

在能量转换装置中，工质通过不同的热力过程而实现能量转换。因此，研究各种热力过程的特点、确定热力过程中工质状态变化的规律及能量转换的规律，是热力分析的重要内容。不同性质的工质在同一热力过程中的参数变化规律也不同。本章只讨论理想气体的热力过程。

4-1 热力过程分析概述

为了从理论上研究能量转换装置中的能量转换过程，热力学中把装置的工作循环概括为工质的热力循环，并通过对热力循环的分析找出装置中能量转换的规律。在分析热力循环时，通常把整个循环分成几个典型的热力过程，并逐一分析各个热力过程中能量转换的规律。能量转换装置中工质状态变化的热力过程常可近似地看作定容过程、定压过程、定温过程、定熵过程及多变过程等，本章将分别讨论这些热力过程。

分析热力过程的主要目的有两个：① 确定过程中能量转换的关系，也就是要确定热力过程中系统与外界所交换的功量与热量、系统本身的热力学能及焓的变化等；② 分析过程中系统的状态参数如温度、压力、比体积及熵的变化规律。

工程上通常所用的能量转换设备，按其常用工作情况，都可看作闭口系统或稳定流动的开口系统。当一个闭口系统和外界间发生作用时，系统的状态就发生一系列的变化而实现能量转换。对应于一定的状态变化过程就有一定的能量转换规律。对于一个稳定流动的开口系统，则依靠工质不断地由进口流到出口的过程中和外界间发生作用，其状态发生连续的变化而实现能量转换。由稳定流动过程的性质可知，相继流过系统的工质，其状态变化过程及能量转换均保持相同，并且对应于一定的状态变化过程有一定的能量转换规律。因此，从工质的状态变化过程、能量转换规律和这两者间的关系来说，闭口系统和稳定流动的开口系统的情况是完全一样的。所不同的地方，如第二章中讨论的，只是在闭口系统中由热能转换所得到的机械能通常表现为容积变化功，而在稳定流动过程中由热能转换所得的机械能可表现为轴功、净推动功、工质的流动动能和重力位能的增量等多种形式。因此，在以后各节讨论各种热力过程时，凡是有关热力过程的基本性质方面的内容，对于闭口系统和稳定流动的开口系统都是适用的。

只有在无耗散的准静态过程，即可逆过程中，系统的状态变化关系及能量转换规律才能简单地确定，因而本章只讨论理想气体所进行的可逆热力过程。

分析热力过程的一般方法和步骤如下：

(1) 根据热力过程的特征确定过程方程式。过程方程式是指以基本状态参数 p、v、T 来表征过程特点的方程式。

(2) 在状态参数坐标图（$p-v$ 和 $T-s$ 图）上绘出过程曲线。依照状态参数坐标图上的过程曲线，可定性地分析过程中状态参数变化的情况以及过程中能量交换的情况。

(3) 确定过程初终态基本状态参数 p、v、T 的关系，以及过程中系统内的热力学能、焓和熵的变化（Δu、Δh 和 Δs）。理想气体热力学能、焓和熵变化的计算已在第三章中讨论过，本节中不再对相关的计算进行讨论。

(4) 计算过程功量和热量。热力过程中系统与外界交换的功量和热量，可根据具体的条件采用不同的方法来求得。例如，可利用热力学第一定律，由能量方程

$$q_{1-2}=\Delta u+w_{1-2}$$

以及

$$q_{1-2}=\Delta h+\frac{1}{2}\Delta c_{\mathrm{f}}^{2}+g\Delta z+w_{\mathrm{s},1-2}$$

来求得。

对于本章所讨论的可逆过程,也可利用过程中状态参数的变化规律来求得。如

$$w_{1-2}=\int_1^2 p\mathrm{d}v=\int_1^2 f(v)\mathrm{d}v$$

或
$$w_{t,1-2}=-\int_1^2 v\mathrm{d}p=-\int_1^2 f(p)\mathrm{d}p$$

在稳定流动的条件下,当工质的流动动能和重力位能的变化可以忽略不计时,系统所作的轴功 w_s 与技术功 w_t 相等,即

$$w_{s,1-2}=w_{t,1-2}$$

过程热量除了可以利用能量方程求得外,也可由下式求得:

$$q_{1-2}=\int_1^2 c\mathrm{d}T$$

式中,c 为比热容,不同过程比热容的数值是不同的。当比热容可看作定值时,有

$$q_{1-2}=c\Delta T$$

下面首先讨论定容过程、定压过程、定温过程及定熵过程这四个典型的热力过程,然后讨论较为普遍的多变过程。

4-2 定容过程

系统的比体积保持不变时,系统状态发生变化所经历的过程称为定容过程。

(1) 过程方程式

$$v=常量$$

(2) 过程在 $p-v$ 图和 $T-s$ 图上的表示

如图 4-1 所示,定容过程 1-2 在 $p-v$ 图上是一条竖直线段,在 $T-s$ 图上是一条呈指数关系的曲线段。

根据理想气体比熵变化的关系式(3-13),在定容过程中系统比熵的变化为

$$\mathrm{d}s=c_{V0}\frac{\mathrm{d}T}{T}$$

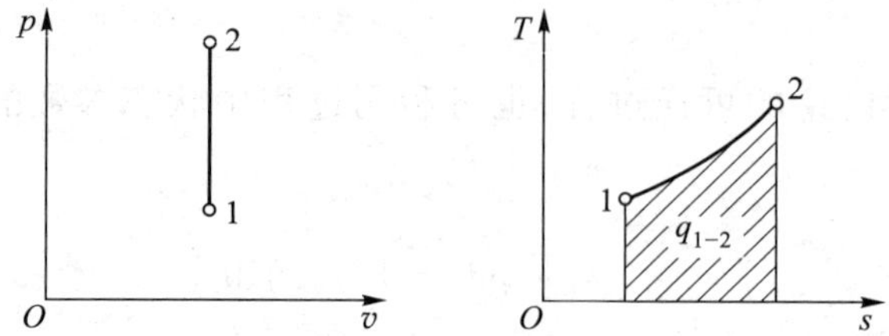

图 4-1 定容过程的 $p-v$ 图及 $T-s$ 图

可见,当比热容为定值时,按上式可确定定容过程曲线的斜率为

$$\left(\frac{\partial T}{\partial s}\right)_V=\frac{T}{c_{V0}}$$

(3) 状态间参数关系

按理想气体状态方程式 $pv=R_gT$ 和过程方程式($v_1=v_2$),可得定容过程中系统的压力和温度成正比,即

$$\frac{p_1}{T_1}=\frac{p_2}{T_2}$$

(4) 过程功量和热量

定容过程中比体积不变,系统所作的容积变化功为零,即

$$w_{1-2}=\int_1^2 p\mathrm{d}v=0$$

按能量方程式可以得到系统的能量转换关系为

$$q_{1-2}=u_2-u_1=\int_1^2 c_{V0}\mathrm{d}T$$

即系统接受的热量全部用于增加系统的热力学能。若比热容为定值,则上式可写成

$$q_{1-2}=u_2-u_1=c_{V0}(T_2-T_1)$$

$T-s$ 图上曲线 1-2 下面的面积相当于过程中系统所接受的热量 q_{1-2}。

对于稳定流动的开口系统,若工质的流动动能和重力势能的变化可以忽略不计,则定容过程中系统所作的轴功为

$$w_{s,1-2}=\int_1^2 -v\mathrm{d}p=v(p_1-p_2)$$

$p-v$ 图上过程 1-2 左面的面积相当于过程中系统对外所作的轴功 $w_{s,1-2}$。

4-3 定压过程

压力不变时,系统状态发生变化所经历的过程称为定压过程。

(1) 过程方程式

$$p=常量$$

(2) 过程在 $p-v$ 图和 $T-s$ 图上的表示

如图 4-2 所示,定压过程 1-2 在 $p-v$ 图上是一条水平线段,在 $T-s$ 图上也是一条呈指数关系的曲线段。

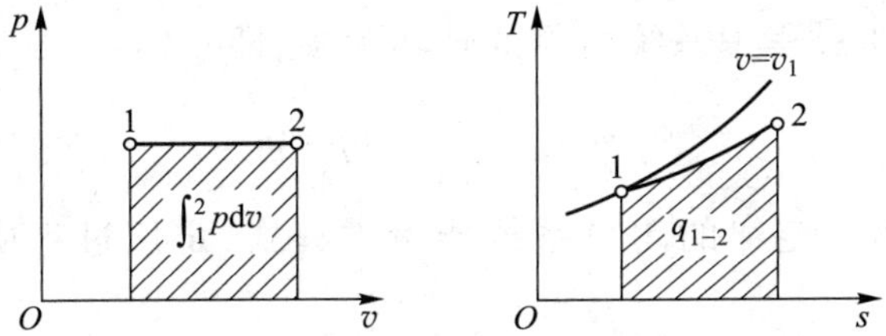

图 4-2 定压过程的 $p-v$ 图及 $T-s$ 图

按理想气体比熵变化的关系式(3-13a),在定压过程中系统比熵的变化为

$$\mathrm{d}s=c_{p0}\frac{\mathrm{d}T}{T}$$

同样,当比热容为定值时,按上式可确定定压过程曲线的斜率为

$$\left(\frac{\partial T}{\partial s}\right)_p=\frac{T}{c_{p0}}$$

对比定容过程曲线斜率的表达式,由于 $c_{p0}>c_{V0}$,所以经过同一温度状态的定压过程线较定容过程线平坦些。

(3) 状态间参数关系

按理想气体状态方程式 $pv=R_gT$ 和过程方程式($p_1=p_2$),可知定压过程中系统的比体积和温度成正比,即

$$\frac{v_1}{T_1}=\frac{v_2}{T_2}$$

(4) 过程功量和热量

定压过程中系统所作的容积变化功为

$$w_{1-2}=\int_1^2 p\mathrm{d}v=p(v_2-v_1)=R_g(T_2-T_1)$$

并可用 $p-v$ 图上水平线段 1-2 下面的面积表示。

系统交换的热量可按能量方程式求得为

$$q_{1-2}=h_2-h_1=\int_1^2 c_{p0}\mathrm{d}T$$

即定压过程中系统交换的热量等于系统焓的变化。并可用 $T-s$ 图上曲线段 1-2 下面的面积表示。若比热容为定值，则上式可表示为

$$q_{1-2}=c_{p0}(T_2-T_1)$$

对于稳定流动的开口系统，若其工质的流动动能和重力位能的变化可以忽略不计，则定压过程中系统所作的轴功为零，即

$$w_{s,1-2}=\int_1^2 -v\mathrm{d}p=0$$

按热力学第一定律的闭口系统能量方程式，定压过程中能量转换的关系为

$$q_{1-2}=u_2-u_1+w_{1-2}=\int_1^2 c_{V0}\mathrm{d}T+p(v_2-v_1)$$

即定压过程中系统吸收的热量用于增加系统的热力学能及对外作出容积变化功。

4-4　定温过程

温度不变时，系统状态变化所经历的过程称为定温过程。

（1）过程方程式

由于过程中系统的温度不变，可得定温过程的方程式为

$$T=常量$$

（2）过程在 $p-v$ 图和 $T-s$ 图上的表示

按理想气体状态方程式 $pv=R_gT$ 和过程方程式有

$$pv=p_1v_1=R_gT_1=常量$$

因此，如图 4-3 所示，定温过程 1-2 在 $p-v$ 图上为一条等边双曲线段，在 $T-s$ 图上为一条水平线段。

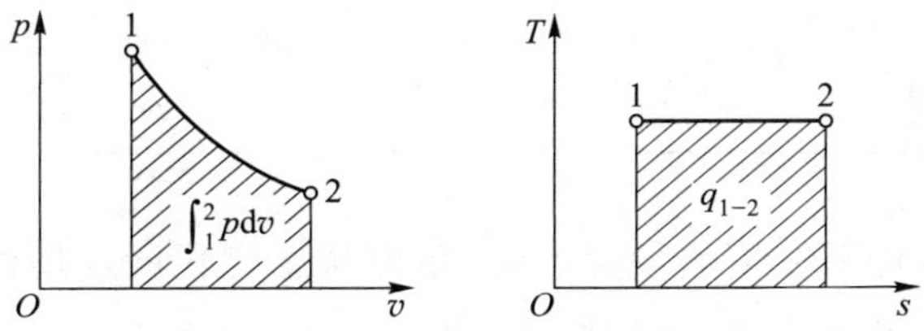

图 4-3　定温过程的 p-v 图及 T-s 图

（3）状态间参数关系

按理想气体状态方程式和过程方程式，可得定温过程中系统的压力和比体积成反比，即

$$\frac{p_2}{p_1}=\frac{v_1}{v_2}\quad \text{或}\quad p_1v_1=p_2v_2$$

（4）过程功量和热量

定温过程中系统所作的容积变化功为

$$w_{1-2}=\int_1^2 p\mathrm{d}v=\int_1^2 R_\mathrm{g}T_1\frac{\mathrm{d}v}{v}=R_\mathrm{g}T_1\ln\frac{v_2}{v_1}=R_\mathrm{g}T_1\ln\frac{p_1}{p_2}$$

并可用 p-v 图上曲线段 1-2 下面的面积表示。

理想气体的热力学能及焓仅是温度的函数，故在定温过程中系统的热力学能及焓均保持不变，因而按能量方程式有

$$q_{1-2}=w_{1-2}=\int_1^2 p\mathrm{d}v=R_\mathrm{g}T_1\ln\frac{v_2}{v_1}=R_\mathrm{g}T_1\ln\frac{p_1}{p_2}$$

即定温过程中系统交换的热量等于系统所作的容积变化功。T-s 图上水平线段 1-2 下面的面积即相当于系统吸收的热量。

对于稳定流动的开口系统，若其工质的流动动能和重力位能的变化可以忽略不计，则按定温过程方程式，定温过程中系统所作的轴功为

$$w_{\mathrm{s},1-2}=\int_1^2 -v\mathrm{d}p=\int_1^2 p\mathrm{d}v$$

即稳定流动的开口系统在定温过程中所交换的轴功在数值上等于闭口系统在定温过程中所交换的容积变化功，故可直接按容积变化功的公式计算稳态稳流过程的轴功。

4-5　定熵过程

系统和外界间不发生热量交换时,系统状态变化所经历的过程称为绝热过程。当绝热过程为可逆过程时,有

$$ds=\frac{\delta q}{T}=0$$

即该过程为可逆定熵过程,本节所讨论的就是这种过程。

一、定值比热容情况下定熵过程的分析

(1) 过程方程式

按理想气体熵变化的关系式(3-13b)

$$ds=c_{V0}\frac{dp}{p}+c_{p0}\frac{dv}{v}$$

对于可逆绝热过程即可逆定熵过程,可得

$$c_{V0}\frac{dp}{p}+c_{p0}\frac{dv}{v}=0$$

经整理,上式可表示为

$$\gamma d(\ln v)+d(\ln p)=0$$

在比热容为定值的情况下,比热容比 γ 也为定值,因而上式经积分及整理后可表示为

$$\ln(pv^{\gamma})=常量$$

或

$$pv^{\gamma}=常量$$

对于理想气体,比热容比 γ 与等熵指数 $\kappa=-\frac{v}{p}\left(\frac{\partial p}{\partial v}\right)_s$ 相等,所以上式又可表示为

$$pv^{\kappa}=常量 \tag{4-1}$$

式(4-1)即为定熵过程的过程方程式,其中等熵指数 κ 也称为绝热指数。

(2) 过程在 $p-v$ 图和 $T-s$ 图上的表示

根据定熵过程的过程方程式可知,在 $p-v$ 图上定熵过程线是一条较定温线陡的高次双曲线段,而在 $T-s$ 图上为一条竖直线段,如图 4-4 所示。

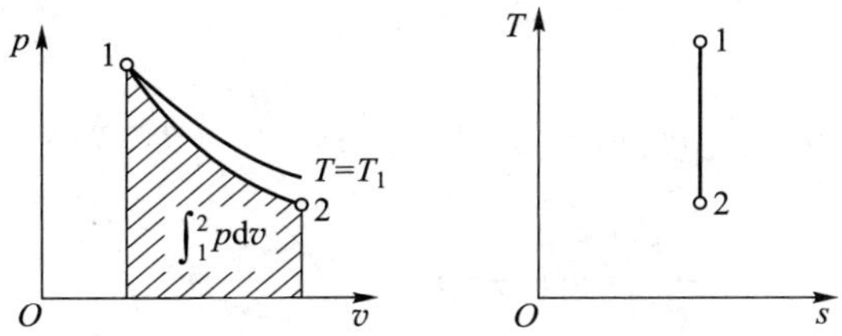

图 4-4 定熵过程的 $p-v$ 图及 $T-s$ 图

根据定熵过程的过程方程式(4-1),并利用理想气体状态方程式,可得到过程中其他状态参数间的关系式,即

$$Tv^{\kappa-1}=\text{常量} \tag{4-2}$$

及

$$\frac{T}{p^{(\kappa-1)/\kappa}}=\text{常量} \tag{4-3}$$

式(4-2)和式(4-3)也是定熵过程的过程方程式。

(3) 状态参数间关系

根据定熵过程的过程方程式(4-1)可得到初终态压力与比体积间的参数关系为

$$\frac{p_2}{p_1}=\left(\frac{v_1}{v_2}\right)^{\kappa}$$

由式(4-2)可得到初终态温度与比体积间的参数关系为

$$\frac{T_2}{T_1}=\left(\frac{v_1}{v_2}\right)^{\kappa-1}$$

由式(4-3)可得初终态温度与压力间的参数关系为

$$\frac{T_2}{T_1}=\left(\frac{p_2}{p_1}\right)^{(\kappa-1)/\kappa} \quad \text{或} \quad \frac{p_2}{p_1}=\left(\frac{T_2}{T_1}\right)^{\kappa/(\kappa-1)}$$

(4) 过程功量和热量

绝热过程中系统和外界没有热量交换,因而根据能量方程式可得

$$w_{1-2}=u_1-u_2$$

即绝热过程中系统对外作的容积变化功乃是依靠系统热力学能降低而得来的。

当比热容取为定值时,按照热力学能变化来计算系统所作的容积变化

功,可得

$$w_{1-2}=u_1-u_2=c_{V0}(T_1-T_2)=\frac{R_g}{\kappa-1}(T_1-T_2)$$

$$=\frac{1}{\kappa-1}(p_1v_1-p_2v_2)$$

$$=\frac{1}{\kappa-1}p_1v_1\left[1-\left(\frac{p_2}{p_1}\right)^{(\kappa-1)/\kappa}\right] \tag{4-4}$$

因在可逆绝热过程中有 $pv^{\kappa}=$常量,其微分为

$$\kappa p\mathrm{d}v+v\mathrm{d}p=0$$

于是可得可逆绝热稳定流动过程中系统所作的轴功为

$$w_{s,1-2}=\int_1^2 -v\mathrm{d}p=\kappa\int_1^2 p\mathrm{d}v=\kappa w_{1-2}$$

$$=c_{p0}(T_1-T_2)=\frac{\kappa}{\kappa-1}R_g(T_1-T_2)=\frac{\kappa}{\kappa-1}(p_1v_1-p_2v_2)$$

$$=\frac{\kappa}{\kappa-1}p_1v_1\left[1-\left(\frac{p_2}{p_1}\right)^{(\kappa-1)/\kappa}\right] \tag{4-5}$$

二、变比热容情况下定熵过程的分析

当过程中温度变化幅度较大时,按定值比热容方法计算所得结果误差较大,因而需采用比热容随温度而变化的变比热容进行计算。

(1) 采用平均等熵指数 κ_m 的方法

采用这种方法时,规定定熵过程的过程方程为

$$pv^{\kappa_m}=\text{常量}$$

而 κ_m 的数值则按平均比热容的数值计算,即

$$\kappa_m=\frac{c_{p,m}\Big|_{T_1}^{T_2}}{c_{V,m}\Big|_{T_1}^{T_2}} \tag{4-6}$$

于是,当过程的初始及终了温度已知时,只需求出平均比热容及等熵指数 κ_m,即可借用上述定值比热容情况下所得的各公式,把式中的 κ 代以 κ_m 的值,进行可逆绝热过程的各种计算。但这种方法是近似算法,有一定的误差。此外,当终态的温度不知道时需采用迭代法。即先假定 T_2 计算出 κ_m,然后通

过计算求出 T_2。若计算结果和原假定不符，则重新再取 T_2 及 κ_m，并计算 T_2。如此反复多次即可得到较准确的 T_2 及 κ_m。

(2) 利用气体热力性质表进行计算

这种方法不着眼于确定过程中 p、v、T 之间的关系式，而是直接利用气体热力性质表来确定过程的初始及终了状态的有关状态参数，从而计算出过程中能量转换的关系。

定熵过程中系统的比熵保持不变，于是按照理想气体比熵变化的关系式(3-13a)，可以得到

$$\ln\frac{p_2}{p_1}=\frac{1}{R_g}\int_{T_1}^{T_2}c_{p0}\frac{dT}{T} \tag{4-7}$$

上式等号左侧为仅和压力有关的函数，右侧为仅和温度有关的函数，因而它们反映了定熵过程状态参数之间的关系。为了利用这个关系来计算过程终了的温度或压力，把上式改写为

$$\ln\frac{p_2}{p_1}=\frac{1}{R_g}\left(\int_{T_0}^{T_2}c_{p0}\frac{dT}{T}-\int_{T_0}^{T_1}c_{p0}\frac{dT}{T}\right)$$

显然，括号中两项即为标准状态熵的表达式，因而上式可表示为

$$\ln\frac{p_2}{p_1}=\frac{1}{R_g}(s_{T2}^0-s_{T1}^0) \tag{4-8}$$

根据此式，利用气体热力性质表中所列 s^0 的数值，并对照它们所对应的温度，就可求取定熵过程终了状态的温度或压力。例如由 p_1 及 p_2 算出 $\ln(p_2/p_1)$，又由 T_1 按表查得 s_{T1}^0，从而算出 s_{T2}^0 的数值并由表查得其所对应的 T_2。

在空气的热力性质表中还按温度列出了相对压力 p_r 的数值。相对压力 p_r 的定义式为

$$\ln p_r=\frac{1}{R_g}\int_{T_0'}^{T}c_{p0}\frac{dT}{T}$$

即当参考温度 T_0' 取定后，相对压力 p_r 的数值仅是温度 T 的函数。把相对压力 p_r 引入式(4-7)得

$$\ln\frac{p_2}{p_1}=\frac{1}{R_g}\left(\int_{T_0'}^{T_2}c_{p0}\frac{dT}{T}-\int_{T_0'}^{T_1}c_{p0}\frac{dT}{T}\right)=\ln\frac{p_{r2}}{p_{r1}}$$

于是可得

$$\frac{p_2}{p_1}=\frac{p_{r2}}{p_{r1}} \tag{4-9}$$

根据此式,便可利用空气热力性质表中 p_r 与温度 T 的对应关系计算定熵过程终了状态的压力或温度。例如,按温度 T_1 由表查得 p_{r1} 后便可根据式(4-9)及 p_1、p_2 的数值算出 p_{r2},再由表找到其所对应的温度 T_2。

在空气的热力性质表中还按温度列有相对比体积 v_r 的数值。相对比体积 v_r 的定义式为

$$\frac{p_{r2}v_{r2}}{T_2}=\frac{p_{r1}v_{r1}}{T_1} \tag{4-10}$$

即 v_r 也仅为温度的函数。而按相对压力的关系式(4-9),上式经改写后可以得到定熵过程中空气比体积和相对比体积间的关系式为

$$\frac{v_1}{v_2}=\frac{v_{r1}}{v_{r2}} \tag{4-11}$$

利用热力性质表中 v_r 的数据,应用类似由 p_r 求 p 的方法,可以直接计算定熵过程终了状态的比体积 v_2。

在变比热容情况下,定熵过程中系统所作的容积变化功可直接按能量方程式(2-3c)求取。由 $q_{1-2}=0$ 可得

$$w_{1-2}=u_1-u_2=-\int_1^2 c_{V0}\mathrm{d}T \tag{4-12}$$

因而,只要利用热力性质表中热力学能 u 的值或利用比热容的经验公式即可求得 w_{1-2}。对于稳定流动的开口系统,按稳定流动能量方程式(2-8b),当工质的流动动能及重力势能的变化可忽略不计时,绝热过程中系统所作的轴功为

$$w_{s,1-2}=h_1-h_2=-\int_1^2 c_{p0}\mathrm{d}T \tag{4-13}$$

式中焓的数值可根据热力性质表查取。如无热力性质表可查,则可利用比热容 c_{p0} 的经验公式按积分计算。

因式(4-12)和式(4-13)是直接按能量方程式导出的,故两式还可用于不可逆绝热过程能量转换的计算。

例 4-1　活塞式机器的气缸中有 1 kg 空气,其压力为 0.5 MPa、温度为 327 ℃。设空气经一个可逆绝热过程膨胀到终了压力 0.1 MPa,试求终态温度和终态比体积以及空气对外所作

的容积膨胀功:(1) 按定值比热容计算;(2) 按变值比热容利用热力性质表计算。

解 由附表 1 查得空气的 $R_g = 0.287\ 1\ kJ/(kg \cdot K)$。根据理想气体状态方程式,可以得到

$$v_1 = \frac{R_g T_1}{p_1} = \frac{287.1\ J/(kg \cdot K) \times (327+273)\ K}{0.5 \times 10^6\ Pa} = 0.344\ 5\ m^3/kg$$

(1) 按定值比热容计算

查附表 1 得空气的 $\kappa = 1.40$。按绝热过程方程式得

$$v_2 = v_1 \left(\frac{p_1}{p_2} \right)^{1/\kappa} = 0.344\ 5\ m^3/kg \times \left(\frac{0.5 \times 10^6\ Pa}{0.1 \times 10^6\ Pa} \right)^{1/1.40} = 1.088\ m^3/kg$$

$$T_2 = T_1 \left(\frac{p_2}{p_1} \right)^{(\kappa-1)/\kappa} = (273+327)\ K \times \left(\frac{0.1 \times 10^6 Pa}{0.5 \times 10^6 Pa} \right)^{0.4/1.4} = 378.8\ K$$

绝热过程中系统所作的容积变化功为

$$w_{1-2} = \frac{R_g}{\kappa - 1}(T_1 - T_2) = \frac{0.287\ 1\ kJ/(kg \cdot K)}{1.40-1}(600-378.8)\ K = 158.7\ kJ/kg$$

(2) 按空气热力性质表计算

膨胀终了温度可由以下两种方法计算。

① 利用标准状态熵计算。查附表 3 得,$T_1 = 600\ K$ 时 $s_1^0 = 2.409\ kJ/(kg \cdot K)$,按式(4-8)得

$$\begin{aligned} s_2^0 &= R_g \ln \frac{p_2}{p_1} + s_1^0 \\ &= 0.287\ 1\ kJ/(kg \cdot K) \times \ln \frac{0.1 \times 10^6\ Pa}{0.5 \times 10^6\ Pa} + 2.409\ kJ/(kg \cdot K) \\ &= 1.947\ kJ/(kg \cdot K) \end{aligned}$$

查附表 3,$s_2^0 = 1.947\ kJ/(kg \cdot K)$ 时 $T_2 = 383\ K$。

② 利用相对压力计算。由附表 3 查得,$T_1 = 600\ K$ 时 $p_{r1} = 16.28$。按式(4-9)得

$$p_{r2} = p_{r1} \frac{p_2}{p_1} = 16.28 \times \frac{0.1 \times 10^6\ Pa}{0.5 \times 10^6\ Pa} = 3.256$$

查附表 3 得,$p_{r2} = 3.256$ 时 $T_2 = 383\ K$。

为求终态的比体积 v_2,查附表 3 得,当 $T_1 = 600\ K$ 时,$v_{r1} = 105.8$;$T_2 = 383\ K$ 时,$v_{r2} = 336.8$。按式(4-11)得

$$v_2 = v_1 \frac{v_{r2}}{v_{r1}} = 0.344\ 5\ m^3/kg \times \frac{336.8}{105.8} = 1.097\ m^3/kg$$

在绝热过程中系统所作的容积变化功为

$$w_{1-2} = u_1 - u_2$$

查附表 3 得:当 $T_1 = 600\ K$ 时 $u_1 = 434.78\ kJ/kg$,$T_2 = 383\ K$ 时 $u_2 = 273.86\ kJ/kg$,故得

$$w_{1-2}=434.78\ \text{kJ/kg}-273.86\ \text{kJ/kg}=160.92\ \text{kJ/kg}$$

例 4-2 一台燃气轮机装置,从大气吸入温度为 17 ℃、压力为 0.1 MPa 的空气,然后在压气机中进行绝热压缩,使空气的压力提高到 0.9 MPa。试求压气机消耗的轴功:(1) 按定值比热容计算;(2) 按空气热力性质表计算。

解 按稳定流动过程的轴功计算公式,若不计压气机进口和出口空气流动动能和重力势能的变化,绝热过程中压气机的轴功可由式(4-13)求得,即

$$w_{s,1-2}=h_1-h_2=-\int_1^2 c_{p0}\mathrm{d}T$$

(1) 设比热容为定值

由附表 1 可知,空气的比定压热容 $c_{p0}=1.004\ \text{kJ/(kg·K)}$,$\kappa=1.40$,于是可得压缩终了温度为

$$T_2=T_1\left(\frac{p_2}{p_1}\right)^{(\kappa-1)/\kappa}=290\ \text{K}\times\left(\frac{0.9\times10^6\ \text{Pa}}{0.1\times10^6\ \text{Pa}}\right)^{0.4/1.40}=543.3\ \text{K}$$

压气机的轴功为

$$w_s=h_1-h_2=c_{p0}(T_1-T_2)=1.004\ \text{kJ/(kg·K)}\times(290-543.3)\ \text{K}=-254.3\ \text{kJ/kg}$$

即压气机消耗的轴功为 254.3 kJ/kg。

(2) 按热力性质表计算

由附表 3 可知,$T_1=290$ K 时,$p_{r1}=1.231\ 1$。按相对压力和气体压力的关系式(4-9)得

$$p_{r2}=p_{r1}\frac{p_2}{p_1}=1.231\ 1\times\frac{0.9\times10^6\ \text{Pa}}{0.1\times10^6\ \text{Pa}}=11.08$$

查附表 3,当 $p_{r2}=11.08$ 时,$T_2=539.8$ K,即为压气机压缩终了的温度。

为求压气机的轴功,查附表 3 得,$T_1=290$ K 时 $h_1=290.16$ kJ/kg,$T_2=539.8$ K 时 $h_2=544.14$ kJ/kg,于是按轴功公式得

$$w_{s,1-2}=h_1-h_2=290.16\ \text{kJ/kg}-544.14\ \text{kJ/kg}=-253.98\ \text{kJ/kg}$$

即压气机消耗轴功 253.98 kJ/kg。

4-6 多变过程

前面几节中所讨论的四种典型热力过程,在过程进行时都有一个状态参数保持不变。但是,实际能量转换装置所进行的热力过程中,工质的状态参数或多或少都要产生变化,而且也难以实现完全绝热。因此,热力过程分析时要根据具体情况,采用适当的过程方程式。例如,内燃机膨胀作功时对外界有散热损失,只不过其散热量与过程功量相比很小,可忽略不计,因此可看

作绝热过程处理。又如,锅炉出口处的烟气流经省煤器与其中的锅炉给水进行换热时,其压力变化很小,过程压力的变化对过程分析结果的影响可忽略不计。因此,该过程可作为定压过程来处理。但是,在某些过程中,例如气体在压气机中被压缩的同时又被冷却的过程,上述典型过程就不能用于过程的描述和分析,而必须引入一个更具有普遍性的热力过程,即多变过程来进行分析。

(1) 过程方程式

将多变过程的过程方程式表示为

$$pv^n = p_1 v_1^n = 常量 \tag{4-14}$$

式中,指数 n 称为多变指数,可以为任意常数。显然,当 n 取不同的数值时,状态参数的变化过程不同,而过程的性质也不同。因而式(4-14)代表了无穷多个性质不同的过程。

多变过程的过程方程式与定值比热容的定熵过程的过程方程式的形式相同,只是指数不同。因此,多变过程的过程方程式也可表示为

$$Tv^{n-1} = 常量 \tag{4-15}$$

$$\frac{T}{p^{(n-1)/n}} = 常量 \tag{4-16}$$

能量转换装置中工质所进行的各种热力过程,通常都可以近似地用多变过程的过程方程式来描述。实际上,前面几节中所述四种典型过程均为多变过程的某种特例:

当 $n=0$ 时,$pv^0 = p =$ 常量,即为定压过程;

当 $n=1$ 时,$pv =$ 常量,即为定温过程;

当 $n=\kappa$ 时,$pv^\kappa =$ 常量,即为定熵过程;

当 $n=\infty$ 时,$p^{1/n}v = p^0 v = v =$ 常量,即为定容过程。

(2) 过程在 $p-v$ 图和 $T-s$ 图上的表示

图 4-5 所示为通过同一状态 1 的四种典型过程在 $p-v$ 图及 $T-s$ 图上的相对位置,说明随着 n 的变化,多变过程在图上的位置也发生变化。除了前面各节讨论中在图上表示过的定容、定压、定温、定熵四种过程的膨胀(或降压)过程线,即图 4-5 的 $p-v$ 图中由点 1 出发指向右下方的四个过程曲线外,在图中也画出了由点 1 出发的该四种过程的压缩(或压力升高)过程曲线,

即 $p-v$ 图中指向左上方的四条过程曲线。由于 n 为任意常数，因此从理论上讲，多变过程曲线可位于图 4-5 中由点 1 出发的任何范围内。但实际上，大部分能量转换装置中的热力过程属于上述两组图线范围内的多变过程，也即 $n>0$ 的过程。而图上阴影范围以内的过程，即 $n<0$ 的多变过程一般较少。

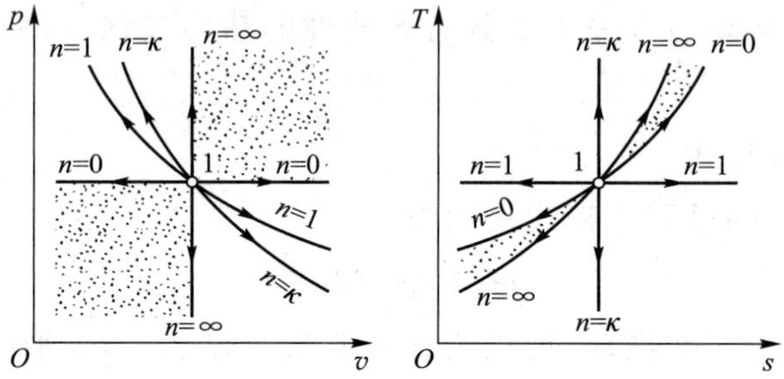

图 4-5 四种典型热力过程的 $p-v$ 图及 $T-s$ 图

(3) 状态间参数关系

根据多变过程的过程方程式，参照定熵过程状态参数关系式可得出多变过程的初终态参数关系式为

$$\frac{p_2}{p_1}=\left(\frac{v_1}{v_2}\right)^n$$

$$\frac{T_2}{T_1}=\left(\frac{v_1}{v_2}\right)^{n-1}$$

$$\frac{T_2}{T_1}=\left(\frac{p_2}{p_1}\right)^{(n-1)/n} \quad 或 \quad \frac{p_2}{p_1}=\left(\frac{T_2}{T_1}\right)^{n/(n-1)}$$

根据多变过程方程式及理想气体状态方程式，可以得到理想气体比热容为定值时多变过程中比熵变化的关系式，即

$$s_2-s_1=c_{V0}\ln\frac{T_2}{T_1}+R_g\ln\frac{v_2}{v_1}=c_{V0}\ln\frac{T_2}{T_1}-\frac{R_g}{n-1}\ln\frac{T_2}{T_1}$$

即

$$s_2-s_1=c_{V0}\frac{n-\kappa}{n-1}\ln\frac{T_2}{T_1} \tag{4-17}$$

(4) 过程功量和热量

多变过程中系统所交换的容积变化功为

$$w_{1-2}=\int_1^2 p\mathrm{d}v=\int_1^2 p_1 v_1^n\frac{\mathrm{d}v}{v^n}=\frac{p_1v_1}{n-1}\left[1-\left(\frac{p_2}{p_1}\right)^{(n-1)/n}\right]=\frac{1}{n-1}(p_1v_1-p_2v_2)$$

$$=\frac{R_g}{n-1}(T_1-T_2)\quad(n\neq 1)\tag{4-18}$$

多变过程中系统交换的热量可按能量方程式求出，为

$$q_{1-2}=u_2-u_1+\int_1^2 p\mathrm{d}v=c_{V0}(T_2-T_1)+\frac{R_g}{n-1}(T_1-T_2)$$

即

$$q_{1-2}=c_{V0}\frac{n-\kappa}{n-1}(T_2-T_1)\quad(n\neq 1)\tag{4-19}$$

若按比热容的定义把多变过程中系统吸收的热量表示为

$$q_{1-2}=\int_1^2 c_n\mathrm{d}T=c_n(T_2-T_1)$$

这里 c_n 称为多变比热容，则和式(4-19)对比便可得到多变比热容的计算式为

$$c_n=c_{V0}\frac{n-\kappa}{n-1}\quad(n\neq 1)\tag{4-20}$$

即多变比热容的数值仅决定于多变指数 n 的数值。

因在多变过程条件下，$\mathrm{d}(pv^n)=0$，即

$$-v\mathrm{d}p=np\mathrm{d}v$$

也就是说，在多变过程中技术功 $\int_1^2 -v\mathrm{d}p$ 的值为容积变化功 $\int_1^2 p\mathrm{d}v$ 的 n 倍。对于稳定流动的开口系统，若其工质的流动动能及重力位能可以忽略不计，因而可根据多变过程容积变化功的计算公式列出轴功的计算式为

$$w_{s,1-2}=\int_1^2 -v\mathrm{d}p=n\int_1^2 p\mathrm{d}v=\frac{n}{n-1}p_1v_1\left[1-\left(\frac{p_2}{p_1}\right)^{(n-1)/n}\right]$$

$$=\frac{n}{n-1}(p_1v_1-p_2v_2)$$

$$=\frac{n}{n-1}R_g(T_1-T_2)\tag{4-21}$$

(5) 过程特性的分析及多变指数的确定

对于多变过程，除了通过计算公式确定过程中状态变化特点及能量转换关系外，还可利用多变过程的过程曲线在 $p-v$ 图及 $T-s$ 图上的特定位置来定性地分析说明多变过程的特性。例如某一个膨胀过程的多变指数在 $1<n<\kappa$ 的范围内，则如图 4-6 所示，该过程的过程曲线 1-2 应介于定温过程($n=1$)

曲线及定熵过程($n=\kappa$)曲线之间，且在点 1 右下方的区域内。于是按图上该过程曲线的位置特点便可定性地分析过程的性质：

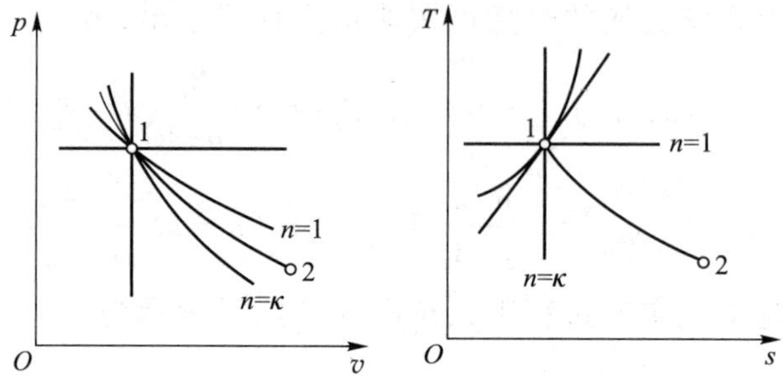

图 4-6

① 从 $p-v$ 图可以看出：过程中系统的压力降低及容积增大；过程中系统作的容积变化功等于曲线段下的面积。

② 从 $T-s$ 图可以看出：过程中系统的温度降低，相应地系统的热力学能及焓降低；系统的熵增大，即过程中系统由外界吸热，其吸热量可用曲线下的面积表示。

反之，如已知某多变过程中系统的状态变化特点及能量转换关系，也可利用 $p-v$ 图及 $T-s$ 图确定该过程曲线所处的范围。读者可按上述①、②两条件反过来确定该过程的多变指数的范围。

此外，对于多变过程，常常需要确定过程的多变指数。当已知热力过程中某些状态的压力和比体积的数值时，就可以确定多变指数 n 的数值。根据多变过程的过程方程式 $pv^n=$常量，对它取对数可以得到

$$\ln p+n\ln v=\text{常量}$$

所以在 $\ln p-\ln v$ 的坐标图上，多变过程可表示为一条直线。又按多变过程的参数关系：

$$p_1v_1^n=p_2v_2^n$$

对上式取对数并整理后可以得到

$$n=-\frac{\ln p_2-\ln p_1}{\ln v_2-\ln v_1} \tag{4-22}$$

因而，当已知某些状态的压力和比体积时，可先把已知的各状态点画在 $\ln p-\ln v$ 的坐标图(图 4-7)上，并把它们连成一条直线，然后在直线上任意

取两点，读出它们的坐标值，便可按式(4-22)求出多变指数 n 的数值。

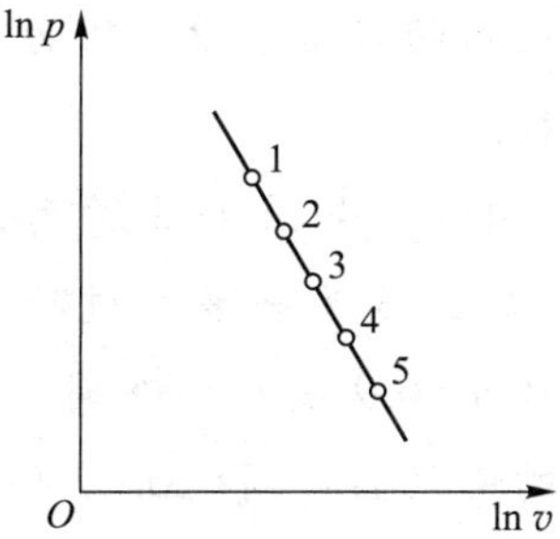

图 4-7

如各已知点不在一条直线上，说明该过程不是多变过程，可以画一条近似于该过程的直线或几条直线组成的折线，于是就可用这些线所代表的多变过程来近似地描写该过程。

当求出过程的多变指数 n 后，就可分析计算该过程的状态变化特点及能量转换关系。

例 4-3 有一台空气压缩机，压缩前空气的温度为 27 ℃、压力为 0.1 MPa，气缸的容积为 5 000 cm^3；压缩后空气的温度升高到 213 ℃。压缩过程消耗的功为 1.166 kJ。试求压缩过程的多变指数 n。

解 由附表 1 查得空气的 $R_g = 0.287\ 1$ kJ/(kg·K)，故得气缸中空气的质量为

$$m=\frac{pV}{R_g T}=\frac{0.1\times10^6\ \mathrm{Pa}\times0.005\ \mathrm{m^3}}{287.1\ \mathrm{J/(kg\cdot K)}\times(273+27)\ \mathrm{K}}=0.58\times10^{-2}\ \mathrm{kg}$$

又由多变过程的容积变化功公式

$$W_{1-2}=mw_{1-2}=m\frac{R_g}{n-1}(T_1-T_2)$$

可以得到

$$\begin{aligned} n &= 1+mR_g\frac{T_1-T_2}{W_{1-2}} \\ &= 1+0.58\times10^{-2}\ \mathrm{kg}\times0.287\ 1\ \mathrm{kJ/(kg\cdot K)}\times\frac{(300-486)\ \mathrm{K}}{-1.166\ \mathrm{kJ}}=1.266 \end{aligned}$$

思　考　题

4-1　绝热过程是否一定是定熵过程？

4-2　定熵过程的过程方程式是否一定是 pv^{κ} = 常量？

4-3　是否所有的热力过程都是多变过程？

4-4　试根据 $p-v$ 图上四种基本热力过程的过程曲线的位置，画出自点 1 出发的下述过程的过程曲线，并指出其变化范围：(1) 热力学能增大及热力学能减小的过程；(2) 吸热过程及放热过程。

4-5　试根据 $T-s$ 图上四种基本热力过程的过程曲线位置，画出自点 1 出发的下述过程的过程曲线，并指出其变化范围：(1) 膨胀作功的过程及压

缩耗功的过程；(2) 压力升高的过程及压力降低的过程。

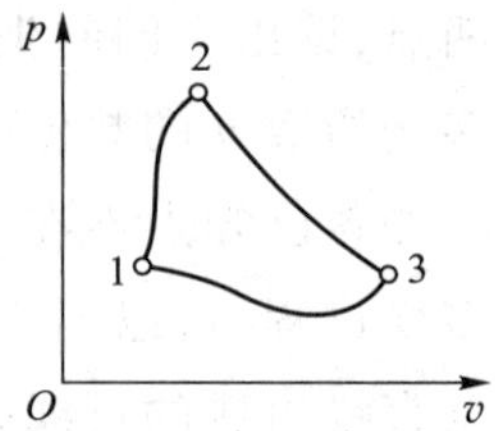

图 4-8

4-6　如图 4-8 所示，1-2 及 1-3 为两个任意过程，而 2-3 为一多变过程。试问：当多变过程的多变指数 $n=0.9$ 或 $n=1.1$ 时，1-2 和 1-3 两过程的热力学能的变化 $\Delta u_{1,2}$ 和 $\Delta u_{1,3}$ 哪一个大？

习　　题

4-1　设气缸中有 0.1 kg 二氧化碳，其压力为 0.1 MPa、温度为 27 ℃。如进行一个定压过程，气体对外作功 3 kJ。设比热容为定值，试求过程中气体热力学能和熵的变化以及过程中气体吸收的热量。

4-2　有一气缸，其中氮气的压力为 0.15 MPa、温度为 300 K。如果按两种不同的过程变化：(1) 在定压下温度变化到 450 K；(2) 在定温下压力下降到0.1 MPa，然后在定容下变化到 0.15 MPa 及 450 K。设比热容为定值，试求两种过程中热力学能和熵的变化以及从外界吸收的热量。

4-3　设气缸中空气的压力为 0.5 MPa、温度为 600 K，若经绝热过程膨胀到 0.1 MPa，试求膨胀终了的温度及比体积：(1) 按定值比热容计算；(2) 按空气的热力性质表进行计算。

4-4　柴油机吸气终了时气缸中空气的温度为 60 ℃、压力为 0.1 MPa。为使压缩终了时空气温度超过柴油的自燃温度以使其点燃，故要求压缩终了的温度至少为 720 ℃。设比热容为定值及压缩过程的多变指数为 1.45，试求柴油机的压缩比（即压缩过程初始容积和终了容积之比）及压缩终了的压力。

4-5　有一台内燃机，设其膨胀过程为多变过程，多变指数 $n=1.3$。已知燃气的 $R_g=287.1$ J/(kg · K)、$c_{V0}=716$ J/(kg · K)。若膨胀开始时容积为 12 cm^3、压力为 6.5 MPa、温度为 1 800 ℃，经膨胀过程其容积膨胀增至原容积的 8 倍，试求气体所作的功及其熵的变化。

4-6　有一台压气机用于压缩氮气，使其压力由 0.1 MPa 提高至 0.4 MPa。设比热容为定值及进气温度为 300 K，试求压缩过程中消耗的容积变化功以及压气机消耗的轴功：(1) 压缩过程为绝热过程；(2) 压缩过程为定温过程。

4-7　有一台涡轮机，进入涡轮机的氦气的压力为 0.84 MPa、温度为 550 ℃，氦气在涡轮机中经绝热膨胀，其压力降低至 0.14 MPa。若气流的动能及重力位能的变化可忽略不计，试求排气温度及涡轮机输出的轴功。

4-8　有一台内燃机的涡轮增压器，在涡轮机进口处工质的压力为 0.2 MPa、温度为 650 ℃，出口处压力为 0.1 MPa。涡轮机所产生的功全部用于驱动压气机，在压气机入口处空气的压力为 0.1 MPa、温度为 27 ℃。设涡轮机及压气机中进行的过程为绝热过程，并假设工质为空气，试求涡轮机输出的功和排气温度以及压气机输出的压缩空气的压力和温度。

4-9　有一储气罐，其容积为 0.2 m^3，内储氧气的压力为 3 MPa、温度为 20 ℃。现因焊接用去了一些氧气，罐内压力降至 2 MPa。假设在用气过程中储气罐和外界的热交换可以忽略不计，试求用去氧气的质量并说明求解所必需的假设条件。

4-10　气缸中空气的压力为 0.09 MPa、温度为 17 ℃，经压缩过程使空气压力升高到 0.72 MPa、温度为 207.1 ℃，试求该压缩过程为多变过程时多变指数 n 的数值。

4-11　根据图 4-5 所示 $p-v$ 图及 $T-s$ 图上自点 1 出发的四种基本热力过程的过程曲线的位置，在图上画出自点 1 出发的下列各种多变过程：(1) 过程中工质膨胀作功同时向外放热；(2) 过程中工质吸热、膨胀作功同时压力升高；(3) 过程中工质受压缩向外放热同时温度升高；(4) 过程中工质吸热膨胀同时温度降低。

4-12　测定比热容比 γ 的一种方法如下：用一个刚性容器，其中充以需测定的气体，并使其压力 p_1 略高于环境压力 p_0，而其温度等于环境温度 T_0。然后先放出一些气体，使容器内压力降为 p_0，再放置于环境中使其温度恢复为 T_0 而压力又升高为 p_2。测定 p_0、p_1 及 p_2 的数值，并假定放热过程进行得很快而容器内气体基本上和外界没有热交换。这样即可确定比热容比 γ 的数值。试推导比热容比与 p_1、p_2、p_0 之间的函数关系。

4-13　试证明：在图 4-9 所示 $T-s$ 图上的理想气体的任意两条定压过程曲线（或定容过程曲线）1-1′及 2-2′两者间的水平距离处处相等，即

$$\Delta s_{1,2}=\Delta s_{1',2'}$$

4-14 试证明:在图 4-10 所示 $p-v$ 图上的理想气体的任意两条可逆绝热过程曲线 1-1′及 2-2′的纵坐标之比保持不变,即

$$\frac{p_1}{p_2}=\frac{p_{1'}}{p_{2'}}$$

4-15 试证明:在图 4-11$T-s$ 图上所示的理想气体的任意两条定压过程曲线(或定容过程曲线)1-1′及 2-2′的纵坐标之比保持不变,即

$$\frac{T_1}{T_2}=\frac{T_{1'}}{T_{2'}}$$

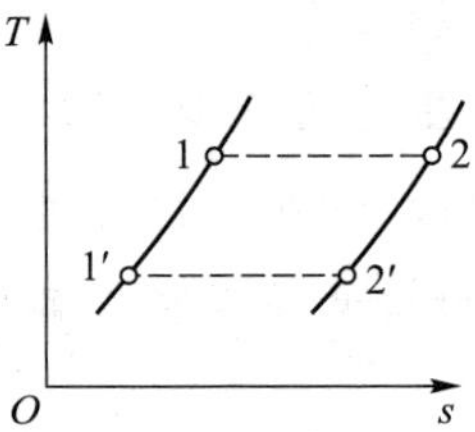

图 4-9

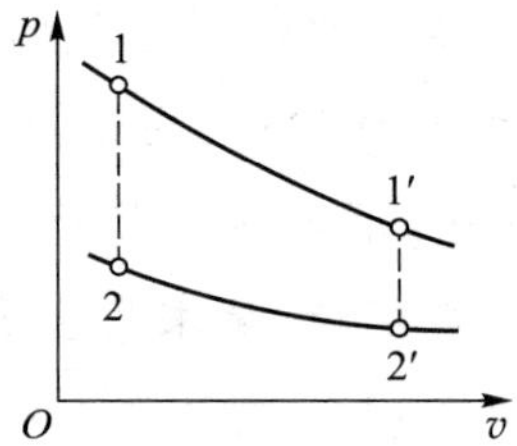

图 4-10

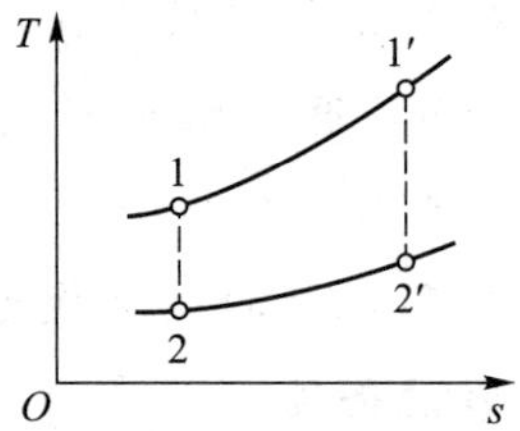

图 4-11

4-16 试证明当理想气体的比热容关系式 $c_{p0}=a+bT$ 时,定熵过程中温度和压力的关系为

$$T^{[(a+bT)/a]}=cp^{(R_g/a)}$$

式中,c 为常量。

4-17 有一直立放置的气缸,在活塞和重物作用下,气缸中氮气的压力为 0.5 MPa、温度为 50 ℃。现突然从活塞上拿去一块重物,使活塞对气体的作用降为 0.2 MPa,气体发生膨胀推动活塞上升。设比热容为定值,膨胀过程中气体和外界的热交换可以忽略不计,试求当活塞和气体重新达到力平衡时气体的温度及气体膨胀所作的容积变化功。

4-18 一密闭的气缸如图 4-12 所示,其内有一无摩擦的绝热活塞。开始时活塞处于中间位置,把气缸分为容积均等于 500 cm^3的两部分,其中分别充以压力均为 2 MPa、温度均为 27 ℃的氧气和氮气。气缸是绝热的,仅氧气一端的顶面透热。现将氧气加热使其压力升高至 4 MPa,试求所需热量及氧气的温度。

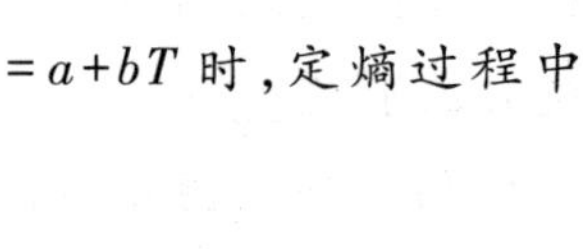

图 4-12

4-19 试求上题中氧气状态变化过程的过程方程式，并在 $p-v$ 图及 $T-s$ 图上把氧气和氮气的变化过程曲线画在同一图上，定性地表示两者变化的对应关系。

4-20 一容器中有隔板，并均为绝热材料所制。容器两部分的容积均为 500 cm^3，其中一部分充有压力为 0.5 MPa、温度为 100 ℃的空气，另一部分为真空。设在隔板上打开一个小孔使空气充满两部分。试求两部分中压力相等时，每一部分中空气的压力及温度的数值。

4-21 设把上题中的真空部分改为充有压力为 0.1 MPa、温度为 17 ℃的空气。试求当空气经小孔充满两部分而压力相等时，每一部分中空气的压力及温度的数值。

4-22 图 4-13 中，储气罐内有温度为 27 ℃、压力为 1 MPa 的空气 1 kg。现把压缩空气送至起重气缸推动活塞举升工作台。若举起工作台所需的压力为 0.5 MPa，因而当罐内压力降至 0.5 MPa 时起重气缸即停止工作。设过程中空气和外界的热交换可忽略不计，试求气体在起重过程中所作的功及气缸内气体的终了温度。

4-23 如图 4-14 所示封闭的绝热气缸，气缸中有一无摩擦的绝热活塞把气缸分为 A、B 两部分，其中充以压缩空气。已知：$p_A = 4 \times 10^5$ Pa，$T_A = 127$ ℃，$V_A = 0.3$ m^3；$p_B = 2 \times 10^5$ Pa，$T_B = 27$ ℃，$V_B = 0.6$ m^3。当活塞在 A、B 两部分气体压力差的推动下移动时，可通过活塞杆对外输出功。若活塞杆的截面积及体积均忽略不计，试求活塞移动而达到 $p'_A = p'_B$ 时 A、B 两部分中气体的温度、压力的数值和通过活塞杆输出的功。

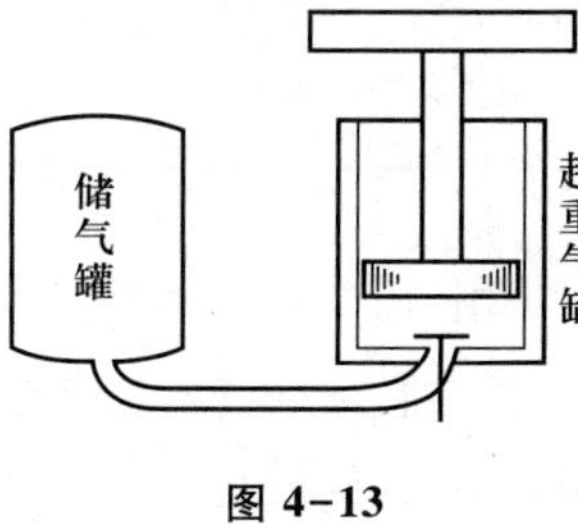

图 4-13

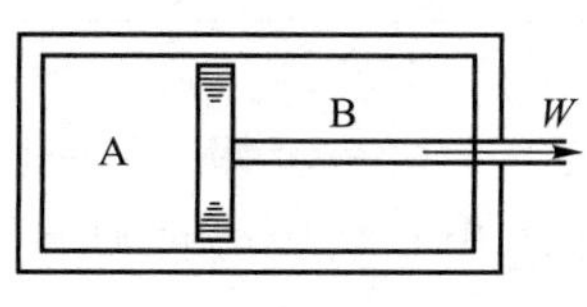

图 4-14

4-24 上题中，若把活塞杆去掉，活塞可在两部分气体的作用下自由移动。试求两部分中气体的压力相等时气体的压力（读者可自行分析为什么不能确定此时气体的温度）。

第五章

热力学第二定律

热力学第一定律说明了热能和其他形式能量相互转换时能的总量始终保持守恒的规律,从而解释了热能具有和其他形式能量相同的能的普遍属性。但生产和生活中也存在这样一些事实,如在热机中燃料燃烧所产生的热量不可能全部转换成机械能,而总要把一部分热量放出给温度较低的环境;又如热量总是自发地由高温物体传递给低温物体,却不能自发地反向传递等。热力学第二定律通过总结这样一类的事实,说明热能转换为其他形式能量是有条件的,涉及热现象的过程是有方向性的。这揭示了在转换为功的能力上或者说在能量的质量上,热能和其他形式的能相比其品位较低,这正是热能和其他形式的能所不同的特殊属性。也正是由于这个原因,在生产活动中当其他形式的能转变为热能的时候,虽然能的总量始终未变,但能的质量却降低了。为了获取生产所需动力,需要不断地开发能源。因此,自觉地根据热力学第二定律的基本原理合理利用能源,改善能源动力工程和能量转换装置的设计,充分地发挥能源的效益,是十分必要的。

5-1 热机循环和制冷循环

根据热力学第一定律,各种形式的能可以相互转换。实际上,热能和其他形式的能间相互转换的情况是很不同的。以热能和机械能或电能的转换来说,由机械能或电能可自发转换为热能,如机械零件间摩擦、切削金属或电流通过导体等过程中消耗的机械能或电能自发地转换为热能而被物体吸收。反之,由热能转变为机械能或电能却未见到自发进行的。同样,热能本身的传递,只见热由高温物体向低温物体的自发传递,反之由低温物体向高温物体传热却从未见到自发进行的。当然,热能转换为机械能或热量从低温物体传向高温物体并不是不能实现,而是需要满足一定的条件方能实现。

利用蒸汽动力装置、内燃机及燃气轮机装置可以把燃料燃烧产生的热能转变为动力装置输出的功量,从而实现把热能转换为机械能。但是,与此同时,总有一部分燃烧产生的热能不能转变为机械能,而以废热的形式放给温度较低的环境。长期的实践证明:企图不向温度较低的环境放热而把高温物体的热能连续地完全转换为机械能是不可能的。

为了进一步说明由热能转变为机械能的能量转换过程,下面分析一个以理想气体为工质的热机循环。图 5-1 所示的循环 $a-b-c-d-a$ 为一个热机循环,也称正向循环。在 $p-v$ 图上可以看到,过程 $a-b-c$ 为膨胀过程,而过程 $c-d-a$为压缩过程。因为膨胀过程曲线的位置高于压缩过程曲线,所以由曲线下面的面积可知,膨胀过程中工质所作的容积变化功大于压缩过程中工质所得到的容积变化功,也就是说,该循环中工质输出的净功 w_0为正。在 $T-s$ 图上可以看到,过程 $a-b$ 为工质从高温热源吸热的过程,过程 $c-d$ 为工质向低温热源放热的过程,而过程 $b-c$ 和过程 $d-a$ 则为绝热(定熵)过程。由于吸热过程曲线下面的面积大于放热过程曲线下面的面积,即吸热量 q_1大于放热量的绝对值$|q_2|$,故该循环中工质接受了循环净热量 $q_1-|q_2|$。于是,整个循环中工质接受了循环净热而输出了循环净功,把热能转换为机械能,并按热力学第一定律有 $w_0=q_1-|q_2|$。

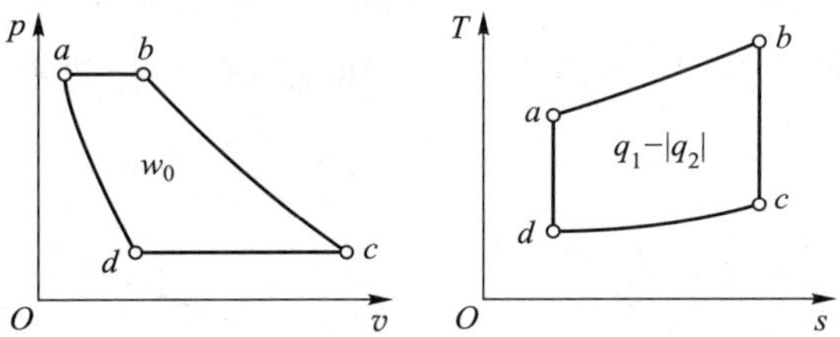

图 5-1 热机循环的 $p-v$ 图及 $T-s$ 图

由 $T-s$ 图也可看到,为使工质完成热机循环,除了必须有吸热过程,还必须有放热过程,这样才能使工质回到初始状态。这就说明,通过热机循环实现热能转换为机械能时,总要有一部分热量从高温热源传向低温热源。

为了评价热机循环中热能转换为机械能的有效程度,通常采用循环热效率作为评价指标,其定义为

$$\eta_t = \frac{w_0}{q_1} = \frac{q_1 - |q_2|}{q_1} = 1 - \frac{|q_2|}{q_1} \tag{5-1}$$

其值越大，则热机循环的工作越有效，但其值不可能达到 100%。

利用制冷机可实现由低温物体向高温物体传递热量。但是，为使制冷机工作，必须付出一定的代价。长期的实践证明，企图不付出代价（如消耗机械能、电能）而实现由低温物体向高温物体传递热量是不可能的。

为了进一步说明制冷机中热量传递及能量转换过程，下面分析一个以理想气体为工质的制冷循环。图 5-2 所示为制冷循环 $a-b-c-d-a$。由于制冷循环的曲线走向和热机循环相反，故也称逆向循环。在 $T-s$ 图上可以看到，通过绝热过程 $a-b$，工质的温度可降低到和低温物体相同。于是工质可由低温物体吸热，过程 $b-c$ 即为低温下的吸热过程。然后，又经过绝热过程 $c-d$ 使工质的温度提高到和高温物体相同，并在放热过程 $d-a$ 中向高温物体放热。从而实现了由低温物体向高温物体传递热量。由于放热过程曲线 $d-a$ 下的面积大于吸热过程曲线 $b-c$ 下的面积，即放热量 q_1 的绝对值大于吸热量 q_2，故循环净热量 $q_2-|q_1|$ 为负，循环中有净热量放出。在 $p-v$ 图上可以看到，过程 $a-b-c$ 为膨胀过程，过程 $c-d-a$ 为压缩过程。由过程曲线下面的面积可见，压缩过程消耗的功大于膨胀过程作出的功，故净功 w_0 为负，即需外界消耗一定的功量。按热力学第一定律，循环净功等于循环净热，即 $w_0 = q_2 - |q_1|$，或改写为绝对值的形式：$|q_1| = q_2 + |w_0|$。该式说明：在制冷循环中，为了实现由低温物体向高温物体传递热量，必须消耗一定的功量，并把这些功转变为热量传递给高温物体。

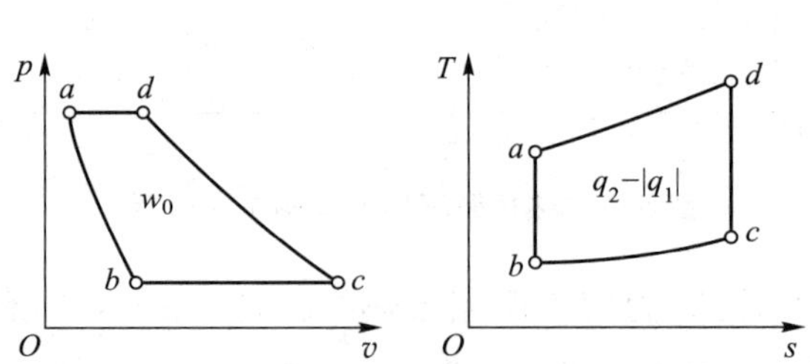

图 5-2 制冷循环的 $p-v$ 图及 $T-s$ 图

为了评价制冷循环工作的有效程度，通常采用制冷系数（也称制冷机性能系数）作为评价指标。其定义为

$$\varepsilon=\frac{q_2}{|w_0|}=\frac{q_2}{|q_1|-q_2} \tag{5-2}$$

其值越大,制冷循环的工作越有效,但因$|w_0|$不能为零,故制冷系数的值不可能为无限大。

综上所述,利用热机实现把热能转换为机械能,必须有一定的热量从高温物体传递到低温物体;利用制冷机实现由低温物体向高温物体传递热量,必须付出一定的代价、消耗一定的高品位能量(如机械能、电能),使之转换成热能。这就说明:能量转换过程中除了遵循热力学第一定律保持能的总量守恒外,还遵循有关能量转换的条件及方向性的另一条规律,这就是热力学第二定律。

5-2 热力学第二定律的表述

通过长期实践所积累的无数经验,人们对于能量转换的条件及方向有了比较深刻的认识,于是总结得到了热力学第二定律。

热力学第二定律常用的表述都是说明实现某种能量转换过程的必要条件。因为这种过程很多,所以热力学第二定律的表述方式也较多。现通过两种主要的表述方式来说明。

根据长期制造热机的经验,总结得到了热机中能量转换的基本规律,它可归纳为热力学第二定律的开尔文-普朗克说法:不可能制造一种循环工作的机器,其作用只是从单一热源吸热并全部转变为功。

实际上,热机工作时必须有两个或两个以上的热源。除了必须有高温热源提供热量用于转换为功量外,同时还必须有低温热源,把一部分来自高温热源的热量传给低温热源,作为实现把高温热源提供的热量转换为功量的必要补偿。

如果能够从单一热源吸热并将热全部转变为功,则就可以将储存在大气等环境中的热能转换为功,从而构成另一类永动机,称为第二类永动机。它并不违背热力学第一定律,而是违背了热力学第二定律。因此,热力学第二定律又可表述为:第二类永动机是不可能制成的。

此外,根据热机的工作原理,热力学第二定律常可表述为:热机的热效率不可能达到100%。以上各种表述都是针对热能转变为机械能这种能量转换过程,说明能量转换条件的。

针对热量传递过程的方向性,有热力学第二定律的克劳修斯说法:不可能使热量由低温物体向高温物体传递而不引起其他的变化。实际上,当利用制冷机实现由低温物体向高温物体传递热量时,还必须消耗一定的高品位能量(如机械能、电能),并把这些高品位能量转变为热量放出,以此作为由低温物体向高温物体传递热量的补偿。

上述两种类型的表述虽然各自说明实现某一种涉及热现象的过程的条件,但其实质是完全一致的。若假设能违反一种表述,则可证明也必然违反另一种表述。如图5-3所示,假设机器A违反开尔文-普朗克说法,能够从高温热源取得热量q_1'而把它全部转变为功量w_0,即$w_0=q_1'$,则可利用这些功量来带动制冷机B,由低温热源取得热量q_2而向高温热源放出热量q_1。于是按热力学第一定律有

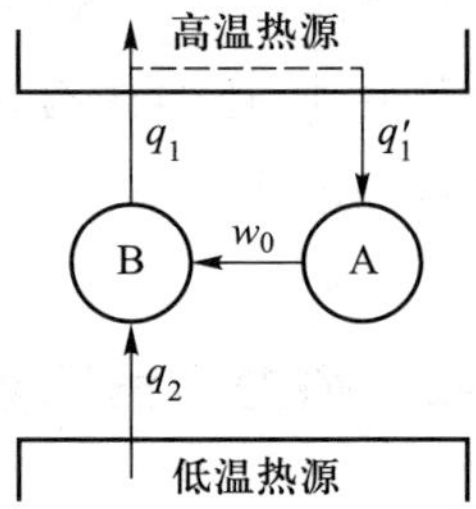

图 5-3

$$q_2=|q_1|-|w_0|=|q_1|-q_1'$$

即当A和B共同工作时,低温热源放出热量$-q_2$,而高温热源得到热量q_2,此外没有其他的变化。这显然违反了克劳修斯说法。类似可证明,违反克劳修斯说法就必然违反开尔文-普朗克说法。也就是说,这两种表述实际上是完全等效的。

热力学第二定律的表述方法很多,而各种表述的内容大部分是单纯地针对某一种自发实现的涉及热现象的过程,指出其逆向过程不可能自发地实现,从而说明能量转换的条件及过程的方向性。如果把自发实现的过程称为自发过程,而把其逆向过程称为非自发过程,则经验表明,非自发过程不能自发地实现,即使利用热机、制冷机或者其他任何办法使非自发过程得以实现,但同时总是需要另一种自发过程伴随进行,以作为实现非自发过程的补偿。因而,只要系统进行了一个自发过程,不论用何种复杂的办法,都不可能使系统和外界都恢复原状而不留下任何变化。在此意义上,自发过程所产生的效果是无法消除的,或者说是不可逆复的。因此,热力学第二定律可概括为:一切自发过程都是不可逆的。

5-3 卡诺循环

卡诺循环和卡诺定理是热力学第二定律理论的重要组成部分，其所论证的热机循环的热效率和温度的关系是热机循环分析的基本原则之一。

卡诺循环实际上就是最简单的可逆循环。它只利用两个恒温热源：一个作为高温热源，其温度为 T_{r1}，由它给工质可逆地定温加热；一个作为低温热源，其温度为 T_{r2}，工质向它可逆地定温放热。除了和热源进行热交换外，工质就通过可逆绝热过程，使工质温度由 T_{r1}变化到 T_{r2}以及由 T_{r2}变化到 T_{r1}，从而完成循环。当工质为理想气体时，卡诺循环的各过程曲线如图 5-4 所示，$a-b$为定温吸热过程，$b-c$ 为绝热膨胀过程，$c-d$ 为定温放热过程，$d-a$ 为绝热压缩过程。

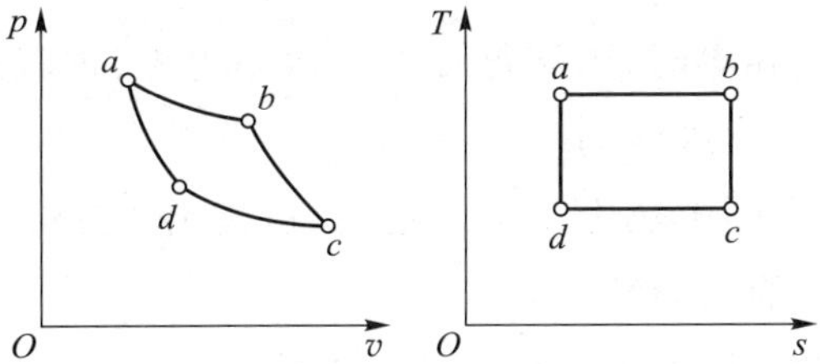

图 5-4 卡诺循环的 $p-v$ 图及 $T-s$ 图

因工质为理想气体，故在过程 $a-b$ 中工质从温度为 T_{r1}的高温热源所得到的热量为

$$q_1 = R_g T_{r1} \ln \frac{v_b}{v_a}$$

在过程 $c-d$ 中，工质向温度为 T_{r2}的低温热源放出热量的绝对值为

$$|q_2| = R_g T_{r2} \ln \frac{v_c}{v_d}$$

按照绝热过程 $b-c$ 及 $d-a$ 中工质参数的变化关系

$$\frac{v_c}{v_b} = \left(\frac{T_{r1}}{T_{r2}}\right)^{1/(\kappa-1)}$$

$$\frac{v_d}{v_a} = \left(\frac{T_{r1}}{T_{r2}}\right)^{1/(\kappa-1)}$$

可以得到

$$\frac{v_b}{v_a}=\frac{v_c}{v_d}$$

于是，按照循环热效率的定义，卡诺循环的循环热效率为

$$\eta_{t,C}=1-\frac{|q_2|}{q_1}=1-\frac{T_{r2}}{T_{r1}} \tag{5-3}$$

上式说明：

（1）卡诺循环的热效率仅决定于高温热源的温度 T_{r1} 及低温热源的温度 T_{r2}，而与工质的种类无关。

（2）提高 T_{r1} 及降低 T_{r2} 可以提高卡诺循环的热效率。

（3）由于 T_{r1} 不可能为无限大、T_{r2} 不可能为零，所以卡诺循环的热效率不可能达到 100%。

（4）当 T_{r1} 和 T_{r2} 相等时，卡诺循环的热效率为零，这就意味着利用单一热源吸热而循环作功是不可能的。

以上分析充分说明了热力学第二定律，也指出了提高热机循环热效率的方向，因而具有普遍的指导意义。

在对任意可逆热机循环的分析中，也可引用平均温度的概念，将其转换成等效卡诺循环进行分析。

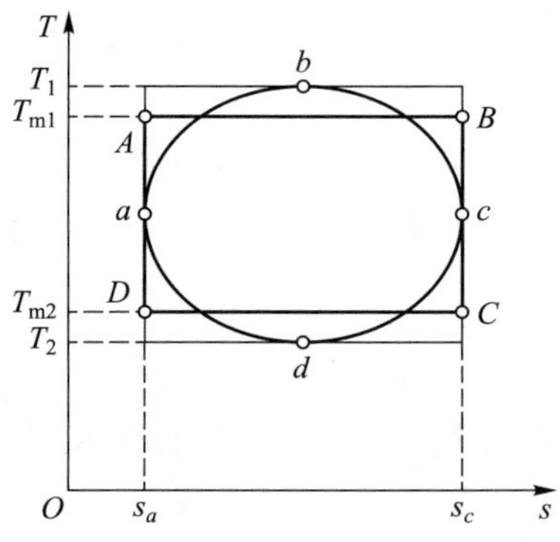

图 5-5　等效卡诺循环示意图

对图 5-5 所示的任意热机循环 $a-b-c-d-a$，如果取一个定温加热过程 $A-B$，使它的加热量以及比熵变化范围都和加热过程 $a-b-c$ 的数值相同，即在 $T-s$ 图上，在相同的 s_a 到 s_c 之间，定温过程线 $A-B$ 下面的面积和加热过程线 $a-b-c$ 下面的面积相同。于是该定温过程 $A-B$ 的温度可表示为

$$T_{m1}=\frac{q_1}{s_c-s_a}=\frac{\int_{a-b-c}T\mathrm{d}s}{s_c-s_a}$$

即 T_{m1} 就是加热过程 $a-b-c$ 中工质温度的积分平均值，故称为平均加热温度或平均吸热温度。同样地，对于放热过程 $c-d-a$，也可以取一个定温放热过

程 $C-D$,该过程的温度等于平均放热温度 T_{m2},并有

$$T_{m2}=\frac{|q_2|}{|s_a-s_c|}=\frac{\int_{a-d-c}T\mathrm{d}s}{s_c-s_a}$$

于是,任意可逆热机循环的热效率都可利用平均吸热温度及平均放热温度来表示

$$\eta_t=1-\frac{|q_2|}{q_1}=1-\frac{T_{m2}(s_c-s_a)}{T_{m1}(s_c-s_a)}$$

即

$$\eta_t=1-\frac{T_{m2}}{T_{m1}} \tag{5-3a}$$

通常把在平均吸热温度和平均放热温度下工作的相应的卡诺循环 $A-B-C-D-A$ 称为该热机循环的等效卡诺循环。

上式说明,等效卡诺循环的热效率随平均吸热温度的升高和平均放热温度降低而提高。利用等效卡诺循环,可以很方便地分析各种因素对任意热机循环热效率的影响。

例 5-1 在内燃机中,燃烧温度通常最高约为 2 000 ℃,排气温度约为 500 ℃。若有一个按卡诺循环工作的热机也在这两个温度间工作,试求其热效率。

解 已知

$$T_{r1}=(2\ 000+273)\ \mathrm{K}=2\ 273\ \mathrm{K}$$

$$T_{r2}=(500+273)\ \mathrm{K}=773\ \mathrm{K}$$

按卡诺循环热效率公式,有

$$\eta_{t,C}=1-\frac{T_{r2}}{T_{r1}}=1-\frac{773\ \mathrm{K}}{2\ 273\ \mathrm{K}}=0.66$$

由此结果可知,仅有三分之二的热量可转变为功,而其余三分之一的热量传给了低温热源。

5-4 卡诺定理

卡诺定理指出:在两个给定的恒温热源间工作的所有热机,不可能具有比可逆热机更高的热效率。

设有两个热机,机器 A 为任意热机,机器 B 为可逆热机。若两机器在相同的两恒温热源间工作,则按卡诺定理必有

$$\eta_{t,A}\ngtr\eta_{t,B}$$

卡诺定理的证明如下：考虑机器 B 为可逆热机，可以令其按逆向循环即制冷循环工作，因而可以把机器 A 和机器 B 组合在一起(图 5-6)，由机器 A 带动机器 B 运转，即

$$|W_0| = Q_1 - |Q_2| = |Q_1'| - Q_2' \qquad (a)$$

若假设 $\eta_{t,A} > \eta_{t,B}$，则由循环热效率公式可得

$$\frac{|W_0|}{Q_1} > \frac{|W_0|}{|Q_1'|}$$

即

$$|Q_1'| > Q_1$$

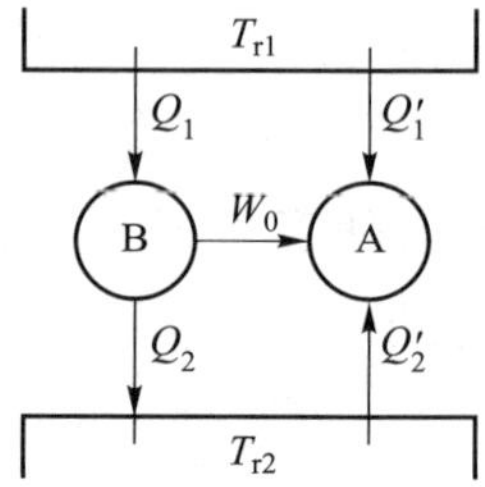

图 5-6

代入式(a)，可以得到

$$|Q_1'| - Q_1 = Q_2' - |Q_2| > 0$$

也就是说，机器 A 和机器 B 组合在一起运转所产生的唯一效果是：由低温热源给出热量 $Q_2' - |Q_2|$，而高温热源则得到热量 $|Q_1'| - Q_1$。这就构成了由低温热源向高温热源传热而不引起其他变化的结果。显然，这是违反热力学第二定律的，因而原假设 $\eta_{t,A} > \eta_{t,B}$ 是错误的，即只能有 $\eta_{t,A} \ngtr \eta_{t,B}$。

卡诺定理推论一：在两个给定恒温热源间工作的所有可逆热机的热效率都相同。

这个推论的证明方法和上面的相同。这时机器 A 和机器 B 都是可逆热机，所以当令机器 B 按逆向循环工作时，可以用上面的证明方法得 $\eta_{t,A} \ngtr \eta_{t,B}$。反之，当令机器 A 按逆向循环工作时，又可证明 $\eta_{t,A} \nless \eta_{t,B}$。于是，由这两个关系得出的唯一结论就是 $\eta_{t,A} = \eta_{t,B}$。

根据卡诺定理推论一，只要可逆热机工作于两个恒温热源之间，从高温热源可逆地定温吸热，向低温热源可逆地定温放热，则不管采用什么工质或什么循环①，它们的热效率都可以用理想气体卡诺循环的热效率公式进行计算，即

$$\eta_t = 1 - \frac{T_{r2}}{T_{r1}}$$

卡诺定理推论二：在给定的两个恒温热源间工作的不可逆热机，其热效率必然小于在相同两恒温热源间工作的可逆热机的热效率。

---

① 两热源的可逆热机循环除卡诺循环外还有回热循环(或称概括性卡诺循环)，如第八章中所讲的斯特林循环即是一种回热循环。

按卡诺定理，若机器 A 为不可逆热机而机器 B 为可逆热机，则有 $\eta_{t,A} \ngtr \eta_{t,B}$。若假设 $\eta_{t,A}=\eta_{t,B}$，则当按图 5-6 所示方式用机器 A 带动机器 B 工作时，有

$$\frac{|W_0|}{Q_1}=\frac{|W_0|}{|Q_1'|}$$

即

$$Q_1=|Q_1'|$$

代入式(a)，可以得到

$$|Q_1'|-Q_1=Q_2'-|Q_2|=0$$

这就是说，机器 A 和机器 B 组合在一起工作时，工质和热源都可恢复原状，而没有引起任何不可逆的变化。但原命题中机器 A 为不可逆热机，它工作时必然引起某种不可逆复的变化。这就说明，假设 $\eta_{t,A}=\eta_{t,B}$ 不成立，即 $\eta_{t,A}\neq\eta_{t,B}$。于是唯一的结论是 $\eta_{t,A}<\eta_{t,B}$，即不可逆热机的热效率 $\eta_{t,ir}$ 小于相同两热源间工作的可逆热机的热效率，即

$$\eta_{t,ir}=1-\frac{|q_2|}{q_1}<1-\frac{T_{r2}}{T_{r1}} \tag{5-4}$$

根据卡诺循环及其推论可以知道，在两个给定的恒温热源间工作的热机，其循环热效率的最大限度等于在两相同恒温热源间工作的卡诺循环的热效率，这就给出了判断一切热机能量转换完善程度的基础。可以认为，卡诺定理是热力学第二定律用于分析热机所得出的最根本原则。

5-5 克劳修斯不等式

克劳修斯不等式通过对热力循环中吸热和放热过程的热量和热源温度的关系，来说明热力循环的可逆与否。

两热源的循环是最简单的循环。根据卡诺定理及其推论，在两个给定的恒温热源间工作的热机的循环热效率有如下关系：

$$\eta_t=1-\frac{|q_2|}{q_1}\leqslant 1-\frac{T_{r2}}{T_{r1}}$$

式中等号适用于可逆循环，不等号适用于不可逆循环。按上式可得

$$\frac{q_1}{T_{r1}}\leqslant\frac{|q_2|}{T_{r2}}$$

如把放热量的绝对值$|q_2|$仍按符号规则改写为代数值，则由上式可得，在两恒温热源的循环中吸热和放热过程的热量和热源温度的关系为

$$\frac{q_1}{T_{r1}}+\frac{q_2}{T_{r2}}\leqslant 0 \tag{5-5}$$

对于多热源的可逆循环，如图 5-7 所示的可逆循环 $a-b-c-d-a$，如果用任意两条可逆绝热过程线 $e-f$ 及 $m-n$ 在循环曲线上截取两个可逆过程 $e-m$ 及 $n-f$，则当两绝热线无限靠近时可以认为微元过程 $e-m$ 及 $n-f$ 中温度近似不变。于是在过程 $e-m$ 中系统从温度为 T_{r1} 的热源定温吸热 δq_1，而在过程 $n-f$ 中系统向温度为 T_{r2} 的热源定温放热 δq_2。由于这两个可逆定温过程和两个可逆绝热过程 $m-n$ 及 $e-f$ 可组成一个微元的可逆卡诺循环 $m-n-f-e-m$，因此按上述两个恒温热源循环的关系式(5-5)可表示为

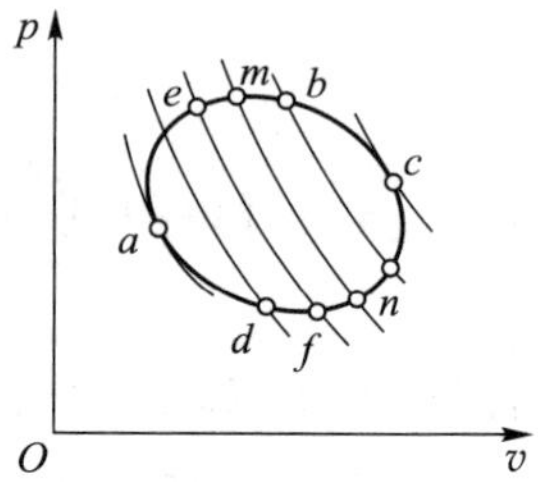

图 5-7

$$\frac{\delta q_1}{T_{r1}}+\frac{\delta q_2}{T_{r2}}=0$$

此式表示出了 $e-m$ 及 $n-f$ 两个可逆过程的热量与热源温度的关系。如果用无数的可逆绝热线把循环 $a-b-c-d-a$ 截成无数微元线段，则由每两条相邻的绝热线所截取的一对微元过程都可得到上述关系式，而整个循环就等于所有微元过程的总和，即

$$\lim_{n\to\infty}\sum_{i=1}^{n}\left(\frac{\delta q_1}{T_{r1}}+\frac{\delta q_2}{T_{r2}}\right)_i=0$$

或者表示为

$$\oint\frac{\delta q}{T_r}=0 \tag{a}$$

该式说明，任意可逆循环中吸热和放热过程的热量与相应热源温度之比的积分等于零。上式中的积分称为克劳修斯积分，式(a)称为克劳修斯积分等式。

如果在循环中包含某些不可逆过程，则该循环为不可逆循环。对于多热源的不可逆循环，也可按与上面相同的方法，用无数可逆绝热过程线把循环

截成无数微元过程。对于每两条相邻的绝热线和它们截取的一对微元过程组成的一个微元循环,其中一部分是可逆循环,则有

$$\left(\frac{\delta q_1}{T_{r1}}+\frac{\delta q_2}{T_{r2}}\right)_i=0$$

另一部分是不可逆循环,则按式(5-5)可表示为

$$\left(\frac{\delta q_1}{T_{r1}}+\frac{\delta q_2}{T_{r2}}\right)_j<0$$

于是整个不可逆循环应为所有微元过程的总和,即

$$\lim_{n\to\infty}\sum_{i=1}^{n}\left(\frac{\delta q_1}{T_{r1}}+\frac{\delta q_2}{T_{r2}}\right)_i+\lim_{m\to\infty}\sum_{j=1}^{m}\left(\frac{\delta q_1}{T_{r1}}+\frac{\delta q_2}{T_{r2}}\right)_j<0$$

或者表示为

$$\oint\frac{\delta q}{T_r}<0 \tag{b}$$

该式说明,任意不可逆循环中吸热和放热过程的热量与相应热源温度之比的积分小于零。此式称为克劳修斯不等式。如把式(a)及式(b)合并,可得到用于说明任意多热源循环的如下关系式:

$$\oint\frac{\delta q}{T_r}\leqslant 0 \tag{5-6}$$

该关系式就是卡诺定理用于任意多热源循环时的数学表达式。

5-6 状态参数熵及孤立系统熵增原理

第三章中已经讨论过理想气体熵的性质,这里根据任意可逆循环的克劳修斯积分式,进一步说明熵是一个普遍存在的状态参数。

因可逆循环中系统和热源有相同的温度,即 $T_r=T$,故对于系统按式(5-6)有

$$\oint\frac{\delta q}{T}=0 \tag{a}$$

对于图 5-7 所示循环 $a-b-c-d-a$,可以把整个循环任意分为 $a-b-c$ 及 $c-d-a$ 两个可逆过程,故可把上式改写为

$$\int_{a-b-c}\frac{\delta q}{T}+\int_{c-d-a}\frac{\delta q}{T}=0$$

或

$$\int_{a-b-c}\frac{\delta q}{T}=\int_{a-d-c}\frac{\delta q}{T} \tag{b}$$

于是，由式(a)和式(b)可知，$\delta q/T$ 应等于某个参数的全微分。按第一章中的定义，它就是状态参数熵的微分，即在可逆过程中有

$$\mathrm{d}s=\frac{\delta q}{T} \tag{5-7}$$

代入式(a)、式(b)可得

$$\oint \mathrm{d}s=0$$

及

$$\int_{a-b-c}\mathrm{d}s=\int_{a-d-c}\mathrm{d}s$$

即熵的变化和过程无关，而仅决定于初态及终态，从而说明熵是一个状态参数。

根据状态参数的性质，熵可以表示成任意两个独立状态参数的函数，如

$$s=s_1(p,v)\,,\quad s=s_2(p,T)\,,\quad s=s_3(T,v)$$

而熵的微分为全微分，可以表示为

$$\mathrm{d}s=\left(\frac{\partial s}{\partial p}\right)_V\mathrm{d}p+\left(\frac{\partial s}{\partial v}\right)_p\mathrm{d}v$$

$$\mathrm{d}s=\left(\frac{\partial s}{\partial v}\right)_T\mathrm{d}v+\left(\frac{\partial s}{\partial T}\right)_V\mathrm{d}T$$

$$\mathrm{d}s=\left(\frac{\partial s}{\partial T}\right)_p\mathrm{d}T+\left(\frac{\partial s}{\partial p}\right)_T\mathrm{d}p$$

通常，在热力学的计算中只需确定熵的变化量而不需要确定其绝对值。

把从热力学第二定律引出的熵的定义式和热力学第一定律的能量方程式结合起来，可以得到以下两个基本的热力学普遍关系式：

$$T\mathrm{d}s=\mathrm{d}u+p\mathrm{d}v \tag{5-8}$$

及

$$T\mathrm{d}s=\mathrm{d}h-v\mathrm{d}p \tag{5-8a}$$

该两式反映了各状态参数之间的基本关系，而与过程是否可逆无关。

由于熵是一个状态参数，所以当状态确定时，熵就有确定的数值。在可逆过程中熵的变化可以直接按熵的定义式计算，即

$$ds = \frac{\delta q}{T}$$

该式说明可逆过程中引起系统熵变的唯一因素是系统与外界的换热。对于不可逆过程，虽然不能按上式计算系统熵的变化，但是只要过程的初态和终态是确定的，系统熵的变化仍是确定的。根据热力学普遍关系式(5-8)及式(5-8a)，系统熵的变化可以表示为

$$ds = \frac{du + p dv}{T} \tag{5-8b}$$

及

$$ds = \frac{dh - v dp}{T} \tag{5-8c}$$

只要任意选择一个合适的可逆过程，由初态至终态对上列任一公式进行积分求解，即可求得具有相同初态和终态的不可逆过程中系统熵的变化。

实际上，不可逆过程中系统熵的变化除了由于系统和外界换热外，还由于不可逆因素的影响而产生熵。这可通过下述两种典型情况来加以说明。

温差传热过程是一种典型的不可逆过程。如图 5-8 所示的绝热刚性容器，透热的刚性固定壁把容器分为两部分，其中分别充有 A、B 两种气体。显然，A、B 两种气体既不能通过容积改变来传递功，也不能和容器外的环境交换热量。若假设 $T_A < T_B$，由气体 B 自发地向气体 A 传递热量，则按照热力学第一定律，传热过程中能量守恒的关系为

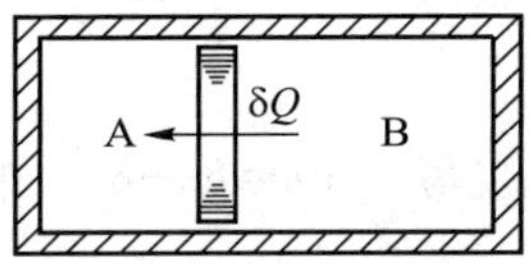

图 5-8 温差传热引起熵产示意图

$$dU_A = \delta Q$$

及

$$dU_B = -\delta Q$$

若传热过程中两气体的内部保持状态均匀，则根据式(5-8b)，两气体熵的变化可表示为

$$dS_A = \frac{dU_A}{T_A}$$

及

$$dS_B = \frac{dU_B}{T_B}$$

引入能量守恒关系，即可得到

$$\mathrm{d}S_{\mathrm{A}}=\frac{\delta Q}{T_{\mathrm{A}}}$$

及

$$\mathrm{d}S_{\mathrm{B}}=-\frac{\delta Q}{T_{\mathrm{B}}}$$

因 $T_{\mathrm{A}}<T_{\mathrm{B}}$,故可知 $\mathrm{d}S_{\mathrm{A}}>|\mathrm{d}S_{\mathrm{B}}|$。这就是说,当热量从高温物体传递到低温物体时,高温物体熵的减少较小,而低温物体熵的增加较大。于是有

$$\delta S_{\mathrm{g}}=\mathrm{d}S_{\mathrm{A}}-|\mathrm{d}S_{\mathrm{B}}|=\delta Q\left(\frac{1}{T_{\mathrm{A}}}-\frac{1}{T_{\mathrm{B}}}\right)>0$$

即该温差传热不可逆过程中产生了熵,通常把产生的熵 δS_{g} 称为熵产。

存在摩擦、扰动等现象的热力过程是另一种典型的不可逆过程。设进行一个这样的微元过程,系统吸热 δq,作功 δw,系统的比热力学能的变化为 $\mathrm{d}u$,系统比体积的变化为 $\mathrm{d}v$。根据式(5-8)可知,系统的熵的变化可表示为

$$\mathrm{d}s=\frac{\mathrm{d}u+p\mathrm{d}v}{T}$$

按热力学第一定律,该过程的能量守恒关系可表示为

$$\delta q=\mathrm{d}u+\delta w$$

若改写为 $\mathrm{d}u=\delta q-\delta w$,并代入系统熵变化的关系式,得

$$\mathrm{d}s=\frac{\delta q}{T}+\frac{p\mathrm{d}v-\delta w}{T}$$

式中,δq 及 δw 为不可逆过程中系统吸收的热量及所作的功。因 $p\mathrm{d}v$ 为相同初态及终态间相应的可逆过程的功,所以 $p\mathrm{d}v-\delta w$ 即为功的耗散损失的数值。上式说明:在有功耗散的过程中,系统熵的变化由两部分组成,一部分是系统和外界交换热量所引起的熵的变化,称为熵流 δs_{f};另一部分是由于功耗散而产生的熵即熵产 δs_{g}。由于功的耗散只有正值,因此功耗散所产生的熵即熵产也为正值。

通过对温差传热过程以及有功耗散现象过程的分析,可以说明:不可逆过程中系统熵的变化等于熵流和熵产的代数和。即

$$\mathrm{d}s=\delta s_{\mathrm{f}}+\delta s_{\mathrm{g}} \tag{5-9}$$

熵流和热量具有相同的符号,吸热时熵流为正,放热时熵流为负;熵产则不同,它永远为正值,并随着不可逆程度的增加而增大。式(5-9)为闭口系统熵方程。

根据可逆过程和不可逆过程中系统熵变化的不同性质,利用过程中系统熵的变化作为过程不可逆性的基本判据,可以建立起热力学第二定律的基本数学表达式。

设系统进行一个任意的不可逆过程 $a-b-c$,如图 5-9 所示。为了确定状态 a 和状态 c 间系统熵的变化,假设有一个任意的可逆过程 $c-d-a$。由于过程 $a-b-c$ 和过程 $c-d-a$ 相互连接组成了一个不可逆循环,因此按克劳修斯不等式,对两个过程分别积分,则有

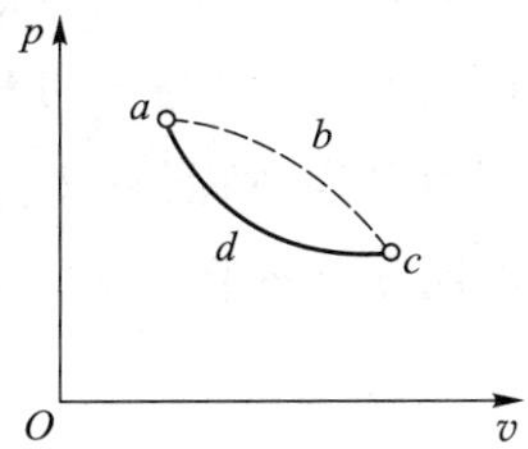

图 5-9

$$\int_{a-b-c}\frac{\delta q}{T_r}+\int_{c-d-a}\frac{\delta q}{T_r}<0$$

其中过程 $c-d-a$ 为可逆过程,故过程中系统的温度和热源温度应始终相同,即$T=T_r$,故上式可写成

$$\int_{a-b-c}\frac{\delta q}{T_r}+\int_{c-d-a}\frac{\delta q}{T}<0$$

于是按可逆过程中系统熵变化的定义式可以得到

$$s_c-s_a>\int_{a-b-c}\frac{\delta q}{T_r}$$

如用于微元不可逆过程,则只需对上式取微分即可得到

$$\mathrm{d}s>\frac{\delta q}{T_r}$$

即在不可逆过程中,系统熵的变化大于系统从热源吸收的热量除以热源温度所得的熵值。

如果考虑可逆过程中始终有 $T=T_r$,于是可以把式(5-7)表示为 $\mathrm{d}s=\delta q/T_r$,再与上式合并,从而得到

$$\mathrm{d}s\geqslant\frac{\delta q}{T_r} \tag{5-10}$$

其中等号适用于可逆过程,不等号适用于不可逆过程。该式可以作为过程可逆与否的一个判别式。

绝热过程中系统和外界不发生任何热交换,即 $\delta q=0$,因而按照上式有

$$\mathrm{d}s\geqslant 0$$

当系统经一个绝热过程由状态 1 变化到状态 2 时，有

$$s_2-s_1\geqslant 0$$

式中等号适用于可逆绝热过程，不等号适用于不可逆绝热过程。如果把这个关系表示在 T-s 图上，则如图 5-10 所示。当过程为压缩过程时，过程曲线表示在图 5-10a 中；当过程为膨胀过程时，过程曲线表示在图 5-10b 中。其中 1-2′为可逆过程，1-2 为不可逆过程。顺便指出，因过程 1-2 是绝热过程，这就说明了 T-s 图上虚线下面的面积并不代表过程的热量。

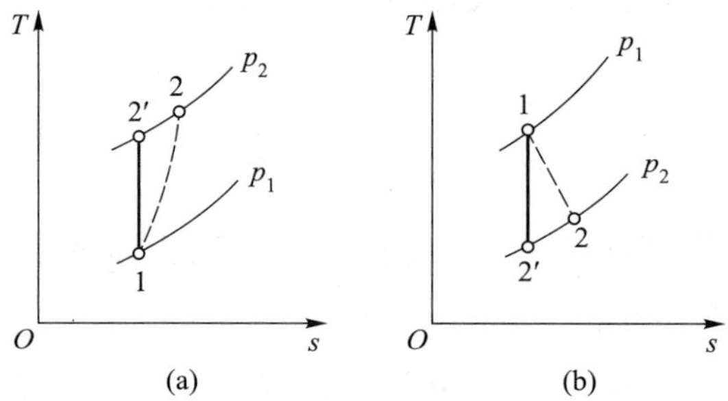

图 5-10　可逆绝热过程与不可逆绝热过程示意图

对于任意一个孤立系统，因其与外界没有热量交换，其熵变

$$\mathrm{d}S_{\mathrm{iso}}\geqslant 0 \quad 或 \quad \Delta S_{\mathrm{iso}}\geqslant 0 \tag{5-11}$$

式（5-11）为孤立系统熵增原理的表达式，其下角标“iso”表示孤立系统，式中等号适用于可逆过程，不等号适用于不可逆过程。该原理可表述为：一切实际过程总是沿着使孤立系统的总熵增加的方向发展，理想可逆情况下孤立系统的总熵保持不变，想让孤立系统的总熵减小是不可能的。孤立系统的熵流为零，根据式（5-9）有 $\mathrm{d}S_{\mathrm{iso}}=\delta S_{\mathrm{g}}\geqslant 0$，这说明孤立系统熵增的本质是因不可逆因素导致熵产，突出地反映热力学第二定律的实质。

实际上，当系统进行一个过程而与作为热源的周围物质交换热量时，除系统的熵发生变化外，周围物质的熵也会发生变化。如果把系统和有关的周围物质一起作为一个孤立系统，同时考虑系统和有关的周围物质熵的变化，同样可以说明过程的方向性。

当系统仅和温度为 T_0 的周围物质交换热量时，按照任意过程中系统熵变化的关系式（5-10），可以得到

$$dS \geqslant \frac{\delta Q}{T_0}$$

由于系统换热 δQ 时周围物质的换热量为 $-\delta Q$，故按温差传热过程中物体熵变化的关系，可以把周围物质的熵的变化表示为

$$dS_0 = \frac{-\delta Q}{T_0}$$

把此关系代入上面关系式，同样可得到孤立系统熵增原理的表达式为

$$dS_{iso} = dS + dS_0 \geqslant 0 \tag{5-11a}$$

式中等号适用于可逆过程，不等号适用于不可逆过程。

实际上，在一切存在诸如温差传热及摩擦耗功等自发因素的不可逆过程中，由于不可逆因素总要产生熵，因而过程中系统和有关的周围物质两者熵的和总在增大，而它们的逆向过程则为使两者熵的和减小的过程，是不可能实现的。当借助另一种自发过程作为补偿而使这种逆向过程实现时，系统和有关的周围物质两者熵的总和在两种过程中的变化趋势虽然相反，但熵的增减相抵后总的效果仍使两者熵的总和增大，仅在极限的理想情况下两者熵的总和不变而达到可逆的变化。

根据孤立系统熵增原理可以判断任意复杂过程是否可能实现，而不必涉及该过程所经历的各个具体细节。凡是符合孤立系统熵增原理的过程就可能实现；反之，使孤立系统总熵减小的过程是不可能实现的。这给热力学分析带来了很大的方便。

孤立系统熵增原理的表达式在热力学第二定律分析中具有重要作用，故常把其作为热力学第二定律的基本数学表达式。

例 5-2 有一台燃气轮机装置，其燃烧产生的高温燃气的温度为 900 ℃，压力为 0.85 MPa，设燃气在燃气轮机中进行绝热膨胀时其压力降低到 0.103 MPa。若比热容取为定值，燃气的气体常数 $R_g = 0.287\ 4\ \text{kJ/(kg·K)}$，且 $c_{p0} = 1.10\ \text{kJ/(kg·K)}$，又燃气轮机进口处燃气的流动动能及重力势能与出口处基本相同，试求：(1) 膨胀过程为可逆过程时燃气所作的轴功；(2) 膨胀过程为不可逆过程而膨胀终了温度为 477 ℃ 时，燃气所作的轴功及熵的变化。

解 按稳定流动能量方程式，当不计流动动能及重力势能的变化时，可以得到

$$q = h_2 - h_1 + w_s$$

在绝热过程中 $q = 0$，故轴功可表示为

$$w_s=h_1-h_2=\int_2^1 c_{p0}\,\mathrm{d}T$$

（1）当膨胀过程为可逆过程时，若燃气可看作理想气体，则膨胀终了的温度可按定熵过程参数关系计算，即

$$T_2=T_1\left(\frac{p_2}{p_1}\right)^{(\kappa-1)/\kappa}$$

对于理想气体，有

$$\kappa=\frac{c_{p0}}{c_{V0}}=\frac{c_{p0}}{c_{p0}-R_g}=\frac{1.10\ \text{kJ/(kg·K)}}{1.10\ \text{kJ/(kg·K)}-0.287\ 4\ \text{kJ/(kg·K)}}=1.353$$

所以 $$T_2=(900+273)\ \text{K}\times\left(\frac{0.103\times10^6\ \text{Pa}}{0.85\times10^6\ \text{Pa}}\right)^{(1.353-1)/1.353}=676\ \text{K}$$

于是可逆绝热膨胀时工质所作的轴功为

$$w_s=h_1-h_2=c_{p0}(T_1-T_2)=1.10\ \text{kJ/(kg·K)}\times(1\ 173-676)\ \text{K}=546.7\ \text{kJ/kg}$$

（2）当膨胀过程为不可逆过程时，因已知 $t_2'=477$ ℃，故绝热膨胀过程中工质所作的轴功为

$$w_s=h_1-h_2'=c_{p0}(T_1-T_2')=1.10\ \text{kJ/(kg·K)}\times[1\ 173-(477+273)]\ \text{K}=465.3\ \text{kJ/kg}$$

工质熵的变化仍然可以按理想气体熵变化的公式计算，即

$$\begin{aligned}s_2'-s_1&=c_{p0}\ln\frac{T_2'}{T_1}-R_g\ln\frac{p_2}{p_1}\\&=1.10\ \text{kJ/(kg·K)}\times\ln\frac{750\ \text{K}}{1\ 173\ \text{K}}-0.287\ 4\ \text{kJ/(kg·K)}\times\ln\frac{0.103\times10^6\ \text{Pa}}{0.85\times10^6\ \text{Pa}}\\&=0.115\ \text{kJ/(kg·K)}\end{aligned}$$

结果说明，在不可逆的绝热过程中工质的熵增加。这符合于热力学第二定律的基本关系。

例 5-3 有一个绝热的刚性容器，中间有隔板把容器分为两部分。一室中充有 0.3 kg、压力为 0.5 MPa、温度为 17 ℃的空气；另一室为真空。设抽去隔板后容器内压力为0.4 MPa，而温度仍为 17 ℃。试证明该过程为不可逆过程。

解 可根据孤立系统的熵增原理来判别过程是否可逆。按理想气体熵变化的公式可得空气熵的变化为

$$\Delta S=mR_g\ln\frac{p_1}{p_2}=0.3\ \text{kg}\times0.287\ 1\ \text{kJ/(kg·K)}\times\ln\frac{0.5\times10^6\ \text{Pa}}{0.4\times10^6\ \text{Pa}}=0.019\ 22\ \text{kJ/K}$$

因该过程中系统和外界未发生任何热交换，故外界的熵变化为零，即 $\Delta S_0=0$。于是孤立系统的总熵变为

$$\Delta S_{iso}=\Delta S+\Delta S_0=0.019\ 22\ \text{kJ/K}>0$$

根据孤立系统的熵增原理，总熵变大于零，说明该过程为不可逆过程。

思 考 题

5-1　是否热机循环的循环净功愈大则循环的热效率也就愈高？

5-2　下列三种热效率公式的形式各适用于什么情况？

$$\eta_t = 1-\frac{|Q_2|}{Q_1},\quad \eta_t = 1-\frac{T_{r2}}{T_{r1}},\quad \eta_t = 1-\frac{T_{m2}}{T_{m1}}$$

5-3　正向循环和逆向循环的循环过程各有什么特征？

5-4　卡诺定理是否能表述为：一切循环的热效率不可能大于可逆循环的热效率？

5-5　试根据热力学第二定律证明：两个可逆绝热过程不可能经过同一个状态，或者说在 $p-v$ 图上两可逆绝热过程线不可能相交。

5-6　如图 5-11 所示的任意可逆循环 $a-b-c-d-a$，其中过程 $a-b$ 及过程 $c-d$ 均为可逆绝热过程，试证明：

$$|q_{b-c}|>|q_{d-a}|$$

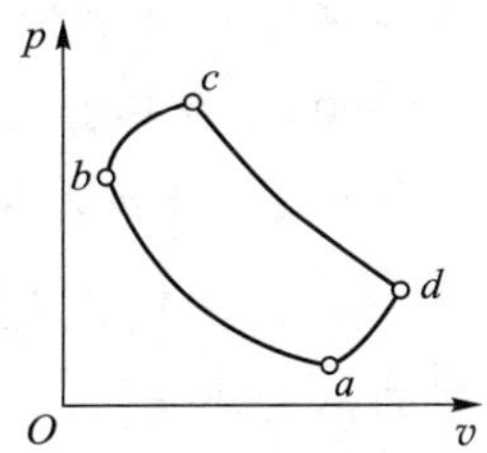

图 5-11

5-7　指出下列说法的错误所在：

(1) 不可逆过程中系统的熵只能增大不能减小；

(2) 系统经过一个不可逆循环后，系统的熵必定增大；

(3) 若系统由 A 至 B 进行一个可逆过程时系统熵的变化为 ΔS_{A-B}，则由 A 至 B 进行一个不可逆过程时系统熵的变化必大于 ΔS_{A-B}。

5-8　设 A、B 两状态的熵相等，试问由 A 至 B 进行的过程在什么情况下是绝热过程？什么情况下不是绝热过程？

5-9　热力学普遍关系式 $T\mathrm{d}s=\mathrm{d}u+p\mathrm{d}v$ 是否可用于不可逆过程的分析？

习　　题

5-1　蒸汽机中所用新蒸汽的温度为 227 ℃，排出乏汽的温度为 100 ℃，如按卡诺循环计算，试求其热效率。

5-2　海水表面温度为 10 ℃，而深处的温度为 4 ℃。若设计一热机利用海水的表面和深处作为高温热源及低温热源并按卡诺循环工作，试求该热机的热效率。

5-3　一卡诺热机的热效率为40%,若它从高温热源吸热4 000 kJ/h,而向25 ℃的低温热源放热,试求高温热源的温度及热机的功率。

5-4　某内燃机每作出1 kW·h的功需消耗汽油514.8 g。已知每千克汽油燃烧时可放出41 868 kJ的热量,试求该内燃机的实际热效率。

5-5　有报告宣称某热机自160 ℃的热源吸热,向5 ℃的低温环境放热,而在吸热1 000 kJ/h时可发出功率0.12 kW。试分析该报告的正确性。

5-6　有A、B两个卡诺热机,A从温度为700 ℃的热源吸热,向温度为t的热源放热。B则从温度为t的热源取得A排出的热量并向温度为100 ℃的热源放热。试求当两热机的循环净功相同或两热机的热效率相同时的温度t。

5-7　以氮气作为工质进行一个卡诺循环,其高温热源的温度为1 000 K、低温热源的温度为300 K;在定温压缩过程中,氮气的压力由0.1 MPa升高到0.4 MPa。试计算该循环的循环净功及v_{max}/v_{min}、p_{max}/p_{min}。

5-8　有一台可逆热机,工质为理想气体,其工作循环由三个过程,即定容加热过程1-2、绝热膨胀过程2-3及定压放热过程3-1组成。试证明该循环的热效率为

$$\eta_t = 1-\frac{\kappa[(V_3/V_1)-1]}{(p_2/p_1)-1}$$

5-9　按上题所述循环,设工质为空气,$p_1=0.35$ MPa、$t_1=307$ ℃、$p_2=0.7$ MPa。试把该循环表示在$p-v$图及$T-s$图上,并求吸热量、放热量、循环净功及循环热效率。

5-10　一个热机循环由定容加热过程1-2、定温膨胀过程2-3及定压放热过程3-1三个过程组成。设T_1及T_2固定不变,而p_1取两个不同的值,从而得到两个循环。试把该两循环表示在$p-v$图及$T-s$图上,并分析两者的热效率及循环净功间的关系。

5-11　有质量相同的两个物体,温度分别为T_A及T_B。现以这两个物体作为低温热源及高温热源,用一可逆卡诺热机在它们之间工作并产生功。因这两个物体的热力学能是有限的,故与热机发生热交换后其温度会发生变化。设物体的比热容为定值,试证明两物体的终了温度及热机输出功的总量各为

$$T=\sqrt{T_A T_B}$$

$$W_0=mc(T_A+T_B-2\sqrt{T_A T_B})$$

5-12　卡诺热机按逆向循环工作时称为逆向卡诺循环，如图 5-12 所示。现利用它来制冷，消耗循环净功 w_0，由低温热源吸热 q_2，向高温热源放热 q_1，试证明其制冷系数的公式为

$$\varepsilon=\frac{T_{r2}}{T_{r1}-T_{r2}}$$

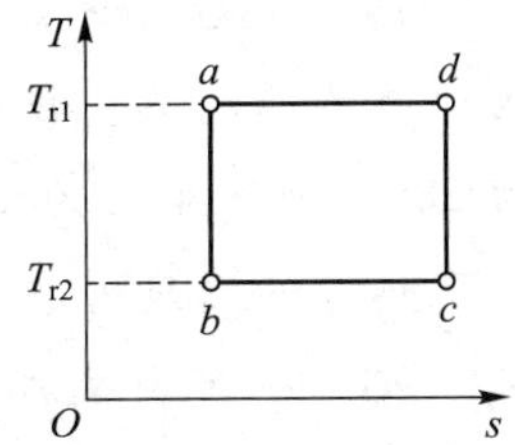

图 5-12　逆向卡诺循环的 T-s 图

5-13　若利用逆向卡诺循环作热泵，其循环如图 5-12 所示。冬天由室外低温环境吸热 q_2 而向室内供热 q_1，其所消耗的循环净功为 w_0。一般采用供热系数 $\zeta=q_1/w_0$ 作为评价热泵循环能量转换完善程度的指标。试证明逆向卡诺循环的供热系数的公式为

$$\zeta=\frac{T_{r1}}{T_{r1}-T_{r2}}$$

5-14　某热泵按逆向卡诺循环工作，由室外 0 ℃的环境吸热向室内供热，使室内气温由 10 ℃升高到 20 ℃，设房间的散热损失可忽略不计，试求对应于1 kg空气热泵所消耗的功，并和利用电热器直接供热时所消耗的功进行分析比较。

5-15　有报告宣称设计了一种热工设备，它可以在环境温度为 15 ℃时把 65 ℃的热水中 35%的水变为 100 ℃的沸水，而把其余部分冷却为 15 ℃的水。试用热力学第二定律分析该报告的正确性。

5-16　有报告宣称设计了一种热工设备，它可以在环境温度为 30 ℃时把 50 ℃的热水中 90%的水变为 10 ℃的冷饮水，而把其余部分变为 30 ℃的水。试用热力学第二定律分析该报告的正确性。

5-17　气缸中工质的温度为 850 K，定温地从热源吸热 1 000 kJ，且过程中没有功的耗散。若热源温度为：(1) 1 000 K；(2) 1 200 K。试求工质和热源两者熵的变化，并用热力学第二定律加以说明。

5-18　有一台热机从温度为 1 100 K 的高温热源吸热 1 000 kJ，并向温度为 300 K 的低温热源可逆地放热，从而进行一个双热源的循环并作出循

环净功 690 kJ。设定温吸热时无功的耗散，试求吸热过程中工质的温度及工质和热源两者熵变化的总和。

5-19 一台可逆热机从高温热源吸热，并分别向温度为 370 ℃、270 ℃的两低温热源放热。设吸热及放热过程均为可逆定温过程，热机循环的热效率为 28%，循环净功为 1 400 kJ，向 370 ℃的热源放出的热量为 2 000 kJ。试求高温热源的温度并把该循环表示在 T-s 图上。

5-20 一可逆热机从 227 ℃的热源吸热，并向 127 ℃和 77 ℃的两热源分别放热。已知其热效率为 26%，并向 77 ℃的热源放出的热量为 420 kJ，试求该热机的循环净功。

5-21 设有两个可逆循环 1-2-3-1 及 1-3-4-1。如图 5-13 所示，1-2 及3-4为定熵过程，2-3 及 4-1 为定温过程，1-3 则为 T 与 s 呈线性关系的过程。试求两循环循环净功间的关系以及循环热效率间的关系。

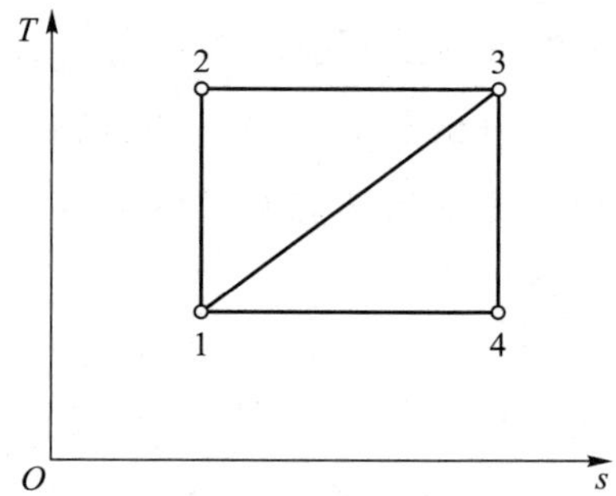

图 5-13

5-22 设有质量相同的某种物质两块，两者的温度分别为 T_A、T_B。现使两者相接触而温度变为相同，试求两者总熵的变化。

5-23 有两个刚性绝热容器 A 与 B。容器 A 的容积为 3 m^3，内有压力为 0.8 MPa、温度为 17 ℃的空气。容器 B 的容积为 1 m^3，内为真空。设把两容器绝热连通，让 A 内空气流入 B。当两容器内压力相同时又把两者分开。若整个过程中各容器均为绝热，试计算该过程中空气熵的变化。

5-24 气缸中有 0.1 kg 空气，其压力为 0.5 MPa、温度为 1 100 K。设空气经历一个绝热膨胀过程，压力变化到 0.1 MPa，而过程效率为 90%。试求空气所作的功、膨胀终了空气的温度及过程中空气的熵值变化，并把该过程表示在 p-v 图及 T-s 图上。

5-25 气缸中有 0.1 kg 空气，压力为 0.1 MPa、温度为 300 K，设经历一个绝热压缩过程，压力变化到 0.3 MPa，而过程效率为 90%。试求压缩过程中消耗的功、压缩终了空气的温度及过程中空气的熵值变化，并把该过程表示在 p-v 图及 T-s 图上。

5-26 有一台涡轮机，其进口的燃气温度为 1 100 K、压力为 0.5 MPa。

设进行一个绝热膨胀过程，其压力降低到 0.1 MPa，而过程效率为 90%。试求燃气所作的轴功、膨胀终了的温度及过程中燃气熵的变化。假定燃气与空气的热力性质相同，气体常数 $R_g = 0.287\ 1\ \text{kJ/(kg·K)}$，比定压热容 $c_{p0} = 1.004\ \text{kJ/(kg·K)}$。

5-27　有一台内燃机用涡轮增压器，在涡轮机进口处工质的压力为 0.2 MPa、温度为 650 ℃，出口处工质的压力为 0.1 MPa，且涡轮机中工质绝热膨胀的效率为 90%。涡轮机产生的功率全部用于驱动增压器，增压器入口处工质的压力为 0.1 MPa、温度为 27 ℃，增压器中对工质进行绝热压缩时过程的效率为 90%。假设工质的性质和空气相同，试求当输气量为 0.1 kg/s 时涡轮机的功率、排气的温度、增压器出口处空气的温度及压力。

5-28　一封闭的绝热气缸，用无摩擦的绝热活塞把气缸分为 A、B 两部分，且各充以压缩空气。开始时用销钉固定活塞，使 $V_A = 0.3\ \text{m}^3$、$V_B = 0.6\ \text{m}^3$，这时 $p_A = 4\times10^5\ \text{Pa}$、$t_A = 127\ ℃$；$p_B = 2\times10^5\ \text{Pa}$、$t_B = 27\ ℃$。然后拔去销钉，让活塞自由移动，而 B 内气体受压缩。设 B 部分气体压缩过程的效率为 95%，试求当 A、B 两部分气体压力相同时，两部分气体各自熵的变化以及总熵的变化，并分析过程的不可逆因素。

5-29　有一热机循环由以下四个过程组成：1-2 为绝热压缩过程，过程中熵不变，温度由 80 ℃ 升高到 140 ℃；2-3 为定压加热过程，温度升高到 440 ℃；3-4 为不可逆绝热膨胀过程，温度降至 80 ℃，而熵增为 0.01 kJ/K；4-1 为定温放热过程，温度为 80 ℃。设工质为空气，试把该循环表示在 T-s 图上并计算：(1) 除过程 3-4 外其余各过程均为可逆过程时的克劳修斯积分值 $\oint \frac{\delta q}{T_r}$ 以及该循环中系统熵的变化 $\oint \mathrm{d}s$；(2) 假设热源仅为 440 ℃ 及 80 ℃ 的两个恒温热源时，系统和热源两者总的熵变。

第六章

热能的可用性及㶲分析

热力学第二定律说明了能量转换的条件、方向和限度，揭示了在转换为功的能力上或者说在能量的质量上，热能和其他形式的能相比其品位较低，即热能不可能连续地全部转换为功，且温度越低的热能，其能够转变为功的能量就越少，即其可用性较差，这正是热能和其他形式的能所不同的特殊属性。

用来描述能量可用性的热力学参数为㶲，它表示各种形态的能量中所包含的可以转换为功的能量的多少。利用㶲的概念来分析热力学问题，可以说明能量转换和传递过程中其数量和质量的变化关系。

由于不可逆因素的影响，能量的转换和传递过程总是向着其质量降低（即㶲减少）的方向进行，而为了获取生产所需动力，需要不断地开发能源。因此，自觉地根据热力学第二定律的基本原理，合理利用能源，改善能源动力工程和能量转换装置的设计，充分地发挥能源的效益，是十分必要的。

6-1 热能的可用性及㶲的基本概念

热力学第二定律阐明了能量转换的条件及有关热现象的过程的方向性。它实质上说明了在提供动力即转变为功的能力方面，热能和其他形式的能相比较，它们的转换能力是不相等的。在可逆的条件下，机械能、电能形式的能可以连续地把全部能量转变为功，但热量却不能连续地全部转变为功。

要把热能连续地转变为功，必须通过热机循环。而按卡诺定理及其推论，在两个给定的热源间工作的热机循环，其循环热效率的最大值等于卡诺循环的热效率。由于在一定的环境中，低温热源可达到的最低温度为环境温度 T_0，因此当供热热源温度为 T_r 时，从该热源吸热的热机循环的最高热效率为

$$\eta_{t,\max}=1-\frac{T_0}{T_r}$$

于是，若从供热热源吸收热量为 δQ，则可通过热机循环而转变为功的最大限额，即热量转变为功的能力，可表示为

$$\delta W_{0,\max}=\delta Q\eta_{t,\max}=\delta Q\left(1-\frac{T_0}{T_r}\right)$$

这就是说，在一定的环境条件下，热量转变为功的能力和提供该热量的热源温度有关，温度越高则转变为功的能力越强；当热源温度不变，而环境温度降低时热量转变为功的能力也增强。

不同形式、不同状态的能转变为功的能力是不同的，也就是说，它们的有用程度是不同的。这说明能量是具有“质”的区别的。机械能、电能等在理论上可以百分之百地转化为其他任何形式的能，即可以连续地把全部能量转变为功，被称为高品位能量；热能、化学能等，即使是在极限的可逆条件下，也只有一部分可以转变为功，因而被称为低品位能量；大气、海洋中蕴藏着大量的热能，但由于难以找到温度更低的环境，由热力学第二定律可知，这些能量是完全不可能用来转变为功的，因而其“质”为零。因此，按照转变为功的可能性，可将能量分为可用能和不可用能两部分。所谓可用能，就是能量中可以连续地全部转变为功的能；反之，不可能转变为功的能就是不可用能。

按是否可以被有效利用，功量可分为有用功和无用功两部分。所谓有用功，就是功量中能够被有效利用的部分，而无用功是由于系统容积变化而对周围环境支付的功，这部分功量消耗于环境中而不能被利用。因此，按能量转变为有用功的可能性，将能量分为㶲和炁两部分。所谓㶲，就是能量中可以连续地全部转变为有用功的部分；反之，能量中不可能转变为有用功的那部分就是炁。

依据上述有关的㶲定义可知，对于确定的热力学系统，系统中能量的㶲就是系统由确定的状态经可逆过程变化到与给定环境状态相平衡时所作的最大有用功。因此，为了确定不同形式、不同状态能量的作功能力，即确定能量的㶲值，需要明确基准状态，一般以环境状态为基准状态，在该状态下㶲值为零。

㶲常以 E_x 表示，单位为 J 或 kJ，1kg 工质的㶲称为比㶲，以 e_x 表示，单位为 J/kg 或 kJ/kg；炁常以 A_n 表示，单位为 J 或 kJ，1kg 工质的炁称为比炁，以 a_n 表示，单位为 J/kg 或 kJ/kg。

由上述讨论可见，系统中的能量 E 可分为㶲和炁两部分，因此当用㶲和炁表示系统的能量 E 时，可写出

$$E=E_x+A_n \tag{6-1}$$

或

$$e=e_x+a_n \tag{6-1a}$$

6-2　㶲值的计算

理论上，机械能、电能等可以连续地百分之百地转变为有用功，因此其㶲值与其总能量相等。热量㶲值的大小与系统所处的温度 T 以及环境（基准）温度 T_0 有关，系统与环境的温度差越大，热量的㶲值就越大。

一、热量㶲

在环境温度 T_0 确定的条件下，热量 Q 中最大可能转变为有用功的部分称为热量㶲，以 $E_{x,Q}$ 表示。

假设温度为 T 的热源，向温度为 T_0 的环境传递热量 Q，则该热量的㶲值等于在热源温度 T 与环境温度 T_0 之间工作的可逆热机所能作出的最大有用功（循环净功），即

$$\delta E_{x,Q}=\delta Q\left(1-\frac{T_0}{T}\right)$$

$$E_{x,Q}=Q-T_0\int\frac{\delta Q}{T}=Q-T_0\Delta S \tag{6-2}$$

由于这部分作为转变为有用功的热量是通过工作于热源和环境间的卡诺循环来实现的，因此扣除了转变为有用功后所剩余的那部分热量就是通过卡诺循环在环境温度下放出给环境的热量，显然它已完全不可能转变为功，这部分热量就是热量 Q 中的炁。因此，热量的炁可表示为

$$A_{n,Q}=Q-E_{x,Q}=T_0\Delta S \tag{6-2a}$$

若热源温度保持不变，则由热量㶲和热量炁的定义同样可以导出热量的㶲和

热量的𬉼的表达式：

$$E_{x,Q}=Q\left(1-\frac{T_0}{T}\right)=Q-T_0\Delta S \tag{6-3}$$

$$A_{n,Q}=Q\frac{T_0}{T}=T_0\Delta S \tag{6-3a}$$

可见，热量中总是包括㶲和𬉼两部分。

与热量一样，热量的㶲和𬉼的大小可以在 T-s 图上以相应的面积来表示。如图 6-1 所示，当热力系统进行一可逆热力过程1-2，则 1-2 过程线下面的面积为热量 Q，其中环境温度线以上的面积 1-2-n-m-1 表示热量的㶲值，环境温度线以下的面积 m-n-b-a-m 表示热量的𬉼值。

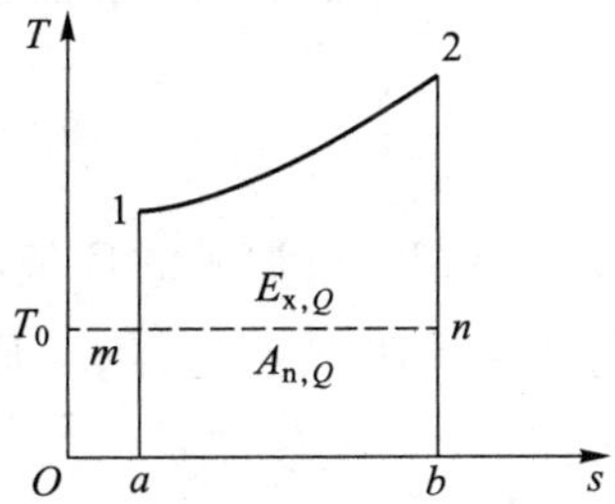

图 6-1 热量㶲和𬉼的示意图

由上述讨论可见，热量㶲是热量 Q 所能转换的最大有用功，其值取决于热量的大小、热源温度和环境温度。当环境温度确定时，单位质量工质的热量㶲值仅是热源温度 T 的单值函数。T 越高，㶲值就越大，T 越低，㶲值就越小；当 $T=T_0$时，㶲值等于零。这说明高温下的热能具有更大的可用性，具有更大的转换有用功的能力。

二、闭口系统工质的㶲

在由闭口系统和环境组成的孤立系统中，闭口系统内的工质由所处的状态可逆地变化到环境状态所能作出的最大有用功称为该工质的㶲。

假设有一闭口系统，工质处于图 6-2 中点 1 所示的温度 T_1、压力 p_1、热力学能 u_1 以及熵 s_1 的任意状态，那么工质的最大作功能力为工质由该状态可逆地变化到环境状态所能作出的可逆功 $W_{rev,1-0}$，可逆功中有用功就是该闭口系统中工质的㶲。

为了求得闭口系统工质由任意状态 1 变化到环境状态 0 的可逆功 $W_{rev,1-0}$，可设想工质首先由初始状态 1 经历一可逆绝热过程膨胀到状态 a，如图 6-2 所示。在该过程中，工质的温度由 T_1 降为 T_0，压力由 p_1 降为 p_a，该过程的可逆功为 $W_{rev,1-a}$。然后工质再经历一个可逆定温过程膨胀变化到状态

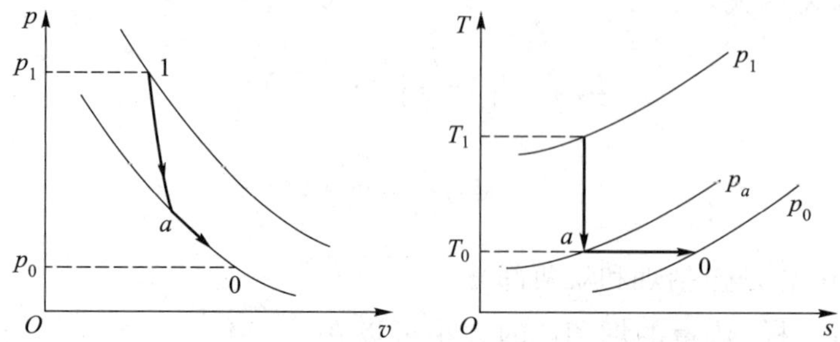

图 6-2　工质的㶲推导过程示意图

参数为 p_0、T_0、h_0和 s_0的环境状态 0，这一过程中工质的可逆功为 $W_{rev,a-0}$，并从环境可逆地吸热。这样，工质由状态 1 经状态 a 变化到环境状态 0 的全部可逆功，即点 1 状态工质作功能力为

$$W_{rev,1-0}=W_{rev,1-a}+W_{rev,a-0}$$

根据热力学第一定律，可求得可逆绝热过程 1-a 中工质所作的可逆功为

$$W_{rev,1-a}=U_1-U_a$$

可逆定温过程 a-0 中，工质所作的可逆功为

$$W_{rev,a-0}=U_a-U_0+Q_{a-0}$$

式中，Q_{a-0}为可逆定温过程的传热量，所以

$$Q_{a-0}=T_0(S_0-S_a)=T_0(S_0-S_1)$$

将其代入前式，有

$$W_{rev,a-0}=U_a-U_0+T_0(S_0-S_1)$$

结合上式，可得到处于任意状态的闭口系统中工质的作功能力，即可逆功 $W_{rev,1-0}$为

$$W_{rev,1-0}=W_{rev,1-a}+W_{rev,a-0}=(U_1-U_0)-T_0(S_1-S_0) \tag{6-4}$$

由于闭口系统总是处于一定的周围环境中，当闭口系统体积膨胀对外作功时，如图 6-3 所示，必因推动压力为 p_0的周围物质发生位移，而消耗功 $p_0(V_0-V_1)$，故实际上可利用的有效作功能力为

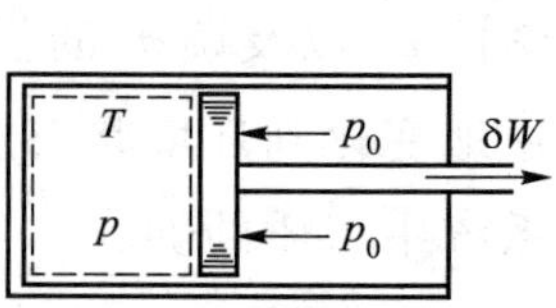

图 6-3　无用功的示意图

$$W_{e,max}=W_{rev,1-0}-p_0(V_0-V_1)$$

把 $W_{rev,1-0}$的关系式代入，即可得到

$$W_{e,max}=(U_1-U_0)-T_0(S_1-S_0)+p_0(V_1-V_0)$$

这是在一定环境条件下给定状态时系统作出有效功的最大能力，称为最大有用功。通常周围环境的条件保持恒定，相应地系统和周围环境处于平衡状态时的状态也有确定的值。于是最大有用功的数值仅决定于给定的初始状态，或者说在确定的周围环境条件下最大有用功相当于一个状态参数，称为闭口系统工质的㶲参数，也称为热力学㶲，用 $E_{x,U}$ 表示。因此有

$$E_{x,U1}=W_{e,max}=(U_1-U_0)-T_0(S_1-S_0)+p_0(V_1-V_0) \tag{6-5}$$

闭口系统中 1 kg 工质的㶲称为比热力学㶲，可用 $e_{x,U}$ 表示，并有

$$e_{x,U1}=(u_1-T_0s_1+p_0v_1)-(u_0-T_0s_0+p_0v_0) \tag{6-5a}$$

它的含义为：在确定的环境条件下，给定状态的闭口系统通过容积变化作出有用功的最大能力，故也称为最大有用功参数。

当系统由状态 1 变化到状态 2 时，系统容积变化作出有用功的能力可表示为㶲参数的关系：

$$w_{e,1-2}=e_{x,U1}-e_{x,U2} \tag{6-6}$$

三、稳定流动工质的㶲

在由开口系统和环境组成的孤立系统中，系统内稳定流动的工质由所处的状态可逆地变化到环境状态所能作出的最大有用功称为该工质的㶲。

假设有一开口系统，工质在其中作稳定流动，其入口状态如图 6-2 中点 1 所示，状态参数为 T_1、p_1、h_1 和 s_1；出口状态与环境状态相同，状态参数为 T_0、p_0、h_0和 s_0。假设工质的动能、势能都很小，可以忽略不计。

同闭口系统工质㶲的分析方法一样，设想工质首先由入口状态 1 经历一可逆绝热流动过程变化到状态 a，如图 6-2 所示。在该过程中，工质的温度由 T_1 降为 T_0，压力由 p_1 降为 p_a。然后再经历一个可逆定温流动过程变化到环境状态 0。这样，工质由入口状态 1 经状态 a 变化到环境状态 0 的全部可逆功，即点 1 状态工质在稳定流动条件下的最大有用功可表示为

$$W_{t,1-0}=W_{t,1-a}+W_{t,a-0}$$

同样根据热力学第一定律，可求得可逆绝热流动过程 $1-a$ 和可逆定温过程 $a-0$ 工质的可逆功分别为

$$W_{t,1-a}=H_1-H_a$$

$$W_{t,a-0}=H_a-H_0+T_0(S_0-S_1)$$

结合上式，即可得到开口系统稳定流动工质的可逆功，即工质可能作出的最大有用功为

$$W_{t,1-0}=(H_1-H_0)-T_0(S_1-S_0) \tag{6-7}$$

当周围环境的条件一定时，和环境状态处于平衡的出口状态也就一定，因而最大作功能力的数值仅决定于系统进口处工质的状态。或者说，在确定的周围环境条件下，稳定流动开口系统的最大作功能力相当于系统进口热力学状态的一个状态参数，称为稳定流动开口系统工质的㶲参数，也称为焓㶲，用 $E_{x,H}$ 表示。因此有

$$E_{x,H1}=(H_1-H_0)-T_0(S_1-S_0) \tag{6-8}$$

1 kg 流动工质具有的㶲称为比焓㶲，可用 $e_{x,H}$ 表示，并有

$$e_{x,H1}=(h_1-T_0s_1)-(h_0-T_0s_0) \tag{6-8a}$$

它的含义为：在确定的环境条件下，给定进口状态的稳定流动开口系统通过轴功形式作出有用功的最大能力。

当稳定流动开口系统的进、出口处工质的流速及离地高度相差较大，在计算稳定流动工质的焓㶲时，则应考虑工质的流动动能及重力势能。由于工质的流动动能及重力位能都是可直接转变为有用功的机械能，因此在这种情况下，可直接将比焓㶲的表达式改写为

$$e_{x,H}=\left(h-T_0s+\frac{1}{2}c_f^2+gz\right)-\left(h_0-T_0s_0+\frac{1}{2}c_{f0}^2+gz_0\right) \tag{6-9}$$

实际上，比焓㶲就是由进口处热力学状态确定的稳定流动开口系统以轴功形式作出的有用功的最大能力。

当稳定流动开口系统的进口及出口状态给定时，系统的作功能力也可表示为㶲参数的关系，即

$$w_{rev,1-2}=e_{x,H1}-e_{x,H2} \tag{6-10}$$

6-3 热力过程的㶲分析

根据㶲的定义，结合热力学第一定律，可推导出热力过程的㶲方程式。进一步引入㶲效率的概念，可分析热力过程中可用能利用率，从而说明热力过程的热力学完善程度。

一、闭口系统的㶲方程和㶲损失

设图 6-4 所示的闭口系统经历一个微元不可逆热力过程，从温度为 T_r 的热源吸收热量 δQ，向温度为 T_0的环境放出热量 δQ_0，同时系统对外作出有用功 δW_e。可见，经过该热力过程，由于从高温热源吸热，系统得到热量㶲 $\delta E_{x,Q}$，向环境放热对外输出热量㶲 $\delta E_{x,Q0}$，对外作功而输出功量㶲 $\delta E_{x,W}$。同时，由于过程中系统内部的不可逆因素而产生的㶲损失为 $\delta E'_{x,L}$。因此，经过该过程后，系统内部㶲值的变化 $dE_{x,U}$为

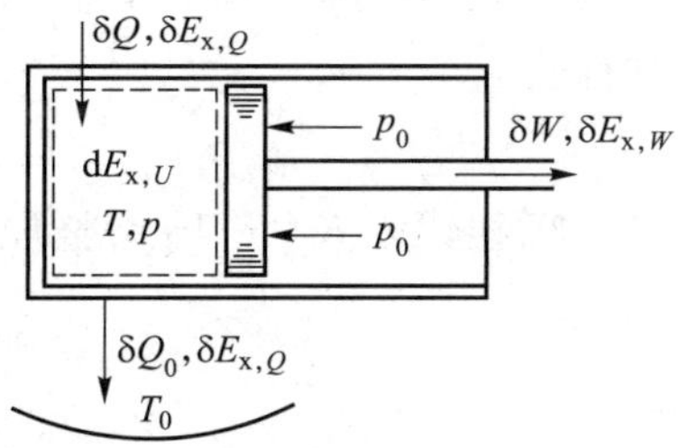

图 6-4 闭口系统㶲分析示意图

$$dE_{x,U}=\delta E_{x,Q}-\delta E_{x,Q0}-\delta E_{x,W}-\delta E'_{x,L} \tag{6-11}$$

式中，系统放热对外输出的热量㶲 $\delta E_{x,Q0}$可表示为

$$\delta E_{x,Q0}=\left(1-\frac{T_0}{T}\right)\delta Q_0$$

显然，δQ_0是温度为 T_0的环境从温度为 T 的系统中所得到的热量，一旦这些热量进入环境，其中所有的热量㶲都转变为炕，即所有的热量㶲都损失掉了。所以可将系统向温度为 T_0的环境放热而向外输出的热量㶲看作㶲损失的一部分，即可将式(6-11)改写为

$$dE_{x,U}=\delta E_{x,Q}-\delta E_{x,W}-\delta E_{x,L} \tag{6-12}$$

该式即为闭口系统的㶲平衡方程式，其中 $\delta E_{x,L}$为系统㶲损失。

根据热量㶲的定义可知，系统从高温热源得到的热量㶲 $\delta E_{x,Q}$可表示为

$$\delta E_{x,Q}=\left(1-\frac{T_0}{T_r}\right)\delta Q$$

对外作功引起系统向外输出的功量㶲 $\delta E_{x,W}$等于系统在热力过程中所作出的容积变化功 δW 减去克服大气阻力所耗费的功 p_0dV，即

$$\delta E_{x,W}=\delta W-p_0dV$$

由上节中闭口系统工质㶲的有关讨论可知，微元过程中系统内㶲值的变化 $dE_{x,U}$可表示为

$$dE_{x,U}=dU+p_0dV-T_0dS$$

将上述三式代入式(6-12)，整理可得

$$dU-T_0dS=\left(1-\frac{T_0}{T_r}\right)\delta Q-\delta W-\delta E_{x,L} \tag{6-13}$$

由热力学第一定律，对于图 6-4 所示的闭口热力系统，可写出如下能量方程式：

$$dU=\delta Q-\delta W-\delta Q_0$$

将其代入式(6-13)，整理可以得到系统的㶲损失为

$$\delta E_{x,L}=\delta Q_0+T_0\left(dS-\frac{\delta Q}{T_r}\right) \tag{6-14}$$

式中：δQ_0为过程中环境所吸收的热量；δQ 为系统从高温热源吸收的热量，即高温热源放出的热量。可分别表示为

$$\delta Q_0=T_0dS_0,\quad \delta Q=-T_rdS_r$$

将其代入式(6-14)，整理可得

$$\delta E_{x,L}=T_0(dS_0+dS+dS_r) \tag{6-15}$$

式中，括号内各项之和就是由环境、热力系统和高温热源所组成的孤立系统的熵变总和。因此，式(6-15)可写为

$$\delta E_{x,L}=T_0dS_{iso} \tag{6-15a}$$

由前面的讨论中可明确地看出，系统的㶲损失本质上就是系统作功能力的损失 δW_L，因此闭口系统热力过程中由于不可逆因素所造成的系统作功能力的损失 δW_L可表示为

$$\delta W_L=\delta E_{x,L}=T_0dS_{iso} \tag{6-16}$$

或

$$\delta w_L=\delta e_{x,L}=T_0ds_{iso} \tag{6-16a}$$

二、稳定流动开口系统的㶲方程和㶲损失

如图 6-5 所示的开口系统，当其经历一个微元不可逆热力过程后，除了系统与外界进行热量交换和功量交换而引起系统内部的㶲值变化之外，系统与外界的质量交换也使得系统内部的㶲值发生变化，即当工质流入时，带入能量使得系统内部的㶲值增大，当工质流

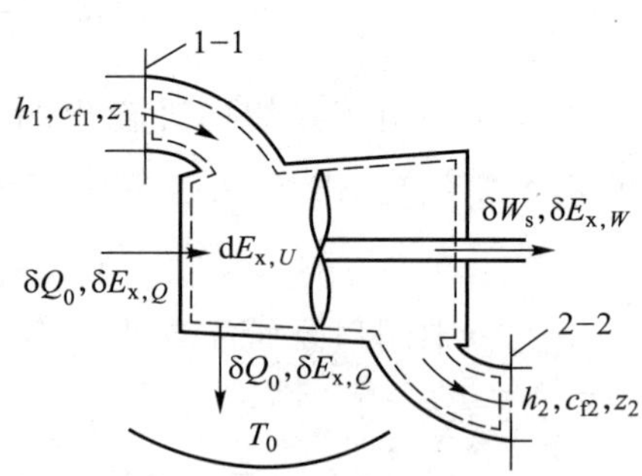

图 6-5　开口系统㶲分析示意图

出时,带出能量使得系统内部的㶲值减少。如将流入系统工质的焓㶲 $E_{x,H1}$ 与流出系统工质的焓㶲 $E_{x,H2}$ 之差表示为 $dE_{x,H}$,则与闭口系统的分析类似,可将图 6-5 所示的开口系统内部的㶲值变化表示为

$$dE_{x,U}=dE_{x,H}+\delta E_{x,Q}-\delta E_{x,Q0}-\delta E_{x,W}-\delta E'_{x,L} \tag{6-17}$$

在对闭口系统的讨论中已知,由温度为 T 的系统向温度为 T_0 的环境放出热量而向外输出的热量㶲 $\delta E_{x,Q0}$ 实际上是系统㶲损失的一部分,因此上式可写为

$$dE_{x,U}=dE_{x,H}+\delta E_{x,Q}-\delta E_{x,W}-\delta E_{x,L} \tag{6-18}$$

该式即开口系统的㶲平衡方程式。

上式中的 $\delta E_{x,W}$ 是由于功量交换而引起开口系统内部㶲值的变化,等于系统所作出的技术功,即

$$\delta E_{x,W}=\delta W_t=\delta W_s+\frac{1}{2}m dc_f^2+mg dz$$

当忽略系统进出口宏观动能和宏观势能的变化时,有

$$\delta E_{x,W}=\delta E_{x,W_s}=\delta W_s$$

式(6-18)中的 $dE_{x,H}$ 表示开口系统进出口焓㶲的变化,由上节的讨论可知

$$dE_{x,H}=dH-T_0 dS$$

$\delta E_{x,Q}$ 为系统从高温热源得到热量㶲,可表示为

$$\delta E_{x,Q}=\left(1-\frac{T_0}{T_r}\right)\delta Q$$

对于稳定流动过程,系统内部的状态是保持不变的,因此系统内部的㶲值也是不变的,即

$$dE_{x,U}=0$$

将上述诸式代入开口系统㶲平衡方程式(6-18),整理可得

$$dH-T_0 dS+\left(1-\frac{T_0}{T_r}\right)\delta Q-\delta W_t-\delta E_{x,L}=0 \tag{6-19}$$

同样由热力学第一定律,对于图 6-5 所示的开口热力系统,可写出其稳定流动的能量方程式为

$$dH=\delta Q-\delta W_t-\delta Q_0$$

将其代入式(6-19),整理可得

$$\delta E_{x,L}=\delta Q_0+T_0\left(dS-\frac{\delta Q}{T_r}\right) \tag{6-20}$$

与前面闭口系统的分析一样，上式中的 δQ_0 和 δQ 可分别表示为

$$\delta Q_0=T_0 dS_0,\quad \delta Q=-T_r dS_r$$

因此，式(6-20)可表示为

$$\delta E_{x,L}=T_0(dS_0+dS+dS_r)$$

可见，该式与前面得到的闭口系统的㶲损失表达式(6-15)完全相同，这说明了无论是闭口系统还是开口系统，其㶲损失 $\delta E_{x,L}$ 都等于所有环境、热力系统和高温热源所组成的孤立系统的总熵变与环境温度的乘积，即

$$\delta E_{x,L}=T_0 dS_{iso} \tag{6-21}$$

单位质量工质的㶲损失可表示为

$$\delta e_{x,L}=T_0 ds_{iso} \tag{6-21a}$$

同样，不可逆过程中热力系统作功能力的损失都可表示为

$$\delta W_L=T_0 dS_{iso},\quad \delta w_L=T_0 ds_{iso} \tag{6-22}$$

例 6-1　按例 5-3，空气由压力为 0.5 MPa、温度为 17 ℃经自由膨胀而压力降为0.4 MPa、温度仍为 17 ℃。若大气压力为 0.1 MPa、温度为 17 ℃，试求：(1) 初态及终态时空气的比㶲；(2) 由初态变化到终态时作有用功的能力；(3) 该过程中空气作功能力的损失。

解　根据闭口系统㶲参数的定义式

$$e_{x,U}=(u-u_0)-T_0(s-s_0)+p_0(v-v_0)$$

(1) 初态和终态空气的比㶲

空气可作为理想气体，因 $T_1=T_2=T_0$，故 $u_1=u_2=u_0$。而

$$e_{x,U1}=-T_0(s_1-s_0)+p_0(v_1-v_0)=T_0R_g\ln\frac{p_1}{p_0}+R_gT_1\frac{p_0}{p_1}-R_gT_0$$

$$=290\ \text{K}\times0.287\ 1\ \text{kJ/(kg·K)}\times\left[\ln\frac{0.5\times10^6\ \text{Pa}}{0.1\times10^6\ \text{Pa}}+\frac{0.1\times10^6\ \text{Pa}}{0.5\times10^6\ \text{Pa}}-1\right]$$

$$=67.39\ \text{kJ/kg}$$

$$e_{x,U2}=-T_0(s_2-s_0)+p_0(v_2-v_0)=T_0R_g\ln\frac{p_2}{p_0}+R_gT_2\frac{p_0}{p_2}-R_gT_0$$

$$=290\ \text{K}\times0.287\ 1\ \text{kJ/(kg·K)}\times\left[\ln\frac{0.4\times10^6\ \text{Pa}}{0.1\times10^6\ \text{Pa}}+\frac{0.1\times10^6\ \text{Pa}}{0.4\times10^6\ \text{Pa}}-1\right]$$

$$=52.98\ \text{kJ/kg}$$

(2) 作有用功的能力

$$w_{e,1-2}=e_{x,U1}-e_{x,U2}=67.39\ \mathrm{kJ/kg}-52.98\ \mathrm{kJ/kg}=14.41\ \mathrm{kJ/kg}$$

(3) 按不可逆过程中系统作功能力损失的公式,该过程中系统的作功能力的损失为

$$W_{L,1-2}=T_0(\Delta S+\Delta S_0)$$

由例 5-3 已知,该过程中热力系统和环境的熵变为

$$\Delta S+\Delta S_0=0.019\ 22\ \mathrm{kJ/K}$$

因此,可得出过程中系统的作功能力的损失为

$$W_{L,1-2}=T_0(\Delta S+\Delta S_0)=290\ \mathrm{K}\times0.019\ 22\ \mathrm{kJ/K}=5.574\ \mathrm{kJ}$$

实际上,如果空气由状态 1 至状态 2 是一个可逆的定温过程,则空气所作的功 $W_{1-2}=Q_{1-2}=T\Delta S$。因 $T=T_0$,故过程中空气所作功的数值即等于上述自由膨胀过程的作功能力损失。

此外,也可按有用功与系统作功能力间的关系确定过程作功能力的损失。根据有用功的定义有

$$w_{e,1-2}=w_{rev,1-2}-p_0\Delta v_{1,2}$$

而系统的作功能力损失可表示为

$$w_{L,1-2}=w_{rev,1-2}-w_{1-2}$$

现自由膨胀过程的功 $w_{1-2}=0$,故由上两式可得本例中的功损失为

$$w_{L,1-2}=w_{e,1-2}+p_0\Delta v_{1,2}$$

由本题前面的有关计算结果可验证上述关系式。

例 6-2 有一台燃气轮机装置,其燃烧产生的高温燃气的温度为 900 ℃、压力为 0.85 MPa。当高温燃气经过燃气轮机并在其中绝热膨胀作功后,温度降为 477 ℃、压力降为 0.103 MPa,设燃气的比热容为 $c_{p0}=1.10\ \mathrm{kJ/(kg\cdot K)}$,$R_g=0.287\ 4\ \mathrm{kJ/(kg\cdot K)}$,大气的温度为 25 ℃,压力为 0.1 MPa。试求当进、出口流动动能及重力势能的变化可以不计时,(1) 进口及出口处燃气的㶲参数;(2) 该过程的作功能力;(3) 该过程作功能力的损失。

解 (1) 当流动动能及重力势能的变化不计时,稳定流动开口系统的㶲参数的公式为

$$e_{x,H}=(h-T_0s)-(h_0-T_0s_0)$$

进口燃气的㶲为

$$\begin{aligned}e_{x,H1}&=c_{p0}(T_1-T_0)-T_0\left(c_{p0}\ln\frac{T_1}{T_0}-R_g\ln\frac{p_1}{p_0}\right)\\&=1.10\ \mathrm{kJ/(kg\cdot K)}\times(1\ 173-298)\ \mathrm{K}-298\ \mathrm{K}\times\left[1.10\ \mathrm{kJ/(kg\cdot K)}\times\right.\\&\left.\ln\frac{1\ 173\ \mathrm{K}}{298\ \mathrm{K}}-0.287\ 4\ \mathrm{kJ/(kg\cdot K)}\times\ln\frac{0.85\times10^6\ \mathrm{Pa}}{0.1\times10^6\ \mathrm{Pa}}\right]=679\ \mathrm{kJ/kg}\end{aligned}$$

出口燃气的㶲为

$$e_{x,H2}=c_{p0}(T_2-T_0)-T_0\left(c_{p0}\ln\frac{T_2}{T_0}-R_g\ln\frac{p_2}{p_0}\right)$$

$$=1.10\ \text{kJ/(kg·K)}\times(750-298)\ \text{K}-298\ \text{K}\times\left[1.10\ \text{kJ/(kg·K)}\times\ln\frac{750\ \text{K}}{298\ \text{K}}-0.287\ 4\ \text{kJ/(kg·K)}\times\ln\frac{0.103\times10^6\ \text{Pa}}{0.1\times10^6\ \text{Pa}}\right]=197.2\ \text{kJ/kg}$$

（2）该过程中燃气作功能力为

$$w_{rev,1-2}=e_{x,H1}-e_{x,H2}=679\ \text{kJ/kg}-197.2\ \text{kJ/kg}=499.8\ \text{kJ/kg}$$

（3）该过程的作功能力的损失可根据下式计算

$$w_{L,1-2}=T_0(\Delta s+\Delta s_0)$$

因燃气膨胀过程是绝热过程，故 $\Delta s_0=0$。于是有

$$w_{L,1-2}=T_0\Delta s=T_0\left(c_{p0}\ln\frac{T_2}{T_1}-R_g\ln\frac{p_2}{p_1}\right)$$

$$=298\ \text{K}\times\left[1.10\ \text{kJ/(kg·K)}\times\ln\frac{750\ \text{K}}{1\ 173\ \text{K}}-0.287\ 4\ \text{kJ/(kg·K)}\times\ln\frac{0.103\times10^6\ \text{Pa}}{0.85\times10^6\ \text{Pa}}\right]$$

$$=34.1\ \text{kJ/kg}$$

例 6-3　有一个气缸，其中空气的压力为 0.5 MPa、温度为 327 ℃。设经绝热膨胀过程后，空气压力为 0.1 MPa、温度为 117 ℃。已知环境温度为 27 ℃，试求该过程中空气作功能力的损失。

解　该过程中空气熵的变化为

$$\Delta S_{1,2}=c_{p0}\ln\frac{T_2}{T_1}-R_g\ln\frac{p_2}{p_1}$$

$$=1.004\ \text{kJ/(kg·K)}\times\ln-0.287\ 1\ \text{kJ/(kg·K)}\times\ln\frac{0.1\times10^6\ \text{Pa}}{0.5\times10^6\ \text{Pa}}$$

$$=0.029\ 56\ \text{kJ/(kg·K)}$$

该过程为绝热过程而系统的熵增加，故为不可逆过程。又因绝热过程中系统和外界不发生热交换，故外界的熵不变，即 $ds_0=0$。于是可得该绝热过程中空气作功能力的损失为

$$w_{L,1-2}=T_0\Delta s=300\ \text{K}\times0.029\ 56\ \text{kJ/(kg·K)}=8.87\ \text{kJ/kg}$$

进一步分析该过程作功能力损失的构成，可分别求取由状态 1 变化至状态 2 时系统作功能力及不可逆膨胀过程 1-2 中系统所作的功。求取系统作

功能力的最方便办法是，取可逆绝热过程和可逆定温过程组成由状态 1 至状态 2 的可逆变化过程。如图 6-6 所示，由不可逆的绝热膨胀过程，两端取绝热过程 1-3 及定温过程 3-2，于是由状态 1 至状态 2 系统的作功能力为

$$W_{\mathrm{rev},1-3-2}=W_{1-3}+W_{3-2}-E_{\mathrm{x},Q_{3-2}}$$

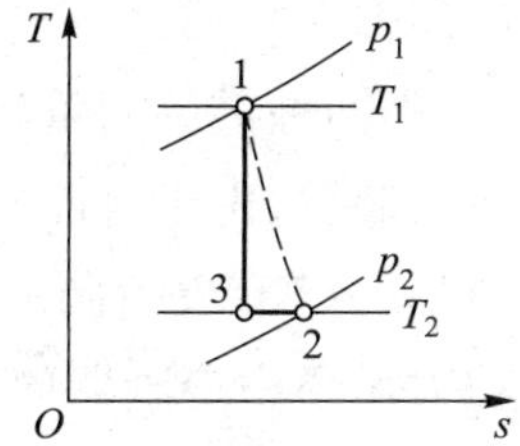

图 6-6

因空气可看作理想气体，故当 $T_3=T_2$时 $U_3=U_2$，于是上式可表示为

$$W_{\mathrm{rev},1-3-2}=(U_1-U_3)+Q_{3-2}-Q_{3-2}\left(1-\frac{T_0}{T_2}\right)=(U_1-U_3)+T_0(S_2-S_3)$$

$$=(U_1-U_2)-T_0(S_1-S_2)$$

此结果给出了由状态 1 变化到状态 2 时系统的作功能力。

由于不可逆绝热过程中系统所作的功为

$$W_{1-2}=U_1-U_2$$

于是作功能力的损失为

$$W_{\mathrm{L},1-2}=W_{\mathrm{rev},1-2}-W_{1-2}=T_0(S_2-S_1)$$

显然，此式与式(6-22)应用于该绝热过程 1-2 时的关系式完全一致。

6-4 㶲效率

㶲损失的大小反映了热力过程的不可逆程度或能量转换的完善程度。过程的㶲损失越大，说明过程偏离可逆过程的程度越大，过程的完善程度就越差。但仅根据㶲损失的绝对值，无法对热力过程或能量转换装置的热力学完善程度进行比较和评价。为此，引入㶲效率的概念。

㶲效率是基于热力学第二定律而提出的一项用来衡量热力过程、能量转换装置或热力系统的热力学完善程度的指标，它比热效率更能深刻地揭示能量转换、利用和损耗的实质。

㶲效率定义为系统或设备的收益㶲和投入㶲之比：

$$\eta_{E_\mathrm{x}}=\frac{E_{\mathrm{x,g}}}{E_{\mathrm{x,n}}}=\frac{E_{\mathrm{x,n}}-E_{\mathrm{x,L}}}{E_{\mathrm{x,n}}}=1-\frac{E_{\mathrm{x,L}}}{E_{\mathrm{x,n}}} \tag{6-23}$$

式中：$E_{\mathrm{x,g}}$为收益㶲；$E_{\mathrm{x,n}}$为投入㶲；$E_{\mathrm{x,L}}$为㶲损失。

由上式可见，只要确定了收益㶲和投入㶲或㶲损失，㶲效率就可以确定。但需要注意的是，因能量转换装置种类的不同，所以在符合㶲的定义的原则下，不同种类的能量转换装置㶲效率的具体表达式也不相同。即使同一种能量转换装置，由于可能需要从不同的角度去分析和讨论问题，致使人们对"收益"和"投入"有着不同的理解，也会使得其㶲效率的具体表达式不同。例如，蒸汽动力循环中冷凝器向外排放出冷却水，排出的热水有一定的㶲值。当这些热水供热用户使用时，可以将这部分㶲看作收益㶲。而当这些热水未被利用时，这部分㶲是冷凝器㶲损失中的一部分，不能看作收益㶲。又如，具有中间冷却的压气机，中间冷却改善了下一级压缩的热力学完善程度，因此对于中间冷却器中冷却水所带走的㶲到底应当作收益㶲还是㶲损失处理，同样有着不同的方法。但是，无论㶲效率具体的表达式如何，得到的㶲效率值都应在 0 与 1 之间。

表 6-1 给出了常用能量转换装置的投入㶲、收益㶲和㶲效率的计算表达式，可供能量转换装置㶲分析时参考使用。

表 6-1　常用能量转换装置的投入㶲、收益㶲和㶲效率

能量转换装置	投　入　㶲	收　益　㶲	㶲　效　率
锅炉	燃料化学㶲 $E_{x,f}$	工质进、出口㶲差 $E_{x2}-E_{x1}$	$\dfrac{E_{x2}-E_{x1}}{E_{x,f}}$
汽轮机	进、出口工质㶲差 $E_{x2}-E_{x1}$	对外输出的有用功 W	$\dfrac{W}{E_{x2}-E_{x1}}$
压气机、泵	外界耗功 W	进、出口工质㶲差 $E_{x2}-E_{x1}$	$\dfrac{E_{x2}-E_{x1}}{W}$
间壁式换热器	热流体进、出口㶲差 $E_{x1}-E_{x2}$	冷流体进、出口㶲差 $E'_{x2}-E'_{x1}$	$\dfrac{E'_{x2}-E'_{x1}}{E_{x1}-E_{x2}}$
节流阀	工质进口㶲 E_{x1}	工质出口㶲 E_{x2}	$\dfrac{E_{x2}}{E_{x1}}$
压缩式制冷机组	外界耗功 W	冷量㶲 $\left(1-\dfrac{T_0}{T_L}\right)Q_L$	$\left(1-\dfrac{T_0}{T_L}\right)\dfrac{Q_L}{W}$
电加热器	电功 W	热量㶲 $\left(1-\dfrac{T_0}{T}\right)Q$	$\left(1-\dfrac{T_0}{T}\right)\dfrac{Q}{W}$

思考题

6-1 试分析分别进行了可逆过程和不可逆过程后，孤立系统的总能量、总熵及总㶲的变化。

6-2 判断下列说法正确与否并说明理由。

(1) 在水被加热的过程中，散发到大气环境中的那部分热量是炕，使水温度升高的那部分热量为㶲。

(2) 热力系统的㶲只能减少，不能增加。

(3) 任意系统㶲增加的过程必然伴随着一个或多个㶲减少的过程。

6-3 理想气体经可逆绝热过程，压力由 p_1 变为 p_2，温度由 T_1 变为 T_2，对外作功 w。然后定容吸热，其压力进一步变为 p_3，温度变为 T_3。若定容过程的吸热量 q 与前一过程的功量 w 恰好相等，试问：T_1 是否等于 T_3？p_1 是否等于为 p_3？热力学能 u_1 是否等于 u_3？热力学能㶲 $e_{x,U1}$ 是否等于 $e_{x,U3}$？

6-4 由理想气体组成的封闭系统，在环境温度 T_0 下经历了可逆定温过程。依热力学第一定律看，由环境吸入的热量全部转变为功量。但是从㶲的观点看，由环境吸入的热量是不能转化为功量的，这二者是否矛盾？问题在哪里？

6-5 请用㶲分析法分析理想气体自由膨胀时的㶲损失，有人认为这种㶲损失等于 $T_0\Delta S-p_0\Delta V$，但也有人认为应等于 $T_0\Delta S$，试判断正误并说明理由。此处 ΔS 与 ΔV 分别为理想气体自由膨胀前后熵与体积的变化（提示：关键在于真空体积热力学㶲是否等于零）。

6-6 对于例 6-2 所述情况，有人认为，燃气轮机排出废气的温度太高，应设法降低排气温度使燃气轮机作出更多的功。试从热力学的观点分析该建议的可行性。

6-7 不可逆过程中，系统作功能力损失为什么和环境的温度有关？

习题

6-1 汽车用蓄电池中储存的电能为 1 440 W · h。现采用压缩空气来代替它。设空气压力为 6.5 MPa、温度为 25 ℃，而环境的压力为 0.1 MPa，温度为 25 ℃，试求当压缩空气通过容积变化而作出有用功时，为输出 1 440 W · h 的最大有用功所需压缩空气的体积。

6-2　有一个刚性容器，其中压缩空气的压力为 3.0 MPa，温度和环境温度相同，为 25 ℃，环境压力为 0.1 MPa。打开放气阀放出一部分空气使容器内压力降低到 1.0 MPa。假设容器内剩余气体在放气时按可逆绝热过程变化，试求：(1) 放气前后容器内空气比㶲 $e_{x,U}$ 的值；(2) 空气由环境吸热而恢复到 25 ℃时，空气的比㶲 $e_{x,U}$ 的值。

6-3　气缸中有 0.1 kg 的空气，温度为 17 ℃、压力为 0.1 MPa，经绝热压缩后其温度为 207 ℃、压力为 0.4 MPa。若室温为 17 ℃，大气压力为 0.1 MPa，试求该压气机的轴功，进、出口处空气的比㶲 $e_{x,H}$。

6-4　刚性绝热容器由隔板分成 A、B 两部分，各储有 1 mol 空气，初态参数分别为 $p_A = 200\ \text{kPa}$，$T_A = 500\ \text{K}$，$p_B = 300\ \text{kPa}$，$T_B = 800\ \text{K}$。现将隔板抽去，求混合引起的熵产及㶲损失。设大气环境温度为 300 K。

6-5　1 kg 空气经绝热节流，由 0.6 MPa、127 ℃变化到 0.1 MPa，求节流引起的熵产及㶲损失。设大气环境温度为 300 K。

6-6　容积 0.1 m^3 的刚性容器，初始时为真空，打开阀门，0.1 MPa、303 K 的环境大气充入，充气终了时压力达到与环境平衡。分别按绝热充气和等温充气两种情况，求充气过程的熵产及㶲损失。已知空气 $c_p = 1.004\ \text{kJ/(kg·K)}$，$R_g = 0.287\ \text{kJ/(kg·K)}$，$\kappa = 1.4\ \text{kJ/(kg·K)}$。

6-7　一绝热容器内有某种流体 5 kg，为使流体处于均匀状态，采用搅拌器不断搅动流体。设搅拌过程中流体的温度由 15 ℃升高至 20 ℃，已知环境温度为 15 ℃，流体的比热容为 6 kJ/(kg·K)。试：(1) 求搅拌过程中消耗的功及㶲损失；(2) 求假设用 100 ℃的热水循环来加热流体而使流体温度由 15 ℃升高到 20 ℃时的㶲损失；(3) 说明消耗的功和㶲损失不同的原因。

6-8　根据习题 6-3 中压气机的压缩过程及环境条件，试求该过程由初态变化到终态时的作功能力及该过程的㶲损失。

6-9　按习题 6-2 的条件，计算整个放气和吸热过程中 1 kg 空气的㶲损失，并分析各部分损失的原因。

6-10　有一台燃气轮机，其涡轮机进口处燃气的温度为 850 ℃，压力为 0.55 MPa。经绝热膨胀后排气压力为 0.1 MPa。若环境温度为 25 ℃，燃气的气体常数 $R_g = 287\ 4\ \text{J/(kg·K)}$，比热容 $c_{p0} = 1.10\ \text{kJ/(kg·K)}$，涡轮机效率为

90%，试求 1 kg 燃气所作的轴功、燃气及废气的比㶲，由初态变化到终态时的作功能力及该涡轮机中膨胀过程的作功能力损失。

6-11　一可逆热机循环中，工质氦定压吸热，温度由 300 ℃升高到 850 ℃，其比定压热容 $c_p = 5.193\ \mathrm{kJ/(kg \cdot K)}$，设大气环境温度为 298 K，求循环的热效率及㶲效率。

第七章

气体的流动

许多能量转换装置是将高速流动的气流所具有的流动动能转换为功量输出，如涡轮机利用高速气流推动叶轮转动、喷气发动机利用喷出高速气流获得前进的动力等。为获得高速的气流，这些设备总是利用喷管把气体的焓转变为气体的流动动能。对于这一类主要涉及气体流动状况变化的能量转换过程的研究，也是工程热力学的重要内容之一。本章主要分析喷管中理想气体的可逆稳定流动过程，从而得到气体绝热流动的基本特性及有关公式。所述内容也可用于分析扩压管中通过气体流速降低而实现增压的能量转换关系。

7-1 稳定流动时气流的基本方程式

能量转换设备处于稳定工况时，流道中任何位置上气体的状态、流速及质量流量等都不随时间变化而始终保持稳定。为简化分析，假设流道中气体的状态及流速只沿着流动方向发生变化，而在与流动方向垂直的截面上各种参数都是均匀的。此外，假设流动中能量转换过程是可逆的，没有任何不可逆损失。

分析气体流动过程所依据的主要方程式有连续性方程式、能量方程式、动量方程式及状态方程式。下面逐一讨论这几个方程式在气体流动中的应用。

按照质量守恒定律，稳定流动过程中流道内各截面上气体的质量流量应相等且保持为常量。如图 7-1 所示流道，若流道的截面积为 A，则气流的质量流量 q_m 可表示为

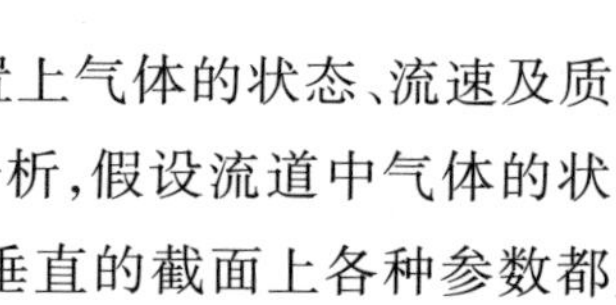

图 7-1

$$q_m=\frac{Ac_f}{v}=常量 \tag{7-1}$$

可得到上式的微分形式为

$$\frac{dA}{A}+\frac{dc_f}{c_f}-\frac{dv}{v}=0 \tag{7-1a}$$

式(7-1)、式(7-1a)称为稳定流动过程的连续性方程式。

按照热力学第一定律稳定流动能量方程式，对于管道中的气流，因不作轴功且重力势能可以忽略不计，故可以得到如下应用于气体流动的能量方程式：

$$q=h_2-h_1+\frac{1}{2}(c_{f2}^2-c_{f1}^2) \tag{7-2}$$

上式的微分形式为

$$\delta q=dh+\frac{1}{2}dc_f^2 \tag{7-2a}$$

按照牛顿第二定律，流体的流速变化和受力的关系可表示为

$$\delta m dc_f=dFd\tau$$

或

$$q_m dc_f=dF$$

在稳定流动情况下，按式(7-1)，有 $q_m=Ac_f/v$。又设流动过程为可逆过程，流体内部无摩擦作用，故 $dF=-Adp$。代入上式即可得到

$$c_f dc_f=-vdp \tag{7-3}$$

此式称为动量方程式。该式也可按热力学第一定律表示式 $\delta q=dh-vdp$ 和式(7-2a)的对应关系得出。

气流中气体状态参数间的关系仍遵守状态方程式。对于理想气体，有

$$pv=R_g T$$

同样可得到理想气体状态方程式的微分形式，即

$$\frac{dp}{p}+\frac{dv}{v}=\frac{dT}{T} \tag{7-4}$$

上述四个基本方程式反映了稳定流动情况下气体流动时在质量守恒、能量转换、运动状态变化和热力学状态变化等四个方面所需遵循的基本规律。

7-2 管内定熵流动的基本特性

喷管是利用气体压降使气流加速的管道。喷管的长度较短而气流的速度较高，故气流经过喷管所需的时间很短，气体和管壁的热交换可以忽略不

计。因此,喷管中气体的流动可作为绝热流动过程进行分析。

绝热流动过程中,按能量方程式(7-2)取 $q=0$ 时,有

$$h_1-h_2=\frac{1}{2}(c_{f2}^2-c_{f1}^2) \tag{7-5}$$

即绝热流动时气体的焓降低而转换成气体的流动动能。

按动量方程式(7-3)所得流速变化和压力变化的关系为

$$-v\mathrm{d}p=c_f\mathrm{d}c_f$$

即气体压力降低时气体的流速增加。又按物理学中关于气体介质中声速的公式

$$c=\sqrt{\left(\frac{\partial p}{\partial \rho}\right)_s}=\sqrt{-v^2\left(\frac{\partial p}{\partial v}\right)_s} \tag{a}$$

可得定熵过程中气体压力的变化与比体积变化的关系为

$$(\mathrm{d}p)_s=-c^2\frac{(\mathrm{d}v)_s}{v^2}$$

代入动量方程式(7-3),可得定熵流动时流速变化与比体积变化的关系为

$$\frac{(\mathrm{d}c_f)_s}{c_f}=\frac{(\mathrm{d}v)_s}{v}\frac{c^2}{c_f^2}=\frac{(\mathrm{d}v)_s}{v}\frac{1}{Ma^2} \tag{7-6}$$

式中,流速和声速的比值 $c_f/c=Ma$ 称为马赫数,恒为正数,故定熵流动中气体的比体积增大时流速增加,且当 $Ma<1$ 即 $c_f<c$ 时,流速的增加率 $\mathrm{d}c_f/c_f$大于比体积的增加率 $\mathrm{d}v/v$。反之,$Ma>1$ 即 $c_f>c$ 时,流速的增加率小于比体积的增加率。

由式(7-3)、式(7-5)及式(7-6)可知,在喷管中随着气体流速的增加,即 $\mathrm{d}c_f>0$,气体的压力和焓值降低而比体积增大,即 $\mathrm{d}p<0$、$\mathrm{d}h<0$、$\mathrm{d}v>0$。

按连续性方程式(7-1a),管道截面积的变化率为

$$\frac{\mathrm{d}A}{A}=\frac{\mathrm{d}v}{v}-\frac{\mathrm{d}c_f}{c_f}$$

对于喷管中气体的定熵流动,将式(7-6)代入上式可得截面积变化率和流速变化率的关系为

$$\frac{\mathrm{d}A}{A}=\left(\frac{c_f^2}{c^2}-1\right)\frac{\mathrm{d}c_f}{c_f}=(Ma^2-1)\frac{\mathrm{d}c_f}{c_f} \tag{7-7}$$

上式说明:当流速小于声速,即 $c_f<c(Ma<1)$时,随着流速的增大喷管的截面

积应逐渐减小，如图 7-2a 所示。这种截面积逐渐减小的喷管称为渐缩形喷管。当气体的流速大于声速，即 $c_f>c(Ma>1)$ 时，随着流速的增大，喷管的截面积应逐渐增大呈渐放形。因而当气体流速由小于声速增加到大于声速时，整个喷管应该由渐缩形的前段和渐放形的后段组合而成，如图 7-2b 所示，这种喷管称为缩放形喷管。显然，在缩放形喷管的喉部，即其最小截面积处，气体的流速正好等于声速。

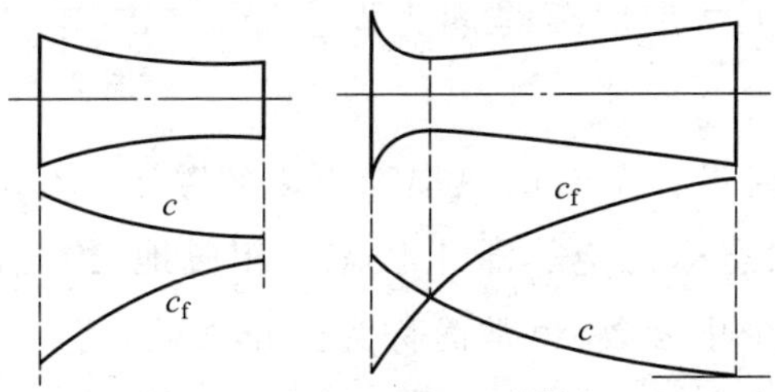

图 7-2　喷管形式及气体流速、当地声速变化示意图

必须指出，正如 $c=\sqrt{-v^2(\partial p/\partial v)_s}$ 所示，声速是决定于介质的性质及介质状态的一个参数。若介质为理想气体，则由其定熵过程方程 pv^κ = 常量，可得 $(\partial p/\partial v)_s=-\kappa pv^{-1}$，因而在理想气体中声速可表示为

$$c=\sqrt{\kappa pv} \tag{b}$$

及

$$c=\sqrt{\kappa R_g T} \tag{c}$$

因为喷管中气体的焓及相应的气体温度随着气流速度的提高而降低，所以，根据上式喷管中气体的声速会随着气流速度的提高而降低。图 7-2 也示出了喷管中气流速度及声速沿流动方向变化的曲线。为了强调声速和马赫数随气体状态变化的性质，常把气体在该状态下的声速及马赫数称为当地声速及当地马赫数。

本节所讨论的管内定熵流动的基本特性，除文中指明的理想气体声速公式(c)外，可适用于任何气体，故也可用于分析水蒸气的流动过程，只不过对水蒸气流动过程，声速公式(b)中的 κ 为某个合适的经验数据。

7-3　绝热滞止

当气流在物体表面掠过时，如图 7-3 所示，由于摩擦、撞击等使气体在物体表面上受阻，气体相对于物体的速度降低为零。这种现象称为滞止现象。

在静止气体中运动的物体附近,气体也同样发生滞止现象。由于发生滞止现象时物体附近气体的温度及压力都要升高,致使物体的温度及受力状况受到影响。特别是当物体相对于气体以很高的速度运动时,例如航天飞行器及高超声速飞机,当它们在大气中高速飞行时,其头部附近的空气因发生滞止而达到很高的温度,甚至可使金属烧毁。实际上,人造卫星及其运载火箭在返回大气层时就是因为发生滞止现象而烧毁的。

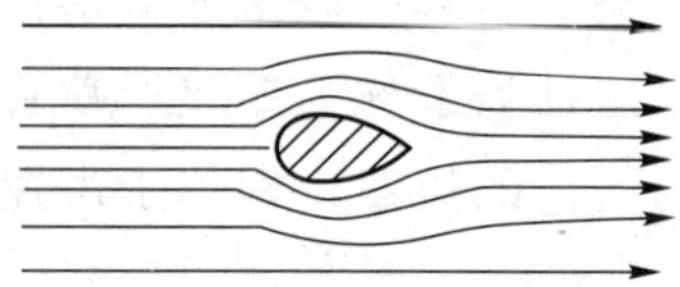

图 7-3 绝热滞止示意图

如果发生滞止时过程中的散热损失可以忽略不计,则可以认为过程是绝热的,这时气体的状态称为绝热滞止状态。相应地,绝热滞止状态下气体的状态参数称为绝热滞止参数,也常简称为滞止参数。

绝热滞止时气体的焓称为绝热滞止焓。根据绝热流动的能量关系式

$$h_1-h_2=\frac{1}{2}(c_{f2}^2-c_{f1}^2)$$

可以得到绝热滞止焓 h_0的关系式为

$$h_0=h_1+\frac{1}{2}c_{f1}^2=h_2+\frac{1}{2}c_{f2}^2=h+\frac{1}{2}c_f^2 \tag{7-8}$$

即绝热滞止焓等于绝热流动中任一位置气体的焓和流动动能的总和,因此有时也称总焓。

绝热滞止时气体的温度称为绝热滞止温度,用 T_0表示,按理想气体焓和温度的关系,并设比热容为定值,则可得

$$h_0-h=c_{p0}(T_0-T)$$

代入式(7-8),可得到绝热滞止温度的表示式为

$$T_0=T+\frac{c_f^2}{2c_{p0}}=T\left(1+\frac{\kappa-1}{2}Ma^2\right) \tag{7-9}$$

此式说明,气体相对于物体运动的速度越高,则绝热滞止温度高于气体温度越多。因而,当设计在气体中高速运动的装置或测量高速气流的温度时,必须考虑气体的滞止温度和气体温度的差别。

绝热滞止时气体压力也要发生变化。当假设滞止过程为定熵过程时,定熵滞止压力 p_0可按定熵过程的参数关系

$$\frac{p_0}{p}=\left(\frac{T_0}{T}\right)^{\kappa/\kappa-1}$$

及式(7-9)求得,为

$$p_0=p\left(1+\frac{c_f^2}{2c_{p_0}T}\right)^{\kappa/(\kappa-1)}=p\left(1+\frac{\kappa-1}{2}Ma^2\right)^{\kappa/(\kappa-1)} \tag{7-10}$$

此式说明,气体相对于物体运动的速度越高,则定熵滞止压力高于气体压力越多。对于不可逆绝热滞止过程来说,如图 7-4 中的过程 1-0′所示,虽然它和定熵滞止过程 1-0 有相同的绝热滞止温度和绝热滞止焓,但由于不可逆因素的影响,不可逆过程中气体的熵增加了。因此,绝热滞止压力 $p_{0'}$ 低于定熵滞止压力 p_0,或者说,不可逆绝热滞止时的滞止压力高于气体压力的数值相对地小一些。正是由于滞止压力的作用,在空气中运动的物体如飞行器、车辆等,在其迎风面上受到一定的反向推力,这就是所谓的迎风阻力。由式(7-10)可知,随着物体运动速度的提高,其所受迎风阻力将按指数关系增大,当运动速度较高时,相应的阻力可以达到很大的数值。

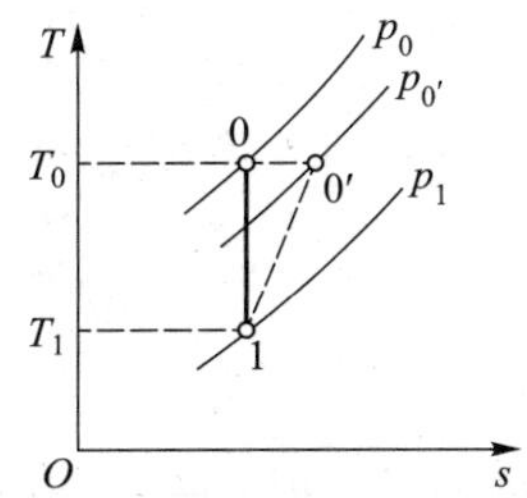

图 7-4 绝热滞止过程示意图

例 7-1 若有三种飞行器,其速度的马赫数分别为 0.8、2.0 及 5.0。设空气温度为 -50 ℃,试求三种飞行器的滞止温度。

解 设空气的比热容为定值,$\kappa=1.40$。已知空气的温度为 $T=273\ \text{K}-50\ \text{K}=223\ \text{K}$。按滞止温度的公式

$$T_0=T\left(1+\frac{\kappa-1}{2}Ma^2\right)$$

分别计算如下。

(1) 当 $Ma=0.8$ 时,即亚声速条件下

$$T_0=233\ \text{K}\times\left(1+\frac{0.4}{2}\times0.8^2\right)=251.5\ \text{K}$$

$$t_0=-21.5\ ℃$$

(2) 当 $Ma=2.0$ 时,即在超声速条件下

$$T_0=233\ \text{K}\times\left(1+\frac{0.4}{2}\times2.0^2\right)=401.4\ \text{K}$$

$$t_0=128.4\ ℃$$

（3）当 $Ma=5.0$ 时，即高超声速条件下

$$T_0=233\ \text{K}\times\left(1+\frac{0.4}{2}\times5.0^2\right)=1\ 338\ \text{K}$$

$$t_0=1\ 065\ ℃$$

可以看到：$Ma=0.8$ 时温升仅为 28.5 ℃，$Ma=2$ 时温升为 178.4 ℃，而在 $Ma=5$ 时，温升达 1 115 ℃。可见，滞止温度给超高声速飞行造成严重障碍，这就是所谓超高速飞行的热障。

例 7-2　管道中空气的速度为 100 m/s，用温度计测得管道内气流的温度为 25 ℃，试求气体的实际温度。

解　由于气流在温度计上发生绝热滞止，故所测得的温度为温度计附近的空气发生滞止时的温度。于是，按滞止温度和气体温度的关系式(7-9)可得空气温度为

$$T=T_0-\frac{c_f^2}{2c_{p0}}$$

已知空气的比定压热容 $c_{p0}=1.004\ \text{kJ/(kg·K)}$，于是可得

$$T=T_0-\frac{c_f^2}{2c_{p0}}=(25+273)\ \text{K}-\frac{(100\ \text{m/s})^2}{2\times1\ 004\ \text{J/(kg·K)}}=293.02\ \text{K}$$

即

$$t=20.02\ ℃$$

注意，上式中 c_{p0} 的单位必须为 J/(kg·K)。

7-4　气体的流速及临界流速

在喷管中气流速度的变化非常大。一般情况下，进口流速和出口流速相比，其数值可以忽略不计。因而分析流动过程时取喷管进口流速为零，并用角标“0”表示进口气体的状态①。根据绝热流动的能量转换关系式(7-5)，有

$$h_0-h_2=\frac{1}{2}(c_{f2}^2-c_{f0}^2)$$

因忽略入口流速 $c_{f0}=0$，故可得到喷管出口的气流速度为

$$c_{f2}=\sqrt{2(h_0-h_2)} \tag{7-11}$$

对于任何工质的绝热流动，不论它是可逆过程或不可逆过程，都可按上式计算出口流速。

对于理想气体，若设比热容为定值，则上式可表示为

① 严格来说，气流流速为零的气体状态是滞止状态，该状态和进口处气流流速不为零的气体状态是不相同的。这里乃是因进口流速较小，而将进口气体状态近似看作滞止状态。

$$c_{f2}=\sqrt{2c_{p0}(T_0-T_2)}=\sqrt{2\frac{\kappa}{\kappa-1}R_g(T_0-T_2)} \tag{7-12}$$

对于定熵流动，按温度与压力的参数关系$\frac{T_2}{T_0}=\left(\frac{p_2}{p_0}\right)^{(\kappa-1)/\kappa}$，由上式可推演得到用出口压力表示的出口流速的计算公式为

$$c_{f2}=\sqrt{2\frac{\kappa}{\kappa-1}p_0v_0\left[1-\left(\frac{p_2}{p_0}\right)^{(\kappa-1)/\kappa}\right]} \tag{7-13}$$

由上述各流速公式可知，当喷管进口截面的状态一定时，喷管出口的气流速度决定于出口截面上气体的状态。对于定熵流动即可逆的绝热流动来说，按式(7-13)，出口流速决定于出口截面的压力比 p_2/p_0。如图 7-5 所示，压力比越小，即出口截面上气体的压力越低，出口流速就越大。

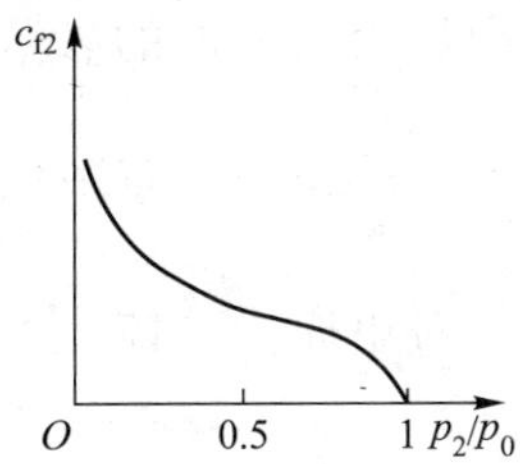

图 7-5

当气流速度等于声速时，气流处于由亚声速向超声速过渡的临界状态，故这个流速称为临界流速。

喷管相应于临界流速处的截面称为临界截面，该截面参数用下角标“cr”表示。很显然，临界截面的马赫数为 1。绝热滞止温度的计算公式(7-9)也可用临界截面参数表示为

$$T_0=T_{cr}\left(\frac{\kappa+1}{2}\right)$$

可推得理想气体比热容为定值时绝热流动的临界温度比为

$$\frac{T_{cr}}{T_0}=\frac{2}{\kappa+1} \tag{7-14}$$

相应于临界流速处喷管截面上的压力比称为临界压力比，用 p_{cr}/p_0 表示。按临界流速等于当地声速的关系，可以求取定熵流动时临界压力比的数值，由

$$\sqrt{2\frac{\kappa}{\kappa-1}p_0v_0\left[1-\left(\frac{p_{cr}}{p_0}\right)^{(\kappa-1)/\kappa}\right]}=\sqrt{\kappa p_{cr}v_{cr}}$$

可以得到

$$\frac{p_{cr}v_{cr}}{p_0v_0}=\frac{2}{\kappa-1}\left[1-\left(\frac{p_{cr}}{p_0}\right)^{(\kappa-1)/\kappa}\right]$$

按理想气体定熵过程关系有 $p_0 v_0^{\kappa} = p_{cr} v_{cr}^{\kappa}$，代入上式可得

$$\left(\frac{p_{cr}}{p_0}\right)^{(\kappa-1)/\kappa} = \frac{2}{\kappa-1}\left[1-\left(\frac{p_{cr}}{p_0}\right)^{(\kappa-1)/\kappa}\right]$$

于是可得理想气体定熵流动时临界压力比的数值为

$$\frac{p_{cr}}{p_0} = \left(\frac{2}{\kappa+1}\right)^{\kappa/(\kappa-1)} \tag{7-15}$$

上式说明，临界压力比仅和等熵指数 κ 值有关。当气体的性质一定时，临界压力比就有确定的数值。该公式也可借助临界温度比公式(7-14)与定熵过程中压力与温度的参数关系 $\frac{T_{cr}}{T_0} = \left(\frac{p_{cr}}{p_0}\right)^{(\kappa-1)/\kappa}$ 推得。在估算时，可取单原子气体的 $\kappa = 1.67$、双原子气体的 $\kappa = 1.40$ 及多原子气体的 $\kappa = 1.30$，因此

对单原子气体　$\frac{p_{cr}}{p_0} = 0.487$

对双原子气体　$\frac{p_{cr}}{p_0} = 0.528$

对多原子气体　$\frac{p_{cr}}{p_0} = 0.546$

由于渐缩形喷管的出口流速不能大于临界流速，故其出口截面的压力比不能小于临界压力比。在缩放形喷管中，其喉部截面的压力比正好等于临界压力比，而其出口截面的压力比则小于临界压力比。因而在定熵流动时，可以先按式(7-15)计算临界压力比的数值，然后再根据喷管出口截面上气体的压力比与临界压力比的大小关系选定喷管的形式。在近似估算时可取临界压力比等于 0.5。

根据流速公式(7-13)及临界压力比公式(7-15)，可以得到定熵流动时临界流速的公式为

$$c_{f,cr} = \sqrt{2\frac{\kappa}{\kappa+1}p_0 v_0} \tag{7-16}$$

及

$$c_{f,cr} = \sqrt{2\frac{\kappa}{\kappa+1}R_g T_0} \tag{7-16a}$$

即临界流速取决于进口状态，当 $p_0 v_0$ 或 T_0 较高时临界流速的数值较高。

式(7-15)和式(7-16)也可用于水蒸气定熵流动的计算,只不过式中等熵指数 κ 采用某个合适的经验数据,一般情况下可取下列数值:

过热蒸汽取 $\kappa=1.30$,其$\dfrac{p_{cr}}{p_0}=0.546$;

干饱和蒸汽取 $\kappa=1.135$,其$\dfrac{p_{cr}}{p_0}=0.577$。

例 7-3　有一储气罐,其中空气的压力为 0.16 MPa,温度为 17 ℃。现利用罐中空气经喷管喷出而产生高速空气流。若环境的大气压力为 0.1 MPa,试确定喷管的形式、出口处空气的流速及温度。

解　设喷管出口处空气的压力等于喷管出口外面环境的大气压力,又因空气为双原子气体,其 $p_{cr}/p_0=0.528$,则出口压力比为

$$\frac{p_2}{p_0}=\frac{0.1\times10^6\ \text{Pa}}{0.16\times10^6\ \text{Pa}}=0.625>0.528$$

即出口截面上压力比大于临界压力比,故应采用渐缩形喷管。

喷管的进口流速可看作零,出口流速可按式(7-13)计算:

$$\begin{aligned}c_{f2}&=\sqrt{2\frac{\kappa}{\kappa-1}R_gT_0\left[1-\left(\frac{p_2}{p_0}\right)^{(\kappa-1)/\kappa}\right]}\\&=\sqrt{2\times\frac{1.4}{0.4}\times287.1\ \text{J/(kg}\cdot\text{K)}\times290\ \text{K}\times[1-0.625^{0.4/1.4}]}\\&=271\ \text{m/s}\end{aligned}$$

喷管出口的空气温度为

$$T_2=T_0\left(\frac{p_2}{p_0}\right)^{(\kappa-1)/\kappa}=290\ \text{K}\times(0.625)^{0.4/1.4}=253.5\ \text{K}$$

即

$$t_2=-19.5\ ℃$$

本题计算结果说明,在常温及不太大的压力降条件下,喷管出口流速常达每秒数百米。此外,在应用上式计算时要特别需注意 R_g 的单位应为 J/(kg · K),如误用 kJ/(kg · K)作单位,将导致流速降低数十倍。

例 7-4　燃烧室中燃气的压力为 0.8 MPa、温度为 900 ℃。已知燃气的 $R_g=0.287\,4$ kJ/(kg · K),等熵指数 $\kappa=1.34$。若让燃气经喷管膨胀降压而产生高速气流,流入压力为 0.1 MPa 的空间,试求喷管为渐缩形及缩放形两种情况下喷管出口气流的速度。

解　(1) 当采用渐缩形喷管时,出口截面上压力比不可能低于临界压力比。按临界压力比公式可得

$$\frac{p_{cr}}{p_0}=\left(\frac{2}{\kappa+1}\right)^{\kappa/(\kappa-1)}=\left(\frac{2}{1.34+1}\right)^{1.34/0.34}\approx0.539$$

渐缩形喷管出口截面上气体压力不可能低于

$$p_2 = p_0 \frac{p_{cr}}{p_0} = 0.8\ \text{MPa} \times 0.539 = 0.431\ \text{MPa}$$

所以

$$p_2 = p_{cr} = 0.431\ \text{MPa}$$

显然,这个压力远高于喷管出口外 0.1 MPa 的背压,但由于喷管形状的限制,气体在喷管内不可能再进一步降压膨胀,这时喷管出口的流速为临界流速,即

$$c_{f2} = c_{f,cr} = \sqrt{2\frac{\kappa}{\kappa+1}R_g T_0}$$

$$= \sqrt{2 \times \frac{1.34}{1.34+1} \times 287.4\ \text{J/(kg} \cdot \text{K)} \times (273+900)\ \text{K}} = 621\ \text{m/s}$$

（2）当采用缩放形喷管时,如设计合理,气体压力可降低到等于背压,从而充分利用全部压力降来获取高速气流。这时流速为

$$c_{f2} = \sqrt{2\frac{\kappa}{\kappa-1}R_g T_0\left[1-\left(\frac{p_2}{p_0}\right)^{(\kappa-1)/\kappa}\right]}$$

$$= \sqrt{2 \times \frac{1.34}{1.34-1} \times 287.4\ \text{J/(kg} \cdot \text{K)} \times 1\ 173\ \text{K} \times \left[1-\left(\frac{0.1 \times 10^6\ \text{Pa}}{0.8 \times 10^6\ \text{Pa}}\right)^{0.34/1.34}\right]}$$

$$= 1\ 044\ \text{m/s}$$

此处得到的出口流速较渐缩形喷管的出口流速高出很多。

7-5　气体流量和喷管计算

流量是喷管计算的重要参数。按照质量流量的表示式(7-1),可得出口截面单位面积的气体质量流量为

$$\frac{q_m}{A_2} = \frac{c_{f2}}{v_2}$$

把流速公式(7-13)及定熵过程参数关系 $p_0 v_0^{\kappa} = p_2 v_2^{\kappa}$ 代入,得

$$\frac{q_m}{A_2} = \frac{1}{v_0}\left(\frac{p_2}{p_0}\right)^{1/\kappa}\sqrt{2\frac{\kappa}{\kappa-1}p_0 v_0\left[1-\left(\frac{p_2}{p_0}\right)^{(\kappa-1)/\kappa}\right]}$$

即

$$\frac{q_m}{A_2} = \sqrt{2\frac{\kappa}{\kappa-1}\frac{p_0}{v_0}\left[\left(\frac{p_2}{p_0}\right)^{2/\kappa}-\left(\frac{p_2}{p_0}\right)^{(\kappa+1)/\kappa}\right]} \tag{7-17}$$

此式说明,当进口气体状态一定时,出口截面单位面积气体的质量流量取决

于该处的压力比。为分析压力对单位面积质量流量的影响，且考虑到质量流量的数值始终为正，可取上式中与压力比有关的部分为 N，即

$$N=\left(\frac{p_2}{p_0}\right)^{2/\kappa}-\left(\frac{p_2}{p_0}\right)^{(\kappa+1)/\kappa}$$

对出口压力比 $\pi=\dfrac{p_2}{p_0}$ 求一阶及二阶导数，有

$$\frac{\mathrm{d}N}{\mathrm{d}\pi}=\frac{2}{\kappa}\pi^{(2-\kappa)/\kappa}-\frac{\kappa+1}{\kappa}\pi^{1/\kappa}$$

$$\frac{\mathrm{d}^2N}{\mathrm{d}\pi^2}=\frac{2(2-\kappa)}{\kappa^2}\pi^{(2-2\kappa)/\kappa}-\frac{\kappa+1}{\kappa^2}\pi^{(1-\kappa)/\kappa}$$

可以解得，当 $\pi=\dfrac{p_{\mathrm{cr}}}{p_0}=\left(\dfrac{2}{\kappa+1}\right)^{\kappa/(\kappa-1)}$ 时，有 $\dfrac{\mathrm{d}N}{\mathrm{d}\pi}=0$ 及 $\dfrac{\mathrm{d}^2N}{\mathrm{d}\pi^2}<0$。这就说明，当出口截面的压力比等于临界压力比时，出口单位截面面积的流量有极大值。按式(7-17)可得出口单位截面积的最大质量流量为

$$\left(\frac{q_m}{A_2}\right)_{\max}=\sqrt{2\frac{\kappa}{\kappa+1}\left(\frac{2}{\kappa+1}\right)^{2/(\kappa-1)}\frac{p_0}{v_0}}\tag{7-17a}$$

于是，当喷管进口截面的气体状态及出口截面的压力比确定时，便可根据式(7-17)或(7-17a)，按给定的流量求出口截面面积，或反之按出口截面面积求流量。

设计喷管的主要任务就是按给定的流量计算喷管的截面面积。一般情况下，给定的工作条件是喷管进口的气体状态及喷管出口外的背压 p_{B}。为使气体在喷管内充分膨胀降压至背压，应根据背压和进口压力之比设计喷管。

当 $p_{\mathrm{B}}/p_0\geqslant p_{\mathrm{cr}}/p_0$ 时，应选用渐缩形喷管，并按式(7-17)计算出口截面面积。这时令 $p_2=p_{\mathrm{B}}$，即可得出口截面面积为

$$A_2=\frac{q_m}{\sqrt{2\dfrac{\kappa}{\kappa-1}\dfrac{p_0}{v_0}\left[\left(\dfrac{p_2}{p_0}\right)^{2/\kappa}-\left(\dfrac{p_2}{p_0}\right)^{(\kappa+1)/\kappa}\right]}}\tag{7-18}$$

若 p_{B}/p_0 等于临界压力比 p_{cr}/p_0，则也可按式(7-17a)计算出口截面面积 A_2，即

$$A_2=\frac{q_m}{\sqrt{2\dfrac{\kappa}{\kappa+1}\left(\dfrac{2}{\kappa+1}\right)^{2/(\kappa-1)}\dfrac{p_0}{v_0}}}\tag{7-18a}$$

至于进口截面面积，一般不需计算，只要适当大于出口截面面积以保持喷管一定的形状即可。

当 $p_B/p_0<p_{cr}/p_0$ 时，应选用缩放形喷管。这时需要确定喷管的喉部截面面积及出口截面面积。计算出口截面面积时，先令 $p_2=p_B$，然后按式(7-18)计算即可。由于喉部的流速为临界流速，即喉部的压力比正好为临界压力比，因此喉部截面面积可按式(7-18a)计算。缩放形喷管渐放部分的长度一般按锥角等于 10°～12°计算。锥角太大而气流膨胀跟不上时，会使气流和管壁脱离而造成涡流损失。反之，锥角太小时长度过长，摩擦损失较大。

在使用喷管时，若工作条件变动，则需要校核喷管的工作形状是否符合设计工况，是否有不正常的状况出现。

对于渐缩形喷管，若工作条件变动后仍能够满足 $p_B/p_0 \geqslant p_{cr}/p_0$ 的条件，则气体在喷管中能得到充分膨胀，出口截面的压力 p_2 和背压 p_B 相等，不会出现不正常的状况。这时，通过喷管的流量按式(7-17)可得

$$q_m=A_2\sqrt{2\frac{\kappa}{\kappa-1}\frac{p_0}{v_0}\left[\left(\frac{p_2}{p_0}\right)^{2/\kappa}-\left(\frac{p_2}{p_0}\right)^{(\kappa+1)/\kappa}\right]}$$

若 p_B/p_0 等于临界压力比 p_{cr}/p_0，则也可按式(7-17a)推得

$$q_m=A_2\sqrt{2\frac{\kappa}{\kappa+1}\left(\frac{2}{\kappa+1}\right)^{2/(\kappa-1)}\frac{p_0}{v_0}}$$

若工作条件变动后有 $p_B/p_0<p_{cr}/p_0$，则由于渐缩形喷管出口截面压力最低只能等于临界压力 p_{cr}，因而气体在喷管中得不到充分膨胀降压，而只能在喷管出口外面补充膨胀使压力降低到 p_B，变成扰动损失。

对于缩放形喷管来说，根据稳态稳流的条件，流过喉部截面 A_{min} 及出口截面 A_2 的质量流量应相等，则按式(7-17)、(7-17a)可以得到

$$\frac{A_2}{A_{min}}=\sqrt{\frac{\frac{\kappa-1}{\kappa+1}\left(\frac{2}{\kappa+1}\right)^{2/(\kappa-1)}}{\left(\frac{p_2}{p_0}\right)^{2/\kappa}-\left(\frac{p_2}{p_0}\right)^{(\kappa+1)/\kappa}}} \tag{7-19}$$

该式说明：对于缩放形喷管，当喷管尺寸 A_{min}、A_2 确定时，喷管出口截面的压力比 p_2/p_0 是一个定值。因此在使用缩放形喷管时，只有当背压比 p_B/p_0 等于原设计的出口压力比 p_2/p_0 时，喷管才能正常工作。这时流过喷管的流量可

以按喉部截面面积根据式(7-17a)计算。

综上所述,当气流在喷管最小截面达到声速时流量达最大,且该最大质量流量可表示为

$$q_{m,\max}=A_{\min}\sqrt{2\frac{\kappa}{\kappa+1}\left(\frac{2}{\kappa+1}\right)^{2/(\kappa-1)}\frac{p_0}{v_0}} \tag{7-20}$$

若工作条件变动后,p_B/p_0小于p_2/p_0的设计值,则气体在喷管中只降压到设计值p_2,然后在喷管出口外面补充膨胀降压到p_B,产生扰动损失。若p_B/p_0高于p_2/p_0的设计值,则如图7-6所示,在喷管内出口附近会产生激波,气体压力突然上升,流速下降,然后从管道某截面处开始按扩压管方式升压至背压流出喷管。因发生激波时产生很大的损失,故应避免发生这种情况。

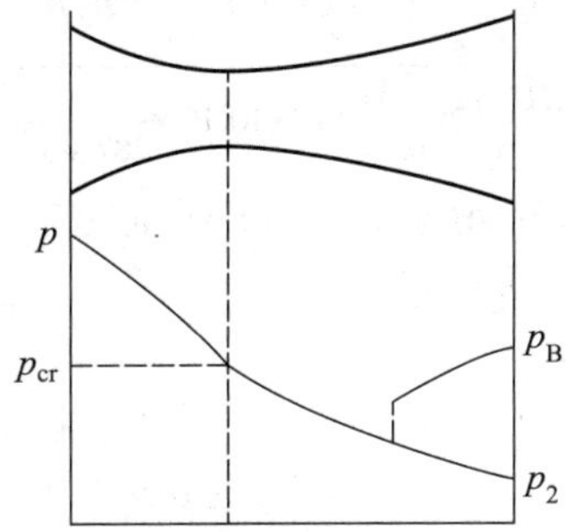

图 7-6

例 7-5 试设计一个喷管,将与例 7-4 情况相同的初始压力为 0.8 MPa、初始温度为 900 ℃的燃气送往压力为 0.1 MPa 的空间,其质量流量为 1 kg/s。设燃气的气体常数 $R_g=0.287\ 4\ \text{kJ/(kg·K)}$,等熵指数 $\kappa=1.34$。

解 (1) 选择喷管形式

背压与进口压力之比为

$$\frac{p_B}{p_0}=\frac{0.1\times10^6\ \text{Pa}}{0.8\times10^6\ \text{Pa}}=0.125<\frac{p_{cr}}{p_0}\approx0.5$$

设计喷管时为充分利用压力降,应使p_2等于背压p_B,按背压和进口压力之比选用喷管的形状,故选用缩放形喷管。

(2) 计算喷管的截面面积

缩放形喷管的喉部截面面积为

$$\begin{aligned}A_{\min}&=\frac{q_m}{\sqrt{2\frac{\kappa}{\kappa+1}\left(\frac{2}{\kappa+1}\right)^{2/(\kappa-1)}\frac{p_0}{v_0}}}\\&=\frac{1\ \text{kg/s}}{\sqrt{2\times\frac{1.34}{2.34}\times\left(\frac{2}{2.34}\right)^{2/0.34}\times0.8\times10^6\ \text{Pa}\times\frac{0.8\times10^6\ \text{Pa}}{287.4\ \text{J/(kg·K)}\times1\ 173\ \text{K}}}}\\&=0.001\ 075\ \text{m}^2=10.75\ \text{cm}^2\end{aligned}$$

采用圆形截面时，直径为

$$d_{\min}=\sqrt{\frac{4}{\pi}A_{\min}}=\sqrt{\frac{4}{\pi}\times 10.75\ \mathrm{cm}^2}=3.7\ \mathrm{cm}$$

出口截面面积为

$$A_2=\frac{q_m}{\sqrt{2\frac{\kappa}{\kappa-1}\frac{p_0}{v_0}\left[\left(\frac{p_2}{p_0}\right)^{2/\kappa}-\left(\frac{p_2}{p_0}\right)^{(\kappa+1)/\kappa}\right]}}$$

$$=\left\{\sqrt{2\times\frac{1.34}{0.34}\times 0.8\times 10^6\mathrm{Pa}\times\frac{0.8\times 10^6\ \mathrm{Pa}}{287.4\ \mathrm{J/(kg\cdot K)}\times 1\ 173\ \mathrm{K}}\times\left[\left(\frac{0.1\times 10^6\ \mathrm{Pa}}{0.8\times 10^6\ \mathrm{Pa}}\right)^{2/1.34}-\left(\frac{0.1\times 10^6\ \mathrm{Pa}}{0.8\times 10^6\ \mathrm{Pa}}\right)^{2.34/1.34}\right]}\right\}^{-1}$$

$$=0.001\ 903\ \mathrm{m}^2=19.03\ \mathrm{cm}^2$$

相应直径为

$$d_2=\sqrt{\frac{4}{\pi}A_2}=\sqrt{\frac{4}{\pi}\times 19.03\ \mathrm{cm}^2}=4.92\ \mathrm{cm}$$

（3）计算渐放部分的管长

如图 7-7 所示，设喷管的半锥角为 α，则喷管长度的计算式为

$$l=\frac{d_2-d_{\min}}{2\tan\ \alpha}$$

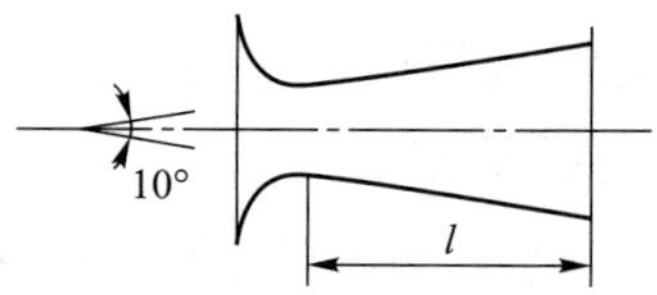

图 7-7　喷管形状示意图

若取锥角为 10°，则 $\alpha=5°$，代入上式可得长度为

$$l=\frac{d_2-d_{\min}}{2\tan\ 5°}=\frac{(4.92-3.7)\ \mathrm{cm}}{2\times 0.087\ 5}=6.79\ \mathrm{cm}$$

7-6　喷管效率

实际上，气体在喷管中流动时总是存在摩擦及扰动等不可逆因素，因而实际的流动过程是不可逆绝热过程，而不是定熵过程。根据热力学第二定律，不可逆绝热过程中气体的熵必然增大。于是，如图 7-8 所示，气体在喷管中从进口状态（p_0，T_0）绝热膨胀而降压到出口压力 p_2时，不可逆绝热流动出口状态的温度 $T_{2'}$及焓 $h_{2'}$必然高于定熵流动出口状态的温度 T_2及焓 h_2。

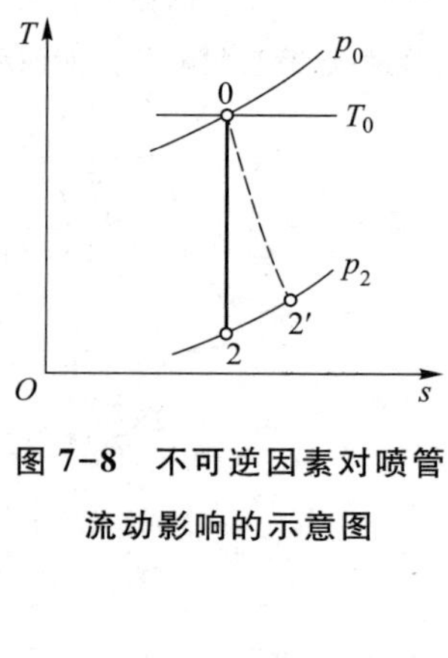

图 7-8　不可逆因素对喷管流动影响的示意图

根据绝热流动的能量关系式（7-5），因喷管

进口的流速取为零,故喷管中可逆定熵流动时的能量转换关系为

$$h_0-h_2=\frac{1}{2}c_{f2}^2$$

对于喷管中不可逆绝热流动,其能量转换关系为

$$h_0-h_{2'}=\frac{1}{2}c_{f2'}^2$$

由于 $h_{2'}>h_2$,则由上两式可知,实际流动过程中喷管出口气流的流动动能较定熵流动出口气流的流动动能要小。通常采用在相同入口条件、相同出口压力条件下喷管出口的实际流动动能和可逆定熵流动出口的流动动能之比作为衡量喷管中能量转换完善程度的指标,称为喷管效率 η_N,即

$$\eta_N=\frac{c_{f2'}^2}{c_{f2}^2} \tag{7-21}$$

按能量转换关系,喷管效率也可表示为

$$\eta_N=\frac{h_0-h_{2'}}{h_0-h_2} \tag{7-21a}$$

工程上,也常把实际出口流速与定熵流动的出口流速之比称为流速系数,即

$$\varphi=\frac{c_{f2'}}{c_{f2}} \tag{7-22}$$

同样,流速系数也反映了实际流动过程中不可逆因素的影响。对比喷管效率的定义式(7-21)可知

$$\eta_N=\varphi^2$$

流速系数通常由实验确定,其数值一般为 0.90~0.98。缩放形喷管中流速较大,不可逆损失也较大,而其流速系数相对较小些。

当喷管效率已知时,便可按定熵流动焓的变化来求实际喷管出口焓的数值,即

$$h_{2'}=h_0-\eta_N(h_0-h_2) \tag{7-23}$$

而当出口的焓值确定后,便可确定实际喷管出口的气流速度、温度、流量及压力等各参数,从而可以进行实际喷管的设计计算。

例 7-6 有一个渐缩形喷管,已知其喷管效率为 0.95。若有压力为 0.3 MPa、温度为 127 ℃的空气,通过该喷管流入压力为 0.1 MPa 的空间,试求喷管出口气流的速度及压力。

解 因喷管中气体的流动过程为不可逆绝热过程,不能利用定熵流动的各种公式计算。

根据背压 p_B 与进口压力 p_0 之比 $p_B/p_0=0.33$，可以认为在喷管出口气流的速度足以达到当地声速，即出口为临界状态，出口温度 $T_{2'}=T_{cr}$。根据式(7-14)可算出口温度为

$$
\begin{aligned}
T_{2'}=T_{cr}&=\frac{2}{\kappa+1}T_0\\
&=\frac{2}{1.4+1}\times(273+127)\ \mathrm{K}\\
&=333.3\ \mathrm{K}
\end{aligned}
$$

实际的出口流速为声速，即

$$c_{f2'}=\sqrt{\kappa R_g T_{2'}}=\sqrt{1.4\times287.1\ \mathrm{J/(kg\cdot K)}\times333.3\ \mathrm{K}}=366\ \mathrm{m/s}$$

为求喷管出口截面上气体的压力，参阅图 7-8，取定熵过程 0-2，则按喷管效率的定义，有

$$\eta_N=\frac{h_0-h_{2'}}{h_0-h_2}=\frac{T_0-T_{2'}}{T_0-T_2}$$

可解得

$$T_2=T_0-\frac{T_0-T_{2'}}{\eta_N}=400\ \mathrm{K}-\frac{(400-333.3)\ \mathrm{K}}{0.95}=329.9\ \mathrm{K}$$

按定熵过程的参数关系求 p_2，得

$$p_2=p_0\left(\frac{T_2}{T_0}\right)^{\kappa/(\kappa-1)}=0.3\ \mathrm{MPa}\times\left(\frac{329.9\ \mathrm{K}}{400\ \mathrm{K}}\right)^{1.4/0.4}=0.153\ \mathrm{MPa}$$

因为 $p_{2'}=p_2=0.153\ \mathrm{MPa}$，于是实际喷管出口截面上的压力比为

$$\frac{p_{2'}}{p_0}=\frac{0.153\ \mathrm{MPa}}{0.3\ \mathrm{MPa}}=0.51$$

这个数值小于定熵过程的临界压力比 0.528。这就说明，在不可逆绝热流动时需要较大的压降才能达到临界流速。

7-7　绝热节流

流体在管道中经过截面突然缩小的阀门、狭缝及孔口等部分后发生压力降低的现象称为节流。工程上常利用节流过程控制流体的压力，还可利用节流时压力降低与流量的对应关系制成流量计等。

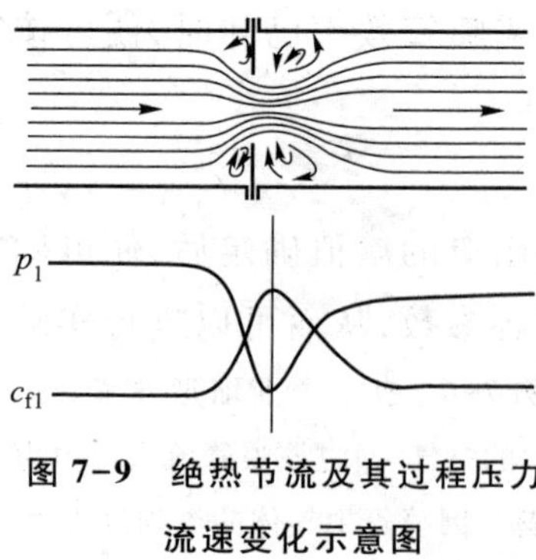

图 7-9　绝热节流及其过程压力、流速变化示意图

节流过程是一种典型的不可逆过程。图 7-9 所示为气体流经一孔口时节流过程的示意图。当气体流向孔口时，在孔口附

近气流的截面积发生收缩,气体的压力降低及流速增大,直到流过孔口后气流的截面积达到最小,然后气流的截面积又逐渐增大,气体的压力逐渐升高,流速逐渐降低,最后达到稳定。由于在孔口附近发生强烈的扰动及涡流,造成了不可逆的压力损失,因而当气流恢复稳定时,气体的压力 p_2 较节流前稳定气流的压力 p_1 要低。

一般情况下,在节流过程中气流与外界的热交换可以忽略不计,可以认为节流过程是绝热过程,故称为绝热节流。节流前后稳定气流的流速变化很小,故气体流动动能的变化比气体的焓值要小得多,可以忽略不计。此外,节流过程中气体的离地高度一般不发生变化。因而根据稳定流动能量方程式可得节流前后的能量守恒关系为

$$h_2=h_1 \tag{7-24}$$

即在绝热节流前后气体的焓值相等。但必须指出,在节流过程中,特别是在孔口附近,气体的流速变化很大,气体的焓也变化很大,因而绝热节流过程并不是定焓过程。

由于扰动、涡流等不可逆因素的影响,绝热节流过程中气体的熵将增加。根据热力学普遍关系式 $T\mathrm{d}s=\mathrm{d}h-v\mathrm{d}p$,考虑绝热节流前后气体的焓不变,可以按可逆的定焓过程来确定节流前后气体熵的变化。当 $\mathrm{d}h=0$ 时,可以得到

$$\mathrm{d}s_h=\left(\frac{-v\mathrm{d}p}{T}\right)_h \tag{7-25}$$

或

$$(s_2-s_1)_h=\int_1^2\left(-\frac{v}{T}\mathrm{d}p\right)_h \tag{7-25a}$$

即绝热节流前后气体压力降低越大,节流前后气体熵的增加也越大。

绝热节流过程气体熵的增加意味着气体作功能力的损失。因此,虽然经绝热节流后气体的焓并未变化,但气体的㶲却降低了,即

$$e_{x,H}=(h-T_0s)-(h_0-T_0s_0)$$

绝热节流过程中气体的㶲随着气体熵的增大而减小,也就是说气体作功的能力减小。

7-8 合流

多股气流汇合而成一股气流称为合流。按照质量守恒定律,若各支流及合流都处于稳定流动状态,则有

$$q_m=q_{m1}+q_{m2}+\cdots+q_{mn}$$

式中：q_m为合流的质量流量；q_{m1}、q_{m2}等为各支流的质量流量。按稳定流动能量方程式，如果过程是绝热的，则可以得到

$$q_m(e+pv)=q_{m1}(e_1+p_1v_1)+q_{m2}(e_2+p_2v_2)+\cdots+q_{mn}(e_n+p_nv_n)$$

即合流的总能量及推动功的和等于各支流总能量及推动功的总和。如果重力势能的变化可以忽略不计，则由于

$$e+pv=u+pv+c_f^2/2=h+c_f^2/2=h_0$$

上式可以表示为

$$q_mh_0=q_{m1}h_{01}+q_{m2}h_{02}+\cdots+q_{mn}h_{0n}$$

即合流的总焓等于各支流总焓的和。若气流的流速较低而流动动能可忽略不计，总焓即等于焓，则上式可表示为

$$q_mh=q_{m1}h_1+q_{m2}h_2+\cdots+q_{mn}h_n$$

或

$$h=w_1h_1+w_2h_2+\cdots+w_nh_n \tag{7-26}$$

即合流的焓值等于各支流气体的焓与该气体的质量分数乘积的总和。

为求合流的温度，可取一个参考温度 T_0。设该温度下气体的焓值为零，由上式可以得到

$$c_{p0}(T-T_0)=w_1c_{p0,1}(T_1-T_0)+w_2c_{p0,2}(T_2-T_0)+\cdots+w_nc_{p0,n}(T_n-T_0)$$

按混合气体的比热容关系式有

$$c_{p0}=w_1c_{p0,1}+w_2c_{p0,2}+\cdots+w_nc_{p0,n}$$

代入上式可以得到

$$c_{p0}T=w_1c_{p0,1}T_1+w_2c_{p0,2}T_2+\cdots+w_nc_{p0,n}T_n$$

即合流的温度可表示为

$$T=\frac{w_1c_{p0,1}T_1+w_2c_{p0,2}T_2+\cdots+w_nc_{p0,n}T_n}{w_1c_{p0,1}+w_2c_{p0,2}+\cdots+w_nc_{p0,n}} \tag{7-27}$$

当各支流的气体相同时，上式可简化为

$$T=w_1T_1+w_2T_2+\cdots+w_nT_n \tag{7-27a}$$

7-9 扩压管和引射器

扩压管是利用气体流速逐渐降低而使气体压力增高的设备。扩压管也和喷管一样，可看作绝热管道。气体在扩压管中的流动可按稳态稳流的定熵流动进

行分析。由式(7-5)、式(7-3)及式(7-6)可知，在扩压管中，随着气流速度的降低，即 $dc_f<0$，有 $dh>0$、$dp>0$、$dv<0$。又按式(7-7)，当流速小于声速时，扩压管应为渐放形，而当气流速度从大于声速降为小于声速时，扩压管应为缩放形。这种情况相当于喷管的逆过程。

与喷管的要求不同，扩压管通常是在已知进口参数、进口速度 c_{f1} 及出口速度 c_{f2} 的情况下，要求计算出口压力。扩压管出口压力 p_2 与进口压力 p_1 的比值 p_2/p_1 表示扩压的程度，称为扩压比。对理想气体，当 c_{p0} 为定值时，由能量方程(7-2)可得

$$c_{p0}T_1+\frac{c_{f1}^2}{2}=c_{p0}T_2+\frac{c_{f2}^2}{2}$$

整理可得

$$\frac{T_2}{T_1}=1+\frac{c_{f1}^2-c_{f2}^2}{2c_{p0}T_1}$$

按定熵过程参数间的关系式，可得扩压比为

$$\frac{p_2}{p_1}=\left(\frac{T_2}{T_1}\right)^{\kappa/(\kappa-1)}=\left(1+\frac{c_{f1}^2-c_{f2}^2}{2c_{p0}T_1}\right)^{\kappa/(\kappa-1)} \tag{7-28}$$

由上式可知，对于扩压管内的理想气体的定熵压缩过程，在进口状态参数一定的条件下，扩压管中动能的降低越多，扩压比就越大。

喷管和扩压管在工程中应用广泛，并且经常组合使用，构成引射器。引射器是一种结构简单、使用方便的流体传输设备，常被应用在各种能量转换装置中，如蒸汽喷射制冷装置中蒸汽喷射器、蒸汽动力装置中冷凝器的抽气器及小型锅炉给水设备等。

引射器的构造如图 7-10 所示，主要由喷管 1、混合室 2 和扩压管 3 等组成。

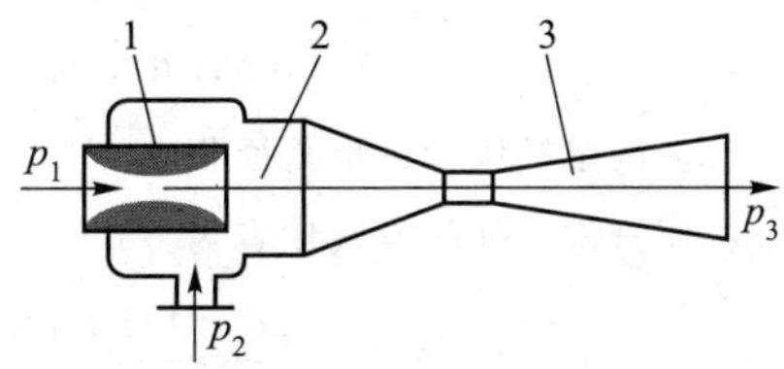

图 7-10 引射器构造示意图

压力为 p_1 的高压气态工作流体流经喷管 1 膨胀加速、压力降低，在喷管出口处，工作流体压力低于被引射流体压力 p_2，从而将被引射流体引入混合室 2。在混合室中，高速工作流体与被引射流体混合，得到某一平均速度。然后，混合流体进入扩压管 3 中减速增压，压力提高到 p_3 而自引射器排出。

通常用引射系数 μ 来表征引射器的工作性能，引射器中工作流体在喷管出

口处的速度越高，被引射的流体就越多。引射系数用被引射流体的质量流量 q_{m2} 与工作蒸汽的质量流量 q_{m1} 的比值来表示，即

$$\mu=\frac{q_{m2}}{q_{m1}}$$

对引射器中流体的热力过程进行分析，可以参照本章中的有关喷管（扩压管）、合流中的分析方法。但需要注意的是，当引射器中的被引射流体不是气态流体时，就不可完全照搬上述的分析方法。引射器中的流体存在着流体扰动、混合等不可逆因素，因此流体经历的热力学过程是典型的不可逆过程。引射器的设计计算可参阅有关工程设计手册。

例 7-7　空气流经某扩压管，已知进口状态 $p_1=0.1$ MPa、$T_1=300$ K、$c_{f1}=500$ m/s。假定空气在扩压管中定熵压缩，出口处的气流速度 $c_{f2}=50$ m/s。问应采用什么形式的扩压管？并求出口压力。如流经扩压管的质量流量 $q_m=1$ kg/s，试计算扩压管出口、出口及喉部处截面积。

解　（1）确定扩压管的形式及其出口压力

先求空气在进口处的当地声速：

$$c_1=\sqrt{\kappa R_g T_1}=\sqrt{1.4\times287.1\ \text{J/(kg}\cdot\text{K)}\times300\ \text{K}}=347\ \text{m/s}$$

由于进口处的马赫数 $Ma_1=c_{f1}/c_1=(500\ \text{m/s})/(347\ \text{m/s})=1.44$，是 $Ma>1$ 的超声速气流。而出口处的气流速度 $c_{f2}=50$ m/s，肯定是 $Ma<1$ 的亚声速气流。按扩压管中的气体流速与管道截面的关系，应选用缩放形扩压管。

利用式(7-28)可得出口压力 p_2 为

$$\begin{aligned}p_2&=p_1\left(1+\frac{c_{f1}^2-c_{f2}^2}{2c_{p0}T_1}\right)^{\kappa/(\kappa-1)}\\&=0.1\times10^6\ \text{MPa}\times\left(1+\frac{500\ \text{m/s}^2-50\ \text{m/s}^2}{2\times1\ 010\ \text{J/(kg}\cdot\text{K)}\times300\ \text{K}}\right)^{1.4/(1.4-1)}\\&=0.331\ 6\ \text{MPa}\end{aligned}$$

（2）确定扩压管进口截面积

扩压管进口处的空气比容为

$$v_1=\frac{R_gT_1}{p_1}=\frac{287.1\ \text{J/(kg}\cdot\text{K)}\times300\ \text{K}}{0.1\times10^6\ \text{Pa}}=0.861\ \text{m}^3/\text{kg}$$

所以扩压管进口处的截面积为

$$A_1=\frac{q_m v_1}{c_{f1}}=\frac{1\ \text{kg/s}\times0.861\ \text{m}^3/\text{kg}}{500\ \text{m/s}}=0.001\ 722\ \text{m}^2=17.22\ \text{cm}^2$$

（3）确定扩压管出口截面积

扩压管出口截面处空气的温度与比容分别为

$$T_2=T_1\left(\frac{p_2}{p_1}\right)^{(\kappa-1)/\kappa}=300\ \text{K}\times\left(\frac{0.331\ 6\ \text{MPa}}{0.1\ \text{MPa}}\right)^{(1.4-1)/1.4}=422.5\ \text{K}$$

$$v_2=\frac{R_gT_2}{p_2}=\frac{287.1\ \text{J/(kg}\cdot\text{K)}\times422.5\ \text{K}}{0.331\ 6\times10^6\ \text{Pa}}=0.366\ \text{m}^3/\text{kg}$$

因此,扩压管出口截面积为

$$A_2=\frac{q_mv_2}{c_{f2}}=\frac{1\ \text{kg/s}\times0.366\ \text{m}^3/\text{kg}}{50\ \text{m/s}}=0.007\ 31\ \text{m}^2=73.1\ \text{cm}^2$$

(4) 确定扩压管喉部截面积

喉部最小截面积 A_{min} 的求解比较复杂,由于气体在扩压管中的流动过程可以看作其在喷管中流动的反过程,因此可将扩压管的出口参数 $c_{f2}=50\ \text{m/s}$,$p_2=0.331\ 6\ \text{MPa}$,$T_2=422.5\ \text{K}$,$v_2=0.366\ \text{m}^3/\text{kg}$ 当作喷管的进口参数,反算求得确定喉部截面积所需的状态参数。

气体在喉部的状态为临界状态,空气的临界压力比为 0.528,所以空气在喉部处的状态参数为

$$p_{cr}=p_2=0.528\times0.331\ 6\ \text{MPa}=0.175\ \text{MPa}$$

$$T_{cr}=T_2\left(\frac{p_{cr}}{p_2}\right)^{(\kappa-1)/\kappa}=422.5\ \text{K}\times0.528^{(1.4-1)/1.4}=352\ \text{K}$$

$$v_{cr}=\frac{R_gT_{cr}}{p_{cr}}=\frac{287.1\ \text{J/(kg}\cdot\text{K)}\times352\ \text{K}}{0.175\times10^6\ \text{Pa}}=0.577\ \text{m}^3/\text{kg}$$

$$c_{cr}=\sqrt{\kappa R_gT_{cr}}=\sqrt{1.4\times287.1\ \text{J/(kg}\cdot\text{K)}\times352\ \text{K}}=376.1\ \text{m/s}$$

最后可求得喉部截面积为

$$A_{min}=\frac{q_mv_{cr}}{c_{cr}}=\frac{1\ \text{kg/s}\times0.577\ \text{m}^3/\text{kg}}{376.1\ \text{m/s}}=0.001\ 534\ \text{m}^2=15.34\ \text{cm}^2$$

上述计算是按 $c_{f2}=0$ 来处理的,但由于此处 c_{f2} 较小,不采用滞止参数来计算也不会产生显著的误差,对此读者可以进行对比计算,检验近似计算对计算结果所带来的影响。

思考题

7-1　声速取定于哪些因素?

7-2　为什么渐缩喷管中气体的流速不可能超过当地声速?

7-3　试从气流状态变化的性质说明喷管截面变化的规律。你认为用于使液体加速的喷管需要采用缩放形吗?

7-4　对于亚声速气流和超声速气流,渐缩形、渐放形、缩放形三种形状管子各可作为喷管还是扩压管?

7-5　无论可逆或不可逆的绝热流动,气流速度都可按公式 $c_{f2}=$

$\sqrt{2(h_0-h_2)}$计算，那么不可逆流动的损失又如何说明？

7-6　临界压力比的计算公式

$$\frac{p_{cr}}{p_0}=\left(\frac{2}{\kappa+1}\right)^{\kappa/(\kappa-1)}$$

是否无论是可逆绝热流动或不可逆绝热流动都可应用？

7-7　渐缩喷管的进口状态及背压一定时，出口截面的流速、质量流量、焓、温度、比体积及熵的数值对于可逆和不可逆绝热流动有何不同？

7-8　对于缩放形喷管，若进口状态及背压一定时，其喉部截面上的流速、质量流量、焓、温度、比体积及熵的数值对于可逆和不可逆绝热流动有何不同？

7-9　渐缩形喷管的进口参数不变时逐渐降低出口外的背压，试分析出口压力、出口流速及质量流量的变化情况。

7-10　渐缩形喷管和缩放形喷管的最小截面面积相同，且它们进口气流的参数相同，而背压均足够低时，两者最小截面处的压力及流速是否相同？又若给两者的出口部分各切去一段或按原管道的形状加长一段，则两者出口截面的压力及流速、质量流量将有何变化？

习　题

7-1　设输气管内甲烷气流的压力为 4.5 MPa、温度为 15 ℃、流速为 30 m/s，管道的内径为 0.5 m，试求每小时输送的甲烷为多少 kg。

7-2　一股空气流的流速为 380 m/s、温度为 20 ℃，另一股空气流的流速为 550 m/s、温度为 750 ℃。已知 750 ℃时 $\kappa=1.335$，20 ℃时 $\kappa=1.400$，试求这两股气流各属于亚声速还是超声速，其马赫数各为多少。

7-3　在压缩空气输气管上接有一渐缩形喷管，喷管前空气的压力可通过阀门调节，而空气的温度为 27 ℃，喷管出口的背压为 0.1 MPa。试求喷管进口的压力为0.15 MPa及 0.25 MPa 时喷管出口截面的流速和压力。

7-4　按上题条件，求两种情况下出口截面气流的马赫数。

7-5　设进入喷管的氦气的压力为 0.4 MPa、温度为 227 ℃，而出口背压为 0.15 MPa，试选用喷管形状并计算出口截面气体的压力、速度及马赫数。

7-6　按习题 7-3 所述条件，设喷管的出口截面面积为 10 cm^2，试求两种情况下气体的质量流量。

7-7　按习题 7-3 所述条件，若进口压力为 0.25 MPa，并采用缩放形喷管，试求出口截面的流速及喷管最小截面面积为 10 cm^2 时的质量流量。

7-8　假设压缩空气的储气筒放置在露天，其温度随大气温度而变化，冬天时温度平均为 7 ℃，夏天时平均为 32 ℃。储气筒内压力始终保持为 p。若由此气源连接喷管产生高速气流，试问夏天与冬天喷管出口流速的比值及喷管流量的比值为多少？并分析背压不同而采用不同喷管形式时比值有何不同。

7-9　利用内燃机排气管排出的废气通过喷管而获得高速气流，废气的压力为 0.2 MPa，进入喷管时气体流速为 100 m/s，温度为 500 ℃。假设废气的性质可按空气计算，试求当背压为 0.1 MPa 时渐缩形喷管的出口流速，并分析当近似地取 p_0 = 0.2 MPa、t_0 = 500 ℃ 计算流速及流量时引起的误差。

7-10　试设计一喷管。已知压缩空气的温度为 327 ℃，压力为 0.6 MPa，喷管出口背压为 0.1 MPa，而空气质量流量为1 kg/s。试确定喷管的出口流速，喷管的最小截面面积、出口截面面积、最小截面和出口截面的直径及渐放部分的锥角为 10°时的管长。

7-11　温度为 300 ℃的空气进入一渐缩形喷管，出口流速为 350 m/s，试确定该流速下喷管的质量流量与该喷管最大质量流量的比值。

7-12　欲利用扩压管使流速为 300 m/s 的空气流降速增压。已知空气的压力为0.1 MPa，温度为 27 ℃，试确定扩压管的形状并计算空气可达到的最高压力。

7-13　管道中空气的流速为 150 m/s，现用温度计测量气流温度，所得读数为 52 ℃，试求空气的温度。

7-14　设有一气流由氢气流与氮气流汇合而成。已知氢气的质量流量为1 kg/h，氮气的质量流量为 4 kg/h。设氢气的温度为 313 K，氮气的温度为 523 K，汇合前后各流道内气体的压力相同，合流过程中气体和外界没有热交换，合流前后气体流动动能和位能的变化可忽略不计，试求合流的温度及合流过程中气体熵的变化（提示：合流后混合物中各组成气体分别为各自的分压力）。

7-15　按习题7-3所述条件，若喷管效率为0.95，试求喷管出口截面的流速及压力。

7-16　按习题7-7所述条件，若喷管效率为0.90，试求喷管出口截面的流速、截面面积以及喷管的质量流量。

第八章

压气机的压气过程

压气机是用来压缩气体、提高气体压力的设备，它在各个工业部门中都得到广泛应用。例如：在燃气轮机装置及压缩制冷装置中，压气机作为装置的一个组成部分，用于对工质进行压缩；在内燃机中，压气机用作增压器或扫气泵，也是许多内燃机的一个重要组成部分；在冶金、化工及机械工业部门中，除直接用于生产过程中提高气体的压力外，还常利用压气机来生产各种气动工具所需的压缩空气。

本章主要讨论压气机中能量转换的特点及压气过程计算所用的各种基本关系式。

8-1 压气过程的热力学分析

压气机的形式很多，工作压力范围也很广。有的压气机直接通过改变工质的容积实现压缩过程，图 8-1a 所示的活塞式压气机及图 8-1b 所示的转子式压气机就属于这种类型。有的压气机则利用高速旋转的叶轮推动气体，使气体以很高的速度运动，然后再利用扩压管使高速运动的气流降低流速而提高压力，实现气体的压缩，图 8-1c 所示的离心式压气机即属于这一类。有的在利用叶轮推动气体高速运动时，还同时利用叶轮叶片间的流道做成扩压管的形式，使气流在叶片间通过时气体的压力有所提高，图 8-1d 所示的轴流式压气机就属于这种类型的压气机。

按照热力学的能量转换观点，各种压气机的压气过程基本上是相同的。压气机工作时，从进气口吸入压力较低的气体，在压气机中进行压缩，提高气体的压力，然后经排气口输出高压气体。在一般情况下，单位时间内压气机生产的高压气体的数量保持稳定，因而进行热力学分析时，压气机的压气过

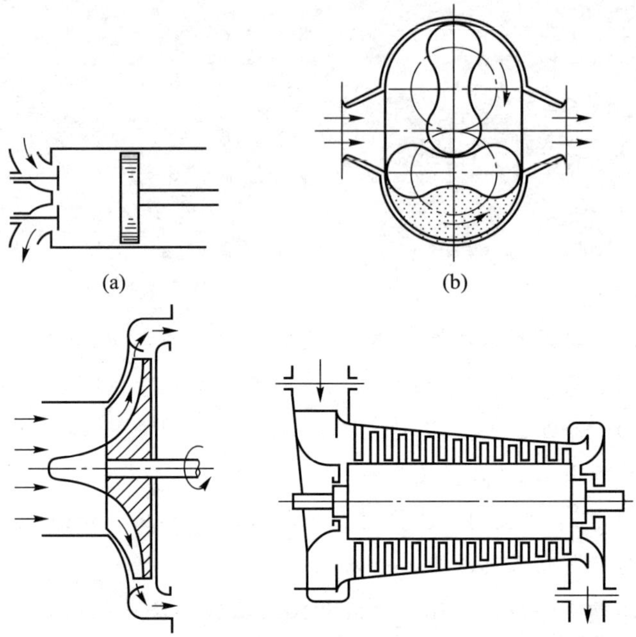

(a)　(b)　(c)　(d)

图 8-1　典型压气机工作原理示意图

程可作为稳定流动过程，且其进气和排气的流动动能及重力势能都可忽略不计。根据稳定流动能量方程式，在忽略进出口动能及势能变化的前提下，可以得到压气机中能量转换的关系为

$$q=(h_2-h_1)+(w_s)_C \tag{8-1}$$

式中，$(w_s)_C$为压气机的轴功。假设压气过程是可逆过程，压气机的轴功可用技术功代替，即

$$(w_s)_C=-\int_1^2 v\mathrm{d}p=\int_1^2 p\mathrm{d}v+(p_1v_1-p_2v_2) \tag{8-2}$$

即压气机压气过程的轴功等于压缩过程的容积变化功和进气、排气推动功的代数和。如图 8-2 所示，在 $p-v$ 图上，压气机压气过程的轴功可用压缩过程曲线1-2左侧的面积表示。当气体由相同的初始状态经不同的压缩过程使气体的压力升高到相同的终了压力时，各种压气过程中消耗的轴功是不同的。若压气机没有采用冷却措施，可以认为其压缩过程是绝热过程，如图 8-2 中曲线 $1-2_s$所示。若压气机采用冷却措施，因压缩过程中气体向外放热，过程中气体的温度及压缩终了的气体的温度均低于绝热过程，该过程如图 8-2 中多变过

程曲线 $1-2_n$ 所示。在理想情况下，采用充分冷却措施的压气机的压缩过程可以看作定温过程，如图 8-2 中曲线 $1-2_T$ 所示。由图 8-2a 可以看出，绝热压缩过程曲线 $1-2_s$ 左侧的面积最大，压气机压气过程消耗的轴功最多；而定温压缩过程曲线 $1-2_T$ 左侧的面积最小，压气过程消耗的轴功最少。由图 8-2b 可以看出，绝热压缩时被压缩工质的温度升高最大。而压缩过程冷却得越好，被压缩工质的温升就越小，越接近定温过程。压气机压缩过程工质温度过高会引起压气机润滑油结焦、活塞环黏结等问题。因而，为了减少压气机消耗的轴功、降低压缩终了工质的温度，应采用冷却措施，使压缩过程接近定温压缩过程。

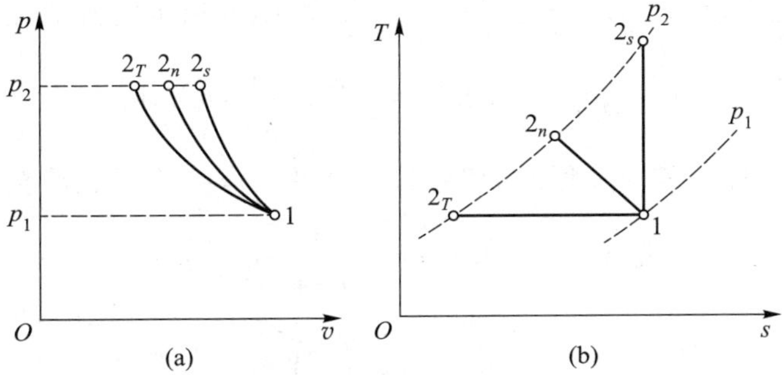

图 8-2　不同压缩过程的耗功和温度升高的对比示意图

当压缩过程为绝热过程时，根据式(8-1)可以得到压气机压气过程消耗的轴功为

$$(w_s)_{C,s}=h_1-h_2 \tag{8-3}$$

即在绝热压气过程中，压气机消耗的轴功转变为高压气体的焓。当高压气体引入动力机作功时，如不计不可逆因素造成的作功能力损失，轴功所变成的这部分焓值仍然可重新变成机械能。例如，燃气轮机装置中压气机所消耗的轴功，就可在涡轮机作功时作为其轴功的一部分而重新输出①。

当压气机压缩的工质是理想气体、其比热容可作为定值时，绝热压缩过程的轴功还可表示为

$$\begin{aligned}(w_s)_{C,s}&=c_{p0}(T_1-T_2)\\&=\frac{\kappa}{\kappa-1}R_g(T_1-T_2)=\frac{\kappa}{\kappa-1}(p_1v_1-p_2v_2)\end{aligned} \tag{8-3a}$$

---

① 有关内容可参阅第九章关于燃气轮机装置循环的分析。

式(8-3)、式(8-3a)可用于任何绝热压气过程轴功的计算,不论过程可逆与否。当过程为可逆过程时,按定熵过程的关系 $p_1v_1^\kappa=p_2v_2^\kappa$,可以把上式改写为如下形式:

$$(w_s)_{C,s}=\frac{\kappa}{\kappa-1}p_1v_1\left[1-\left(\frac{p_2}{p_1}\right)^{(\kappa-1)/\kappa}\right]$$

$$=\frac{\kappa}{\kappa-1}R_gT_1\left[1-\left(\frac{p_2}{p_1}\right)^{(\kappa-1)/\kappa}\right] \tag{8-4}$$

此式便于按压气过程压缩终了压力和初始压力的增压比及初始状态参数计算压气过程的轴功。

当压缩过程为定温过程时,按式(8-2)可以得到压气机消耗的轴功为

$$(w_s)_{C,T}=\left(-\int_1^2 v\mathrm{d}p\right)_T=R_gT_1\ln\frac{p_1}{p_2}=R_gT_1\ln\frac{v_2}{v_1} \tag{8-5}$$

当压缩过程为多变过程时,按式(8-2)可以得到压气机消耗的轴功为

$$(w_s)_{C,n}=\left(-\int_1^2 v\mathrm{d}p\right)_n=\frac{n}{n-1}(p_1v_1-p_2v_2)$$

$$=\frac{n}{n-1}p_1v_1\left[1-\left(\frac{p_2}{p_1}\right)^{(n-1)/n}\right]$$

$$=\frac{n}{n-1}R_gT_1\left[1-\left(\frac{p_2}{p_1}\right)^{(n-1)/n}\right]$$

$$=\frac{n}{n-1}R_g(T_1-T_2) \tag{8-6}$$

例 8-1 有一台活塞式空气压缩机,其气缸有水套冷却。若把空气由 0.1 MPa、17 ℃的状态压缩到 0.6 MPa,按示功图求得压缩过程的多变指数为 1.3。设压缩过程为可逆过程,试求压气机消耗的功及冷却水带走的热量,并与具有相同初始状态、终了压力的可逆绝热压缩及可逆定温压缩的压气过程相比较。

解 (1) 已知空气的气体常数 $R_g=0.287\ 1$ kJ/(kg · K),多变指数 $n=1.3$ 时,压气机的轴功为

$$(w_s)_{C,n}=\frac{n}{n-1}R_gT_1\left[1-\left(\frac{p_2}{p_1}\right)^{(n-1)/n}\right]$$

$$=\frac{1.3}{0.3}\times0.287\ 1\ \mathrm{kJ/(kg\cdot K)}\times290\ \mathrm{K}\times(1-6.0^{0.3/1.3})$$

$$=-184.7\ \mathrm{kJ/kg}$$

负值表示压气机消耗功。

当压缩过程为定熵过程时，压气机的轴功为

$$(w_s)_{C,s}=\frac{\kappa}{\kappa-1}R_g T_1\left[1-\left(\frac{p_2}{p_1}\right)^{(\kappa-1)/\kappa}\right]$$

$$=\frac{1.4}{0.4}\times 0.287\ 1\ \text{kJ/(kg}\cdot\text{K)}\times 290\ \text{K}\times(1-6.0^{0.4/1.4})$$

$$=-194.8\ \text{kJ/kg}$$

当压缩过程为定温过程时，压气机的轴功为

$$(w_s)_{C,T}=R_g T_1\ln\frac{p_1}{p_2}=0.287\ 1\ \text{kJ/(kg}\cdot\text{K)}\times 290\ \text{K}\times\ln\frac{0.1\times10^6\ \text{Pa}}{0.6\times10^6\ \text{Pa}}=-149.2\ \text{kJ/kg}$$

由计算结果可以看出，采用冷却时压气机消耗的功可减少许多，尤其是定温压缩，可比绝热压缩时少耗功 20%以上。

（2）已知空气的比热容 $c_{V0}=0.716\ \text{kJ/(kg}\cdot\text{K)}$，则多变过程中空气放热量为

$$q_{1-2,n}=c_{V0}\frac{n-\kappa}{n-1}(T_2-T_1)$$

$$=-c_{V0}\frac{n-\kappa}{n-1}T_1\left[1-\left(\frac{p_2}{p_1}\right)^{(n-1)/n}\right]$$

$$=-0.716\ \text{kJ/(kg}\cdot\text{K)}\times\frac{-0.1}{0.3}\times 290\ \text{K}\times(1-6.0^{0.3/1.3})$$

$$=-35.4\ \text{kJ/kg}$$

则多变压缩过程冷却水带走的热量为 $-q_{1-2,n}=35.4\ \text{kJ/kg}$。

当压缩过程为定温过程时，按热力学第一定律，空气放出的热量等于空气消耗的压缩功，即

$$q_{1-2,T}=(w_s)_{C,T}=-149.2\ \text{kJ/kg}$$

则定温压缩过程冷却水带走的热量为 $-q_{1-2,T}=149.25\ \text{kJ/kg}$。

当绝热压缩时，空气放热量 $q=0$，冷却水不吸热。

可以看出，定温压缩时冷却水需带走的热量要达到多变压缩时的 4 倍多，但实际上很难在气缸中实现如此大的冷却量。

8-2 活塞式压气机的压气过程

在活塞式压气机中，依靠活塞的往复运动实现吸气、压缩及排气过程。当活塞移动到气缸顶端时，为了避免活塞与气缸头相碰，而且还由于气缸头上布置有进气阀及排气阀，这时气缸中仍需要留有一定的空隙。这个空隙的

容积称为余隙容积。正是由于活塞式压气机中存在余隙,使得压气过程就与理论上的压气过程有所不同。

在活塞式压气机的压气过程中,气体压力 p 随气缸容积 V 变化的关系可用示功图说明。图 8-3 所示为压气机的理论示功图,图中 V_1 为气缸的最大容积,V_3 为余隙容积,$V_h=V_1-V_3$ 为活塞移动时扫过的空间,称为工作容积,也称为气缸的排量。当活塞由最右端向左移动时,气体经历一个压缩过程,如曲线 1-2 所示。而当气体的压力达到排气压力 p_2 时,压缩过程结束,排气阀打开,并开始排气。随着活塞继续向左移动,高压气体在保持状态不变的情况下经排气阀排出气缸,如直线段 2-3 所示。当活塞到达最左端的位置时,排气阀关闭,排气过程结束。这时气缸的余隙容积中保留了一部分高压的气体。当活塞由左向右回行时,余隙容积中剩余的高压气体便发生膨胀降压,膨胀过程如曲线 3-4 所示。当气体压力降低到进气压力 p_1 时,进气阀打开,开始进气。在进气过程 4-1 中气体的状态也保持不变,而是随着活塞向右移动,气体在进气压力 p_1 下不断地流入气缸。当活塞移动到气缸最右端时,进气阀关闭,进气过程结束。于是活塞式压气机完成了一个工作循环。

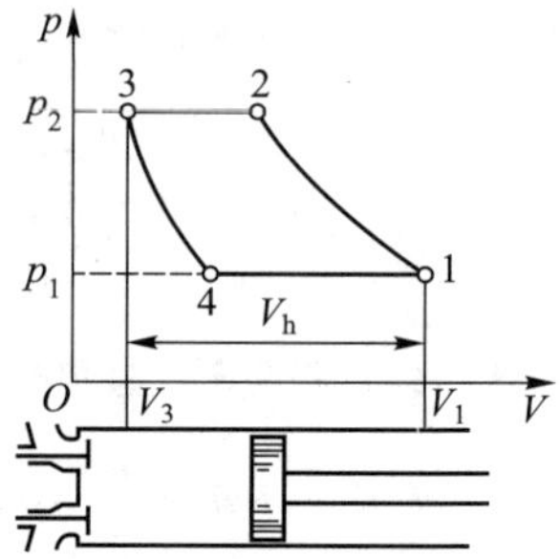

图 8-3　活塞式压气机工作过程示意图

活塞式压气机所消耗的轴功可用图 8-3 所示各过程的技术功(或轴功)的代数和来计算,即

$$(W_s)_C = W_{t,1-2}+W_{t,2-3}+W_{t,3-4}+W_{t,4-1}$$

在对活塞式压气机进行理论为分析时,其定压进气过程 4-1 与定压排气过程 2-3 的技术功为零,则活塞式压气机所消耗的轴功可表示为

$$(W_s)_C = -\int_1^2 V\mathrm{d}p-\int_3^4 V\mathrm{d}p$$

根据各过程的特点,有 $p_1=p_4,p_2=p_3,v_2=v_3,v_1=v_4$ 及 $m_1=m_2,m_3=m_4$。把这些关系代入上式,即可得到

$$(W_s)_C = m_1\left(-\int_1^2 v\mathrm{d}p\right)-m_3\left(-\int_4^3 v\mathrm{d}p\right)$$

假设压缩过程 1-2 和余隙中高压气体的膨胀过程 3-4 具有相同的过程性质,即 $p=p(v)$ 的函数相同,则有

$$-\int_1^2 v\mathrm{d}p=-\int_4^3 v\mathrm{d}p$$

于是压气机的轴功可表示为

$$(W_s)_C=(m_1-m_3)\left(-\int_1^2 v\mathrm{d}p\right)$$

因为 $m_1-m_3=m$,即为每一个循环中活塞式压气机输出高压气体的质量,所以按压气机输出单位质量的高压气体计算,压气机的轴功可表示为

$$(w_s)_C=-\int_1^2 v\mathrm{d}p$$

此式说明,按示功图计算的轴功和上节所讨论的按稳定流动能量方程式计算的轴功是完全相同的。因而,活塞式压气机所消耗的轴功按示功图上各过程的容积变化功的代数和进行推导,也可得到与上述同样的结论。

活塞式压气机的余隙容积虽然在理论上不影响压缩单位质量气体所消耗的轴功,但实际上由于存在膨胀和压缩过程的不可逆损失,压气机耗功会增加,而且压气机每一工作循环所产生的高压气体的数量,将由于余隙容积的影响有所减少。从图 8-3 所示的示功图可以看到,由于余隙容积内高压气体的膨胀,进气过程是从 4 点开始的,有效吸气容积为 V_1-V_4,它总是小于工作容积 V_h,因而不能充分利用气缸的工作容积。通常采用有效吸气容积和气缸工作容积之比表示压气机工作容积的利用率,称为容积效率,用 η_V表示,即

$$\eta_V=\frac{V_1-V_4}{V_h}$$

设余隙中剩余高压气体的膨胀过程是一个多变过程,其多变指数 n 和压缩过程的 n 相同,则对于膨胀过程可得到 $V_4=V_3(p_2/p_1)^{1/n}$。于是,可得到容积效率的表示式为

$$\begin{aligned}\eta_V&=\frac{V_1-V_4}{V_h}=\frac{(V_1-V_3)-(V_4-V_3)}{V_h}\\&=1-\frac{V_3}{V_h}\left[\left(\frac{p_2}{p_1}\right)^{1/n}-1\right]\end{aligned}\tag{8-7}$$

上式说明,压气机的余隙比 V_3/V_h增大时容积效率降低;压气机的增压比 p_2/p_1增大时容积效率也降低。如果提高压气机的排气压力,如图 8-4 所示,当排气压力即压缩终了压力由 p_2提高到 $p_{2'}$时,有效吸气容积会减少很多,而使容积

效率大大降低。如把压缩终了压力提高到 $p_{2''}$，则有效吸气容积将减少为零。这时，压气机既不吸气也不输出高压气体，气缸中的气体只是反复地压缩、膨胀。

为了提高压气机的容积效率、增加高压气体的产量，应该尽量减小压气机的余隙比。

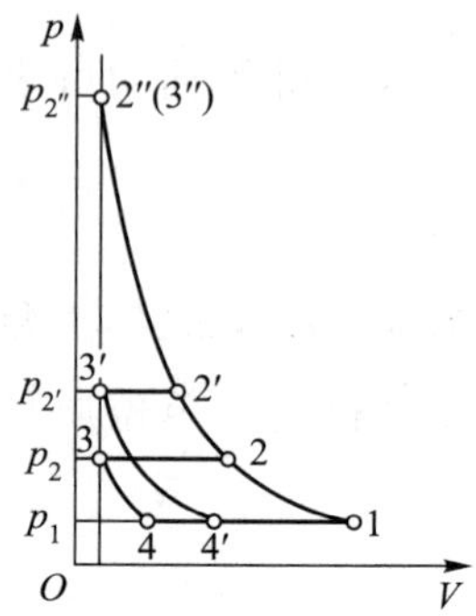

图 8-4

在活塞式压气机中需要对气缸壁进行润滑，以减少活塞和气缸壁的摩擦。为了降低气缸壁温度以利于润滑，活塞式压气机一般都采用冷却措施。此外还需注意，当增压比过高不仅使容积效率降低，还会使压缩终了温度过高时，可能会引起润滑油燃烧而发生爆炸。总之，单级活塞式压气机的增压比也不宜过高，一般以不超过 10~12 为宜。当需要制取压力较高的压缩气体时，应该采用多级压缩的压气机。

例 8-2 有一台活塞式空气压气机，其余隙比为 0.05、进气压力为 0.1 MPa、温度为 17 ℃，压缩后压力为 0.6 MPa。(1) 设压缩过程的多变指数为 1.25，试求压气机的容积效率；(2) 又若压缩终了压力提高到 1.6 MPa，问此时容积效率为多少？

解 按容积效率的公式

$$\eta_V = 1-\frac{V_3}{V_h}\left[\left(\frac{p_2}{p_1}\right)^{1/n}-1\right]$$

(1) 当 $p_2 = 0.6$ MPa 时

$$\eta_V = 1-0.05\times(6.0^{1/1.25}-1) = 0.84$$

(2) 当 $p_2 = 1.6$ MPa 时

$$\eta_V = 1-0.05\times(16^{1/1.25}-1) = 0.59$$

计算表明，提高压缩终了压力时容积效率降低很快。如容积效率降低到 0.5 左右，再加上实际压气机的各种损失，压气机消耗的轴功很多而高压气体的产量很低，这时压气机已没有实用价值。

8-3 多级压缩

为了制取压力较高的气体，需采用多级压缩的方法。图 8-5 所示为两级压气机工作原理示意图。气体先在低压气缸中进行压缩，当气体的压力由 p_1 提高到 p_2时即排出低压气缸，然后送往高压气缸进行压缩，把气体的压力进

一步由 p_2 提高到 p_3。采用多级压缩时，由于把整个压缩过程分成几段分别在几个气缸中逐步完成，这不仅可以使每级气缸中气体的增压比不会过高，而且便于按各级气缸的工作压力合理设计余隙比，因而多级压缩的压气机可以得到较高的容积效率。

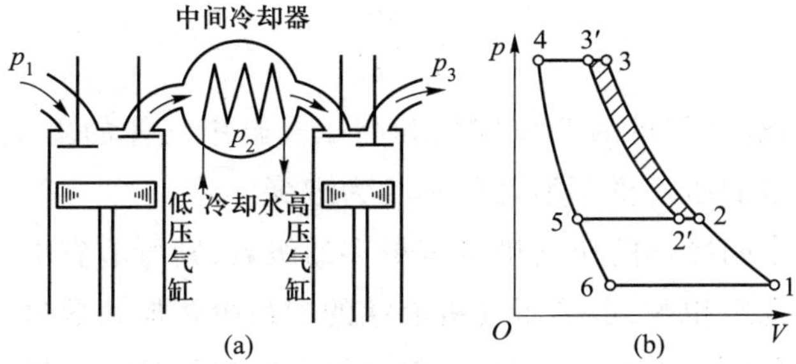

图 8-5 两级压缩中间冷却活塞式压气机工作原理示意图

此外，由于活塞式压气机冷却水套的冷却作用并不充分，特别当压气机转速较高时，冷却作用更差，压缩过程比较接近绝热过程，压缩终了的温度比较高。因而，在多级压气机中经常在两级气缸之间设置中间冷却器，使由前级气缸排出的气体经过冷却降低温度，然后再送入后级气缸进行压缩，从而降低压缩过程中气体的温度，也使压缩终了时温度不致过高。如同气缸冷却一样，采用中间冷却措施也可以减少压气机所消耗的轴功。如图 8-5(b) 所示，1-2-5-6-1 为低压气缸的示功图，2-3-4-5-2 为高压气缸的示功图。当采用中间冷却时，由于气体经定压冷却后体积有所缩小，故高压气缸进气终了时气缸容积也相应地改变为 $V_{2'}$，其示功图也相应地变为 2′-3′-4-5-2′，其面积比 2-3-4-5-2 减小了阴影线所表示的那块面积。这就说明，采用中间冷却时高压气缸所消耗的功有所减小。

恰当选择中间压力 p_2 的值，可以使压气机两级气缸总耗功最小。按压气机轴功的公式，两级压气机所消耗的轴功为

$$(w_s)_C=\frac{n_1}{n_1-1}R_gT_1\left[1-\left(\frac{p_2}{p_1}\right)^{(n_1-1)/n_1}\right]+\frac{n_2}{n_2-1}R_gT_{2'}\left[1-\left(\frac{p_3}{p_2}\right)^{(n_2-1)/n_2}\right]$$

若气体在中间冷却器中能得到充分冷却，使气体的温度 $T_{2'}=T_1$，又设两级气缸中压缩过程的多变指数相同，即 $n_1=n_2=n$，则上式可表示为

$$(w_s)_C=R_gT_1\frac{n}{n-1}\left[2-\left(\frac{p_2}{p_1}\right)^{(n-1)/n}-\left(\frac{p_3}{p_2}\right)^{(n-1)/n}\right]$$

由函数取极小值的关系可知，当$(w_s)_C$对p_2的一阶导数为零及二阶导数大于零时，在该压力p_2的数值下的$(w_s)_C$有极小值。按此关系可以求得压气机耗功为极小值时中间压力p_2的值应为

$$p_2=\sqrt{p_1p_3} \tag{8-8}$$

或

$$\frac{p_2}{p_1}=\frac{p_3}{p_2}$$

也就是说，当两级压气机的低压气缸和高压气缸中气体的增压比相同时，采用中间冷却措施的压气机所消耗的轴功为最少。

如果采用中间冷却的压气机具有更多的级数，则可节省更多的功。这时各级的增压比也应相等，以使压气机消耗的功最少。但级数过多往往因压气机的结构复杂化而工作不可靠，故一般多级压气机不超过三级。

例 8-3　在例 8-2 中，为了把 0.1 MPa、17 ℃的空气压缩到 1.6 MPa，现采用一个有中间冷却的两级压气机。设压缩过程的多变指数为 1.25，余隙比为 0.05，试求容积效率及压气机消耗的轴功。

解　设在中间冷却器中，空气能冷却到压缩前的初始温度 17 ℃，且压缩过程的多变指数均为 1.25，则按式(8-8)有

$$p_2=\sqrt{p_1p_3}=\sqrt{0.1\times10^6\ \text{Pa}\times1.6\times10^6\ \text{Pa}}=0.4\times10^6\ \text{Pa}$$

(1) 容积效率

$$\eta_V=1-\frac{V_3}{V_h}\left[\left(\frac{p_2}{p_1}\right)^{1/n}-1\right]=1-0.05\times(4.0^{1/1.25}-1)=0.898$$

显然，此时压气机的容积效率比单级压气机(例 8-2)的容积效率(0.59)要高得多。

(2) 压气机的轴功

$$\begin{aligned}(w_s)_C&=2\frac{n}{n-1}R_gT_1\left[1-\left(\frac{p_2}{p_1}\right)^{(n-1)/n}\right]\\&=2\times\frac{1.25}{0.25}\times0.287\ 1\ \text{kJ/(kg·K)}\times290\ \text{K}\times(1-4.0^{0.25/1.25})\\&=-266\ \text{kJ/kg}\end{aligned}$$

若改用单级压气机，则单级压气机所需的轴功为

$$\begin{aligned}(w_s)_C&=\frac{n}{n-1}R_gT_1\left[1-\left(\frac{p_3}{p_1}\right)^{(n-1)/n}\right]\\&=\frac{1.25}{0.25}\times0.287\ 1\ \text{kJ/(kg·K)}\times290\ \text{K}\times(1-16^{0.25/1.25})\\&=-308.5\ \text{kJ/kg}\end{aligned}$$

上述计算表明,采用具有中间冷却器的两级压气机不仅可大大提高容积效率,而且可显著地节省压气机消耗的功。

8-4 压气机效率

实际压气机的压气过程中总是存在摩擦、扰动等一些不可逆因素。特别是叶片式压气机,如在离心式压气机及轴流式压气机中,气流的速度较高,其不可逆程度较大,由于压气机中不可逆因素总是造成功的损失,因此实际压气机的压气过程要比理想的可逆压气过程消耗更多的功。通常用压气机效率来说明实际压气机中不可逆因素的影响。

如果压气机不采用冷却措施,可以认为压气过程是绝热过程,则取理想的压气过程为定熵过程。在初始状态及终了压力与实际的绝热压气过程相同的情况下,定熵过程的轴功与实际的绝热压气过程的轴功之比称为压气机的绝热效率,用 $\eta_{C,s}$ 表示,即

$$\eta_{C,s}=\frac{(w_s)_{C,s}}{(w_s)_C} \tag{8-9}$$

由于定熵压气过程的轴功为

$$(w_s)_{C,s}=h_1-h_{2,s}$$

而实际绝热压气过程的轴功为

$$(w_s)_C=h_1-h_2$$

因此压气机的绝热效率可表示为

$$\eta_{C,s}=\frac{h_1-h_{2,s}}{h_1-h_2} \tag{8-9a}$$

根据压气机绝热效率的表示式(8-9)、式(8-9a),只要知道压气机的绝热效率,便可利用理想的定熵过程的轴功及终了状态,计算实际压气过程消耗的轴功及压气过程终了的气体状态。一般轴流式及离心式压气机的绝热效率为 0.80~0.90。

如果压气机采用冷却措施,则可以认为理想的压气过程是可逆定温过程。在初始状态及终了压力与实际压气过程相同的情况下,可逆定温过程的轴功和实际压气过程的轴功之比称为定温效率,用 $\eta_{C,T}$ 表示,即

$$\eta_{C,T}=\frac{(w_s)_{C,T}}{(w_s)_C} \tag{8-10}$$

只要知道压气机的定温效率，便可利用可逆定温过程的轴功计算实际采用冷却措施的压气机所消耗的轴功。

例 8-4 有一台轴流式压气机，把空气由 0.1 MPa 压缩到 0.8 MPa。设压缩过程为绝热过程，压气机的绝热效率为 0.8。空气的初始温度为 17 ℃，试求压缩终了的温度。

解 在定熵过程中，压缩终了空气的温度为

$$T_{2,s}=T_1\left(\frac{p_2}{p_1}\right)^{(\kappa-1)/\kappa}=(273+17)\ \mathrm{K}\times\left(\frac{0.8\times10^6\ \mathrm{Pa}}{0.1\times10^6\ \mathrm{Pa}}\right)^{0.4/1.4}=525\ \mathrm{K}$$

为求实际不可逆绝热压缩过程的终了温度，可利用压气机绝热效率的公式

$$\eta_{C,s}=\frac{h_1-h_{2,s}}{h_1-h_2}$$

因为空气是理想气体，假设比热容为定值时，有

$$\Delta h_{1,2}=c_{p0}(T_2-T_1)$$

把这个关系式代入压气机绝热效率公式，可得

$$\eta_{C,s}=\frac{h_1-h_{2,s}}{h_1-h_2}=\frac{T_1-T_{2,s}}{T_1-T_2}$$

于是可以得到实际绝热压缩过程终了空气的温度为

$$T_2=T_1+\frac{T_{2,s}-T_1}{\eta_{C,s}}=290\ \mathrm{K}+\frac{525\ \mathrm{K}-290\ \mathrm{K}}{0.8}=584\ \mathrm{K}$$

计算表明，在实际绝热压气过程中，压缩终了的温度要比可逆的绝热压气过程的终了温度高。

思 考 题

8-1 压气机中气体的压缩过程为定温过程时压气机消耗的轴功最小，这是否因定温压缩过程的压缩功最小所致？

8-2 压气机的压缩过程为定温过程时，如工质为理想气体，则压气机消耗的轴功全部转变为过程中气体放出的热量。试分析在此过程中气体的㶲参数如何变化。设过程为可逆的，试说明过程中㶲平衡关系。

8-3 如果多级压缩的分级越多，且每两级之间均设置中间冷却措施，则压气机消耗的轴功将减少越多，试问压气机消耗的轴功是否存在最小的极限值？

8-4 如果通过各种冷却方法而使压气机的压缩过程实现为定温过程，则采用多级压缩的意义是什么？

8-5　试分析在增压比相同时,采用定温压缩和绝热压缩的压气机的容积效率何者高。

8-6　试说明余隙容积对实际压气机消耗的轴功是否有影响。

习　题

8-1　设压气机进口空气的压力为 0.1 MPa、温度为 27 ℃,压缩后空气的压力为 0.5 MPa。设压缩过程为:(1) 绝热过程;(2) $n=1.25$ 的多变过程;(3) 定温过程。试求比热容为定值时压气机压缩 1 kg 空气所消耗的轴功及放出的热量。

8-2　按上题所述条件,若压气机为活塞式压气机,其余隙比为 0.05,试求三种压缩过程下压气机的容积效率。

8-3　设活塞式压气机的余隙比为 0.05,试求当压气机的压缩过程分别为绝热过程、$n=1.25$ 的多变过程、定温过程时,压气机的容积效率降低为零所对应的增压比。

8-4　有一台两级压气机,其进口的空气压力为 0.1 MPa、温度为 17 ℃,压气机产生的压缩空气的压力为 2.5 MPa。两级气缸中的压缩过程均为 $n=1.3$ 的多变过程,且两级中的增压比相同。在两级气缸之间设置有中间冷却器,空气在其中冷却到 17 ℃后送入高压气缸。试求压气机压缩 1 kg 空气所需要的轴功以及中间冷却器和两级气缸中所放出的热量。

8-5　有一台叶轮式压气机,其进口处空气的压力为 0.1 MPa、温度为 17 ℃,而压气机产生的压缩空气的压力为 0.6 MPa。设压气机每分钟生产的压缩空气量为 20 kg,压缩过程为绝热过程,试求压气机的绝热效率为 0.85 时驱动压气机所需的功率。

8-6　设活塞式压气机中用于润滑气缸活塞的润滑油的闪点为 180 ℃,为安全起见,压缩空气的最高温度规定不超过 160 ℃。若压缩过程的初始温度为 27 ℃、压力为 0.1 MPa,试求压缩终了空气的压力与多变指数 n 间的函数关系以及 $n=1.25$ 时压缩终了压力的最高允许值。

8-7　压气机把某理想气体由初态 $1(p_1, v_1)$ 压缩到 p_2,可以经过的压缩过程包括绝热过程、$1<n<\kappa$ 的多变过程以及定温过程。试把它们表示在 $T-s$ 图上,并把压气过程中压气机消耗的轴功及放热量用 $T-s$ 图上的面积来表示

（提示：在一定温度下理想气体的焓有确定的值，因而任何两状态间气体焓的变化都可以用定压过程中焓的变化表示）。

8-8　设三级压缩、中间冷却的压气机每级的增压比相同、压缩过程的多变指数也相同，中间冷却后送入下一级气缸时气体的温度都等于初态温度。试将该过程表示在 T-s 图上，并证明每一级压气机消耗的轴功、气缸中放出的热量及中间冷却器气体放出的热量所对应的面积相等。

第九章

气体动力循环

在活塞式内燃机和燃气轮机装置中，作为工质的物质都是燃烧后产生的燃气。由于燃气的性质可看作理想气体，因此内燃机和燃气轮机装置的实际工作循环可抽象为理想气体的热机循环。根据热力学第一定律及热力学第二定律的基本表达式，通过热力学分析，可以得到各种热机循环的能量转换规律。热机循环热力学分析的目的是，按照循环的热力过程性质确定参数间的关系，研究热机利用热能的经济性即循环热效率以及分析参数变化对循环热效率的影响。本章除主要讨论活塞式内燃机和燃气轮机装置的理想循环外，也介绍其他一些燃气动力装置，如喷气发动机、自由活塞发动机以及活塞式热气发动机等的循环。

9-1 活塞式内燃机的理想循环

一、混合加热循环

活塞式内燃机的工作循环常用示功图来说明，在图中示出内燃机工作时气缸中气体压力随气缸容积变化的关系。图 9-1 所示为四行程压燃式内燃机即柴油机的实际示功图。线段 0-1 为进气过程，由于进气管路的阻力，气缸内气体的压力稍低于环境压力；1-2 为压缩过程，随着活塞推进，气缸容积减小，气体压力升高；2-3-4 为燃烧过程，其中 2-3 表示活塞处于上死点附近时燃料在气缸中的燃烧过程，此时由于气缸容积无显著变化，而燃料燃烧使得气缸中气体压力急剧升高；3-4 表示活塞开始向下死点移动而燃料继续在气缸中燃烧的过程，此阶段气缸中气体的压力变化不大；4-5 为膨胀过程，高温高压燃气推动活塞移动而作功；5-0 为排气过程，开始时活塞处于下死点附近，容积变化较慢，而废气压力较高，故容积尚无显著变化时，废气已大量排入大气而气缸内压力迅速下降至接近大气压力,然后随着活塞的移动容积减小,继续把缸内废气排至大气。如果忽略实际过程中的摩擦阻力、扰动等损失,燃烧所需时间以及散热损失等因素的影响,则可由实际示功图理想化为图 9-2 所示的理论示功图:0-1 为在大气压力下的定压进气过程;1-2 为绝热的压缩过程;2-3 为定容的燃烧过程;3-4 为定压燃烧过程;4-5 为绝热膨胀过程;5-1 为定容下气缸排气而气缸中压力下降的过程;1-0 为在大气压力下的定压排气过程。

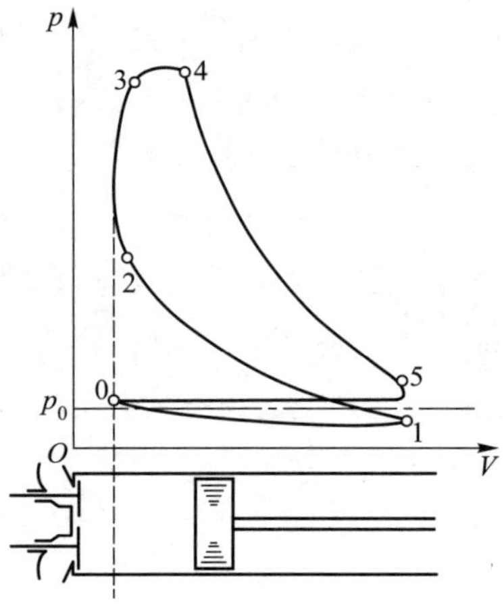

图 9-1 柴油机实际示功图

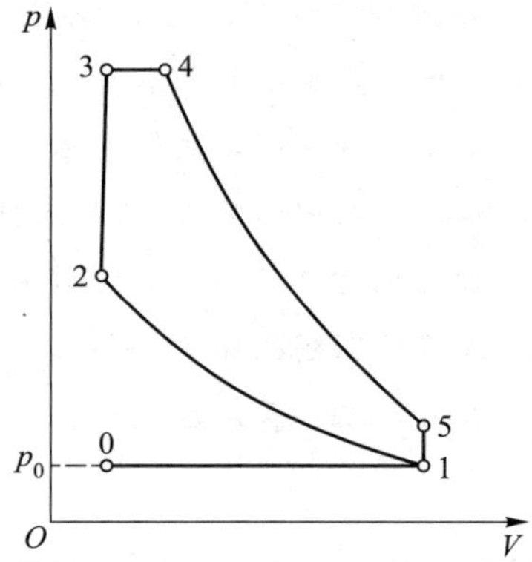

图 9-2 柴油机理论示功图

根据活塞式内燃机的理论示功图,就可确定相应的理想热力循环。这时可按各个过程的性质分别取相应的可逆过程。按第一章中关于热力循环的叙述,可用可逆的绝热膨胀过程及压缩过程代替实际的膨胀及压缩过程,用可逆的定容加热过程及定压加热过程代替具有化学反应的燃烧过程,用可逆的定容降压的放热过程代替定容排气过程。因为定压进气过程 0-1 与定压排气过程 1-0 的功量相互抵消而对整个循环没有影响,因此在对热力循环进行分析时可不考虑这两个过程。于是就得到如图 9-3 所示的相应于柴油机工作循环的理想热力循环。该循环由五个可逆过程组成:绝热压缩过程 1-2、定容加热过程 2-3、定压加热过程 3-4、绝热膨胀 4-5 及定容放热过程 5-1。这个循环称为混合加热循环,也称萨巴特循环。

根据热机循环热效率的定义,可将混合加热循环的热效率表示为

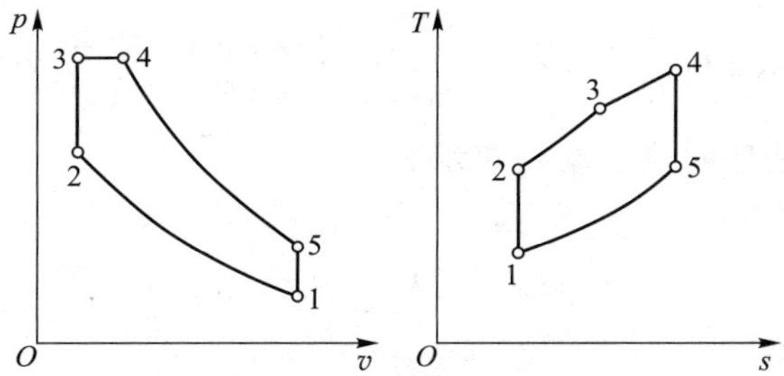

图 9-3 混合加热循环的 $p-v$ 图与 $T-s$ 图

$$\eta_t = 1-\frac{|q_2|}{q_1} = 1-\frac{|q_2|}{q_1'+q_1''} \tag{a}$$

式中，q_1'及 q_1''分别为定容加热及定压加热过程中工质得到的热量。

在定容加热过程中，工质得到的热量为

$$q_1' = c_{V0}(T_3-T_2)$$

在定压加热过程中，工质得的热量为

$$q_1'' = c_{p0}(T_4-T_3)$$

定容放热过程中，工质放出的热量为

$$|q_2| = c_{V0}(T_5-T_1)$$

将 q_1'、q_1''及$|q_2|$代入式(a)，有

$$\eta_t = 1-\frac{c_{V0}(T_5-T_1)}{c_{V0}(T_3-T_2)+c_{p0}(T_4-T_3)}$$

热机循环的热效率常用热机循环特性参数来说明。用来描述混合加热循环的循环特性参数有压缩比 $\varepsilon = v_1/v_2$、压力升高比 $\lambda = p_3/p_2$及预胀比 $\rho = v_4/v_3$等。设比热容可取为定值，则按各过程的性质可得循环中各状态间参数的变化关系为

$$T_2 = T_1\left(\frac{v_1}{v_2}\right)^{\kappa-1} = T_1\varepsilon^{\kappa-1}$$

$$T_3 = T_2\frac{p_3}{p_2} = T_2\lambda = T_1\varepsilon^{\kappa-1}\lambda$$

$$T_4 = T_3\frac{v_4}{v_3} = T_3\rho = T_1\varepsilon^{\kappa-1}\lambda\rho$$

$$T_5=T_4\left(\frac{v_4}{v_5}\right)^{\kappa-1}=T_4\left(\frac{v_3}{v_1}\rho\right)^{\kappa-1}=T_4\left(\frac{\rho}{\varepsilon}\right)^{\kappa-1}=T_1\lambda\rho^{\kappa}$$

因此,混合加热循环的热效率可表示为

$$\eta_t=1-\frac{1}{\varepsilon^{\kappa-1}}\frac{\lambda\rho^{\kappa}-1}{(\lambda-1)+\kappa\lambda(\rho-1)} \tag{9-1}$$

该式说明:

(1) 如果循环的压力升高比 λ 和预胀比 ρ 不变,则提高压缩比 ε 可提高混合加热循环的热效率(图 9-4),但随着压缩比 ε 的逐渐增大,热效率增长的速率逐渐减缓。实际上,当压缩比数值较高时,提高压缩比不仅热效率增长较少,而且由于压缩终了及燃烧终了压力太高,发动机的机件摩擦消耗的功太多,以致发动机的实际效率无明显增加,甚至反而减小。因此,一般压燃式内燃机的压缩比主要按燃料可靠地起燃和正常燃烧来确定。柴油机的压缩比一般在 16~22 的范围内。

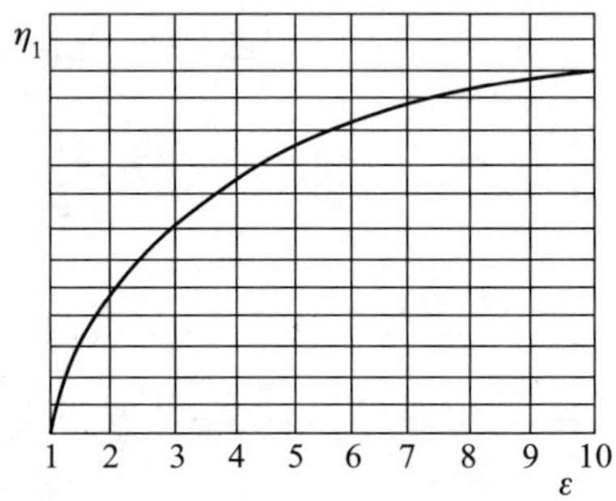

图 9-4　压缩比对热效率影响的示意图

(2) 如果压缩比 ε 不变,则提高压力升高比 λ 和降低预胀比 ρ,可提高混合加热循环的热效率。

如图 9-5 所示,当 λ 及 ρ 不变而提高 ε 时,压缩终了温度由 T_2 提高到 $T_{2'}$,而使加热过程 2′-3′-4′的平均加热温度 T'_{m1} 高于加热过程 2-3-4 的平均加热温度 T_{m1},因而使循环热效率提高。又如图 9-6 所示,当 ε 不变而提高 λ 及降低 ρ 时,由于加热过程 2-3′-4′的平均加热温度 T'_{m1} 高于加热过程 2-3-4 的平均加热温度 T_{m1},因而使循环热效率增高。

混合加热循环的循环净功为

$$w_0=q_1-|q_2|=c_{V0}(T_3-T_2)+c_{p0}(T_4-T_3)-c_{V0}(T_5-T_1)$$

利用循环中各状态间的参数关系,可以得到

$$\begin{aligned}w_0&=c_{V0}T_1\{\varepsilon^{\kappa-1}[(\lambda-1)+\kappa\lambda(\rho-1)]-(\lambda\rho^{\kappa}-1)\}\\&=\frac{p_1v_1}{\kappa-1}\{\varepsilon^{\kappa-1}[(\lambda-1)+\kappa\lambda(\rho-1)]-(\lambda\rho^{\kappa}-1)\}\end{aligned} \tag{9-2}$$

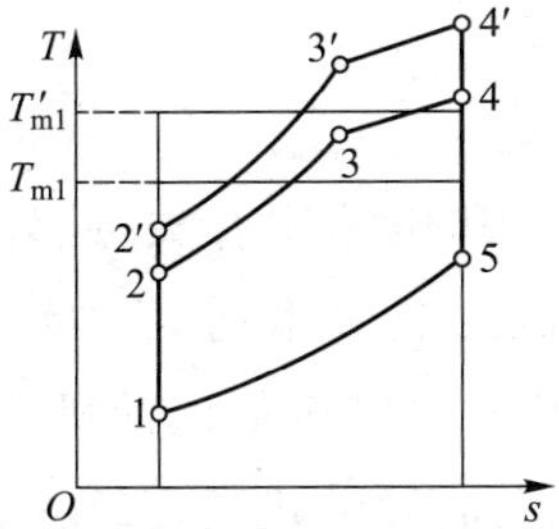

图 9-5

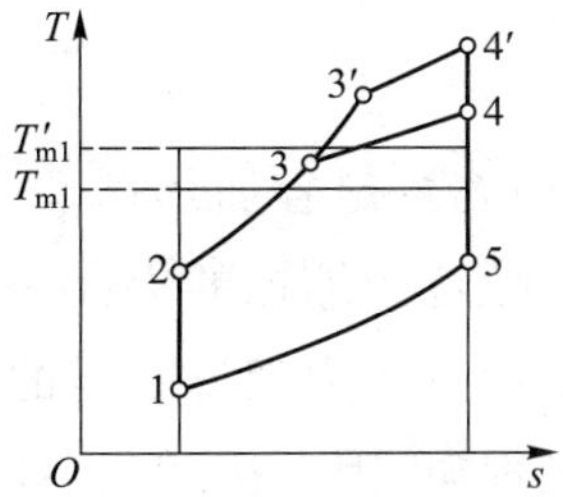

图 9-6

该式说明：当压缩比 ε、压力升高比 λ 和预胀比 ρ 增加时，混合加热循环的净功就随着增加。

二、定容加热循环和定压加热循环

四行程点燃式内燃机如汽油机和煤气机等的工作循环和压燃式内燃机的工作循环基本相同。但点燃式内燃机吸入气缸内的是预先混合好的燃料与空气的混合气，混合气在压缩接近终了时被点燃，由于此时活塞处于上死点附近，移动较缓慢，而燃烧却极为迅速，整个燃烧过程中气缸容积基本不变，可以认为是在定容下完成全部燃烧过程。因此，其工作循环所对应的理想的热力循环为定容加热循环，或称为奥托循环。如图 9-7 所示，定容加热循环可以看作混合加热循环的一个特例，其预胀比 $\rho=1$，即无定压加热过程。

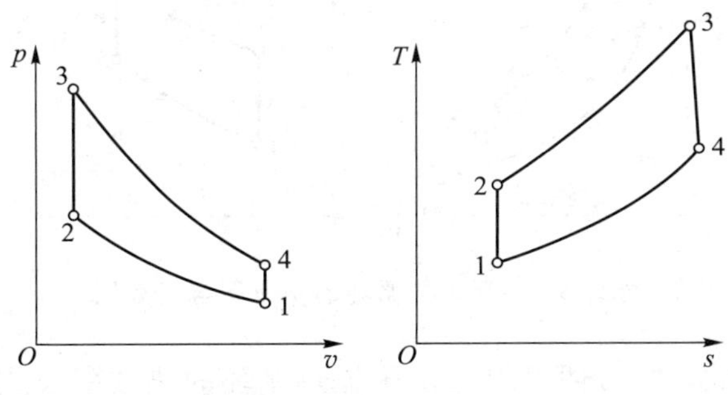

图 9-7　定容加热循环的 $p-v$ 图与 $T-s$ 图

将 $\rho=1$ 代入混合加热循环的热效率表示式(9-1)，即可得到定容加热循环热效率的公式为

$$\eta_t = 1-\frac{1}{\varepsilon^{\kappa-1}} = 1-\frac{T_1}{T_2} \tag{9-3}$$

上式说明：内燃机定容加热循环的热效率主要和压缩比有关，此外还和等熵指数有关。随着压缩比的提高，点燃式内燃机的热效率增大。实际上，当压缩终了的温度及压力超过一定的限度时，点燃式内燃机如汽油机等会产生不正常的爆燃现象，因此压缩比不能过高，一般汽油发动机的压缩比为 9～12。

同样，由式(9-2)可知，定容加热循环的循环净功为

$$w_0 = \frac{p_1 v_1}{\kappa-1}(\lambda-1)(\varepsilon^{\kappa-1}-1) \tag{9-4}$$

上式说明：随着压力升高比 λ 及压缩比 ε 的增加，定容加热循环的循环净功亦增大。

近年来，有些增压柴油机及汽车用高速柴油机的燃烧过程，主要在活塞离开上死点后的一段行程中进行。这时，一面进行燃烧一面进行膨胀，在整个燃烧过程中气缸内的压力基本上不变，可以认为是一个定压燃烧过程。与此工作循环相应的理想的热力循环为定压加热循环，或称为迪塞尔循环。早期的低速柴油机也按此循环工作。如图 9-8 所示，定压加热循环也可以看作混合加热循环的一个特例，其压力升高比 $\lambda=1$，即无定容加热过程。

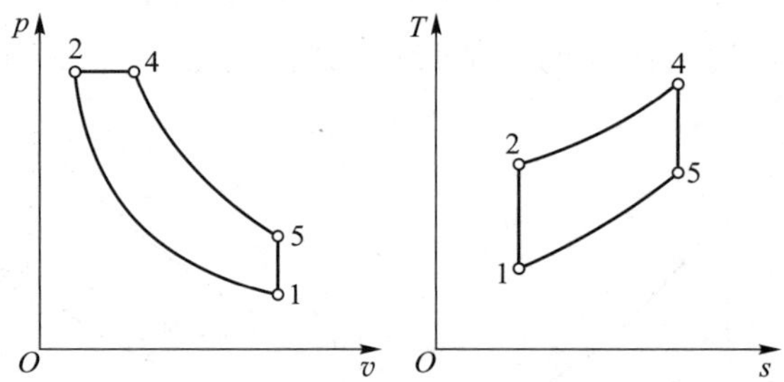

图 9-8　定压加热循环的 p-v 图与 T-s 图

因而，根据式(9-1)便可得到定压加热循环的热效率公式为

$$\eta_t = 1-\frac{1}{\varepsilon^{\kappa-1}}\frac{\rho^{\kappa}-1}{\kappa(\rho-1)} \tag{9-5}$$

该式说明：提高压缩比及降低预胀比，可以提高定压加热循环的循环热效率。

提高压缩比使定压加热循环的循环热效率提高的关系，显然和混合加热循环相同，是由于加热过程的平均加热温度得到提高的缘故，其分析过程仍

可参阅图 9-5。至于预胀比对循环热效率的影响，如图 9-9 所示，当预胀比提高时加热过程2-3及放热过程 4-1 都发生变化，而平均加热温度 $T'_{m1}>T_{m1}$，平均放热温度 $T'_{m2}>T_{m2}$。但定容放热过程的曲线要比定压加热过程的曲线陡，相应的平均放热温度的增加比平均加热温度的增加要迅速。因此，按等效卡诺循环热效率公式(5-3a)，定压加热循环的热效率将随预胀比的增高而降低。

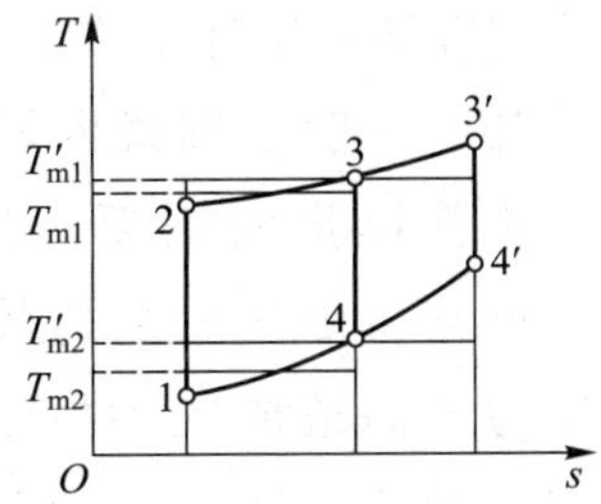

图 9-9

根据式(9-2)，取 $\lambda=1$，便可得到定压加热循环的循环净功的计算式，为

$$w_0=\frac{p_1v_1}{\kappa-1}[\kappa\varepsilon^{\kappa-1}(\rho-1)-(\rho^{\kappa}-1)] \tag{9-6}$$

该式说明：当压缩比及预胀比增加时，定压加热循环的循环净功随之增加。

三、活塞式内燃机各种理想循环的比较

各种活塞式内燃机的工作条件是不同的，因此必须根据不同的情况采用相应的比较标准。下面通过几种不同条件下三种理想循环热效率的比较来说明。

对于点燃式内燃机，当所用燃料确定时，相应允许的最高压缩比就基本确定了。因此，应以一定的压缩比为条件来比较三种理想循环的热效率。由于内燃机都是由环境中吸取大气为工质，即各理想循环的初始状态都相同，因而在压缩比相同时三种理想循环的 $T-s$ 图如图 9-10 所示，图中三者的放热过程相同而加热过程不同。由图可知：定容加热过程 2-3 的平均加热温度 $T_{m1,V}$最高，定压加热过程 2-3″的平均加热温度 $T_{m1,p}$最低；先定容加热后定压加热的混合加热过程 2-2′-3′的平均加热温度 $T_{m1,c}$则介于两者之间，即

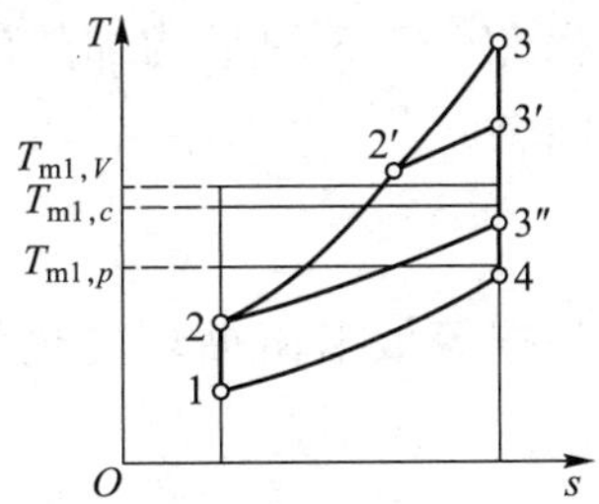

图 9-10

$$T_{m1,V}>T_{m1,c}>T_{m1,p}$$

于是按等效卡诺循环的热效率公式有

$$\eta_{t,V}>\eta_{t,c}>\eta_{t,p}$$

即在压缩比相同时，定容加热循环的热效率最高。也就是说，点燃式内燃机应按定容加热循环工作。

对于一般压燃式内燃机，其压缩比主要决定于保证燃料能可靠地点燃和正常燃烧的需要。当工作条件一定时，其压缩比基本上也是确定的。但其压缩比一般比较高，而压缩终了压力也较高。为了避免燃烧终了压力过高造成发动机工作粗暴、噪声和振动太大，压燃式内燃机不宜按定容加热循环工作，但仍应按混合加热循环工作，以得到较高的热效率。为了得到更高的热效率，个别压燃式内燃机也有接近于按定压加热循环工作的。

对于高增压柴油机，因受机件强度的限制，必须控制其最高压力及最高温度。又如有些汽车用高速柴油机，为了改善工作平顺性，减少噪声及振动，也必须控制其最高压力。因此，应以一定的最高温度及最高压力为条件来比较三种理想循环的热效率。如图 9-11 所示，三种理想循环的放热过程相同而加热过程不同，其中定压加热过程 2″-3 的平均加热温度 $T_{m1,p}$ 最高，定容加热过程2-3的平均加热温度 $T_{m1,V}$ 最低；而混合加热过程 2′-3′-3 的平均加热温度 $T_{m1,c}$ 则介于两者之间，即

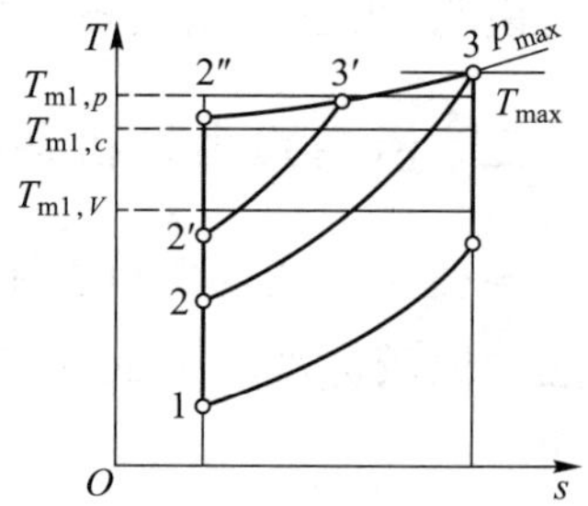

图 9-11

$$T_{m1,p}>T_{m1,c}>T_{m1,V}$$

于是按等效卡诺循环的热效率公式，有

$$\eta_{t,p}>\eta_{t,c}>\eta_{t,V}$$

即在最高温度及最高压力一定的条件下，定压加热循环的热效率最高。因而，高增压柴油机及需要良好平顺性的汽车用高速柴油机应按定压加热循环工作。

此外，根据上述结论，当燃烧终了最高压力及最高温度相同时，按混合加热循环工作的压燃式内燃机的热效率，必然高于按定容加热循环工作的点燃式内燃机。实际上，压燃式内燃机的燃烧终了温度及压力要比点燃式内燃机的高，因此它的热效率要显著地高于后者。

最后顺便说一下，由于旋转活塞式内燃机的工作循环基本上和往复式内

燃机相似，因此本节所述内容原则上都适用于旋转活塞式内燃机。

例 9-1 试计算一活塞式内燃机混合加热循环的各点状态、加热量、放热量、循环净功和热效率。已知：$t_1=20$ ℃，$p_1=9.81\times10^4$ Pa，$V_1=1\times10^{-3}$ m^3；$\varepsilon=17$，$\lambda=1.8$，$\rho=1.3$，工质为空气，比热容为定值。

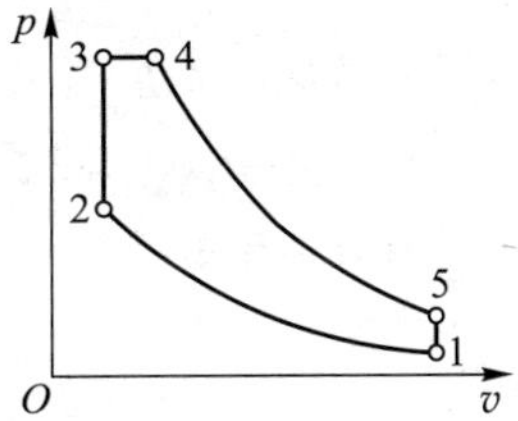

图 9-12 混合加热循环的 $p-v$ 图

解 (1) 计算各状态的参数

如图 9-12 所示，各点状态计算如下。

① 状态点 2

$$V_2=\frac{V_1}{\varepsilon}=\frac{1\times10^{-3}\ \text{m}^3}{17}=5.88\times10^{-5}\ \text{m}^3$$

$$p_2=p_1\varepsilon^{\kappa}=9.81\times10^4\ \text{Pa}\times17^{1.4}=5.18\times10^6\ \text{Pa}=5.18\ \text{MPa}$$

$$T_2=T_1\varepsilon^{\kappa-1}=293\ \text{K}\times17^{0.4}=910\ \text{K}$$

② 状态点 3

$$V_3=V_2=5.88\times10^{-5}\ \text{m}^3$$

$$p_3=p_2\lambda=5.18\ \text{MPa}\times1.8=9.32\ \text{MPa}$$

$$T_3=T_2\lambda=910\ \text{K}\times1.8=1\ 638\ \text{K}$$

③ 状态点 4

$$V_4=V_3\rho=5.88\times10^{-5}\ \text{m}^3\times1.3=7.64\times10^{-5}\ \text{m}^3$$

$$p_4=p_3=9.32\ \text{MPa}$$

$$T_4=T_3\rho=1\ 638\ \text{K}\times1.3=2\ 129\ \text{K}$$

④ 状态点 5

$$V_5=V_1=1\times10^{-3}\ \text{m}^3$$

$$p_5=p_1\frac{T_5}{T_1}=p_1\lambda\rho^{\kappa}=9.81\times10^4\ \text{Pa}\times1.8\times1.3^{1.4}=2.55\times10^5\ \text{Pa}=0.255\ \text{MPa}$$

$$T_5=T_1\lambda\rho^{\kappa}=293\ \text{K}\times1.8\times1.3^{1.4}=761.3\ \text{K}$$

(2) 计算吸热量及放热量

① 吸热量

$$\begin{aligned}Q_1&=Q_{1,V}+Q_{1,p}=\frac{p_1V_1}{R_gT_1}[c_{V0}(T_3-T_2)+c_{p0}(T_4-T_3)]\\&=\frac{9.81\times10^4\ \text{Pa}\times1\times10^{-3}\text{m}^3}{287.1\ \text{J/(kg}\cdot\text{K)}\times293\ \text{K}}\times[716\ \text{J/(kg}\cdot\text{K)}\times\\&\quad(1\ 638-910)\ \text{K}+1\ 004\ \text{J/(kg}\cdot\text{K)}\times(2\ 129-1\ 638)\ \text{K}]\\&=1\ 182\ \text{J}\end{aligned}$$

② 放热量

$$Q_2=\frac{p_1V_1}{R_gT_1}c_{V0}(T_5-T_1)$$

$$=\frac{9.81\times10^{4}\ \text{Pa}\times1\times10^{-3}\ \text{m}^{3}}{287.1\ \text{J/(kg}\cdot\text{K)}\times293\ \text{K}}\times716\ \text{J/(kg}\cdot\text{K)}\times(761.3-293)\ \text{K}$$

$$=391\ \text{J}$$

（3）计算循环净功

$W_0=Q_0=Q_1+Q_2=1\ 182\ \text{J}-391\ \text{J}=791\ \text{J}$

（4）计算循环热效率

$$\eta_t=\frac{W_0}{Q_1}=\frac{791\ \text{J}}{1\ 182\ \text{J}}=0.67$$

9-2　燃气轮机装置循环

一、定压加热燃气轮机循环

燃气轮机装置的主要组成如图 9-13 所示，它包括压气机、燃烧室和燃气轮机三部分。工作时，压气机由大气中吸入空气并进行绝热压缩。然后把空气送入燃烧室，和燃料一起在定压下燃烧而生成高温燃气。在燃气轮机中高温燃气进行绝热膨胀，推动叶轮输出轴功后在定压下把废气排入大气。此外还有一种燃气轮机装置，如图 9-14 所示，它以氦气为工质。工作时，氦气在压气机中压缩升压后，送至加热器在定压条件下从外部进行加热，使氦气的温度达到所需高温；然后高温氦气在汽轮机中进行绝热膨胀，推动叶轮输出轴功；最后把膨胀作功后的低压氦气送入冷却器定压放热而完成整个工作循环。这类装置称为闭式燃气轮机装置。由于它采用外部加热，因此可燃用劣质的固体燃料或应用原子能反应堆产生的热量来加热工质。但其工质的状态变化过程和一般燃气轮机装置仍然相同。

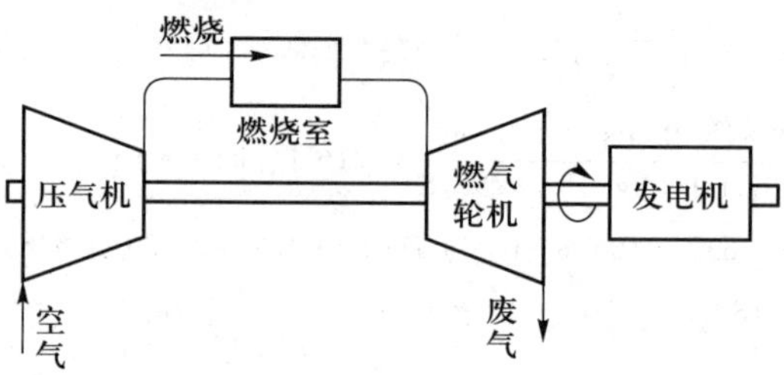

图 9-13　燃气轮机装置示意图

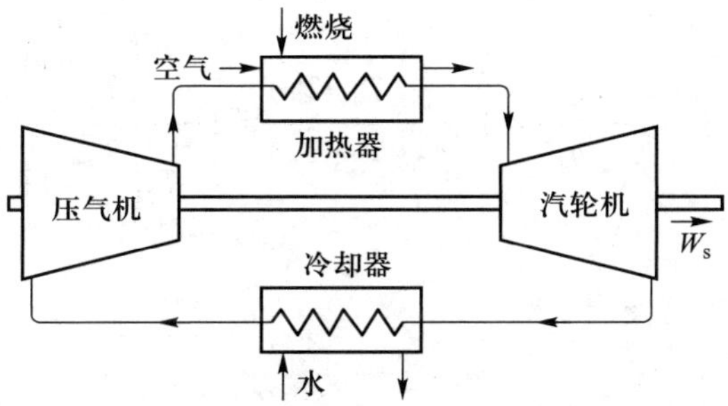

图 9-14 闭式燃气轮机装置示意图

根据燃气轮机装置工作循环中各过程的性质，相应的理想热力循环由四个可逆过程组成，如图 9-15 所示：绝热压缩过程 1-2、定压加热过程 2-3、绝热膨胀过程 3-4 和定压放热过程 4-1。这个循环称为定压加热燃气轮机循环，或称为布雷登循环。

定压加热燃气轮机循环特性常用增压比 $\pi = p_2/p_1$ 及最高温度 T_3（或升温比 $\tau = T_3/T_1$）表示。设比热容取为定值，则由绝热过程 1-2 及 3-4 可以得到各点状态参数的关系为

$$\frac{T_2}{T_1} = \left(\frac{p_2}{p_1}\right)^{(\kappa-1)/\kappa} = \left(\frac{p_3}{p_4}\right)^{(\kappa-1)/\kappa} = \frac{T_3}{T_4} = \pi^{(\kappa-1)/\kappa}$$

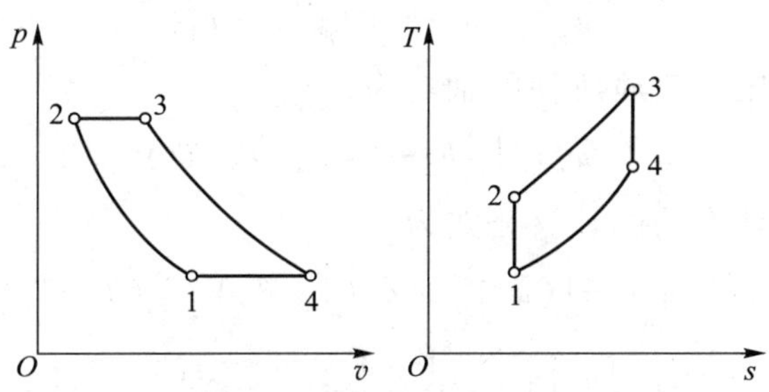

图 9-15 定压加热燃气轮机循环的 p-v 图与 T-s 图

定压加热过程 2-3 中工质所吸收的热量为

$$q_1 = h_3 - h_2 = c_{p0}(T_3 - T_2)$$

定压放热过程 4-1 中工质放出的热量为

$$|q_2| = h_4 - h_1 = c_{p0}(T_4 - T_1)$$

于是可得到定压加热燃气轮机循环的热效率为

$$\eta_t = 1-\frac{|q_2|}{q_1} = 1-\frac{c_{p0}(T_4-T_1)}{c_{p0}(T_3-T_2)} = 1-\frac{T_1\left(\frac{T_4}{T_1}-1\right)}{T_2\left(\frac{T_3}{T_2}-1\right)}$$

即

$$\eta_t = 1-\frac{1}{\pi^{(\kappa-1)/\kappa}} \tag{9-7}$$

该式说明：定压加热燃气轮机循环的热效率，主要随增压比 π 的提高而增大，此外也和等熵指数 κ 的数值有关。实际上，若取燃气轮机装置中高温燃气的温度 T_3 为一定值，则当绝热压缩过程的增压比提高时，如图 9-16 所示，定压加热过程 2′-3′的平均加热温度 T'_{m1} 高于 T_{m1}，而定压放热过程 4′-1 的平均放热温度 T'_{m2} 低于 T_{m2}。根据等效卡诺循环的热效率公式可知，其循环热效率提高。

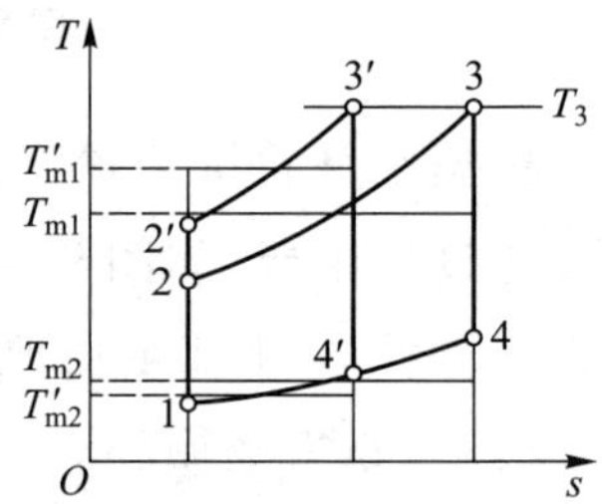

图 9-16

燃气轮机装置循环的净功为燃气轮机所作轴功和压气机所消耗轴功两者之差。在燃气轮机中，工质在绝热膨胀过程中对外所作的轴功为

$$(w_s)_T = h_3-h_4 = c_{p0}(T_3-T_4)$$

在压气机中绝热压缩工质所耗的轴功为

$$|(w_s)_C| = h_2-h_1 = c_{p0}(T_2-T_1)$$

于是可以得到循环净功的计算公式为

$$w_0 = (w_s)_T-|(w_s)_C| = c_{p0}(T_3-T_4)-c_{p0}(T_2-T_1)$$

即

$$w_0 = c_{p0}\left\{T_3\left[1-\frac{1}{\pi^{(\kappa-1)/\kappa}}\right]-T_1\left[\pi^{(\kappa-1)/\kappa}-1\right]\right\} \tag{9-8}$$

此式说明，当最高温度 T_3 一定时，循环净功决定于增压比。为找出循环净功随增压比变化的关系，通过求 w_0 对 π 的一阶及二阶导数，可知当增压比的数值等于

$$\pi_{\max,w_0} = \left(\frac{T_3}{T_1}\right)^{\kappa/2(\kappa-1)}$$

时循环净功 w_0 有极大值。也就是说，当增压比小于 $\pi_{\max,w_0}$ 时，随着增压比的增

大，循环净功不断增大；而当增压比超过 π_{max,w_0} 时，随着增压比的增大，循环净功不断减小。如图 9-17 所示，在 T-s 图上，当 T_3 及初始状态一定时，在很低的 π 及很高的 π 下，循环曲线内包围的面积都趋于为零，而当增压比 π 为某个中间的数值时，循环曲线包围的面积将达到极大值，即循环净功达到最大值。

二、燃气轮机装置的实际循环

实际燃气轮机装置中，压气机的压气过程及燃气轮机的膨胀作功过程的不可逆损失较大。如把它们看作不可逆绝热过程，而把其他过程仍看作可逆过程，则燃气轮机的实际循环如图 9-18 所示。图中过程 1-2′为不可逆绝热压缩过程；过程 2′-3 为可逆的定压吸热过程；过程 3-4′为不可逆绝热膨胀过程；过程 4′-1 为可逆的定压放热过程。

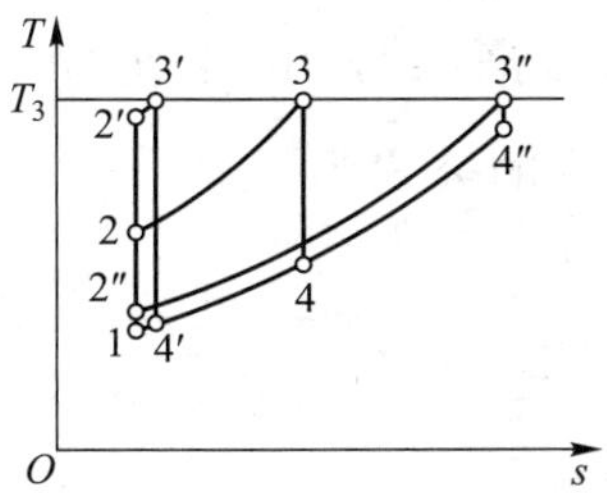

图 9-17

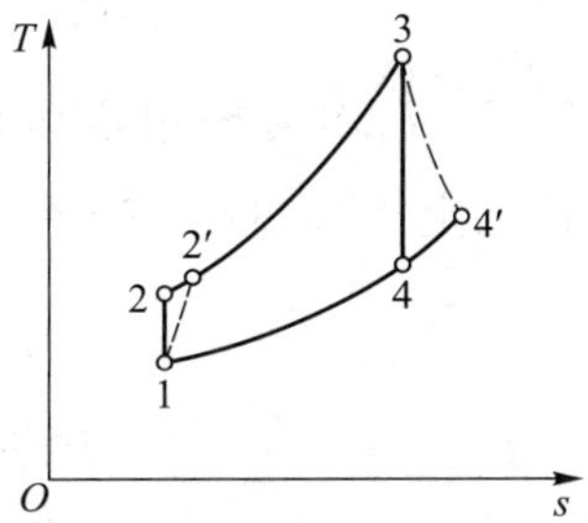

图 9-18

压气机中工质的压缩过程为不可逆绝热过程时，压气机所消耗的轴功，可根据可逆绝热过程的轴功及压气机绝热效率的数值进行计算。一般压气机绝热效率的数值为0.80～0.90，而可逆绝热压气过程的轴功为 $|(w_s)_C| = h_2-h_1$。于是，不可逆绝热压缩时压气机消耗的轴功为

$$|(w_s)_C| = \frac{h_2-h_1}{\eta_{C,s}}$$

在燃气轮机中，工质在不可逆绝热膨胀过程中所作的轴功可根据可逆绝热膨胀过程的轴功及涡轮机效率来进行计算。一般涡轮机效率 η_T 的数值为 0.88～0.92，而可逆绝热膨胀过程的轴功为 $(w_s)_{3-4} = h_3-h_4$，于是不可逆绝热膨胀过程中燃气轮机所作的轴功为

$$(w_s)_T = \eta_T(h_3-h_4)$$

当考虑压气机及燃气轮机中不可逆因素影响时，燃气轮机装置实际循环的热效率为

$$\eta_t=\frac{w_0}{q_1}=\frac{(w_s)_T-|(w_s)_C|}{q_1}$$

$$=\frac{(h_3-h_4)\eta_T-(h_2-h_1)\frac{1}{\eta_{C,s}}}{h_3-h_2'}=\frac{(h_3-h_4)\eta_T-(h_2-h_1)\frac{1}{\eta_{C,s}}}{(h_3-h_1)-(h_2-h_1)\frac{1}{\eta_{C,s}}}$$

若比热容取为定值，则上式可写成

$$\eta_t=\frac{c_{p0}(T_3-T_4)\eta_T-c_{p0}(T_2-T_1)\frac{1}{\eta_{C,s}}}{c_{p0}(T_3-T_1)-c_{p0}(T_2-T_1)\frac{1}{\eta_{C,s}}}$$

因为 T_1、T_2、T_3、T_4均为理想定压加热循环各点的参数，并有 $T_2/T_1=T_3/T_4=\pi^{(\kappa-1)/\kappa}$，代入上式即可得到实际循环的热效率的公式为

$$\eta_t=\frac{\frac{\tau}{\pi^{(\kappa-1)/\kappa}}\eta_T-\frac{1}{\eta_{C,s}}}{\frac{\tau-1}{\pi^{(\kappa-1)/\kappa}-1}-\frac{1}{\eta_{C,s}}} \tag{9-9}$$

该式说明：

(1) 增大升温比 τ 可以提高循环热效率。因温度 T_1决定于大气环境，故主要是提高燃烧所得高温燃气的温度 T_3。目前，这是提高燃气轮机装置循环热效率的主要方向。限制燃气温度提高的主要因素是轮机叶片的耐热强度，一般允许的燃气温度为 600～800 ℃，个别情况下采用特殊耐热合金并采用完善的冷却措施时燃气温度可高达 1 000 ℃以上。

(2) 当 τ、$\eta_{C,s}$、η_T一定时，随着增压比 π 的提高，循环热效率有一个极大值，如图9-19所示。当升温比增大时，与热效率的极大值相对应的增压比的数值也提高。

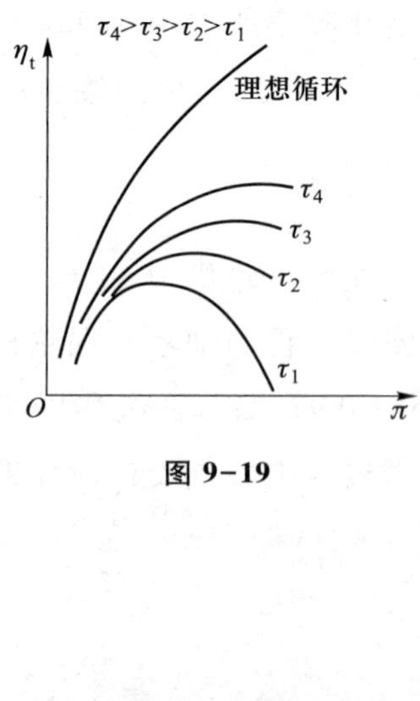

图 9-19

(3) 提高压气机绝热效率及涡轮机效率时,循环热效率也随着提高。

三、提高热效率的措施

1) 燃气轮机装置的回热循环

燃气轮机的排气温度往往高于进入燃烧室的压缩后空气的温度,因此可以利用废气的高温余热对燃烧前空气进行预热,以减少燃料消耗,提高装置的热效率。这种措施称为回热。

采用回热措施的燃气轮机装置的示意图如图 9-20 所示。它与一般燃气轮机装置不同之处是在压气机和燃烧室之间设置了一个回热器,用于燃气轮机排出的废气和压气机送出的高压气体之间的换热。燃气轮机装置的理想回热循环由六个可逆过程组成,如图 9-20 所示。图中 1-2 为压气机中的绝热压缩过程;2-6 为回热器中的定压预热过程;6-3 为燃烧室中的定压加热过程;3-4 为燃气轮机中的绝热膨胀过程;4-5 为回热器中的定压放热过程;5-1 为大气中的定压放热过程。

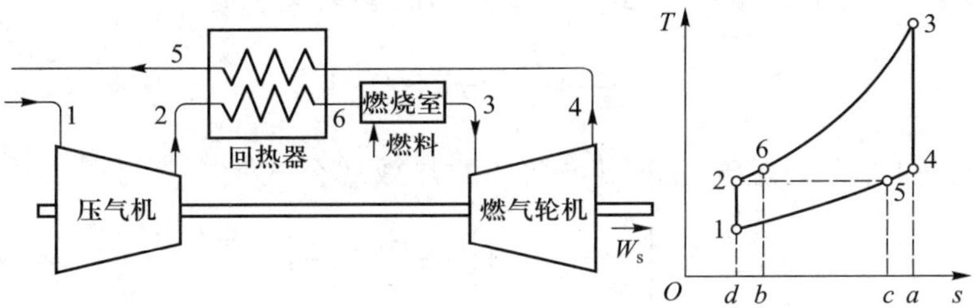

图 9-20

在理想情况下,空气在回热器中得到充分预热,其温度可升高到等于燃气轮机排气温度 T_4。相应地,空气在回热器中得到的热量 $q=h_4-h_2$。而在实际情况下,空气在回热器中所达到的温度总是低于排气温度,即 $T_6<T_4$,相应地空气在回热器中实际得到的热量为 $q'=h_6-h_2$。通常把空气在回热器中实际所得热量与理想情况下所得热量之比称为回热度 μ,即

$$\mu=\frac{q'}{q}=\frac{h_6-h_2}{h_4-h_2}$$

一般回热器的回热度为 0.50~0.80。

采用回热措施时,如图 9-20 所示,空气进入燃烧室时的温度由 T_2 提高

到了 T_6,从而大大提高了燃烧室中空气定压加热过程的平均加热温度。同时,排入大气的废气温度也由 T_4降低到了 T_5,从而降低了废气在大气中定压放热过程的平均放热温度。因此,由等效卡诺循环的热效率公式可知,采用回热措施能提高燃气轮机装置循环的热效率。

根据热效率公式,燃气轮机回热循环的热效率可以表示为

$$\eta_t=\frac{w_0}{q_1}=\frac{(w_s)_T-|(w_s)_C|}{q_1}=\frac{(h_3-h_4)-(h_2-h_1)}{h_3-h_6}$$

比热容取定值时,上式可改写为

$$\eta_t=\frac{c_{p0}(T_3-T_4)-c_{p0}(T_2-T_1)}{c_{p0}(T_3-T_6)}=\frac{(T_3-T_4)-(T_2-T_1)}{(T_3-T_2)-(T_4-T_2)\mu}$$

$$=\frac{T_4\left(\dfrac{T_3}{T_4}-1\right)-T_1\left(\dfrac{T_2}{T_1}-1\right)}{T_3\left(1-\dfrac{T_4}{T_3}\right)-T_2(1-\mu)}$$

把定压加热燃气轮机循环中各状态参数间的参数关系式

$$\frac{T_2}{T_1}=\frac{T_3}{T_4}=\pi^{(\kappa-1)/\kappa}$$

代入上式,即可得到燃气轮机回热循环的热效率公式为

$$\eta_t=\frac{\left[\dfrac{\tau}{\pi^{(\kappa-1)/\kappa}}-1\right]\left[\pi^{(\kappa-1)/\kappa}-1\right]}{\tau\left[1-\dfrac{\mu}{\pi^{(\kappa-1)/\kappa}}\right]-(1-\mu)\pi^{(\kappa-1)/\kappa}} \tag{9-10}$$

该式说明:

(1) 增大升温比 τ,可提高燃气轮机回热循环的热效率;

(2) 当升温比 τ 及回热度 μ 一定时,随着增压比 π 的提高,回热循环的热效率有一个极大值,如图 9-21 所示。当回热度 μ 增大时,与热效率极大值相对应的增压比 π 的数值不断降低。

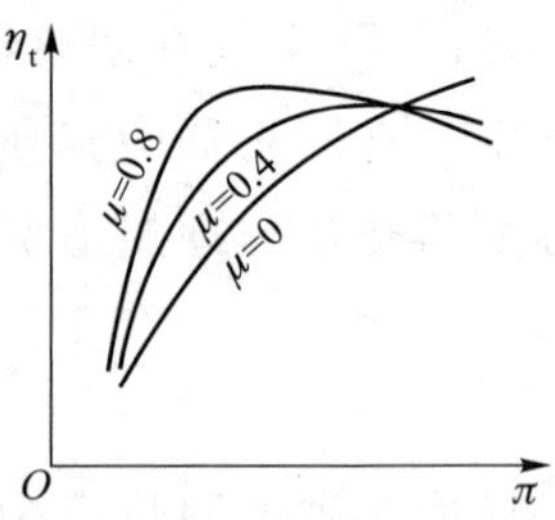

图 9-21

2) 采用多级压缩中间冷却以及再热的回热循环

提高循环热效率的主要途径是提高平均加热温度及降低平均放热温度。如果在采用回热措施的基

础上再采用多级压缩中间冷却措施以及多级膨胀中间再热措施，则可把回热循环的平均加热温度进一步提高，以及把平均放热温度进一步降低，从而提高循环热效率。图 9-22 为这种燃气轮机装置的示意图及其理想循环的 $T-s$ 图。这种装置把压气机分成低压压气机及高压压气机两部分，并在两者之间设置中间冷却器；燃气轮机也分为高压级及低压级两部分，并在两者之间加设中间燃烧室。根据这种燃气轮机装置的 $T-s$ 图可以看出，采用多级压缩中间冷却，可使压缩终了温度降低。而采用多级膨胀中间再热，可使膨胀终了温度提高。这两方面都可使回热的温度范围大为扩展，从而提高平均吸热温度及降低平均放热温度，使循环热效率得到较大的提高。但是这种装置的结构复杂、体积较大，因而常单独采用多级压缩中间冷却或采用多级膨胀中间再热。实际应用上这种装置尚不普遍。

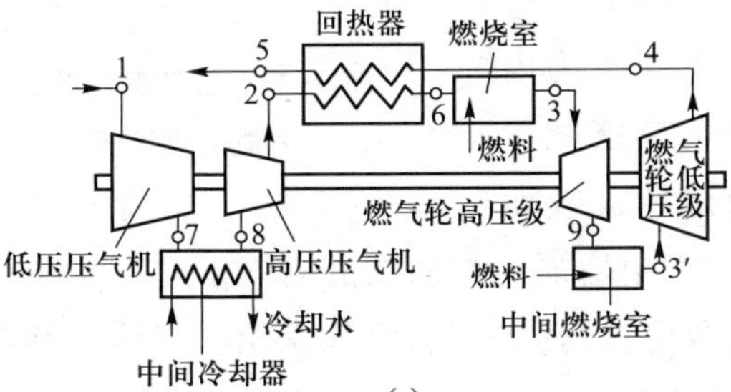

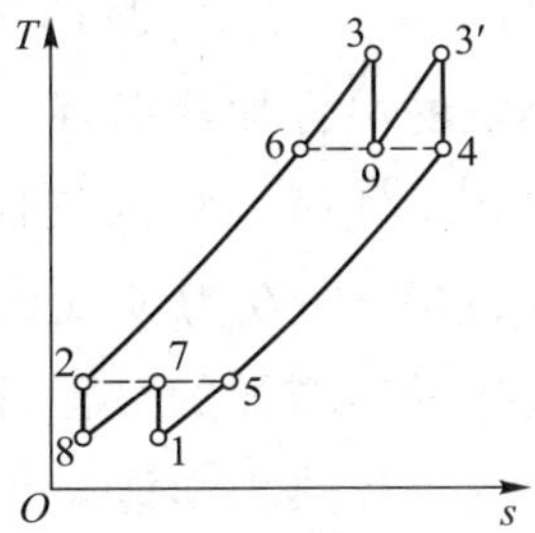

图 9-22

9-3 增压内燃机及其循环

为了增加内燃机每循环所作的功，增加内燃机的功率，可以利用专门的压气机提高空气的压力及密度，然后送入内燃机气缸，从而使相同的气缸容积内充入更多的空气量。这种方法称为增压。柴油机采用增压后功率可增高 30%～100%，甚至增加更多。由于汽油机采用增压容易发生不正常的爆燃现象，因此除了用于空气稀薄的处所如高空及高原地区外，汽油机采用增压技术时应采用适当的措施，避免爆燃的发生。

用于增压的压气机称为增压器。它可由内燃机本身的主轴带动，也可以由一种依靠内燃机废气能量工作的小型燃气轮机即废气涡轮来驱动。当采用废气涡轮来驱动增压器时,可以充分利用废气能量,从而改善内燃机对热能的利用程度,提高经济性,因此废气涡轮增压现在得到广泛的应用。

图 9-23 为废气涡轮增压内燃机的示意图,当废气由气缸流入排气总管时,气缸内气体减少的热力学能将转变为流入排气管气体的焓,然后气体进入废气涡轮,在其中绝热膨胀到大气压力后排入大气。在废气涡轮中,气体焓的减小转变为废气涡轮的轴功输出,用于驱动增压器。在增压器中,从大气吸入的空气经绝热压缩提高压力及提高焓值后,送往内燃机作为内燃机的工质。

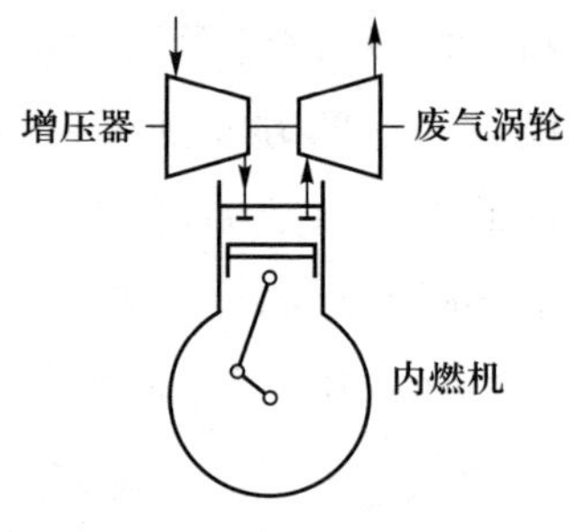

图 9-23　废气涡轮增压内燃机示意图

废气涡轮增压内燃机的理想循环如图 9-24所示。其中,循环 1-2-3-4-5-1 为内燃机的混合加热循环。过程 5-1 为内燃机定容排气而气缸内气体热力学能减少的过程;过程 1-6 为废气涡轮定压进气而其中气体的焓增加的过程,该过程中增加的焓的数值应等于过程 5-1 中内燃机气缸内气体热力学能减小的数值;过程 6-7 为废气涡轮中气体的绝热膨胀过程;过程 7-8 为废气在大气中定压放热的过程;过程 8-1 为增压器中气体的绝热压缩过程。实际上,该理想循环相当于由一个内燃机的混合加热循环和一个燃气轮机定压加热循环叠加而成,因此关于该理想循环的分析不再详细讨论。

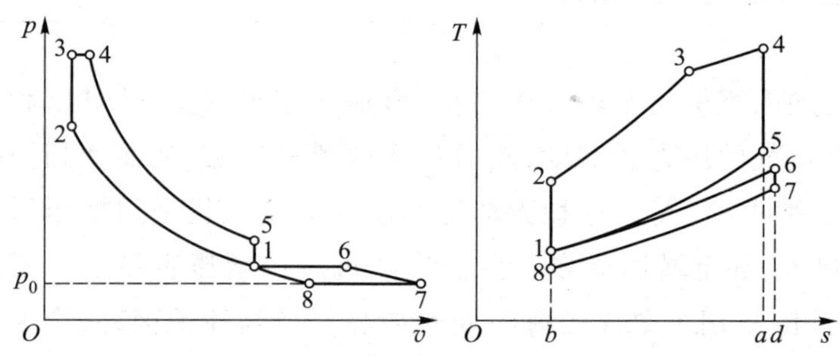

图 9-24　废气涡轮增压内燃机热力循环的 $p-v$ 图与 $T-s$ 图

9-4　自由活塞燃气轮机装置及其循环

自由活塞燃气轮机可以看作一种特殊形式的增压内燃机。它本身不直接输出功率,而是与压气机相结合,把全部功率用于驱动压气机生产压缩气体。它也可作为燃气发生器而与燃气轮机组成联合动力装置,称为自由活塞燃气轮机装置。这是一种重量轻、体积小、效率高的新型动力装置。

自由活塞燃气轮机装置的示意图如图 9-25 所示,在发动机气缸 2 中有两个相对放置的自由活塞 3,它们的外端分别与压气机活塞直接连成一体。当发动机气缸内的气体燃烧后进行膨胀时,推动两活塞分别向两端外移,并压缩两端气垫气缸 7 内的空气,将发动机所发出的全部有效功储存在空气中。在活塞外移的过程中,随着压气机气缸 6 容积的增大,压气机通过进气阀 5 从大气中吸进空气。当活塞外移接近端部时,右边的活塞首先把气缸上的排气孔 8 打开,气缸中的高温燃气立即经排气口流入储气罐 9,然后左边的活塞又把气缸上的扫气口 11 打开,扫气箱 12 内的压缩空气进入气缸,把残留在气缸中的燃气驱入储气罐 9,并使气缸内充满新鲜的压缩空气。由于这时发动机气缸内压力较低,因而在两端气垫气缸内高压空气的推动下,活塞由两端向气缸中间内移。当两个活塞分别把排气孔及扫气孔关闭后,发动机气缸内的空气即在绝热条件下进行压缩。同时压气机气缸内的空气也被压缩而提高压力,当其压力达到扫气箱内压力时,输气阀 4 打开,压缩空气在活塞推动下输入扫气箱 12。当两活塞移动到接近中间位置时,由喷油器 1 把燃料喷入发动机气缸中进行燃烧。燃烧结束后就又开始膨胀过程,进行新的工作循环。由发动机送入储气罐 9 中的高温高压的燃气,不断地送入燃气轮机 10 中,在其中绝热膨胀推动叶轮输出轴功。由于自由活塞发动机中燃气膨胀所作的功全部通过活塞用于压气机的压缩功,所以燃气轮机所输出的功也就是整个装置唯一对外输出的功。

自由活塞燃气轮机装置的理想循环如图 9-26 所示。循环 1-2-3-4-5-1 为自由活塞发动机气缸中工质所完成的混合加热循环。过程 1-6 为定压下向储气罐充气的过程,过程 6-7 为燃气在燃气轮机中的绝热膨胀过程,过程 7-8 为废气在大气中的定压放热过程,过程 8-1 则为空气在压气机气缸中的

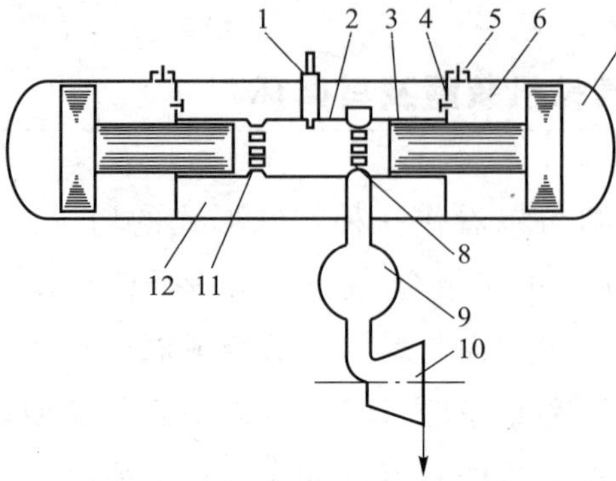

图 9-25　自由活塞燃气轮机装置示意图

绝热压缩过程。根据自由活塞燃气轮机中的能量平衡,压气机消耗的轴功等于自由活塞燃气轮机的循环净功,所以 $p-v$ 图上循环 1-2-3-4-5-1 的面积应和压气机压气过程 8-1 左侧 8-1-a-b-8 的面积相等。而整个装置输出的功,也就是燃气轮机输出的轴功,可用燃气轮机中绝热膨胀过程 6-7 左侧 6-7-b-a-6 的面积表示。

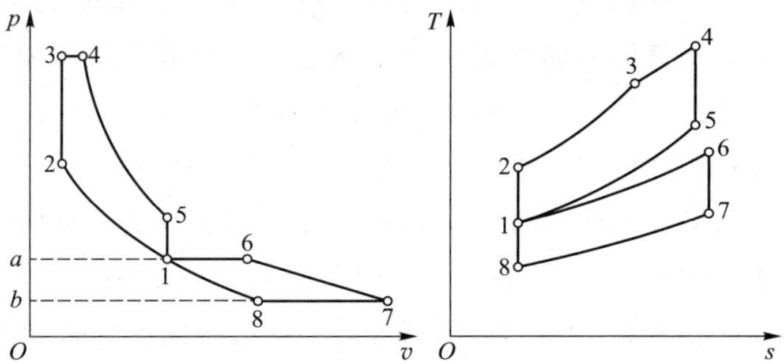

图 9-26　自由活塞燃气轮机装置热力循环的 $p-v$ 图与 $T-s$ 图

9-5　喷气式发动机及其循环

在喷气式发动机中,燃烧产生的高温燃气通过喷管时,在其中绝热膨胀而获得高速。当高速气流从喷气式发动机尾部喷出时,它所产生的反作用力就推动发动机向着与气流相反的方向前进。由于喷气式发动机的重量轻、体积小、功率大,特别是其功率随着它本身运动速度的提高而增大,因此用作航空发动机具有特别优异的性能。几十年来，喷气式发动机已经逐步取代了其他各种发动机，成为航空上最普遍使用的发动机。

图 9-27 为喷气式发动机的示意图。当它以一定飞行速度前进时，空气就以相等的速度进入喷气式发动机。这时，高速空气流首先在发动机前端的扩压管 1 中降低流速提高压力，然后进入压气机 2，在其中经绝热压缩进一步提高压力。压缩后的空气在燃烧室 3 中和喷入的燃料一起进行定压燃烧。燃烧产生的高温燃气首先在燃气轮机 4 中绝热膨胀产生轴功用于带动压气机，然后进入尾部喷管 5 中，在其中继续膨胀获得高速，最后从尾部喷向大气。

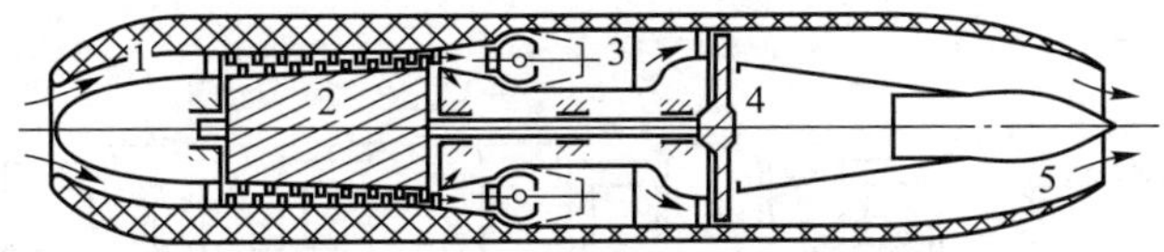

图 9-27 喷气式发动机示意图

喷气式发动机的理想循环如图 9-28 所示。它由下述各可逆过程所组成：过程 1-a 为扩压管中的绝热压缩过程；过程 a-2 为压气机中的绝热压缩过程；过程 2-3 为燃烧室中的定压吸热过程；过程 3-b 为燃气轮机中绝热膨胀过程；过程 b-4 为尾部喷管中的绝热膨胀过程；过程 4-1 为在大气中放热的定压放热过程。在 p-v 图上，a-2-2′-a′-a 的面积代表压气机所消耗的轴功，3-b-b′-2′-2-3 的面积代表燃气轮机所输出的轴功，按喷气发动机的工作原理，两轴功的数值相等，故两面积相等。显然，该循环和定压加热燃气轮机循环相同，故可引用前面有关的分析结论来说明喷气式发动机循环。

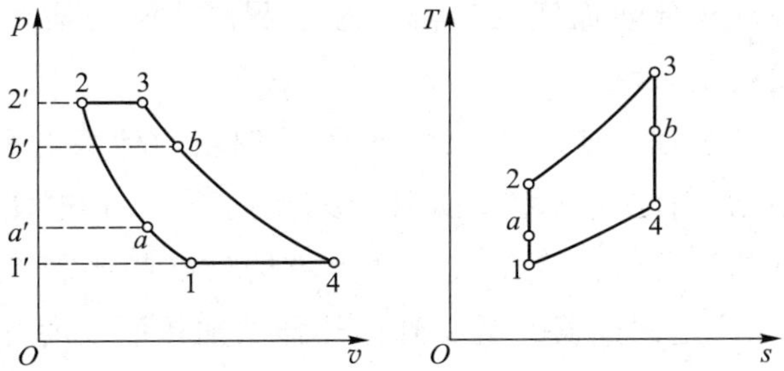

图 9-28 喷气式发动机热力循环的 p-v 图与 T-s 图

9-6　活塞式热气发动机及其循环

活塞式热气发动机又称斯特林发动机。它是一种外部加热的闭式循环的发动机，虽然早在1816年就已经出现，但是在相当长的时期内，由于各种困难的技术问题无法克服，因此只是在近几十年来才取得较大的进展。它的突出优点在于采用外部加热方式，因此废气的污染少，可以适用多种燃料特别是劣质燃料，还可以利用核能。这是近年来它受到很大注意的重要原因。

活塞式热气发动机的工作循环可分为四个过程，其示意图如图9-29所示。

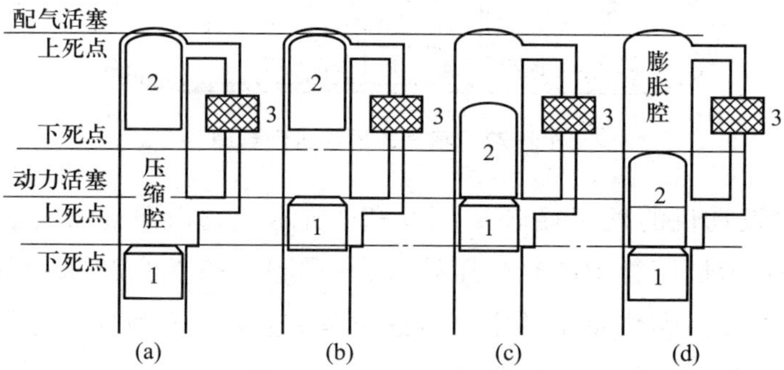

图9-29　活塞式热气发动机的工作原理示意图

（1）定温压缩过程。如图9-29a所示，配气活塞2停留在气缸中相应于其上死点的位置不动，而动力活塞1从其下死点向上死点移动。这时，在两个活塞之间气缸的压缩腔内的工质受到压缩而压力升高，同时工质通过压缩腔的气缸壁向冷却水放热而实现定温压缩过程。当动力活塞升高到其上死点位置时压缩过程结束。

（2）定容预热过程。如图9-29b所示，这时动力活塞1停留在气缸中其上死点的位置不动，而配气活塞2从其上死点向下移动，迫使气缸压缩腔内的工质经气缸外的连通管流入配气活塞上方的气缸膨胀腔。这时工质的容积保持不变，并在流过回热器3时受到回热器的加热而温度升高。当配气活塞下降到和动力活塞相靠时，工质全部进入气缸的膨胀腔，定容预热过程结束。

(3) 定温膨胀过程。如图 9-29c 所示，这时利用外部燃烧系统通过气缸顶部向膨胀腔内的工质加热，使工质在定温下容积膨胀，推动配气活塞和动力活塞一起向下移动，输出容积变化功。当活塞到达下死点时，定温膨胀过程结束。

(4) 定容回热过程。如图 9-29d 所示，这时动力活塞 1 停留在气缸中其下死点不动，而配气活塞 2 从其下死点向上移动。迫使气缸膨胀腔内的工质经气缸外的连通管流入两活塞间的气缸压缩腔。这时工质的容积保持不变，并在流过回热器 3 时向回热器放热，降低温度，把热量储存于回热器内储热物质中。当配气活塞 2 移动到其上死点时，工质全部进入气缸的压缩腔，定容回热过程即结束。然后又重复上述循环。

活塞式热气发动机的理想循环如图 9-30 所示，该循环称为斯特林循环。它包括下述四个可逆过程：定温压缩过程 1-2，定容预热过程 2-3，定温膨胀过程3-4和定容回热过程 4-1。

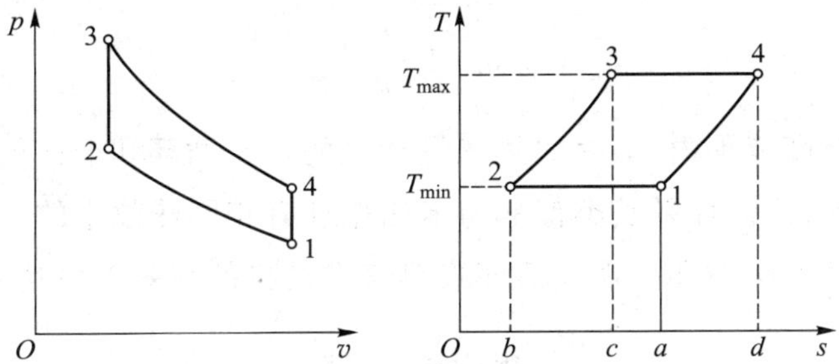

图 9-30　活塞式热气发动机理想循环的 $p-v$ 图与 $T-s$ 图

在这个循环中，工质在定容回热过程 4-1 中向回热器内物质放热而降低温度时，工质所放出的热量为

$$|q_{4-1}| = \int_{T_{min}}^{T_{max}} c_{V0}\mathrm{d}T = 1-4-d-a-1 \text{ 的面积}$$

该热量储存于回热器的储热物质中。当工质在定容预热过程 2-3 中流过回热器时，工质从回热器得到热量而温度升高。工质所得的热量为

$$q_{2-3} = \int_{T_{min}}^{T_{max}} c_{V0}\mathrm{d}T = 2-3-c-b-2 \text{ 的面积}$$

显然，这部分热量正好等于回热过程中工质所放出的热量。也就是说，在过程4-1及 2-3 中，工质和外界之间的净换热量为零。

循环中工质和外界交换热量的过程有两个，一个是定温膨胀过程 3-4，过程中工质从外部燃烧系统得到的热量为

$$q_1 = R_g T_{max} \ln \frac{v_4}{v_3}$$

另一个过程是定温压缩过程 1-2，过程中工质向冷却介质放出的热量为

$$|q_2| = R_g T_{min} \ln \frac{v_1}{v_2}$$

于是，根据热效率的定义，可以得到活塞式热气发动机理想循环的热效率为

$$\eta_t = 1 - \frac{|q_2|}{q_1} = 1 - \frac{R_g T_{min} \ln \frac{v_1}{v_2}}{R_g T_{max} \ln \frac{v_4}{v_3}}$$

因 $v_1 = v_4$，$v_2 = v_3$，故可得到

$$\eta_t = 1 - \frac{T_{min}}{T_{max}}$$

即在相同的温度范围内，活塞式热气发动机的理想循环和卡诺循环有相同的热效率。因此，该循环以及类似的与卡诺循环有相同热效率的一类理想循环常称为概括性卡诺循环。现代活塞式热气发动机的热效率已达 40% 左右。

思　考　题

9-1　总结由热机工作循环抽象为理想的热力循环的基本方法。

9-2　提高热机循环热效率的基本途径是什么？为此可采取什么基本措施？

9-3　燃气轮机装置实际循环的 τ、η_t 及 η_c 一定时，随着增压比的提高循环热效率有一个极大值，试利用 $T-s$ 图分析出现极大值的原因。

9-4　回热循环的燃气轮机装置的 τ 及 μ 一定时，随着增压比的提高回热循环的热效率有一个极大值，试利用 $T-s$ 图分析出现极大值的原因。

9-5　当燃气轮机装置循环采用多级压缩中间冷却及多级膨胀中间再热时，如不同时采用回热措施会出现什么情况？对热效率有什么影响？

9-6　何谓概括性卡诺循环？它和等效卡诺循环有什么不同？试按斯

特林循环的原则设计一种概括性卡诺循环。

习 题

9-1 活塞式内燃机定容加热循环的参数为：$p_1=0.1$ MPa、$t_1=27$ ℃，压缩比 $\varepsilon=6.5$，加热量 $q_1=700$ kJ/kg。假设工质为空气及比热容为定值，试求循环各点的状态、循环净功及循环热效率。

9-2 若上题活塞式内燃机定容加热循环的压缩比由6.5提高到8，试求循环热效率的变化及平均吸热温度和平均放热温度的变化。

9-3 根据习题9-1所述条件，若比热容按变比热容考虑，试利用气体热力性质表计算该循环的热效率及循环净功。

9-4 在活塞式内燃机中，为了保证气缸的机械强度及润滑，总是在气缸壁外面加以冷却。如果考虑压缩过程和膨胀过程中工质与气缸壁间的热交换，根据习题9-1所给条件，则膨胀过程可近似为 $n=1.37$ 的多变过程，压缩过程可近似为 $n=1.38$ 的多变过程，试据此计算其状态变化及过程的功。至于定容加热过程及定容放热过程，可考虑比热容为变比热容，而按空气热力性质表计算，试求该循环的循环热效率及循环净功。

9-5 活塞式内燃机混合加热循环的参数为：$p_1=0.1$ MPa、$t_1=17$ ℃，压缩比 $\varepsilon=16$，压力升高比 $\lambda=1.4$，预胀比 $\rho=1.7$。假设工质为空气且比热容为定值，试求循环各点的状态、循环净功及循环热效率。

9-6 定压加热燃气轮机装置循环的参数为：$p_1=0.1$ MPa、$t_1=17$ ℃，最高温度 $t_3=650$ ℃，增压比 $\pi=6$。假设工质为空气且比热容为定值，试求循环净功及循环热效率。

9-7 根据上题所述条件，若压气机绝热效率 $\eta_{C,s}=0.85$，燃气轮机效率 $\eta_T=0.90$，试求该实际循环的热效率。

9-8 根据习题9-6所述条件，若设比热容为变比热容，并按气体性质表计算，试求该循环的热效率及循环净功。

9-9 根据习题9-6所述条件，若采用回热循环，且设回热度为100%，试求循环热效率。与不采用回热的循环相比，其循环热效率增大的百分数是多少？

9-10 燃气轮机装置的定容加热循环由下述四个可逆过程组成：绝热

压缩过程 1-2、定容加热过程 2-3、绝热膨胀过程 3-4 及定压放热过程 4-1。已知压缩过程的增压比为 $\pi = p_2/p_1$，定容加热过程的压力升高比为 $\lambda = p_3/p_2$，试证明其循环热效率为

$$\eta_t = 1 - \frac{\kappa(\lambda^{1/\kappa} - 1)}{\pi^{(\kappa-1)/\kappa}(\lambda - 1)}$$

9-11　某活塞式内燃机定容加热循环的参数为：$p_1 = 0.1$ MPa、$t_1 = 27$ ℃，压缩比 $\varepsilon = 7$，加热量 $q_1 = 700$ kJ/kg。假设有一个活塞式热气发动机理想循环（即斯特林循环），和上述循环有相同的压缩比及循环热效率，且其定温压缩过程的初态也为 p_1、t_1。试对比两循环的下列性质参数：p_{max}/p_{min}、T_{max}/T_{min} 和加热量，并把两个循环表示在同一个 $p-v$ 图及 $T-s$ 图上。

9-12　当内燃机采用脉冲式废气涡轮增压器时，废气从气缸直接引入涡轮机而不经过维持稳定压力的排气总管，因而可以把工质在内燃机气缸和涡轮机中膨胀的过程看作一个连续的绝热膨胀过程，一直膨胀到环境大气压力，然后进行定压放热过程。这样的理想热力循环如图 9-31 所示。若空气在增压器及内燃机气缸中整个绝热过程 1-2 中的压缩比 $\varepsilon = 20$，而定容加热量 $q_{1,V} = 250$ kJ/kg，定压加热量 $q_{1,p} = 250$ kJ/kg，又已知 $p_1 = 0.1$ MPa、$t_1 = 27$ ℃，试求该循环的热效率。与相同循环参数的混合加热循环相比，其循环热效率提高的百分数是多少？

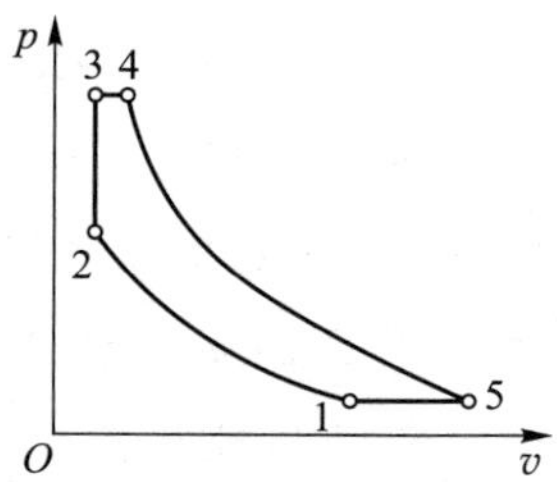

图 9-31

9-13　由定温压缩过程、定压加热过程、定温膨胀过程及定压放热过程组成一个循环，且两定压过程通过回热器实现理想回热，则该循环称为艾利克松循环，试求该循环的热效率，并把循环表示在 $p-v$ 图及 $T-s$ 图上。

9-14　燃气轮机的定压加热循环采用回热措施时，在不同的回热度 μ 下，随着循环增压比的变化，循环热效率的变化曲线如图 9-21 所示。该图说明：当升温比 τ 一定（即最高温度 T_3 一定）时，在某个确定的增压比 π 下，不同回热度的循环热效率都相同。试求该增压比和升温比的关系。

9-15　在一定的最大容积（或比体积）和最小容积（或比体积）范围内，内燃机定容加热循环（即奥托循环）具有最高的热效率，故可称为容限循环。试以卡诺循环与奥托循环相比，利用 $p-v$ 图及 $T-s$ 图分析证明：

$$\eta_{t,\mathrm{Otto}} \geqslant \eta_{t,\mathrm{Carnot}}$$

$$w_{0,\mathrm{Otto}} \geqslant w_{0,\mathrm{Carnot}}$$

9-16 在一定的最高压力及最低压力的范围内，燃气轮机装置定压加热循环(即布雷登循环)具有最高的循环热效率，故可称为压限循环。试以卡诺循环和布雷登循环相比，利用 $p-v$ 图及 $T-s$ 图分析证明：

$$\eta_{t,\mathrm{Brayton}} \geqslant \eta_{t,\mathrm{Carnot}}$$

$$w_{0,\mathrm{Brayton}} \geqslant w_{0,\mathrm{Carnot}}$$

第十章

实际气体

前面各章所讨论的各种热力过程和热力循环，都是以理想气体为工质的。但是，工程上还经常应用另一类工质，它们主要处于离液态不远的蒸气状态，在某些情况下还发生相变而转变成液态。显然，这类气体不能作为理想气体，因而把这类气体统称为实际气体。虽然各种实际气体的性质都不相同，但是它们的热力学性质所遵循的基本规律是相同的。本章主要讨论实际气体状态变化的一般规律以及近似计算的方法，对于实际气体的热力学普遍关系则只是做简单的介绍。至于有关各种实际气体的具体热力学性质及热力过程、热力循环的计算分析，将在以后讨论。

10-1 实际气体状态变化的特点

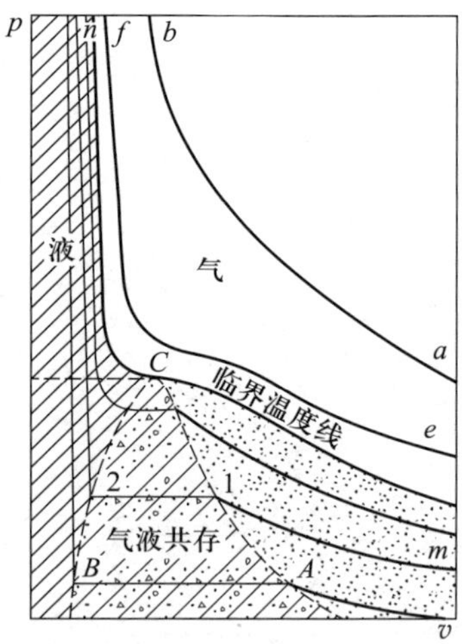

图 10-1

实际气体状态变化的特点，可以利用实际气体进行定温压缩时状态变化的情况来加以说明。不同温度下，实际气体的定温压缩过程曲线如图 10-1 所示。当温度比较高时，实际气体进行定温压缩时，其状态变化和理想气体的情况比较接近，如图上曲线 ab 所示，它基本上接近于等边双曲线。当定温压缩过程的温度降低时，实际气体的状态变化逐渐和理想气体的情况发生越来越大的差别，如图 10-1 中曲线 ef 所示，它已完全不同于等边双曲线。当定温压缩过程的温度更低时，压缩过程中实际气体将发生相变，如

图 10-1中曲线 mn 所示。在点 1 的状态下,开始有气体发生相变,生成液体。随着压缩过程的进展,当气体的容积进一步缩小时,不断有气体凝结成液体,但温度和压力均保持不变,即气体和液体本身的状态未变,直到点 2 时气体全部变成液体。在点 1 和点 2 间的状态为气相物质和液相物质共存而处于平衡的状态,称为饱和状态。处于饱和状态的气体和液体分别称为饱和蒸气及饱和液体,它们的压力和温度分别称为饱和压力和饱和温度。实验表明,对应于一定的饱和温度,有一定的饱和压力、一定的饱和蒸气的比体积和饱和液体的比体积。当作出更多的定温压缩曲线时,可以看到:对应于较低的温度,饱和压力较低,饱和蒸气的比体积较大而饱和液体的比体积较小。反之,对应于较高的温度,饱和压力较高,饱和蒸气的比体积减小而饱和液体的比体积增大。在更高温度下,饱和蒸气和饱和液体的比体积相同,如图 10-1 中点 C 所示。这时,饱和蒸气和饱和液体的状态完全相同,实际上两种物相间没有明显的区别,这一状态称为临界点。临界点的温度、压力、比体积称为临界温度、临界压力、临界比体积,分别用 T_c、p_c及 v_c表示。

临界参数是实际气体的重要参数。一般认为,当实际气体的温度高于临界温度时,实际气体只存在气体状态。当实际气体的压力高于临界压力时,若温度高于临界温度则实际气体为气体状态,若温度低于临界温度则实际气体为液体状态;若由较高的温度逐渐降至临界温度以下而发生气态到液态的转变,则不会出现气液共存的状态。

饱和状态下开始液化的各饱和蒸气点所连接的线,如图 10-1 所示的 AC 线,称为饱和蒸气线或上界线。液化结束的各饱和液体点所连接的线,如图 10-1所示的 BC 线,称为饱和液体线或下界线。于是,线 ACB 以及临界温度线的临界点 C 以上部分,把图 10-1 的图面所表示的实际气体的状态划分为三个区域:曲线 ACB 所包围的区域为气液两相共存的饱和状态区;饱和液体线 BC 和临界温度线的临界点 C 以上线段的左边区域为液相状态区;饱和蒸气线 AC 和临界温度线的临界点 C 以上线段的右边区域为气相状态区。

如果把上述实际气体的状态变化关系表示在$p-T$图上,则如图 10-2 所示。点 C 即为临界点。CT_{tp}为气液两相转变的汽化曲线,曲线上每一点即对应一个饱和状态,其温度和压力即表示相应的饱和温度及饱和压力。因而,该曲线上的每一点可与图 10-1 所示$p-v$图上的饱和状态区域相对应。而整个CT_{tp}线段则和整个气液两相转变的饱和区域相对应。点 T_{tp} 为实现气相和液相转变的最低点，同时该点是出现固相物质直接转变为气相物质的升华现象的起始点。在点 T_{tp}所对应的温度和压力下，气相、液相和固相三相共存而处于平衡的状态，这种状态称为三相点。三相点的状态在 $p-v$ 图上的饱和区域内也表示为一条水平直线。对于每种物质，其三相点的温度及压力都有确定的数值，也是实际气体性质的重要参数。

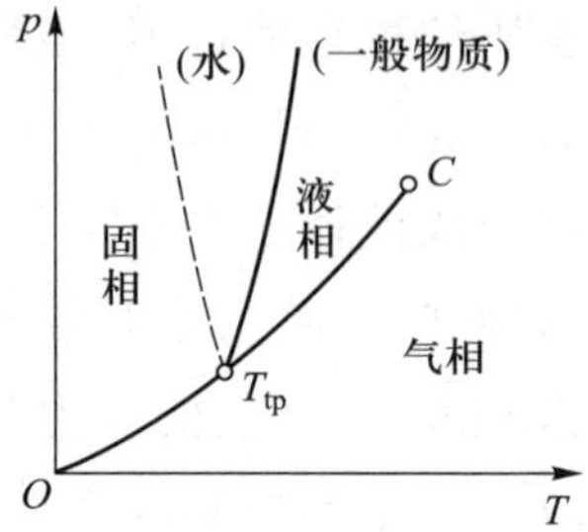

图 10-2

综上所述，实际气体状态变化的特点：当实际气体的温度高于临界温度很多，或虽低于临界温度但压力很低时，气体所处的状态离液体状态较远，实际气体的性质就较接近于理想气体的性质。但当气体所处的状态离液态不远时，实际气体就和理想气体有很大偏差。为了正确反映实际气体的性质，很多研究者做了大量工作，提出了许多经验的或半经验的气体状态方程式。工程上已根据各种实际气体的实验数据并利用某种状态方程式，制成各种计算用的图和表。按照图和表所给出的各种实际气体在不同状态下各状态参数的数据，可以方便地对实际气体的状态变化进行分析和计算。

10-2　范德瓦耳斯方程式

在实际气体的状态方程式中，范德瓦耳斯方程式是一个具有重要意义的方程式，它为各种实际气体状态方程式确立了一个重要的基础。

范德瓦耳斯针对理想气体的假设和实际气体之间的差别，考虑了实际气体分子本身的体积以及分子之间的引力的影响，对理想气体状态方程式引进两项修正，从而提出了一个著名的实际气体状态方程式，称为范德瓦耳斯方程式。

按照理想气体状态方程式，可以把理想气体的压力表示为 $p=R_gT/v$，这里 v 实际上就是理想气体分子作混乱运动的自由空间。由于实际气体分子占有一定的体积，因此对于比体积为 v 的实际气体来说，其分子作混乱运动的空间将减少一个与分子体积有关的数值。相应地分子对器壁撞击的次数

将有所增加,而使气体作用在器壁上的压力增大。对照理想气体的压力关系,实际气体的压力可表示为

$$p=\frac{R_g T}{v-b}$$

式中,b 即为考虑气体分子本身体积时对分子运动自由空间的修正值,范德瓦耳斯假设其为一常量。

又考虑到实际气体分子之间存在一定的引力,由于它的作用,每个分子在撞击壁面时对壁面的撞击力有所减弱。显然,减小的数值和吸引该分子的分子数成正比。又由于气体的压力和撞击器壁的分子数也成正比,因此受分子间引力影响气体压力减小的数值,应和单位容积中分子数目的平方成正比,也即和气体密度的平方成正比,$\Delta p=a\rho^2=a/v^2$。这里 a 为比例系数,范德瓦耳斯假设它为一常量。

范德瓦耳斯把上述两项修正引入理想气体状态方程式后,就得到气体压力的表示式为

$$p=\frac{R_g T}{v-b}-\frac{a}{v^2}$$

把该式移项整理后即可得到范德瓦耳斯方程式为

$$\left(p+\frac{a}{v^2}\right)(v-b)=R_g T \tag{10-1}$$

如果把此式展开,则范德瓦耳斯方程式可表示为

$$v^3-\left(b+\frac{R_g T}{p}\right)v^2+\frac{a}{p}v-\frac{ab}{p}=0 \tag{10-1a}$$

此方程为 v 的三次方程。温度一定时,式(10-1a)可在 $p-v$ 图上表示为一条三次曲线。若对温度 T 取一系列不同的数值,即可由式(10-1a)在 $p-v$ 图上作出一系列的定温线,从而得到图 10-3 所示的一组曲线。当温度 T 较高时,式(10-1a)对 v 有一个实根和两个虚根,定温线的形状如曲线 4-5 所示。当温度比较低时,在压力很高或很低的情况下,式(10-1a)对 v 也只有一个实根,但在一定的压力范围内,式(10-1a)对 v 有三个实根,这时定温线的形状如图 10-3 的曲线 6-2-3-1-7 所示。该曲线中有一段弯曲的线段,而在某个确定的温度 T_c 时,在一定的压力 p_c 下,式(10-1a)对 v 有三个相等的实根。

这就是说，方程式（10-1a）在 $T=T_c$、$p=p_c$时有

$$\left(\frac{\partial p}{\partial v}\right)_T=0$$

$$\left(\frac{\partial^2 p}{\partial v^2}\right)_T=0$$

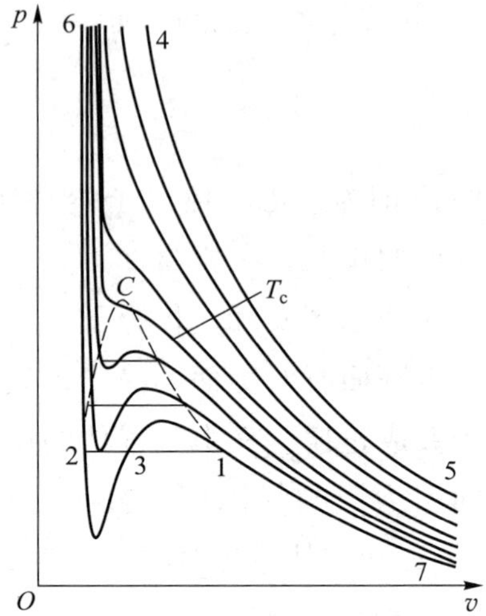

图 10-3

这时定温线的形状如图上 T_c 曲线所示。在点 C 处，曲线的斜率为零，并且曲线具有拐点。

为确定点 C 的状态，根据上述关系，方程式（10-1a）在点 C 处有 v 的三重根，即方程式可表示为

$$(v-v_c)^3=0$$

即
$$v^3-3v_cv^2+3v_c^2v-v_c^3=0$$

把此式和式（10-1a）相对比，根据两式中 v 的同次项的系数应相等，即可得到

$$3v_c=b+\frac{R_gT_c}{p_c}$$

$$3v_c^2=\frac{a}{p_c}$$

$$v_c^3=\frac{ab}{p_c}$$

联立求解此三关系式，就可得到点 C 的状态参数 T_c、p_c、v_c和常量 a、b、R_g之间的关系为

$$p_c=\frac{a}{27b^2}$$

$$T_c=\frac{8}{27}\frac{a}{bR_g}$$

$$v_c=3b$$

或者反之，由 T_c、p_c、v_c来表示 a、b 及 R_g，有

$$a=\frac{27}{64}\frac{R_g^2T_c^2}{P_c}$$

$$b=\frac{R_g T_c}{8p_c}$$

$$R_g=\frac{8}{3}\frac{p_c v_c}{T_c}$$

对比图 10-1 和图 10-3 可见，按范德瓦耳斯方程式所作的定温线与实验所得的实际气体的定温线大体相符。按范德瓦耳斯方程式，比体积 v 有三重根的点 C 即相当于实际气体的临界点，而温度低于 T_c 的定温线的弯曲部分相当于位于饱和区。如果按定温线 6-7 的温度所对应的饱和压力在曲线上截取 1、2、3 三个点，则点 1 相当于气体开始液化的饱和蒸气状态，点 2 相当于气体全部液化的饱和液体状态。至于点 1、2 之间的曲线与水平线相偏离的情况，和实际气体发生相变时出现的不稳定的延迟现象也大体相符。这些都说明，范德瓦耳斯方程式在反映实际气体的性质方面具有很大的价值。但该方程没有考虑接近液体时分子的结合和分解的现象及系数 a、b 随温度和压力变化的关系，因而当用于计算接近液态时的实际气体的性质时，尚有相当大的误差。但在计算离液态比较远的状态时，却可以取得比理想气体状态方程要准确得多的结果。表 10-1 列出了几种常用气体的临界点参数以及范德瓦耳斯常量 a 和 b 的数值。

表 10-1　几种常用气体临界点参数及范德瓦耳斯常量

物质	T_c/K	p_c/MPa	$v_{m,c}$/(m^3/kmol)	a/(m^6·MPa/kmol)	b/(m^3/kmol)
He	5.19	0.228 9	0.058	0.003 459	0.023 71
H_2	33.24	1.296 6	0.065	0.024 936	0.026 68
N_2	126.2	3.398 4	0.090	0.136 788	0.038 64
O_2	157.78	5.080 4	0.074	0.138 105	0.031 84
CO	132.91	3.498 6	0.093	0.147 529	0.039 54
CO_2	304.20	7.386 5	0.094	0.365 377	0.042 80
水蒸气	647.30	22.12	0.057 1	0.552 626	0.030 42

10-3　对比状态方程式

在描写实际气体的状态时，也可采用状态参数与相应的临界参数的比值来表示，这些比值称为对比状态参数。常用的对比状态参数有

$$p_r=\frac{p}{p_c},\quad T_r=\frac{T}{T_c},\quad v_r=\frac{v}{v_c}$$

式中，p_r、T_r及 v_r分别称为对比压力、对比温度及对比比体积。

把对比状态参数引入范德瓦耳斯方程式，即把 $p=p_r p_c$，$v=v_r v_c$及 $T=T_r T_c$代入式(10-1)，可以得到

$$\left(p_c p_r+\frac{a}{v_c^2 v_r^2}\right)(v_c v_r-b)=R_g T_c T_r$$

再把范德瓦耳斯常量和 b 用临界参数的关系代入，经整理后便可得到

$$\left(p_r+\frac{3}{v_r^2}\right)\left(v_r-\frac{1}{3}\right)=\frac{8}{3}T_r \tag{10-2}$$

此式称为范德瓦耳斯对比状态方程式。可以看出，由于引入对比状态参数，这个方程式中消除了与气体性质有关的常量 a、b 及 R_g，因此可应用于遵守范德瓦耳斯方程式的任何气体。实际上，在任何气体状态方程中，除气体常数 R_g外，与气体特性有关的常量只有两个时，只要把方程式表示成对比状态方程式，其中有关气体特性的常量项都可消除，因而可以应用于遵守这个气体状态方程式的任何气体。在这种情况下，对比状态方程式都可表示为如下形式，即

$$F(p_r,T_r,v_r)=0$$

如果不同气体所处状态的对比状态参数 p_r、T_r和 v_r都分别相同，则称这些气体处于对应状态。例如，当各气体都处于临界点状态时，它们就处于对应状态。显然，如果各种气体遵守某个对比状态方程式，而且该对比状态方程式中不包括任何与气体特性有关的常量项，则可以推知：只要各气体所处状态的对比状态参数中有两个分别相同，则第三个对比状态参数一定相同，即各气体处于对应状态。这个规律称为对应状态定律。

实际上，对应状态定律是首先从实验中得到的经验定律，它说明各种实际气体的热力学性质具有相似性。这正是应用对比状态方程式的实验基础。当采用对比状态方程式的形式来描述气体的状态参数变化关系时，它就有更高的概括意义及更普遍的实用价值，可应用于所有热力学相似的气体。但应注意，实际气体的热力学性质是十分复杂的，所以热力学的相似性只是相对的、在一定条件下的近似关系，因此在应用对比状态方程式时需注意其适用

条件。

10-4 实际气体状态的近似计算

实际气体的状态参数间的关系，也可按照理想气体状态方程式的关系直接引入一个修正系数，从而表示成如下关系式：

$$pv = zR_gT \tag{10-3}$$

实际上是把实际气体和理想气体的偏差都集中到修正系数 z，只要确定了 z 的数值，便可由上式计算实际气体的状态参数间的关系。

按式(10-3)可把修正系数 z 表示为

$$z = \frac{pv}{R_gT} \tag{10-4}$$

显然，理想气体的 z 的数值为 1，而实际气体的 z 的数值与 1 差别的大小就表示了实际气体偏离理想气体的程度。实际上，z 是在相同温度及压力下实际气体的比体积和理想气体的比体积之比值。z 称为压缩因子或压缩性系数。

如果把对比状态参数引入压缩因子的定义式(10-4)，则压缩因子可表示为

$$z = \frac{pv}{R_gT} = \frac{p_cv_c}{R_gT_c}\ \frac{p_rv_r}{T_r} = z_c\frac{p_rv_r}{T_r}$$

式中，z_c为临界点处实际气体的压缩因子，称为临界压缩因子。实验表明，临界压缩因子 z_c数值相近的各种气体，可以认为具有相似的热力学性质，即在相同的对比压力 p_r 及对比温度 T_r下，它们的对比比体积 v_r的数值基本相同，都可以表示为 $v_r = f(p_r, T_r)$。于是上式可以表示为

$$z = z_c\frac{p_r}{T_r}f(p_r, T_r)$$

这就是说，对于临界压缩因子 z_c有相同数值的气体，当它们的对比参数 p_r及 T_r相同即处于对应状态时，它们的压缩因子 z 具有相同的数值。于是，如果把压缩因子 z 随状态变化的实验关系整理成 z 与对比参数 p_r及 T_r的关系，并表示成如图 10-4 所示的图线，则就可以用于所有具有相同临界压缩因子 z_c

的气体，直接按其状态所对应的 p_r、T_r 的值由图上查取该状态下压缩因子 z 的数值。因而这种表示 z 与 p_r、T_r 关系的线图称为通用压缩因子图。

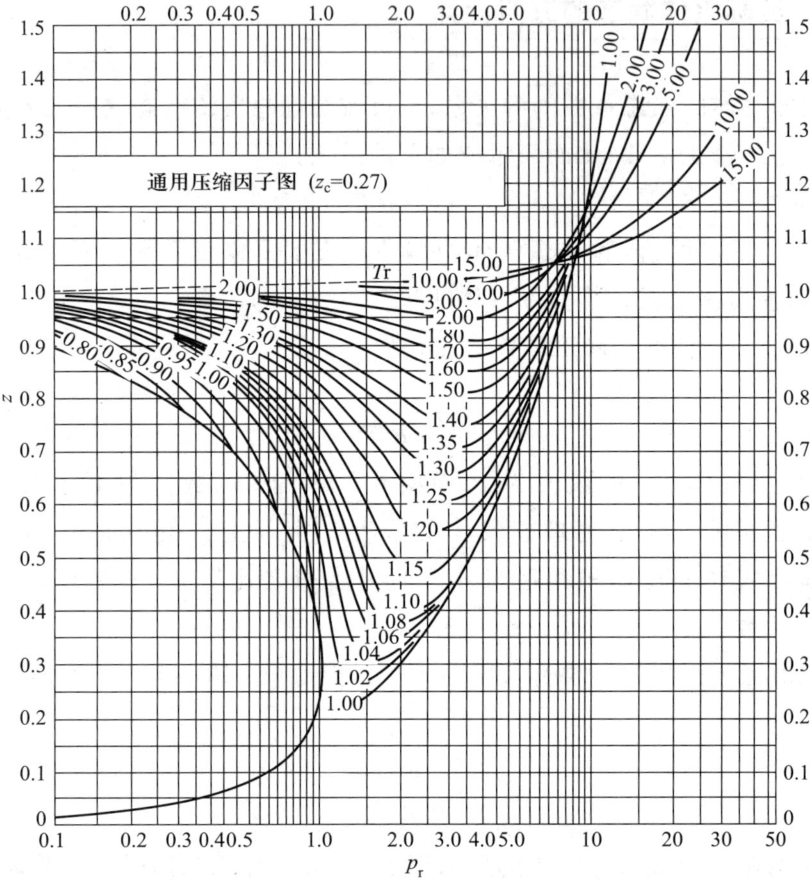

图 10-4

各种气体临界压缩因子的数值大致为 0.23～0.31，而 60%的烃类气体的 z_c 在 0.27 左右，故最常见的通用压缩因子图为 $z_c=0.27$ 的线图。该图也常用于 z_c 不等于 0.27 的气体的近似计算，当用于 $z_c=0.26\sim0.28$ 的各种气体时，除临界点附近的状态外，所得 z 的数值的误差小于 5%。此外，对于一些没有详细物性数据的气体，采用通用压缩因子图估算其状态变化关系有很大的实用价值。如果在气体的状态变化范围内，压缩因子 z 的数值为 0.95～1.05，则可当作理想气体处理。

关于通用压缩因子图的使用方法请参阅下述计算实例。

例 10-1 试确定在温度为 100 ℃、压力为 4 MPa 时 CO_2的比体积的数值，并与按理想气体方程式计算得到的气体比体积的数值相比较，求出其误差。

解 查表 10-1 得 CO_2的临界点参数为 $p_c = 7.386\ 5\ \text{MPa}$、$T_c = 304.2\ \text{K}$，故其对比状态为

$$T_r = \frac{T}{T_c} = \frac{373\ \text{K}}{304.2\ \text{K}} = 1.227$$

$$p_r = \frac{p}{p_c} = \frac{4\ \text{MPa}}{7.386\ 5\ \text{MPa}} = 0.54$$

按此值查通用压缩因子图 10-4，可得 $z = 0.904$。又由附表 1 得 CO_2的 R_g为 188.9 J/(kg·K)。于是，按式(10-3)

$$pv = zR_gT$$

可得

$$v = \frac{zR_gT}{p} = \frac{0.904 \times 188.9\ \text{J/(kg·K)} \times 373\ \text{K}}{4 \times 10^6\ \text{Pa}} = 0.015\ 9\ \text{m}^3/\text{kg}$$

如按理想气体计算，则有

$$v' = \frac{R_gT}{p} = \frac{188.9\ \text{J/(kg·K)} \times 373\ \text{K}}{4 \times 10^6\ \text{Pa}} = 0.017\ 6\ \text{m}^3/\text{kg}$$

因此，按理想气体计算得到的 v'，较实际气体的比体积 v 要大，二者的比值为

$$\frac{v'}{v} = \frac{1}{z} = \frac{1}{0.904} = 1.106$$

误差在 11%左右。

例 10-2 试确定温度为 100 ℃、比体积为 0.015 9 m³/kg 的 CO_2的压力。

解 查表 10-1 得 CO_2的临界点参数为：$p_c = 7.386\ 5\ \text{MPa}$；$T_c = 304.2\ \text{K}$。故其对比温度为

$$T_r = \frac{T}{T_c} = \frac{373\ \text{K}}{304.2\ \text{K}} = 1.227$$

按式(10-4)

$$z = \frac{pv}{R_gT} = \frac{p_rp_cv}{R_gT} = p_r\frac{7.386\ 5 \times 10^6\ \text{Pa} \times 0.015\ 9\ \text{m}^3/\text{kg}}{188.9\ \text{J/(kg·K)} \times 373\ \text{K}} = 1.67p_r$$

于是可按此式及 $T_r = 1.227$ 由通用压缩因子图所给数据逐步试算，或是把相应于 $z = 1.67p_r$ 的直线画在通用压缩因子图上，找到它们和 $T_r = 1.227$ 曲线的交点，即可得到 $p_r = 0.54$。由对比压力的定义式可得

$$p = p_r\, p_c = 0.54 \times 7.386\ 5\ \text{MPa} = 4\ \text{MPa}$$

10-5 热力学普遍关系式

在研究实际气体的性质时，气体的温度、压力、比体积及比热容等可以通

过实验直接测定，并可根据实验结果建立有关的函数关系式。但有些状态参数，如热力学能、焓、熵等难以通过实验测定其数值及建立函数关系式。但是，根据热力学第一定律和热力学第二定律的基本关系式，再通过数学推演可以导出各种状态参数间的热力学普遍关系式，从而利用可直接测量的参数的变化来确定不能直接测量的各种参数的变化。热力学普遍关系式非常多，本节主要讨论其中常用的几个，从而说明推导的方法。

一、关于全微分的两个重要性质

当任一参数 z 可以表示为另外两个独立参数 x、y 的函数时，其全微分可表示为

$$dz=\left(\frac{\partial z}{\partial x}\right)_y dx+\left(\frac{\partial z}{\partial y}\right)_x dy$$

如将该关系表示为

$$dz=M dx+N dy$$

则因为

$$\left(\frac{\partial M}{\partial y}\right)_x=\frac{\partial^2 z}{\partial x \partial y}$$

$$\left(\frac{\partial N}{\partial x}\right)_y=\frac{\partial^2 z}{\partial y \partial x}$$

根据导数的数值与求导次序无关的性质，可以从以上两关系式得出

$$\left(\frac{\partial M}{\partial y}\right)_x=\left(\frac{\partial N}{\partial x}\right)_y$$

这是全微分的一个重要性质。

如果把全微分的关系式进一步展开，则可以得到

$$\begin{aligned} dz &=\left(\frac{\partial z}{\partial x}\right)_y dx+\left(\frac{\partial z}{\partial y}\right)_x dy \\ &=\left(\frac{\partial z}{\partial x}\right)_y\left[\left(\frac{\partial x}{\partial y}\right)_z dy+\left(\frac{\partial x}{\partial z}\right)_y dz\right]+\left(\frac{\partial z}{\partial y}\right)_x dy \\ &=\left(\frac{\partial z}{\partial x}\right)_y\left(\frac{\partial x}{\partial z}\right)_y dz+\left[\left(\frac{\partial z}{\partial x}\right)_y\left(\frac{\partial x}{\partial y}\right)_z+\left(\frac{\partial z}{\partial y}\right)_x\right] dy \end{aligned}$$

因为$\left(\frac{\partial z}{\partial x}\right)_y\left(\frac{\partial x}{\partial z}\right)_y=1$，并且 $dy\neq 0$，所以由上式可以得到

$$\left(\frac{\partial z}{\partial x}\right)_y\left(\frac{\partial x}{\partial y}\right)_z+\left(\frac{\partial z}{\partial y}\right)_x=0$$

或者可重新整理表示为

$$\left(\frac{\partial x}{\partial y}\right)_z\left(\frac{\partial y}{\partial z}\right)_x\left(\frac{\partial z}{\partial x}\right)_y=-1$$

这是全微分的另一个重要性质。

二、麦克斯韦关系式

热力学第一定律及热力学第二定律所建立的两个基本的热力学普遍关系式

$$T\mathrm{d}s=\mathrm{d}u+p\mathrm{d}v$$

$$T\mathrm{d}s=\mathrm{d}h-v\mathrm{d}p$$

可以写成热力学能及焓的全微分关系式

$$\mathrm{d}u=T\mathrm{d}s-p\mathrm{d}v \tag{a}$$

$$\mathrm{d}h=T\mathrm{d}s+v\mathrm{d}p \tag{b}$$

令 $f=u-Ts$。因 u、T、s 均为状态参数，故 f 也是一个状态参数，称为比亥姆霍兹自由能[①]，也称为比亥姆霍兹函数。比亥姆霍函数的全微分为

$$\mathrm{d}f=\mathrm{d}u-\mathrm{d}(Ts)$$

把式(a)代入，可得

$$\mathrm{d}f=(T\mathrm{d}s-p\mathrm{d}v)-\mathrm{d}(Ts)=-s\mathrm{d}T-p\mathrm{d}v \tag{c}$$

类似地，令 $g=h-Ts$。因 h、T、s 均为状态参数，故 g 也是一个状态参数，称为比吉布斯自由能[②]，也称为比吉布斯函数。比吉布斯自由能的全微分为

$$\mathrm{d}g=\mathrm{d}h-\mathrm{d}(Ts)$$

把式(b)代入，可得

$$\mathrm{d}g=(T\mathrm{d}s+v\mathrm{d}p)-\mathrm{d}(Ts)=-s\mathrm{d}T+v\mathrm{d}p \tag{d}$$

根据式(a)~式(d)四个全微分关系式，按照全微分的性质，可以导出下列四个重要的关系式，称为麦克斯韦关系式。

---

① 习惯上称比自由能。

② 习惯上称比自由焓。关于亥姆霍兹自由能和吉布斯自由能两状态参数在热力学分析中的应用，将在本书第十四章中讨论。

（1）根据热力学能的全微分关系式 $\mathrm{d}u=T\mathrm{d}s-p\mathrm{d}v$，可得

$$\left(\frac{\partial T}{\partial v}\right)_s=-\left(\frac{\partial p}{\partial s}\right)_V \tag{10-5}$$

（2）根据焓的全微分关系式 $\mathrm{d}h=T\mathrm{d}s+v\mathrm{d}p$，可得

$$\left(\frac{\partial T}{\partial p}\right)_s=\left(\frac{\partial v}{\partial s}\right)_p \tag{10-6}$$

（3）根据亥姆霍兹自由能的全微分关系式 $\mathrm{d}f=-s\mathrm{d}T-p\mathrm{d}v$，可得

$$\left(\frac{\partial s}{\partial v}\right)_T=\left(\frac{\partial p}{\partial T}\right)_V \tag{10-7}$$

（4）根据吉布斯自由能的全微分关系式 $\mathrm{d}g=-s\mathrm{d}T+v\mathrm{d}p$，可得

$$\left(\frac{\partial s}{\partial p}\right)_T=-\left(\frac{\partial v}{\partial T}\right)_p \tag{10-8}$$

麦克斯韦关系式实际上给出了熵对压力及比体积的偏导数与可测量参数的偏导数之间的关系，从而为利用热力学两个定律所给出的基本热力学关系式 $T\mathrm{d}s=\mathrm{d}u+p\mathrm{d}v$ 及 $T\mathrm{d}s=\mathrm{d}h-v\mathrm{d}p$ 求取各种热力学普遍关系式提供了方便。

三、热力学能的普遍关系式

若把热力学能表示为 T、v 的函数，则其全微分可表示为

$$\mathrm{d}u=\left(\frac{\partial u}{\partial T}\right)_V\mathrm{d}T+\left(\frac{\partial u}{\partial v}\right)_T\mathrm{d}v \tag{e}$$

为求 $(\partial u/\partial v)_T$ 的关系式，利用式（a）

$$\mathrm{d}u=T\mathrm{d}s-p\mathrm{d}v$$

并把式中熵的全微分 $\mathrm{d}s$ 展开为对 T、v 的偏导数，则

$$\mathrm{d}u=T\left(\frac{\partial s}{\partial T}\right)_V\mathrm{d}T+\left[T\left(\frac{\partial s}{\partial v}\right)_T-p\right]\mathrm{d}v \tag{f}$$

对比式（e）与式（f），两式均为以 T、v 为独立参数的热力学能的全微分式，故对应项应相等，即

$$\left(\frac{\partial u}{\partial v}\right)_T=T\left(\frac{\partial s}{\partial v}\right)_T-p$$

把麦克斯韦关系式（10-7），即 $\left(\frac{\partial s}{\partial v}\right)_T=\left(\frac{\partial p}{\partial T}\right)_V$ 代入上式，则可以得到

$$\left(\frac{\partial u}{\partial v}\right)_T=T\left(\frac{\partial p}{\partial T}\right)_v-p$$

按照比定容热容的定义，有

$$\left(\frac{\partial u}{\partial T}\right)_v=c_V$$

于是得到比热力学能的热力学普遍关系式：

$$\mathrm{d}u=c_V\mathrm{d}T+\left[T\left(\frac{\partial p}{\partial T}\right)_v-p\right]\mathrm{d}v \tag{10-9}$$

当系统由状态 1 到 2 进行一个过程时，热力学能的变化为

$$u_2-u_1=\int_1^2 c_V\mathrm{d}T+\int_1^2\left[T\left(\frac{\partial p}{\partial T}\right)_v-p\right]\mathrm{d}v \tag{10-9a}$$

根据式(10-9)和式(10-9a)，利用可测参数 p、v、T 及 c_V的有关关系式即可求得热力学能的变化。

四、焓的普遍关系式

若把焓表示为 T、p 的函数，则其全微分可表示为

$$\mathrm{d}h=\left(\frac{\partial h}{\partial T}\right)_p\mathrm{d}T+\left(\frac{\partial h}{\partial p}\right)_T\mathrm{d}p \tag{g}$$

为求$(\partial h/\partial p)_T$ 的关系式，利用焓的全微分关系式

$$\mathrm{d}h=T\mathrm{d}s+v\mathrm{d}p$$

并把式中熵的全微分 ds 展开为对 T、p 的偏导数，则上式可表示为

$$\mathrm{d}h=T\left(\frac{\partial s}{\partial T}\right)_p\mathrm{d}T+\left[T\left(\frac{\partial s}{\partial p}\right)_T+v\right]\mathrm{d}p \tag{h}$$

对比式(g)、式(h)，两式均为以 T、p 为独立参数的焓的全微分式，故对应项应相等，即

$$\left(\frac{\partial h}{\partial p}\right)_T=T\left(\frac{\partial s}{\partial p}\right)_T+v$$

把麦克斯韦关系式(10-8)代入上式，则可以得到

$$\left(\frac{\partial h}{\partial p}\right)_T=v-T\left(\frac{\partial v}{\partial T}\right)_p$$

按照比定压热容的定义，有

$$\left(\frac{\partial h}{\partial T}\right)_p = c_p$$

于是可得到比焓的热力学普遍关系式为

$$\mathrm{d}h = c_p \mathrm{d}T + \left[v - T\left(\frac{\partial v}{\partial T}\right)_p\right] \mathrm{d}p \tag{10-10}$$

当系统由状态 1 到 2 进行一个过程时，比焓的变化为

$$h_2 - h_1 = \int_1^2 c_p \mathrm{d}T + \int_1^2 \left[v - T\left(\frac{\partial v}{\partial T}\right)_p\right] \mathrm{d}p \tag{10-10a}$$

利用可测参数 p、T、v 及 c_p 的变化关系，即可按以上两式求得比焓的变化。

五、熵的普遍关系式

根据熵的全微分关系式

$$\mathrm{d}s = \frac{\mathrm{d}u + p\mathrm{d}v}{T}$$

把热力学能的热力学普遍关系式(10-9)代入上式，即可得到熵的热力学普遍关系式

$$\mathrm{d}s = \frac{c_V}{T}\mathrm{d}T + \left(\frac{\partial p}{\partial T}\right)_v \mathrm{d}v \tag{10-11}$$

又根据熵的全微分关系式

$$\mathrm{d}s = \frac{\mathrm{d}h - v\mathrm{d}p}{T}$$

把焓的热力学普遍关系式(10-10)代入上式，即可得到熵的另一个热力学普遍关系式

$$\mathrm{d}s = \frac{c_p}{T}\mathrm{d}T - \left(\frac{\partial v}{\partial T}\right)_p \mathrm{d}p \tag{10-11a}$$

当系统由状态 1 到 2 进行一个过程时，熵的变化为

$$s_2 - s_1 = \int_1^2 \frac{c_V}{T}\mathrm{d}T + \int_1^2 \left(\frac{\partial p}{\partial T}\right)_v \mathrm{d}v \tag{10-12}$$

或

$$s_2 - s_1 = \int_1^2 \frac{c_p}{T}\mathrm{d}T - \int_1^2 \left(\frac{\partial v}{\partial T}\right)_p \mathrm{d}p \tag{10-12a}$$

于是利用可测参数 p、T、v 及 c_p、c_V 的变化关系，即可求得熵的变化。

六、比热容的普遍关系式

根据熵的普遍关系式(10-11a)

$$ds=\frac{c_p}{T}dT-\left(\frac{\partial v}{\partial T}\right)_p dp$$

利用全微分的性质,可以得到比定压热容 c_p 的普遍关系式:

$$\left[\frac{\partial}{\partial p}\left(\frac{c_p}{T}\right)\right]_T=-\left[\frac{\partial}{\partial T}\left(\frac{\partial v}{\partial T}\right)_p\right]_p$$

即

$$\left(\frac{\partial c_p}{\partial p}\right)_T=-T\left(\frac{\partial^2 v}{\partial T^2}\right)_p \tag{10-13}$$

根据熵的普遍关系式(10-11)

$$ds=\frac{c_V}{T}dT+\left(\frac{\partial p}{\partial T}\right)_v dv$$

利用全微分的性质,可以得到比定容热容 c_V 的普遍关系式:

$$\left[\frac{\partial}{\partial v}\left(\frac{c_V}{T}\right)\right]_T=\left[\frac{\partial}{\partial T}\left(\frac{\partial p}{\partial T}\right)_v\right]_v$$

即

$$\left(\frac{\partial c_V}{\partial v}\right)_T=-T\left(\frac{\partial^2 p}{\partial T^2}\right)_v \tag{10-14}$$

根据熵的普遍关系式

$$ds=\frac{c_p}{T}dT-\left(\frac{\partial v}{\partial T}\right)_p dp$$

及

$$ds=\frac{c_V}{T}dT+\left(\frac{\partial p}{\partial T}\right)_v dv$$

两式相等并经整理后可以得到

$$dT=\frac{T}{c_p-c_V}\left[\left(\frac{\partial p}{\partial T}\right)_v dv+\left(\frac{\partial v}{\partial T}\right)_p dp\right] \tag{i}$$

如果把 T 表示为 p、v 的函数,则其全微分可表示为

$$dT=\left(\frac{\partial T}{\partial v}\right)_p dv+\left(\frac{\partial T}{\partial p}\right)_v dp \tag{j}$$

对比式(i)及式(j),因两式是以 p、v 为独立参数 T 的全微分式,故对应项应相等,即有

$$c_p - c_V = T\left(\frac{\partial v}{\partial T}\right)_p \left(\frac{\partial p}{\partial T}\right)_v \tag{10-15}$$

利用全微分的性质

$$\left(\frac{\partial p}{\partial v}\right)_T \left(\frac{\partial v}{\partial T}\right)_p \left(\frac{\partial T}{\partial p}\right)_v = -1$$

代入式(10-15)可以得到

$$c_p - c_V = -T\left(\frac{\partial v}{\partial T}\right)_p^2 \left(\frac{\partial p}{\partial v}\right)_T \tag{10-16}$$

根据式(10-15)、式(10-16)可以看出：

(1) 对于液体和固体，在定压下增加其温度时，其比体积增加很少，故 $(\partial v/\partial T)_p$ 的数值很小，因而固体及液体的比定压热容和比定容热容近似相等。

(2) 当 $T=0$ K 时，根据式(10-15)、式(10-16)得 $c_p-c_V=0$，即比定压热容和比定容热容相等。

(3) 在温度不变时增加压力，则比体积必然减小，即 $(\partial p/\partial v)_T$ 总是负值。但 $(\partial p/\partial v)_p^2$ 却总是正值，因而由式(10-16)可知 c_p-c_V 始终为正值。也就是说，比定压热容总是大于比定容热容。

例 10-3 证明理想气体的热力学能仅为温度的函数，而和比体积的变化无关。

证明 根据热力学能的热力学普遍关系式

$$\mathrm{d}u = c_V \mathrm{d}T + \left[T\left(\frac{\partial p}{\partial T}\right)_v - p\right]\mathrm{d}v$$

和热力学能的全微分表达式

$$\mathrm{d}u = \left(\frac{\partial u}{\partial T}\right)_V \mathrm{d}T + \left(\frac{\partial u}{\partial v}\right)_T \mathrm{d}v$$

可知

$$\left(\frac{\partial u}{\partial T}\right)_v = c_V$$

$$\left(\frac{\partial u}{\partial v}\right)_T = T\left(\frac{\partial p}{\partial T}\right)_V - p$$

根据理想气体状态方程式 $pv=R_g T$，可得

$$\left(\frac{\partial p}{\partial T}\right)_v = \frac{R_g}{v}$$

因此

$$\left(\frac{\partial u}{\partial v}\right)_T = T\left(\frac{R_g}{v}\right) - p = 0$$

即
$$du=c_V dT$$

例 10-4 设气体遵守范德瓦耳斯方程式，试求其热力学能的全微分关系式。

解 根据热力学能的普遍关系式

$$du=c_V dT+\left[T\left(\frac{\partial p}{\partial T}\right)_v-p\right]dv$$

按范德瓦耳斯方程式

$$p=\frac{R_g T}{v-b}-\frac{a}{v^2}$$

可得

$$\left(\frac{\partial p}{\partial T}\right)_v=\frac{R_g}{v-b}$$

代入热力学能的普遍关系式，就可得到遵守范德瓦耳斯方程式气体的热力学能的全微分关系式为

$$du=c_V dT+\frac{a}{v^2}dv$$

例 10-5 试证明理想气体的比热容关系式为 $c_{p0}-c_{V0}=R_g$。

证明 根据比热容的关系式

$$c_p-c_V=T\left(\frac{\partial v}{\partial T}\right)_p\left(\frac{\partial p}{\partial T}\right)_v$$

按理想气体状态方程式 $pv=R_g T$，可以得到

$$\left(\frac{\partial v}{\partial T}\right)_p=\frac{R_g}{p}$$

$$\left(\frac{\partial p}{\partial T}\right)_v=\frac{R_g}{v}$$

故可得理想气体的比热容关系式为

$$c_{p0}-c_{V0}=T\frac{R_g}{P}\frac{R_g}{v}=R_g$$

10-6 绝热节流的温度效应

绝热节流前后气体温度的变化关系是经常用到的气体物理性质。工程上，利用气体在一定条件下进行绝热节流时气体温度降低的特性来实现制冷而获取低温，以及用来使气体液化。

根据绝热节流前后气体的焓值相等和节流后气体压力下降的特点，绝热节流前后气体温度的变化可按下式来确定：

$$\mathrm{d}T=\left(\frac{\partial T}{\partial p}\right)_h \mathrm{d}p$$

式中，$(\partial T/\partial p)_h$ 称为绝热节流的温度效应。因为它首先是由焦耳和汤姆孙在进行气体性质的实验时提出的，故又称为焦耳-汤姆孙系数，用 μ_J 表示，即

$$\mu_\mathrm{J}=\left(\frac{\partial T}{\partial p}\right)_h$$

显然，焦耳-汤姆孙系数是气体的物性参数之一，其数值仅决定于气体的性质及气体所处的状态。

焦耳-汤姆孙系数随气体状态而变化的关系，可以根据焓的普遍关系式来求取。按

$$\mathrm{d}h=c_p\mathrm{d}T-\left[T\left(\frac{\partial v}{\partial T}\right)_p-v\right]\mathrm{d}p$$

若取温度 T 为 h 及 p 的函数，则当把 $\mathrm{d}T$ 展开为全微分表示式时，上式可表示为

$$\mathrm{d}h=c_p\left[\left(\frac{\partial T}{\partial h}\right)_p\mathrm{d}h+\left(\frac{\partial T}{\partial p}\right)_h\mathrm{d}p\right]-\left[T\left(\frac{\partial v}{\partial T}\right)_p-v\right]\mathrm{d}p$$

对于绝热节流过程，$\mathrm{d}h=0$ 及 $\mathrm{d}p\neq0$。所以上式可改写为

$$c_p\left(\frac{\partial T}{\partial p}\right)_h-\left[T\left(\frac{\partial v}{\partial T}\right)_p-v\right]=0$$

这样，可得到焦耳-汤姆孙系数的关系式为

$$\mu_\mathrm{J}=\left(\frac{\partial T}{\partial p}\right)_h=\frac{T\left(\frac{\partial v}{\partial T}\right)_p-v}{c_p} \tag{10-17}$$

于是，气体绝热节流前后温度的变化

$$\mathrm{d}T=\mu_\mathrm{J}\mathrm{d}p=\frac{T\left(\frac{\partial v}{\partial T}\right)_p-v}{c_p}\mathrm{d}p \tag{10-18}$$

由状态 1 经绝热节流变化到状态 2 时，气体温度的变化为

$$T_2-T_1=\int_{p_1}^{p_2}\mu_J\mathrm{d}p=\int_{p_1}^{p_2}\frac{T\left(\dfrac{\partial v}{\partial T}\right)_p-v}{c_p}\mathrm{d}p \tag{10-18a}$$

对于理想气体，按状态方程式 $pv=R_gT$，可以得到

$$\left(\frac{\partial v}{\partial T}\right)_p=\frac{R_g}{p}$$

代入式(10-17)、式(10-18a)，可以得到

$$\mu_J=0$$

及

$$T_2=T_1$$

这就是说，在任何状态下理想气体的焦耳-汤姆孙系数为零，因而在任何状态下理想气体节流前后的温度相等。

实际气体经绝热节流后温度一般都会发生变化，但若气体的状态满足方程

$$T\left(\frac{\partial v}{\partial T}\right)_p-v=0 \tag{10-19}$$

则根据式(10-17)有 $\mu_J=0$，因而根据式(10-18)有 $\mathrm{d}T=0$，即绝热节流后气体的温度不变。

假设实际气体遵守范德瓦耳斯方程式，则利用范德瓦耳斯方程式求得 $(\partial v/\partial T)_p$ 的关系式后，按照式(10-19)的关系可以得到一个曲线方程式。根据该方程式可以在状态坐标图上确定一条曲线，如图 10-5 所示。这条曲线称为焦耳-汤姆孙转回曲线。显然，对于曲线上的所有状态，其焦耳-汤姆孙系数均等于零。以该曲线为界，可以把实际气体的状态划分为两个区域：在曲线内侧区域的气体状态，其参数的值均满足 $T(\partial v/\partial T)_p-v>0$，因而其 μ_J 的值均大于零；而在曲线外侧区域的气体状态，其参数的值均满足 $T(\partial v/\partial T)_p-v<0$，因而其 μ_J 的值均小于零。

两区域间的界线即 $\mu_J=0$ 曲线上各点的温度称为转回温度。如图 10-5 所示，对应于气体的某一个压力，曲线上有两个转回温度。其中，温度较高者称为上转回温度，温度较低者称为下转回温度。如果气体的温度介于气体压力所对应的上、下转回温度之间，由图可

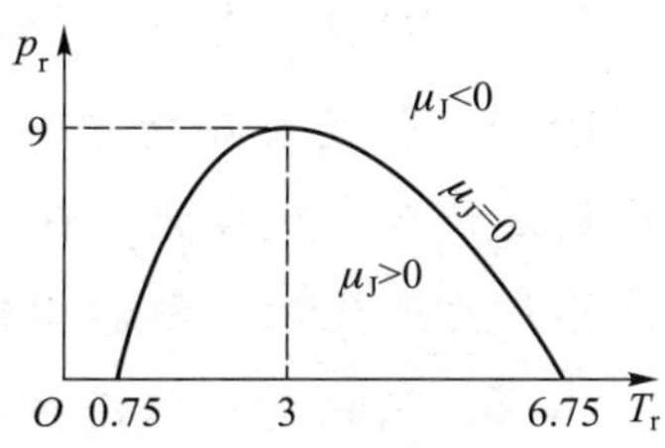

图 10-5

知该状态的 $\mu_J>0$。因为，当气体进行绝热节流时，气体压力总是降低的，即 $dp<0$，故由式(10-18a)可得 $T_2<T_1$，即节流后气体的温度必将降低。反之，如果气体的温度低于下转回温度或高于上转回温度，或气体压力高于转回曲线的最高压力，则有 $\mu_J<0$，气体绝热节流后温度会升高。因而，$\mu_J>0$ 的区域是制冷区；$\mu_J<0$ 的区域是制热区。

如图 10-5 所示，制冷区的最高压力 $p_{i,max}=9p_c$，最低转回温度 $T_{i,min}=0.75T_c$，最高转回温度 $T_{i,max}=6.75T_c$。根据表 10-1 所列各种气体的临界点参数，对于那些在常温、常压下离液态较远的气体，除氢、氦外，其最低转回温度均在负数十至负一百多摄氏度，最高转回温度则可达数百摄氏度，而 $p_{i,max}$ 则都高达数十兆帕。可见，制冷区的范围很宽，而常压、常温下的气体大都处于制冷区。虽然上述按范德瓦尔方程式所进行的分析是近似的，但它反映了实际气体的焦耳-汤姆孙系数的各种基本关系，故可以作为一般的近似分析用。按上述关系计算得到的最高转回温度，与表 10-2 所列压力为 0.101 325 MPa (1 atm)时几种气体的上转回温度的数值是很接近的。

表 10-2 0.101 325 MPa 条件下气体的上转回温度

气　体	He	H_2	N_2	O_2	CO_2	水蒸气
上转回温度/K	33.6	216	865	1 040	2 050	4 370

思 考 题

10-1 何谓饱和状态？在饱和状态下进行定温过程或定压过程时，气、液两种物质各自的状态是否发生变化？

10-2 饱和状态下比定压热容的数值应为多少？

10-3 何谓临界点？在临界状态下，气态和液态物质的热力学能、焓和熵等参数是否相同？

10-4 何谓三相点？它是否指某一确定的状态？

10-5 范德瓦耳斯方程式所表达的实际气体性质与理想气体性质的主要区别是什么？试按此解释液体的体积能自行维持稳定不随容器形状而变且外界压力变化对体积影响较小的原因。

10-6 何谓对比状态参数及对应状态？对比状态方程和状态方程式的作用有何不同？

10-7　对应态定律反映了物质的何种特性？对应态定律是否适用于理想气体？

习　题

10-1　已知甲烷(CH_4)的临界点参数为 $p_c = 4.64$ MPa、$T_c = 190.7$ K，试利用通用压缩因子图确定温度为 100 ℃、压力为 4 MPa 时甲烷的比体积，与按理想气体状态方程式计算得到的数值进行比较并计算后者的误差。

10-2　已知乙烯(C_2H_4)的临界点参数为 $p_c = 5.12$ MPa、$T_c = 283$ K，试利用通用压缩因子图确定温度为 50 ℃、压力为 5 MPa 时乙烯的比体积并计算按理想气体处理所引起的误差。

10-3　设某气体遵守状态方程式 $p(v-b)=R_g T$，试证明：

$$c_p - c_V = R_g$$

10-4　实际气体的定温压缩系数为 $k = -\frac{1}{v}\left(\frac{\partial v}{\partial p}\right)_T$，定熵压缩系数 $a = -\frac{1}{v}\left(\frac{\partial v}{\partial p}\right)_s$，试证明：

$$\frac{c_p}{c_V} = \frac{k}{a}$$

10-5　实际气体的定压膨胀系数为 $\beta = \frac{1}{v}\left(\frac{\partial v}{\partial T}\right)_p$，试证明：

$$\left(\frac{\partial T}{\partial p}\right)_s = \frac{Tv\beta}{c_p}$$

10-6　实际气体的热力学能应为温度及比体积(压力)的函数。如果由某种实际气体的状态方程式可导出 $(\partial u/\partial v)_T = 0$ 的结论，即热力学能仅为温度的函数，则说明该方程式的内在关系不正确。试据此关系验证范德瓦耳斯方程式的准确性。

10-7　设某气体遵守范德瓦耳斯方程式，试证明在绝热过程中气体所作的膨胀功为

$$w_{1-2} = -\int_1^2 c_V \mathrm{d}T + a\left(\frac{1}{v_2} - \frac{1}{v_1}\right)$$

10-8　设某气体遵守范德瓦耳斯方程式，试证明当气体作绝热自由膨

胀时,气体温度的变化为

$$dT=-\frac{a}{c_V}\frac{dv}{v^2}$$

10-9 设某气体遵守范德瓦耳斯方程式,试导出定温过程中气体作膨胀功的公式。

10-10 设某气体遵守范德瓦耳斯方程式,试证明:

$$\left(\frac{\partial c_V}{\partial v}\right)_T=0$$

10-11 设某气体遵守范德瓦耳斯方程式,试证明:

$$c_p-c_V=\frac{R_g}{1-\frac{2a\,(v-b)^2}{R_gTv^3}}$$

10-12 设某气体遵守范德瓦耳斯方程式,试证明当气体进行一个卡诺循环时,循环热效率为

$$\eta_t=1-\frac{T_2}{T_1}$$

第十一章

水蒸气及蒸汽动力循环

由于水蒸气具有较好的热力学性质，且易于获得、无毒无臭，所以被应用于许多工业生产过程中，同时也是蒸汽动力装置中应用最广泛的工质之一。在蒸汽动力装置中的水蒸气，处于离液态不远的状态，在热力过程中又经常发生物相的变化，因此其状态变化关系要比理想气体复杂得多，不能像理想气体那样用简单的数学公式求解。工程上，一般都利用专门做工程计算用的水蒸气热力性质表或线图，直接按各参数间的一般关系式分析水蒸气热力过程的状态变化及能量转换关系。本章主要讲述蒸汽动力循环的热力分析及有关的水蒸气性质和水蒸气热力过程，并简要介绍水蒸气图表的结构及使用方法。

11-1 水蒸气的发生过程

工业上所用的水蒸气一般都是在锅炉中产生的，而锅炉中水蒸气的发生过程通常可看作定压加热过程，下面介绍水定压受热而生成水蒸气的过程。

一、水蒸气的定压发生过程

取初始状态 a 时水的压力为 p，而温度与三相点温度相同，即为 0.01 ℃，因该温度低于压力 p 所对应的饱和温度 t_s，故处于未饱和水状态。为使容积变化时保持压力不变，假设容器为具有活塞的气缸，如图 11-1a 所示。当水受热时，水的温度升高，比体积略有增加，直到水的温度升高到压力 p 所对应的饱和温度 t_s时，全部水变成饱和水，如图 11-1b 所示，其状态变化过程如图 11-2中过程a-b所示。

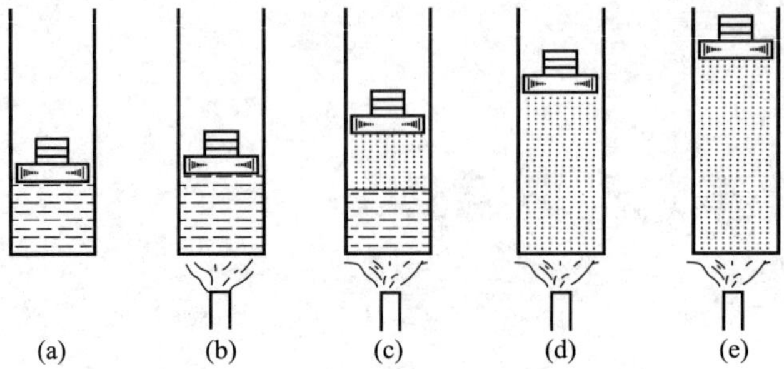

图 11-1　水蒸气定压发生过程示意图

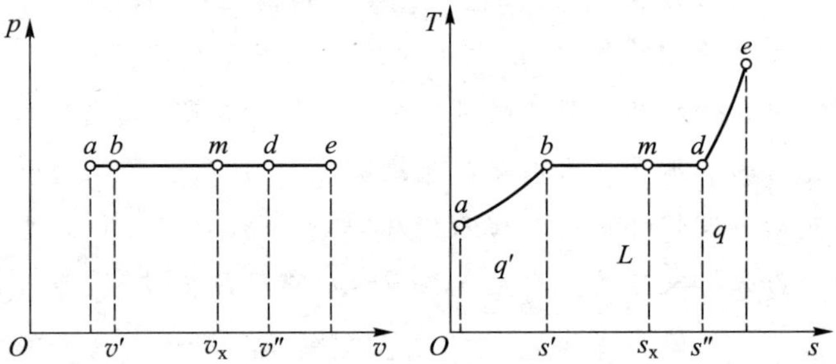

图 11-2　水蒸气定压发生过程的 $p-v$ 图及 $T-s$ 图

对水继续加热，水开始汽化，逐渐由饱和水转变成饱和水蒸气，如图 11-1c所示，未汽化的部分仍保持为饱和水状态。汽化过程中饱和水与饱与水蒸气的温度和压力都保持不变，但两者混合物的容积增长很快，即混合物的折合比体积 v_x 增加很快。当饱和水全部转变为饱和水蒸气时即达到干饱和水蒸气状态，如图 11-1d 所示。因为饱和水定压汽化成为干饱和水蒸气的过程也是定温过程，故在 $p-v$ 图及 $T-s$ 图上的汽化过程 $b-d$ 都是一条水平线，如图 11-2 中过程 $b-d$ 所示。

干饱和水蒸气继续加热，水蒸气的温度便升高到高于饱和温度，这种水蒸气称为过热水蒸气。过热水蒸气的比体积比饱和水蒸气大，其状态如图 11-1e所示。过热水蒸气的温度与同压力下的饱和温度之差称为水蒸气的过热度，即$D=t-t_s$。

二、水蒸气发生过程中的能量关系

综上所述可见，水蒸气的定压加热过程可分为三个阶段，即由未饱和水转变为饱和水的过程，称为水的预热过程；由饱和水转变为干饱和水蒸气的过程，称为水的汽化过程；由干饱和水蒸气转变为过热水蒸气的过程，称为水蒸气的过热过程。

在水的定压预热过程中，使水由三相点温度0.01 ℃升高到饱和温度t_s所需的热量称为水的液体热，用q'表示，在$T-s$图上相当于$a-b$过程线下的面积。定压预热过程的压力越高，对应的饱和温度也越高，水的液体热就越大。液体热随压力而变化的关系如图11-3所示。

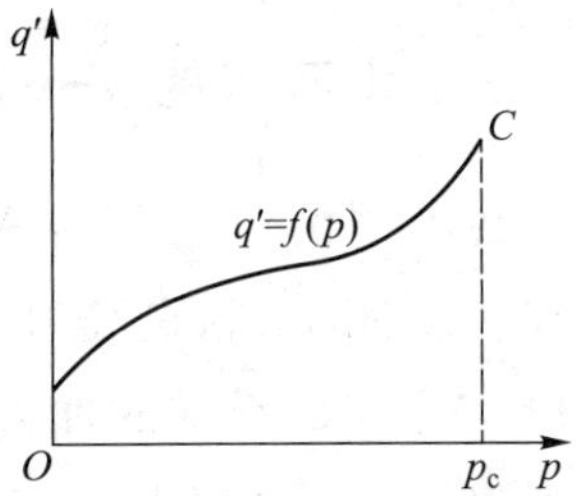

图11-3 水的液体热随压力变化的示意图

水在定压预热过程中，其能量转换关系可表示为

$$q'=h'-h_{0.01}=(u'-u_{0.01})+p(v'-v_{0.01}) \tag{11-1}$$

式中，上角标"′"表示饱和水的状态，下角标"0.01"表示温度为0.01 ℃的水的状态。当定压预热过程的压力不高，相应的饱和温度也不高时，$v'\approx v_{0.01}$，于是上式可近似地表示为

$$q'=h'-h_{0.01}\approx u'-u_{0.01} \tag{11-1a}$$

由于在热工计算中仅需要计算焓及热力学能变化的数值，故可任意规定某个状态作为计算的零点。国际水蒸气性质会议规定，取水三相点状态下热力学能的数值为零。而在一般情况下，温度为0.01 ℃时不同压力的水的热力学能均可近似取为零，即$u_{0.01}\approx 0$ kJ/kg。在压力不高时，还可把0.01 ℃时水的焓也近似地取为零，即$h_{0.01}\approx 0$ kJ/kg。

在水的定压汽化过程中，1 kg饱和水汽化成为干饱和水蒸气所需的热量称为汽化潜热，用L表示，在$T-s$图上相当于图11-2中$b-d$过程线下的面积。汽化过程的压力越高，汽化潜热的数值越小，其变化关系如图11-4所示。在临界压力下，汽化潜热为零。

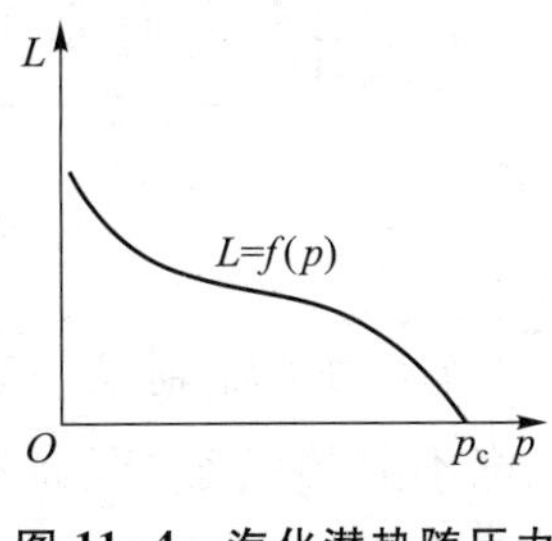

图11-4 汽化潜热随压力变化的示意图

定压汽化过程中的热量转换关系可表示为

$$L = h'' - h' = (u'' - u') + p(v'' - v') \tag{11-2}$$

式中，上角标“″”表示干饱和水蒸气状态。

定压过热过程中所需的热量称为过热热量，用 q 表示，相当于 $T-s$ 图上 $d-e$ 过程线下的面积。按能量转换关系，有

$$q = h - h'' \tag{11-3}$$

式中，h 为过热水蒸气的焓。

显然，将 0.01 ℃的水定压加热变为过热水蒸气所需的热量等于液体热、汽化潜热与过热热量三者之和，而且整个水蒸气定压发生过程及各个阶段中的加热量均可用水和水蒸气的焓值变化来计算。

三、水蒸气的 $p-v$ 图和 $T-s$ 图

在不同的压力下对水加热，同样要经历类似上述的相变过程。在 $p-v$ 图和 $T-s$ 图上，将各定压线上所有开始汽化的各点连接起来，形成一条如图11-5中 BC 所示的曲线，线上各点相应于不同压力下的饱和水状态，称为下界线，即饱和水线。将定压线上所有汽化完毕的各点连接起来，形成另一条曲线 AC，线上各点相应于不同压力下的干饱和水蒸气状态，称为上界线，也即干饱和水蒸气线。

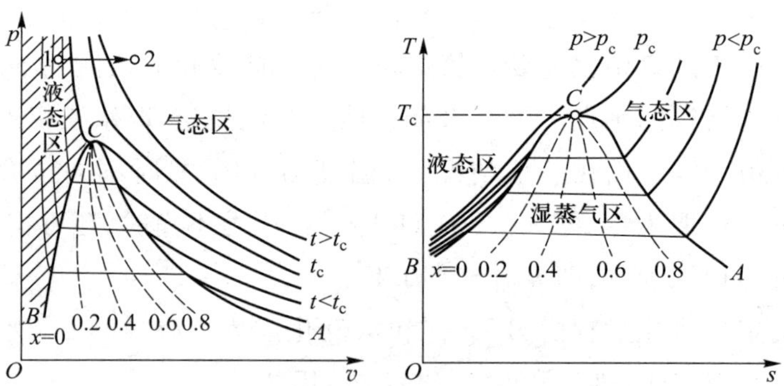

图 11-5　水蒸气的 $p-v$ 图及 $T-s$ 图

当压力增加到某一确定值时，饱和水状态与干饱和蒸汽状态重合，成为水、汽不分的状态，即临界点 C。水蒸气的临界参数为

$$t_c = 374.15\ ℃, p_c = 22.120\ \text{MPa}, v_c = 0.003\ 17\ \text{m}^3/\text{kg}$$

下界线和上界线在临界点 C 相交，形成饱和曲线 ACB 所包围的饱和区，

在该区域内饱和水和饱和水蒸气共存，称为湿饱和蒸汽，因此饱和区又称为湿蒸汽区。

当压力高于临界压力 p_c 时，便不再发生水的定压汽化过程，如图 11-5 中过程 1-2 所示。

分析水蒸气的相变图线可见，上、下界线表明了水汽化的始末界线，二者统称饱和曲线，这两条饱和曲线与临界温度线把 $p-v$ 和 $T-s$ 图分为三个区域，即液态区（下界线左侧）、湿蒸汽区（饱和曲线内）、汽态区（上界线右侧）。所以，水蒸气的相变图线可以总结为一点（临界点）、二线（上界线、下界线）、三区（液态区、湿蒸汽区、气态区）和五态（未饱和水状态、饱和水状态、湿饱和蒸汽状态、干饱和蒸汽状态、过热蒸汽状态）。

四、水蒸气的饱和状态

在饱和曲线所包围的饱和区内，饱和水和饱和水蒸气共存而处于平衡状态，这就是饱和状态。在饱和状态下，饱和水与饱和水蒸气的平衡是动态的平衡。这时，在两种相的分界面上，不断有分子交换发生。在液体表面，一些动能较大的分子常可克服其邻近分子的引力，脱离液体而逸入蒸汽空间。液体的温度越高，逸离液面的分子就越多。与此同时，蒸汽中的分子在混乱运动中撞击液面也会有一些蒸汽分子被液面的分子吸住而返回液体。蒸汽的压力越高，撞击液面的分子越多，返回液面的分子也越多。当逸出液面和进入液面的分子数相等而建立动态平衡时，饱和水与饱和水蒸气平衡共存，饱和温度与饱和压力之间有确定的相互对应关系。

压力越高，饱和温度也越高。例如，当 $p=0.010\ 8$ kPa 时，水的饱和温度为0 ℃；当 $p=101.325$ kPa 时，水的饱和温度为 100 ℃。饱和温度 t_s 和饱和压力 p_s 之间的一一对应关系可由实验测得，也可由经验公式确定。

由于饱和区内的湿饱和蒸汽的温度 t_s 与压力 p_s 具有一定的函数关系，所以两者只能作为一个独立参数。要确定湿饱和蒸汽的状态，还需另一个独立参数，一般采用“干度”作为参数，但也可以是其状态参数，如焓、熵、比体积中的任何一个。

通常把湿饱和蒸汽中干饱和蒸汽的质量分数称为干度，用 x 表示。按此

定义,有

$$x=\frac{m''}{m}=\frac{m''}{m''+m'} \tag{11-4}$$

式中:m''为干饱和蒸汽的质量;m'为饱和水的质量。由于湿饱和蒸汽实质上是干饱和蒸汽与饱和水的混合物,因此其热力学能、焓、熵及容积可表示为

$$U_x=U'+U'' \tag{11-5a}$$

$$H_x=H'+H'' \tag{11-5b}$$

$$S_x=S'+S'' \tag{11-5c}$$

$$V_x=V'+V'' \tag{11-5d}$$

式中,下角标“x”表示湿饱和蒸汽的状态。把干度关系引入上述各式,便可得到 u_x、h_x、s_x 及 v_x 的计算式为

$$u_x=(1-x)u'+xu''=u'+x(u''-u')$$

$$h_x=(1-x)h'+xh''=h'+x(h''-h')=h'+xL$$

$$s_x=(1-x)s'+xs''=s'+x(s''-s')$$

$$v_x=(1-x)v'+xv''=v'+x(v''-v')$$

只要知道了湿饱和蒸汽的干度 x,便可按上面各关系式,利用饱和水及干饱和蒸汽的状态参数求得湿饱和蒸汽的相应状态参数的数值。

11-2　水蒸气的热力性质表和图

水蒸气的热力性质比较复杂,一个精确的水蒸气状态方程式往往包含很多函数项及很多系数,直接利用这种方程式通过数学运算来求取水蒸气的状态变化关系必须借助计算机。为了进行有关水蒸气的各种工程计算的需要,专业人员编制了水蒸气的热力性质表和相应的图线,从而提供了计算所需的各种状态下水蒸气参数的详尽数据。

由于工程计算中不需要计算水蒸气 u、h、s 的绝对值,只需确定它们的变化量,因此可任意选择一个基准点。按国际会议的规定,水蒸气热力性质表和图是以处于三相点状态的液相水为基准点编制的。水的三相点的参数为

$$p=0.611\ 2\ \text{kPa}, v=0.001\ 000\ 22\ \text{m}^3/\text{kg}, T=273.16\ \text{K}$$

在此状态下液相水的热力学能和熵被规定为零,即

$$u'_{0.01}=0\ \text{kJ/kg}, s'_{0.01}=0\ \text{kJ/(kg}\cdot\text{K)}$$

而其焓值为

$$h'_{0.01}=u'_{0.01}+pv=0\ \text{kJ/kg}+0.611\ 2\ \text{kPa}\times 0.001\ 000\ 22\ \text{m}^3/\text{kg}$$
$$=0.000\ 611\ \text{kJ/kg}\approx 0\ \text{kJ/kg}$$

因此,工程上可视其为零。

常用的水蒸气热力性质表有:未饱和水及过热蒸汽表、饱和水及干饱和蒸汽表。

在未饱和水及过热蒸汽表中,按温度、压力分别作为行、列,列出了比体积、焓和熵的数值。该表的形式如表 11-1 所示。利用这个表可按给定的任意两个状态参数,确定该状态下的其他三个参数。

饱和水及干饱和蒸汽表通常分为两种,一种按温度排列,一种按压力排列。在表上列出了饱和温度,饱和压力,饱和水以及干饱和蒸气的比体积、焓和熵的数值。这两种表的形式如表 11-2 所示。利用这两个表还可以根据给定的参数和干度 x,确定湿饱和蒸汽的各参数。

在应用水蒸气热力性质表时,经常需要进行插值计算,来确定表列两数据中间的数值,而如果用水蒸气热力性质线图进行计算,则可使计算工作更为简便,但精确度不如表中数据。

在水蒸气的工程计算中,应用最广泛的水蒸气热力性质线图是 $h-s$ 图。在 $h-s$ 图上,不仅可直观地确定水蒸气的状态,而且可直接读出焓的数值,特别便于在工程计算中求取焓值的变化。

表 11-1　未饱和水及

v 的单位为 m^3/kg，h 的单位为

（粗线左下侧为未饱和水，

p / MPa		t / ℃				
		0	60	140	160	180
0.1	v	0.001 000 2	0.001 101 71	1.888 9	1.983 8	2.078 3
	h	0.05	251.22	2 756.2	2 795.8	2 835.3
	s	-0.000 2	0.831 2	7.565 4	7.659 0	7.748 2
0.5	v	0.001 000 0	0.001 016 9	0.001 079 6	0.383 58	0.404 50
	h	0.46	251.56	589.30	2 767.2	2 811.7
	s	-0.000 1	0.831 0	1.739 2	6.864 7	6.965 1
1	v	0.000 999 7	0.001 016 7	0.001 079 3	0.001 101 7	0.194 43
	h	0.97	251.98	589.63	675.84	2 777.9
	s	-0.000 1	0.830 7	1.738 6	1.942 4	6.586 4
2	v	0.000 999 2	0.001 016 2	0.001 078 7	0.001 100 9	0.001 126 5
	h	1.99	252.82	590.27	676.43	763.72
	s	0.000 0	0.830 2	1.737 6	1.941 2	2.138 2
3	v	0.000 998 7	0.001 015 8	0.001 078 1	0.001 100 2	0.001 125 6
	h	3.01	253.16	590.92	677.01	764.23
	s	0.000 0	0.829 6	1.736 6	1.940 0	2.136 9
4	v	0.000 998 2	0.001 015 3	0.001 077 4	0.001 099 5	0.001 124 8
	h	4.03	254.50	591.58	677.60	764.74
	s	0.000 1	0.829 1	1.735 5	1.938 9	2.135 5
5	v	0.000 997	0.001 014 9	0.001 076 8	0.001 098 8	0.001 124 0
	h	5.04	255.34	592.23	678.19	765.25
	s	0.000 2	0.828 6	1.734 5	1.937 7	2.134 2
6	v	0.000 997 2	0.001 014 4	0.001 076 2	0.001 098 1	0.001 123 1
	h	6.05	256.18	592.88	678.78	765.76
	s	0.000 2	0.828 0	1.733 5	1.936 5	2.132 8
9	v	0.000 995 7	0.001 013 1	0.001 074 4	0.001 096 0	6.001 120 7
	h	9.08	258.69	594.85	680.56	767.32
	s	0.000 4	0.826 5	1.730	1.933 0	2.128 8
12	v	0.000 994 2	0.001 011 8	0.001 072 5	0.001 093 8	0.001 118 3
	h	12.10	261.20	596.82	682.36	768.90
	s	0.000 5	0.824 9	1.727 4	1.929 6	2.124 9
15	v	0.000 992 8	0.001 010 5	0.001 070 8	0.001 091 9	0.001 115 9
	h	15.10	263.72	5.988 0	684.16	770.49
	s	0.000 6	0.823 3	1.724 4	1.926 2	2.121 0
17	v	0.000 991 8	0.001 009 6	0.001 069 6	0.001 090 6	0.001 114 4
	h	17.10	265.39	600.13	685.37	771.57
	s	0.000 6	0.822 3	1.722 5	1.923 9	2.118 5
20	v	0.000 990 4	0.001 008 4	0.001 067 9	0.001 088 6	0.001 112 1
	h	20.08	267.90	602.12	687.20	773.19
	s	0.000 6	0.820 7	1.719 5	1.920 6	2.114 7

过热蒸汽表(摘录)

kJ/kg,s 的单位为 kJ/(kg · K)

右上侧为过热蒸汽)

200	300	350	400	500	600
2. 172 3 2 874. 8 7. 833 4	2. 638 8 3 073. 8 8. 214 8	2. 870 9 3 174. 9 8. 384 0	3. 102 7 3 277. 3 8. 542 2	3. 565 6 3 486. 5 8. 831 7	4. 027 9 3 702. 7 9. 094 6
0. 424 87 2 854. 9 7. 058 5	0. 522 55 3 063. 6 7. 458 8	0. 570 12 3 167. 0 7. 631 9	0. 617 29 3 271. 1 7. 792 4	0. 710 94 3 482. 2 8. 084 8	0. 804 08 3 699. 6 8. 349 1
0. 205 90 2 827. 3 6. 693 1	0. 257 93 3 050. 4 7. 121 6	0. 282 47 3 157. 0 7. 299 9	0. 306 48 3 263. 1 7. 463 8	0. 354 10 3 476. 8 7. 759 7	0. 401 09 3 695. 7 8. 0259
0. 001 156 0 852. 52 2. 330 0	0. 125 449 3 022. 6 6. 764 8	0. 138 564 3 136. 2 6. 955 0	0. 151 190 3 246. 8 7. 125 8	0. 175 666 3 465. 9 7. 429 3	0. 199 598 3 687. 8 7. 699 1
0. 001 154 9 852. 93 2. 328 4	0. 081 126 2 992. 4 6. 537 1	0. 090 520 3 114. 4 6. 741 4	0. 099 352 3 230. 1 6. 919 9	0. 116 174 3 454. 9 7. 231 4	0. 132 427 3 679. 9 7. 505 1
0. 001 153 9 853. 34 2. 326 8	0. 058 821 2 959. 5 6. 359 5	0. 066 436 3 091. 5 6. 580 5	0. 073 401 3 212. 7 6. 767 7	0. 086 417 3 443. 6 7. 087 7	0. 098 836 3 671. 9 7. 365 3
0. 001 152 9 853. 75 2. 325 3	0. 045 301 2 923. 3 6. 206 4	0. 051 932 3 067. 4 6. 447 7	0. 057 804 3 194. 9 6. 644 6	0. 068 552 3 432. 2 6. 973 5	0. 078 675 3 663. 9 7. 255 3
0. 001 151 9 854. 17 2. 323 7	0. 036 148 2 883. 1 6. 065 6	0. 042 213 3 041. 9 6. 331 7	0. 047 382 3 176. 4 6. 539 5	0. 056 632 3 420. 6 6. 878 1	0. 065 228 3 655. 7 7. 164 0
0. 001 149 0 855. 44 2. 319 1	0. 001 401 8 1 343. 5 3. 251 4	0. 025 786 2 955. 3 6. 034 2	0. 029 921 3 117. 1 6. 284 2	0. 036 733 3 385. 0 6. 656 0	0. 042 789 3 630. 8 6. 955 2
0. 001 146 2 856. 75 2. 314 6	0. 001 389 2 1 340. 1 3. 238 2	0. 017 202 2 846. 2 5. 757 4	0. 021 079 3 050. 6 6. 073 6	0. 026 782 3 348. 0 6. 486 8	0. 031 573 3 605. 8 6. 800 6
0. 001 143 4 858. 08 2. 310 2	0. 001 377 7 1 337. 3 3. 226 0	0. 011 469 2 691. 2 5. 440 3	0. 015 652 2 974. 6 5. 879 8	0. 207 97 3 309. 0 6. 344 9	0. 024 882 3 580. 7 6. 675 7
0. 001 141 6 858. 98 2. 307 2	0. 001 370 5 1 335. 6 3. 218 3	0. 001 726 9 1 666. 0 3. 769 4	0. 013 025 0 2 917. 2 5. 752 0	0. 017 965 1 3 281. 17 6. 259 6	0. 021 728 5 3 563. 3 6. 602 5
0. 001 138 9 860. 36 2. 302 9	0. 001 360 5 1 333. 4 3. 207 2	0. 001 664 5 1 645. 2 3. 727 5	0. 009 945 8 2 816. 8 5. 552 0	0. 014 768 1 3 239. 3 6. 141 5	0. 018 165 5 3 536. 3 6. 503 5

表 11-2 饱和水及干饱和蒸汽表(摘录)

(一)按温度排列

t	p	v'	v''	h'	h''	s'	s''
℃	MPa	m^3/kg	m^3/kg	kJ/kg	kJ/kg	kJ/(kg·K)	kJ/(kg·K)
0.00	0.000 611 2	0.001 000 22	206.154	-0.05	2 500.51	0.000 2	9.154 4
0.01	0.000 611 7	0.001 000 21	206.012	0.00	2 500.53	0.000 0	9.154 1
5	0.000 872 5	0.001 000 08	147.048	21.02	2 509.71	0.076 3	9.023 6
15	0.001 705 3	0.001 000 94	77.910	62.95	2 528.07	0.224 3	8.779 4
25	0.003 168 7	0.001 003 02	43.362	104.77	2 546.29	0.367 0	8.556 0
35	0.005 626 3	0.001 006 05	25.222	146.59	2 564.38	0.505 0	8.351 1
70	0.031 177 8	0.001 022 76	5.0443	293.01	2 626.10	0.955 0	7.754 0
110	0.143 243	0.001 051 56	1.210 6	461.33	2 691.26	1.418 6	7.238 6
150	0.475 71	0.001 090 46	0.392 86	632.28	2 746.35	1.842 0	6.838 1
190	1.254 17	0.001 141 36	0.156 50	807.56	2 785.80	2.235 8	6.507 1
200	1.553 66	0.001 156 41	0.127 32	852.34	2 792.47	2.330 7	6.431 2
300	8.583 08	0.001 403 69	0.021 669	1 344.0	2 748.71	3.253 3	5.704 2
373.99	22.064	0.003 106	0.003 106	2 085.9	2 085.87	4.409 2	4.409 2

(二)按压力排列

p	t	v'	v''	h'	h''	s'	s''
MPa	℃	m^3/kg	m^3/kg	kJ/kg	kJ/kg	kJ/(kg·K)	kJ/(kg·K)
0.001	6.949 1	0.001 000 1	129.185	29.21	2 513.29	0.105 6	8.973 5
0.003	24.114 2	0.001 002 8	45.666	101.07	2 544.68	0.354 6	8.575 8
0.004	28.953 3	0.001 004 1	34.796	121.33	2 553.45	0.422 1	8.472 5
0.005	32.879 3	0.001 005 3	28.191	137.72	2 560.55	0.476 1	8.393 0
0.01	45.798 8	0.001 010 3	14.673	191.76	2 583.72	0.649 0	8.148 1
0.02	60.065 0	0.001 017 2	7.649 7	251.43	2 608.90	0.832 0	7.906 8
0.05	81.338 8	0.001 029 9	3.240 9	340.55	2 645.31	1.091 2	7.592 8
0.1	99.634	0.010 432 0	1.694 3	417.52	2 675.14	1.302 8	7.358 9
0.2	120.240	0.001 060 5	0.885 85	504.78	2 706.53	1.530 3	7.127 2
0.5	151.867	0.001 092 5	0.374 86	640.35	2 748.59	1.861 0	6.821 4
1.0	179.916	0.001 127 2	0.194 38	762.84	2 777.67	2.138 8	6.585 9
2.0	212.417	0.001 176 7	0.099 588	908.64	2 798.66	2.447 1	6.339 5
3.0	233.893	0.001 216 6	0.066 662	1 008.2	2 803.19	2.645 4	6.185 4
5.0	263.980	0.001 286 2	0.003 943 9	1 154.2	2 793.64	2.920 1	5.972 4

水蒸气的 $h-s$ 图如图 11-6 所示。图中粗线为界限曲线,点 C 为临界点,$x=0$ 的线为饱和水线,$x=1$ 的线为干饱和蒸汽线。图中还有定压线、定温线

和定容线，在饱和区内还有定干度线。

定压线簇在 $h-s$ 图上呈发散分布。由热力学一般关系式 $T\mathrm{d}s=\mathrm{d}h-v\mathrm{d}p$ 可知，定压线在 $h-s$ 图上的斜率为

$$\left(\frac{\partial h}{\partial s}\right)_p=T$$

在饱和区，压力 p 一定时温度 T 亦为定值，所以该区内的定压线为一簇斜率不同的直线。在过热区，随着温度的增高，定压线越来越陡。

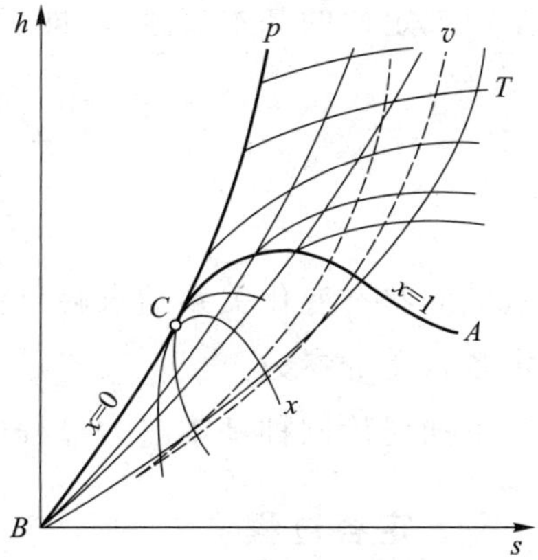

图 11-6 水蒸气的 $h-s$ 图

定温线在饱和区内与定压线重合；在过热区定温线与定压线自上界线处分开，随后逐渐趋于平坦。这表明，在一定的温度下，随着压力的降低水蒸气的性质趋近于理想气体，定温线趋于水平的定焓线。

定容线在 $h-s$ 图上的走向与定压线相同，但比定压线稍陡，如图 11-6 中的虚线所示。

定干度线是饱和区内特有的曲线，它是包括 $x=0$ 的下界线及 $x=1$ 的上界线在内的一组干度等于常数的曲线，是由饱和区内各定压线的等分点连接而得。

由于 $h-s$ 图中干度小于 0.5 区域的图线过于密集，而工程中也不经常使用这部分数据，故通常所用的 $h-s$ 图线中不包括这一区域。

利用水蒸气线图确定水蒸气状态参数，其优点是简便、直观，但其读数不够准确。利用水蒸气表确定水蒸气状态参数，其优点是读数较准确，但往往需要计算插值，稍费事一些。

11-3 水蒸气的热力过程

分析水蒸气热力过程的目的主要是确定该过程中的能量转换关系，包括过程中工质所作的功、工质吸收的热量以及工质的热力学能和焓的变化等的分析及计算。为此，必须确定过程中状态参数的变化。

求解水蒸气热力过程的能量转换关系时,主要依据热力学第一定律及热力学第二定律的基本表达式,即

$$q_{1-2}=\Delta u_{1,2}+\int_1^2 p\mathrm{d}v$$

$$q_{1-2}=\int_1^2 T\mathrm{d}s$$

水蒸气的状态变化关系的求解可借助水蒸气表及图,根据给定的过程特点来确定各状态的参数。

下面讨论四种基本热力过程中能量转换的关系。

一、定容过程

定容过程中工质的比体积不变,即 $v_1=v_2$,于是可得

$$w_{1-2}=\int_1^2 p\mathrm{d}v=0$$

$$q_{1-2}=\Delta u_{1,2}=(h_2-h_1)-v_1(p_2-p_1)$$

定容过程在 h-s 图上的形状如图 11-7 中曲线 1-2 所示。

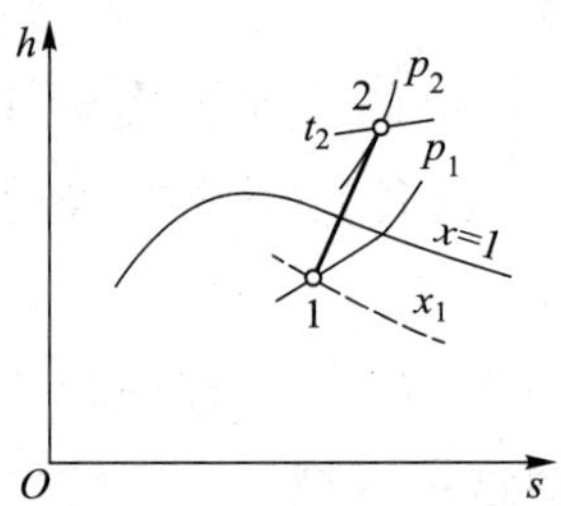

图 11-7 水蒸气的定容过程

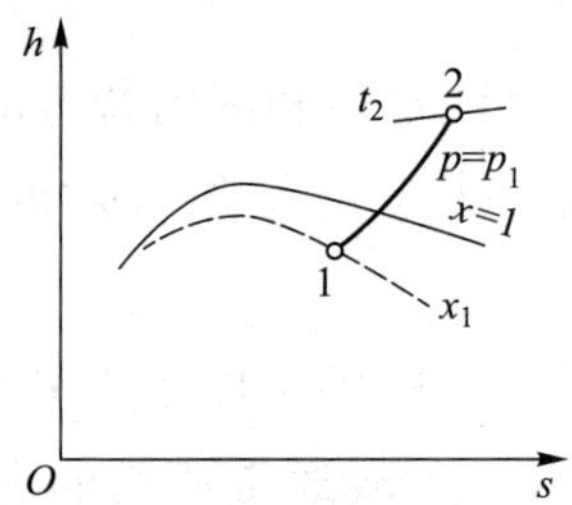

图 11-8 水蒸气的定压过程

二、定压过程

定压过程中工质的压力保持不变,即 $p_1=p_2$,于是可得

$$w_{1-2}=p_1(v_2-v_1)$$

$$q_{1-2}=h_2-h_1$$

定压过程在 h-s 图上的形状如图 11-8 中曲线 1-2 所示。

三、定温过程

定温过程中工质的温度保持不变，即 $T_1=T_2$，于是可得

$$w_{1-2}=q_{1-2}-\Delta u_{1,2}$$
$$=T_1(s_2-s_1)-[(h_2-h_1)-(p_2v_2-p_1v_1)]$$
$$q_{1-2}=T_1(s_2-s_1)$$

定温过程在 $h-s$ 图上的形状如图 11-9 中曲线 1-2 所示。

四、定熵过程

定熵过程中工质的熵不变，即 $s_1=s_2$，于是可得

$$w_{1-2}=u_1-u_2=(h_1-h_2)-(p_1v_1-p_2v_2)$$
$$q_{1-2}=0$$

定熵过程在 $h-s$ 图上的形状如图 11-10 中直线 1-2 所示。

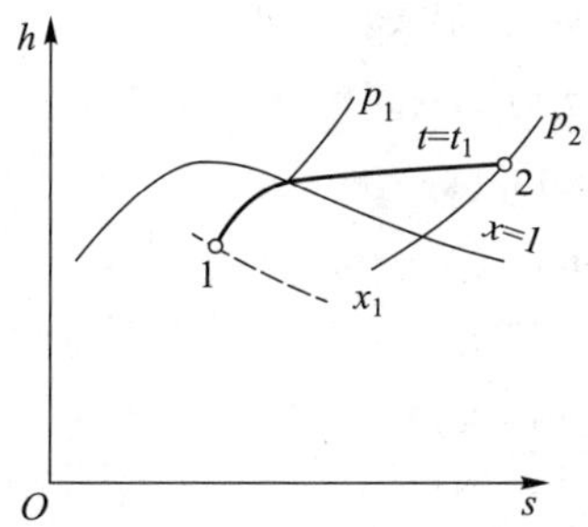

图 11-9 水蒸气的定温过程

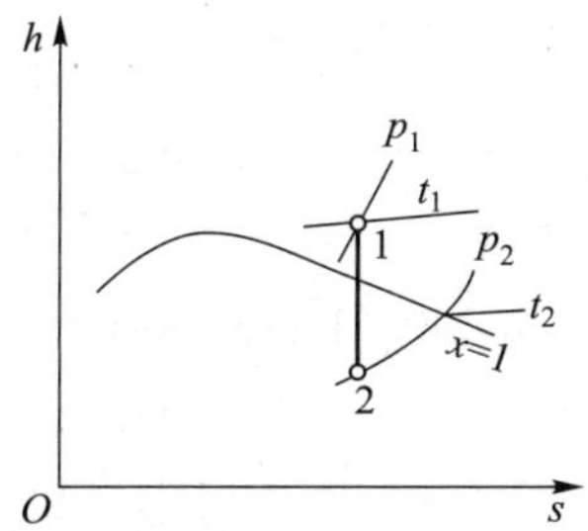

图 11-10 水蒸气的定熵过程

例 11-1 设水蒸气的初始状态为 $p_1=1$ MPa、$t_1=300$ ℃，经绝热膨胀压力降到 $p_2=0.1$ MPa。(1) 试求 1 kg 水蒸气所作的容积变化功；(2) 若水蒸气按稳定流动过程经过一开口系统，其流动动能及重力势能的变化可以不计，试求水蒸气所作的轴功。

解 (1) 利用 $h-s$ 图求解

① 初始状态的参数

根据已知条件 $p_1=1$ MPa、$t_1=300$ ℃，按图 11-10 所示方法，由 $h-s$ 图上找出 1 MPa 的定压线和 300 ℃的定温线，两线的交点即为初始状态点 1，于是可由图上查得该点的各参数为

$$h_1=3\ 052\ \text{kJ/kg}, v_1=0.26\ \text{m}^3/\text{kg}, s_1=7.125\ \text{kJ/(kg·K)}$$

② 终了状态的参数

根据已知条件 $p_2=0.1$ MPa，找出 0.1 MPa 的定压线，再从初始状态点 1 作 $s=7.125$ kJ/

(kg·K)的定熵线(垂直线)与 $p_2=0.1$ MPa 的定压线相交,此交点即为绝热膨胀过程的终态。于是,可由图上查得该点的各参数为

$$h_2=2\ 587\ \text{kJ/kg},\quad v_2=1.62\ \text{m}^3/\text{kg}$$

$$t_2\approx 100\ ℃,\quad x_2=0.961$$

③ 容积变化功及轴功计算

$$\begin{aligned}w_{1-2}&=u_1-u_2=(h_1-h_2)-(p_1v_1-p_2v_2)\\&=(3\ 052-2\ 587)\ \text{kJ/kg}-(1\times10^6\ \text{Pa}\times0.26\ \text{m}^3/\text{kg}-0.1\times10^6\ \text{Pa}\times1.62\ \text{m}^3/\text{kg})/10^3\\&=367\ \text{kJ/kg}\end{aligned}$$

$$(w_s)_{1-2}=h_1-h_2=3\ 052\ \text{kJ/kg}-2\ 587\ \text{kJ/kg}=465\ \text{kJ/kg}$$

(2) 利用水蒸气表求解

① 初始状态的参数

根据已知条件 $p_1=1$ MPa,$t_1=300$ ℃,从表 11-1 查得相应于该状态的各参数为

$$h_1=3\ 050.4\ \text{kJ/kg},\quad v_1=0.257\ 93\ \text{m}^3/\text{kg},\ s_1=7.121\ 6\ \text{kJ/(kg·K)}$$

② 终了状态的参数

根据已知条件 $p_2=0.1$ MPa,从饱和蒸汽表查得:

$$t_2=99.634\ ℃,\qquad v'=0.001\ 043\ 2\ \text{m}^3/\text{kg}$$

$$v''=1.694\ 3\ \text{m}^3/\text{kg},\quad h'=417.52\ \text{kJ/kg}$$

$$h''=2\ 675.14\ \text{kJ/kg},\quad s'=1.302\ 8\ \text{kJ/(kg·K)}$$

$$s''=7.358\ 9\ \text{kJ/(kg·K)}$$

因 $s_2=s_1=7.121\ 6$ kJ/(kg·K),于是可得终了状态 2 的干度 x_2 为

$$x_2=\frac{s_2-s_1'}{s''-s'}=\frac{(7.121\ 6-1.302\ 8)\text{kJ/(kg·K)}}{(7.358\ 9-1.302\ 8)\text{kJ/(kg·K)}}=0.961$$

状态 2 的其他参数为

$$\begin{aligned}h_2&=x_2h''+(1-x_2)h'\\&=0.961\times2\ 675.14\ \text{kJ/kg}+(1-0.961)\times417.52\ \text{kJ/kg}=2\ 587.1\ \text{kJ/kg}\end{aligned}$$

$$v_2\approx x_2v''=0.961\times1.694\ 3\ \text{m}^3/\text{kg}=1.628\ \text{m}^3/\text{kg}$$

③ 容积变化功及轴功计算

$$\begin{aligned}w_{1-2}&=u_1-u_2=(h_1-h_2)-(p_1v_1-p_2v_2)\\&=(3\ 050.4\ \text{kJ/kg}-2\ 587.1\ \text{kJ/kg})-(1\times10^6\ \text{Pa}\times0.258\ 0\ \text{m}^3/\text{kg}-0.1\times10^6\ \text{Pa}\times\\&\quad 1.628\ \text{m}^3/\text{kg})/10^3\\&=371.5\ \text{kJ/kg}\end{aligned}$$

$$(w_s)_{1-2}=h_1-h_2=3\ 050.4\ \text{kJ/kg}-2\ 587.1\ \text{kJ/kg}=463.3\ \text{kJ/kg}$$

例 11-2　设水蒸气在过热器中定压吸热,由初始状态 1 的 $p_1=5$ MPa、$x_1=0.98$ 升温到 $t_2=500$ ℃,试求水蒸气所吸收的热量。

解　当 $p_1=5$ MPa 时，根据表 11-2 查得 $h'=1\ 154.2$ kJ/kg，$h''=2\ 793.64$ kJ/kg，于是可计算得到初始的焓值为

$$h_1=x_1h''+(1-x_1)h'$$
$$=0.98\times2\ 793.64\ \text{kJ/kg}+0.02\times1\ 154.2\ \text{kJ/kg}=2\ 760.9\ \text{kJ/kg}$$

根据过热水蒸气表，当 $p_2=5$ MPa、$t_2=500$ ℃时，$h_2=3\ 432.2$ kJ/kg，于是过热器中水蒸气定压吸收的热量为

$$q_{1-2}=h_2-h_1=3\ 432.2\ \text{kJ/kg}-2\ 760.9\ \text{kJ/kg}=671.3\ \text{kJ/kg}$$

例 11-3　试根据 $h-s$ 图确定 $p=2$ MPa 时汽化潜热的数值。

解　如图 11-11 所示，在 $h-s$ 图饱和区的 $p=2$ MPa定压线上取 1 及 2 两个点。由图查得：

$$x_1=0.68,\quad h_1=2\ 192\ \text{kJ/kg}$$
$$x_2=0.98,\quad h_2=2\ 759\ \text{kJ/kg}$$

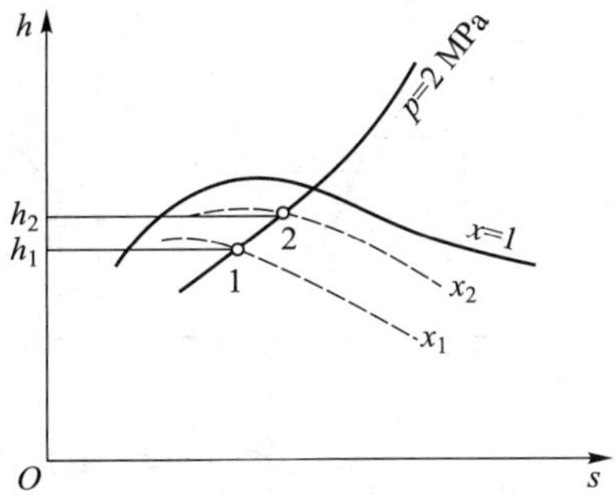

图 11-11

根据湿饱和蒸汽焓的计算式，有

$$h_2-h'=x_2(h''-h')$$

及

$$h_1-h'=x_1(h''-h')$$

两式相减，可得

$$h_2-h_1=(x_2-x_1)(h''-h')$$

即汽化潜热可表示为

$$L=h''-h'=\frac{h_2-h_1}{x_2-x_1}=\frac{2\ 759\ \text{kJ/kg}-2\ 192\ \text{kJ/kg}}{0.98-0.68}=1\ 890\ \text{kJ/kg}$$

11-4　朗肯循环

图 11-12 为简单蒸汽动力装置的示意图。它主要包括蒸汽锅炉、汽轮机、给水泵和冷凝器等四台热力设备。水首先在锅炉中吸收热量汽化和过热，形成高温、高压的过热蒸汽。过热蒸汽被送至汽轮机，在其中绝热膨胀作功。在汽轮机出口，工质达到低压湿蒸汽状态，称为乏汽。乏汽被送至冷凝器内定压冷却，重新凝结成水。最后，凝结水由给水泵加压后

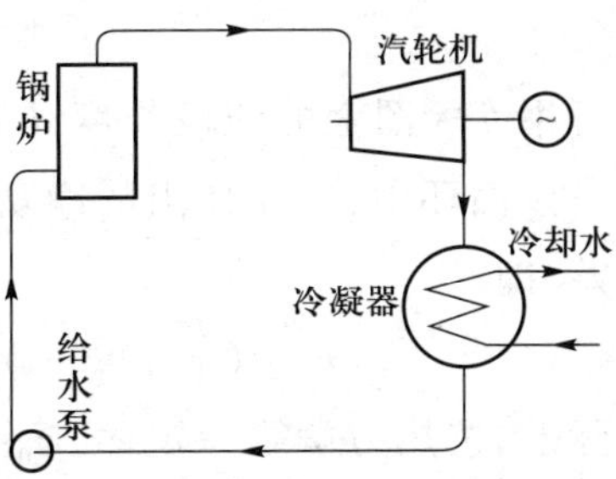

图 11-12　简单蒸汽动力装置示意图

送回锅炉加热而完成一个循环。

蒸汽动力装置的实际工作循环可以理想化为由两个可逆定压过程和两个可逆绝热过程组成的理想循环。如图 11-13 所示，过程 0-1 为定压吸热过程，过程 1-2 为绝热膨胀过程，过程 2-3 为定压放热过程，过程 3-0为绝热加压过程。这个循环称为朗肯循环，也称为简单蒸汽动力装置循环。

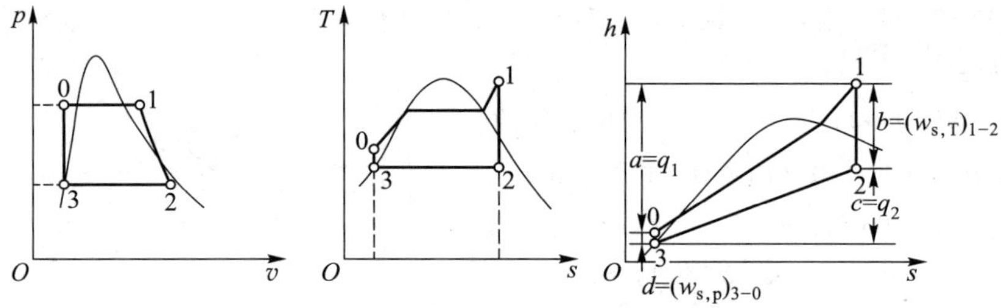

图 11-13 朗肯循环的 *p-v* 图、*T-s* 图及 *h-s* 图

在定压吸热过程 0-1 中，工质所得到的热量为

$$q_1 = h_1 - h_0$$

它可用 $h-s$ 图上的线段长度 a 来表示。

在定压放热过程 2-3 中，工质放出的热量为

$$|q_2| = h_2 - h_3$$

它可用 $h-s$ 图上的线段 c 来表示。

在绝热膨胀过程 1-2 中，工质在汽轮机中所作的轴功为

$$(w_{s,T})_{1-2} = h_1 - h_2$$

它可用 $h-s$ 图上的线段长度 b 来表示。

在绝热加压过程 3-0 中，给水泵消耗的轴功为

$$|(w_{s,p})_{3-0}| = h_0 - h_3$$

它可用 $h-s$ 图上的线段长度 d 来表示。

该循环中，工质作出的净功应为汽轮机输出的轴功和给水泵消耗的轴功之差，即

$$w_0 = (w_{s,T})_{1-2} - |(w_{s,p})_{3-0}| = (h_1 - h_2) - (h_0 - h_3)$$

实际上，按热力学第一定律，$w_0 = q_1 - |q_2|$。

按照热效率的定义，朗肯循环的热效率可表示为

$$\eta_t=\frac{w_0}{q_1}=\frac{(h_1-h_2)-(h_0-h_3)}{h_1-h_0} \tag{11-6}$$

在实际计算中，由于水的比体积要比水蒸气的比体积小得多，因此按轴功的关系式 $w_s=\int_1^2 -v\mathrm{d}p$，给水泵所消耗的轴功很少，一般只占汽轮机所输出轴功的2%左右。若忽略给水泵消耗的轴功，即认为 $|(w_{s,p})_{3-0}|=h_0-h_3\approx 0$，则朗肯循环的热效率公式(11-6)可近似地表示为

$$\eta_t\approx\frac{w_{s,T}}{q_1}=\frac{h_1-h_2}{h_1-h_3} \tag{11-7}$$

要提高朗肯循环的热效率，其原则和气体动力循环一样，就是必须提高循环的平均加热温度及降低循环的平均放热温度，具体措施是提高蒸汽的初温 t_1、初压 p_1 以及降低乏汽的压力 p_2。

一、提高蒸汽初温对热效率的影响

当蒸汽的初压 p_1 及乏汽的压力 p_2 不变时，如果蒸汽的初温由 T_1 提高到 $T_{1'}$，则如图 11-14 所示，加热过程延长后，过程 0-1′要比原过程 0-1 有较高的平均加热温度，即 $T'_{m1}>T_{m1}$。而放热过程 2′-3 和原过程 2-3 一样为在定压下的凝结过程，当过程的压力 p_2 不变时相应的饱和温度 T_2 也不变，即放热过程 2′-3 和原过程 2-3 有相同的放热温度 T_2。于是，由等效卡诺循环的热效率公式 $\eta_t=1-(T_2/T_{m1})$ 可知，蒸汽初温由 T_1 提高到 $T_{1'}$ 时，朗肯循环的热效率提高。

此外，当蒸汽的初温提高时，如果蒸汽的初压不变，则如图 11-14 所示，绝热膨胀终了状态 2′比原状态 2 有较大的干度。乏汽的干度增大说明乏汽中含有的水分减少，这有利于减少汽轮机内部的功耗散，也有利于改善汽轮机叶片的工作条件。另外，为提高蒸汽的初温，则要求锅炉过热器所用材料具有较好的耐热性。

二、提高蒸汽初压对热效率的影响

当蒸汽的初温 T_1 及乏汽的压力 p_2 不变时，如果蒸汽的初压由 p_1 提高到 $p_{1'}$，则如图 11-15 所示，在较高压力下，加热过程 0′-1′相对于原过程 0-1 有

较高的平均加热温度，即 $T'_{m1}>T_{m1}$。而同时因乏汽压力 p_2 不变，故相应的乏汽凝结的饱和温度也不变，即放热过程 2′-3 和原过程 2-3 有相同的放热温度 T_2。于是，根据等效卡诺循环的热效率公式 $\eta_t=1-T_2/T_{m1}$ 可知，提高蒸汽初压 p_1，可以提高朗肯循环的热效率。

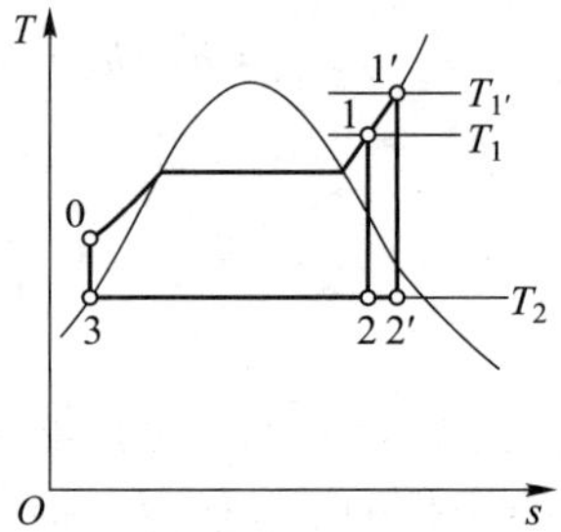

图 11-14　蒸汽初温对热效率影响的示意图

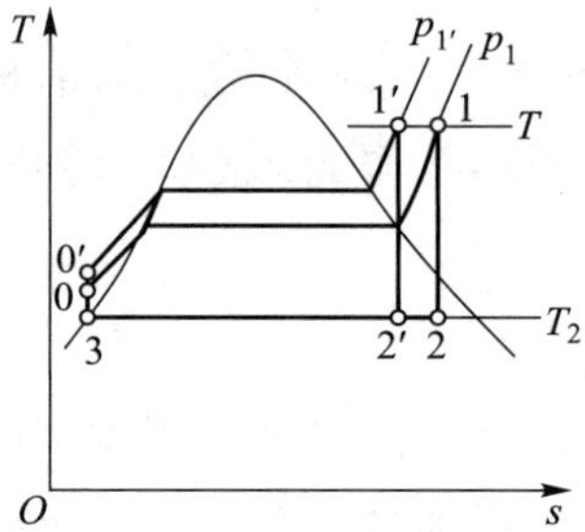

图 11-15　蒸汽初压对热效率影响的示意图

此外，当提高蒸汽的初压时，如果蒸汽的初温不变，则如图 11-15 所示，绝热膨胀终了状态 2′比原状态 2 有较小的干度。干度减小说明乏汽中含有的水分增加，这会引起汽轮机内部功的耗散增加。特别是干度较低而水分过多时，由于水滴的冲击，汽轮机叶片的表面受破坏，甚至引起叶片振动，影响叶片的使用寿命。因此，一般同时提高蒸汽的初温及初压，这样既能提高热效率，又能保证汽轮机内部良好的工作条件。

三、降低乏汽压力对热效率的影响

当蒸汽的初温 T_1 及初压力 p_1 不变时，如果降低乏汽的压力 p_2，则如图 11-16所示，由于与乏汽压力相应的饱和温度也随着降低，放热过程 2′-3′要比原过程 2-3 有较低的放热温度，即 $T_{2'}<T_2$。虽然这时加热过程的起点 T_0 也降低为 $T_{0'}$，但它对整个加热过程的平均加热温度影响很小。因而，由等效卡诺循环的热效率公式可知，降低乏汽的压力 p_2，可以提高朗肯循环的热效率。乏汽的凝结温度主要取决于自然环境中冷却介质的温度。当乏汽的凝结

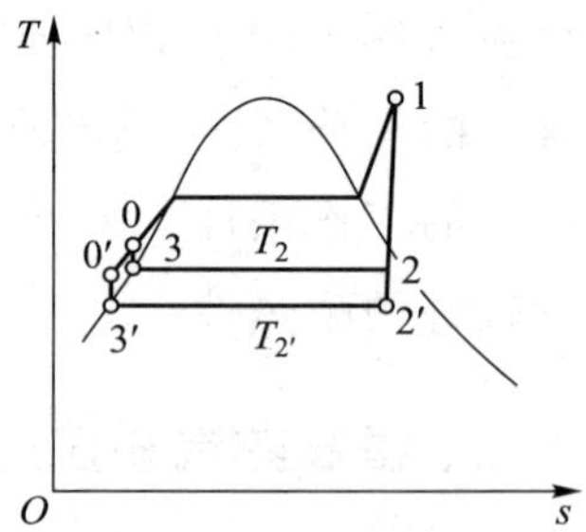

图 11-16　乏汽压力对热效率影响的示意图

温度降低到 28 ℃时，乏汽的压力相应地降低为 0.003 9 MPa 左右。

11-5 再热循环

在简单蒸汽动力装置的基础上，为了进一步提高装置的热效率，可以采用再热的方法来提高加热过程的平均加热温度。图 11-17 为采用再热措施的蒸汽动力装置的示意图。当蒸汽在汽轮机中经初步膨胀作功而压力降低到某个中间压力时，把蒸汽从汽轮机引出，送至再热器重新加热，使蒸汽的温度再次达到较高的温度，然后送回汽轮机的低压气缸，进一步膨胀作功。采用再热措施的理想循环称为再热循环，其循环曲线如图 11-18 所示。图中，过程 0-1 为定压吸热过程，过程 1-a 为绝热膨胀过程，过程 a-1′为定压再热过程，过程 1′-2′为绝热膨胀过程，过程 2′-3 为定压放热过程，过程 3-0 为绝热加压过程。

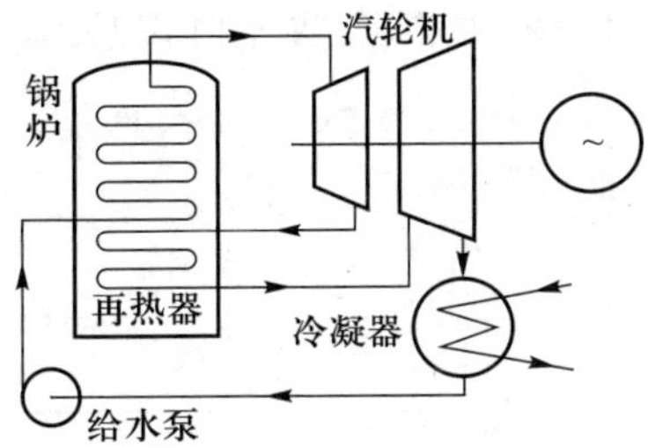

图 11-17 再热循环装置示意图

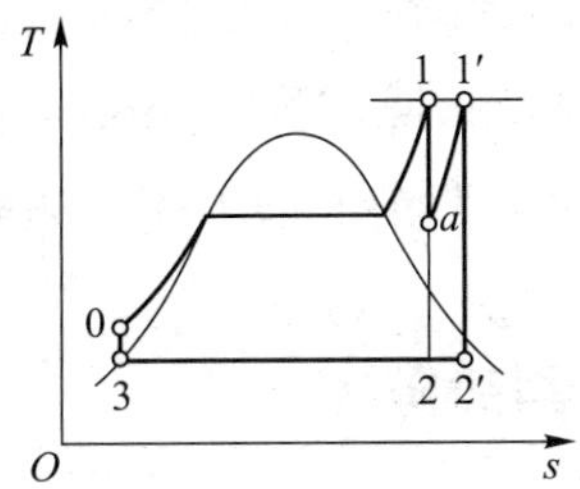

图 11-18 再热循环的 T-s 图

再热循环的加热过程实际上包括了过程 0-1 和过程 a-1′两个过程。因此，要使整个加热过程的平均加热温度比没有采用再热时高，就应该使过程 a-1′的平均加热温度高于过程 0-1 的平均加热温度。也就是说，点 a 的温度不宜过低。当再热过程 a-1′的平均加热温度高于加热过程 0-1 的平均加热温度，从而使循环的平均加热温度提高时，由于放热过程 2′-3 与原过程 2-3 的温度相同，根据等效卡诺循环的热效率公式可知，再热循环具有比朗肯循环高的热效率。

再热循环的热效率可表示为

$$\eta_t = 1-\frac{|q_2|}{q_1}=\frac{h_{2'}-h_3}{(h_1-h_0)+(h_{1'}-h_a)} \tag{11-8}$$

若把上式改写为如下形式：

$$\eta_t = 1 - \frac{(h_2 - h_3) + (h_{2'} - h_2)}{(h_1 - h_0) + (h_{1'} - h_a)}$$

对比朗肯循环的热效率公式

$$\eta_t = 1 - \frac{h_2 - h_3}{h_1 - h_0}$$

则只有当$\frac{h_{2'} - h_2}{h_{1'} - h_a} < \frac{h_2 - h_3}{h_1 - h_0}$时，再热循环的热效率才高于朗肯循环的热效率。也就是说，当$1 - \frac{h_{2'} - h_2}{h_{1'} - h_a} > 1 - \frac{h_2 - h_3}{h_1 - h_0}$，即所取循环 $a-1'-2'-2-a$ 的热效率大于朗肯循环的热效率时，再热循环具有比朗肯循环高的热效率。这个结论和前面按平均加热温度分析的结果完全一致。

采用再热措施时，如图 11-18 所示，膨胀终了乏汽的干度可以有显著的提高。因此，在一定的蒸汽初温的限制条件下，采用再热循环可以应用更高的蒸汽初压，使循环的热效率得到进一步提高。现代蒸汽动力装置中，蒸汽初压高于 13 MPa 的大型装置都采用再热措施。

11-6 回热循环

在简单蒸汽动力装置的基础上，为了进一步提高装置的热效率，还可以采用回热的方法来提高加热过程的平均加热温度。因蒸汽动力装置中用作锅炉给水的冷凝器中的冷凝水温度接近环境温度，故锅炉中水的加热过程是从这种低温开始的。如果从汽轮机中某个部位抽取经过适当膨胀后的蒸汽，则因其温度总高于凝结水的温度，可以用来预热锅炉给水，于是锅炉中水的加热过程就可以从较高的温度开始，使平均加热温度升高，从而提高循环热效率。

采用回热措施的蒸汽动力装置的示意图如图 11-19 所示。这是一个仅有一级中间抽汽的装置。当蒸汽在汽轮机中经初步膨胀作功而压力降低到某个中间压力时，从中抽出少量蒸汽送至回热器作回热用，其余所有蒸汽仍继续在汽轮机中膨胀到乏汽压力作出轴功。当乏汽在冷凝器中凝结成水后用水泵加压到等于中间抽汽的压力，送入回热器和从汽轮机抽出的蒸汽相接触，两者混合回热而形成与中间抽汽压力所对应的饱和水，最后经给水泵加压后重新送入锅炉。采用回热措施的蒸汽动力装置，其理想循环称为回热循环。采用一级抽汽的回热循环如图 11-20 所示，过程 0′-1 为1 kg 水蒸气的定压吸热过程，过程 1-a 为1 kg 水蒸气的绝热膨胀过程，过程 a-b 为从汽轮机中抽出的 α kg 蒸汽在回热器中的定压回热过程，过程 a-2 为抽汽后剩余的(1-α) kg 水蒸气的绝热膨胀过程，过程 2-3 为(1-α) kg 乏汽的定压放热过程，过程 3-0 为(1-α) kg 水的绝热加压过程，过程 0-b 为(1-α) kg 水在回热器中的定压预热过程，过程b-0′为回热后重新汇合后的 1 kg 水的绝热加压过程。

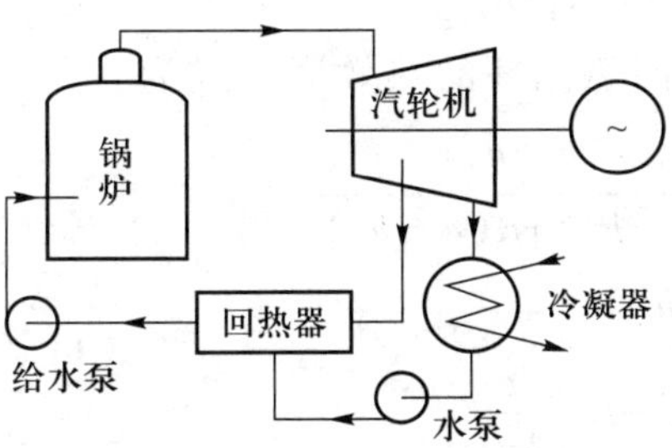

图 11-19　回热循环装置示意图

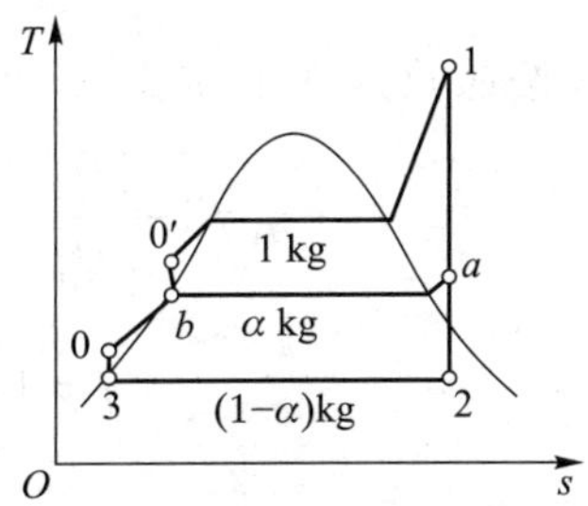

图 11-20　回热循环的 T-s 图

为实现该回热循环，需确定抽汽量的数值 α。该值可根据回热器中能量平衡的关系来求取。回热中 α kg 水蒸气放出的热量为

$$Q'=\alpha(h_a-h_b)$$

而(1-α) kg 水在回热器中所得到的热量为

$$Q''=(1-\alpha)(h_b-h_0)$$

因 $Q'=Q''$，于是由上两式可以得到 α 的计算式为

$$\alpha=\frac{h_b-h_0}{h_a-h_0}$$

显然，h_b要比 h_a小得多，所以 α 是很小的数值。

在绝热膨胀过程 1-a 中，1 kg 水蒸气所作的轴功为

$$(w_s)_{1-a}=h_1-h_a$$

在绝热膨胀过程 a-2 中，(1-α) kg 水蒸气所作的轴功为

$$(W_s)_{a-2}=(1-\alpha)(h_a-h_2)$$

于是汽轮机所作的轴功可表示为

$$W_{s,T}=(h_1-h_a)+(1-\alpha)(h_a-h_2)$$

或

$$W_{s,T}=(1-\alpha)(h_1-h_2)+\alpha(h_1-h_a)$$

定压放热过程 2-3 中为$(1-\alpha)$kg 水蒸气所放出的热量为

$$|Q_2|=(1-\alpha)(h_2-h_3)$$

按照热力学第一定律的能量守恒原理,在该回热循环中有

$$Q_1-|Q_2|=W_{s,T}-|W_{s,p}|$$

如果忽略不计水泵所消耗的轴功$|W_{s,p}|$,则可得到

$$Q_1=|Q_2|+W_{s,T}$$

即

$$Q_1=(1-\alpha)(h_1-h_3)+\alpha(h_1-h_a)$$

于是,按照热效率的定义式,可得一级抽汽回热循环的热效率公式为

$$\eta_t=1-\frac{|Q_2|}{Q_1}=1-\frac{(1-\alpha)(h_2-h_3)}{(1-\alpha)(h_1-h_3)+\alpha(h_1-h_a)}$$

即

$$\eta_t=1-\frac{h_2-h_3}{(h_1-h_3)+(h_1-h_a)\dfrac{\alpha}{1-\alpha}} \tag{11-9}$$

与朗肯循环热效率公式

$$\eta_t=1-\frac{h_2-h_3}{h_1-h_3}$$

对比,因$(h_1-h_a)\dfrac{\alpha}{1-\alpha}$总为正,故抽汽回热循环的热效率高于朗肯循环的热效率。

现代大型蒸汽动力装置大部分采用回热措施。一般抽汽回热的级数为 3~8 级,而且往往回热和再热同时并用,以求使蒸汽动力装置得到尽可能高的热效率。但这将使装置的复杂性大为增加,装置的投资成本也大为增加。

11-7　热电联产及蒸汽-燃气联合循环

一般的蒸汽动力装置中,汽轮机出口处乏汽的压力都很低,相应的其饱和温度也很低,例如,当蒸汽压力为 0.003 9 MPa 时,其饱和温度为 28 ℃。尽管温度较低,但冷凝过程中乏汽向冷却水放出的热量仍很多,占其在锅炉中

所吸收热量的50%以上,使得大量的热能通过冷却水“排放”到环境中。同时,由于温度较低,这部分热量很难被利用。如果提高汽轮机排汽的压力,其温度也相应地得以提高,例如,当蒸汽压力为0.14~0.2 MPa时,蒸汽温度为109~120 ℃,这时汽轮机的排汽就可用于生产和生活用热。利用在汽轮机中作了一定数量功的蒸汽作为生产和生活的供热热源,可大大提高热力系统的热能利用效率,这种既供电又供热的热力循环称为热电联产循环。

为了同时供电和供热,在以热电联产循环方式工作的蒸汽动力装置中,需装设背压式或调节抽汽式汽轮机,其相应的热力循环分别为背压式和调节抽汽式热电联产循环。

蒸汽-燃气联合循环是利用蒸汽动力装置循环和燃气动力装置循环各自的特性,扩大热力循环的工作温度范围,达到提高循环热效率的目的。

一、背压式热电联产循环

排汽压力高于大气压力的汽轮机称为背压式汽轮机。如图11-21所示,与一般的凝汽式蒸汽动力装置不同的是,这种系统没有冷凝器。水在锅炉中吸收热量 q_1,产生过热蒸汽,蒸汽在汽轮机作功后,将仍具有一定压力的蒸汽直接送给热用户作为热源,放出热量 q_2后,全部或部分凝结成水再回到锅炉。循环中装置对外输出循环净功 w_0。

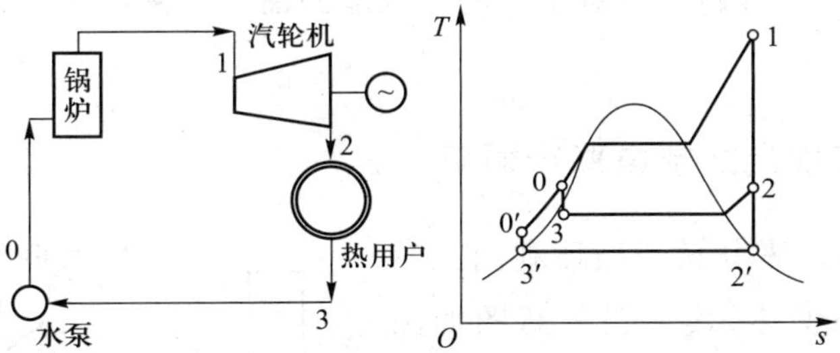

图 11-21 背压式热电联产装置及其热力循环示意图

由于汽轮机排汽压力的提高,汽轮机输出的功量相应减少,所以如图11-21所示,在相同的蒸汽初温和初压的条件下,背压式热电联产循环1-2-3-0-1的循环热效率低于单纯供电的凝汽式蒸汽动力循环1-2′-3′-0′-1的循环热效率。但是,由于在热电联产循环中乏汽的热量得到了利用,所以从总的经济效果看,热电联产循环要比单纯供电的凝汽式蒸汽动力循环优越得多。

对于热电联产循环,为了全面地评价其经济性,除了采用循环热效率外,还常采用热能利用系数 K 这样一个经济指标,其表达式为

$$K=\frac{\text{被利用的热量}}{\text{工质吸收的热量}}=\frac{|q_2|+w_0}{q_1} \tag{11-10}$$

即在热电联产循环中所利用的能量与吸收热量的比值。

从图 11-21 可见,在背压式热电联产循环中,蒸汽从热源吸取的热量 q_1 可用过程线 0-1 下的面积表示,其中一部分转变为循环净功 w_0,其数量可用循环 1-2-3-0-1 所包围的面积来表示;供应给热用户部分的热量 q_2 可用过程线 2-3 下的面积表示。在理想条件下,背压式热电联产循环的热能利用系数为

$$K=\frac{|q_2|+w_0}{q_1}=1$$

从上述讨论可以看出,背压式热电联产循环的热能利用系数很高,但由于动力装置和管路等的散热损失以及热负荷和电负荷之间不能完全协调,实际上 K 值约为 0.65~0.7。

背压式热电联产循环具有很高的热能利用系数,而且不需要冷凝器,使设备简化。但是这种循环有一个很大的缺点,就是供热量与供电量互相制约,难以同时单独满足用户对于热能和电能的需要。采用调节抽汽式汽轮机可解决这个矛盾。

二、调节抽汽式热电联产循环

调节抽汽式热电联产循环利用汽轮机中间抽汽来供热,其装置示意图如图 11-22 所示。

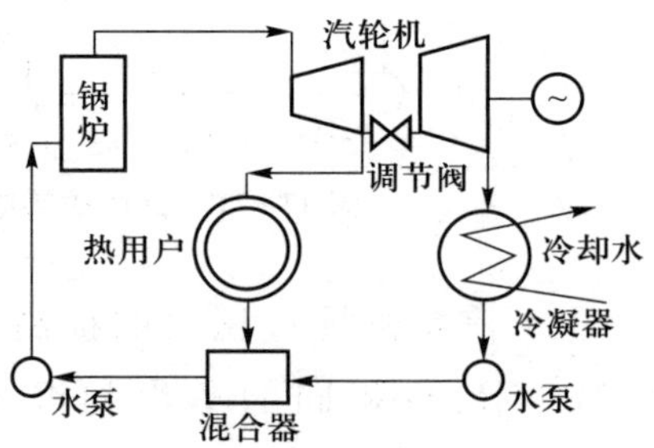

图 11-22　调节抽汽式热电联产装置示意图

在调节抽汽式汽轮机中,蒸汽膨胀至一定压力时被抽出一部分送给热用户,其余蒸汽则经过调节阀继续在汽轮机内膨胀作功,乏汽进入冷凝器。凝结水由水泵送入混合器,然后与来自热用

户的回水一起送回锅炉。

调节抽汽式热电联产循环的最大优点是能够调节装置的供电量和供汽(供热)量以及供汽参数,从而可以较好地满足用户在不同时期对供电量和供热量的不同要求。

在调节抽汽式热电联产循环中,通过汽轮机高压段及热用户的那部分蒸汽的热力循环相当于一个背压式热电联产循环,理想情况下,可认为其热能利用系数 $K=1$;通过冷凝器的那部分蒸汽则进行了一个一般的凝汽式蒸汽动力循环。因此,对整个调节抽汽式热电联产循环来说,其热能利用系数介于背压式热电联产循环和凝汽式蒸汽动力循环之间。

需要进一步强调的是,机械能和热能二者是不等价的,热能利用系数 K 仅描述了被利用了的能量的总"数量",而没有考虑其"质量",因此对于热电联产循环,评价其经济性时还应同时采用循环热效率 η_t。

三、蒸汽-燃气联合循环

提高循环热效率的根本途径是提高平均加热温度和降低平均放热温度。前面所讨论的都是只采用一种工质的动力循环,由于工质性质、金属材料耐高温性能等条件的限制,这些动力循环只能在某一定温度范围内工作。若能将工作温度范围不同的循环以适当的方式耦合起来形成联合循环,则可以扩大工作温度范围,从而使热效率大幅度提高。

燃气轮机循环的特点是具有较高的平均加热温度和平均放热温度,其最高加热温度可达 1 000~1 300 ℃,而放热温度则在 400~650 ℃范围内。水蒸气动力循环的特点是其平均加热温度和平均放热温度均较低。一般情况下,循环最高温度在 600 ℃左右,放热温度在 35 ℃左右。可见,如果利用燃气轮机循环吸热温度高和水蒸气循环放热温度低的特点,以燃气为高温工质,以水蒸气为低温工质,组成蒸汽-燃气联合循环,即可扩大循环的工作温度范围、有效提高循环热效率。如果蒸汽-燃气联合循环采用回热和再热等措施,实际总效率可达 50%左右,比单一循环热机所能达到的热效率高得多。

蒸汽-燃气联合循环有多种方案,图 11-23 中示出了余热利用型联合循环,它是理想的定压加热燃气轮机循环和简单朗肯循环的组合。蒸汽动力装置的给水在余热锅炉中吸收燃气轮机装置排气所放出的热量,产生水蒸气。假设燃气轮机的放热量 Q_2 可全部用来产生水蒸气（实际上只有部分可以利用，其余的被排到大气），即 $Q_2=Q_{1'}$，则整个联合循环的加热量即为燃气轮机循环的加热量 Q_1，整个联合循环的放热量即为蒸汽动力循环的放热量 $Q_{2'}$。联合循环的热效率为

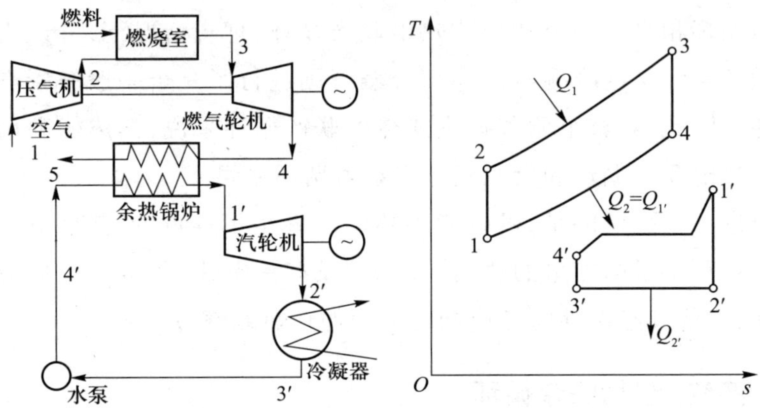

图 11-23　蒸汽-燃气动力装置及其热力循环示意图

$$\eta_t=1-\frac{Q_{2'}}{Q_1}$$

设燃气轮机循环的热效率为 η_{t1}，则放热量为

$$Q_2=Q_1(1-\eta_{t1})$$

设蒸汽动力循环的热效率为 η_{t2}，则放热量为

$$Q_{2'}=Q_{1'}(1-\eta_{t2})=Q_2(1-\eta_{t2})=Q_1(1-\eta_{t1})(1-\eta_{t2})$$

因此，蒸汽-燃气联合循环的热效率为

$$\eta_t=1-(1-\eta_{t1})(1-\eta_{t2})=\eta_{t1}+\eta_{t2}(1-\eta_{t1})=\eta_{t2}+\eta_{t1}(1-\eta_{t2}) \quad (11-11)$$

上式适用于任何完全耦合（完全回热）的联合循环。由此看出，联合循环的热效率高于单独的燃气或蒸汽循环的热效率。

联合循环系统体现了能量按其品位梯级利用的思想，是总能系统的一种。总能系统是指将能量按照质和量逐级匹配综合利用的系统。联合循环的研究对推动能量的有效利用起到了重要的作用。

例 11-4　某蒸汽-燃气联合循环，高温燃气循环热效率为 25%，低温蒸汽循环热效率为 35%。试计算其联合循环的热效率。

解　由式(11-11)求得联合循环的热效率为

$$\eta_t=\eta_{t1}+\eta_{t2}(1-\eta_{t1})=0.25+0.35\times(1-0.25)=0.51=51\%$$

将联合循环热效率与单独的燃气轮机循环热效率相比较

$$\frac{\eta_t-\eta_{t1}}{\eta_{t1}}=\frac{0.51-0.25}{0.25}=1.05=105\%$$

将联合循环热效率与单独的蒸汽动力循环热效率相比较

$$\frac{\eta_t-\eta_{t2}}{\eta_{t2}}=\frac{0.51-0.35}{0.35}=0.46=46\%$$

即联合循环的热效率比单独的燃气轮机的循环热效率提高了一倍多,比单独蒸汽动力循环的热效率提高近一半。可见采用联合循环可以显著地提高热效率。

思　考　题

11-1　若以饱和状态下的湿饱和蒸汽为工质进行一个卡诺循环,试分析对比具有相同的蒸汽初压及乏汽压力时,卡诺循环和朗肯循环在理论热效率及实际可用性方面何者优越?

11-2　蒸汽动力装置中,乏汽在冷凝器中向冷却水放出的热量比装置输出的轴功要大得多。如设想直接利用压缩机把乏汽加压后送回锅炉,这样做岂不是可节省许多燃料而提高装置的热效率?试分析这种想法错在哪里。

11-3　蒸汽动力装置再热循环具有比朗肯循环高的热效率,试说明其实质所在。

11-4　蒸汽动力装置回热循环具有比朗肯循环高的热效率,试说明其实质所在。

11-5　蒸汽动力装置的蒸汽初温及再热终温两者相同且固定时,是否再热过程的压力越高再热循环的热效率也越高?

11-6　试分析回热循环中汽轮机的轴功小于朗肯循环而热效率却高于朗肯循环的原因(参阅习题 11-10)。

习　　题

11-1　试根据水蒸气的 $h-s$ 图,求出下述已知条件下各状态的其他状态参数 p、v、t、h、s 及 x(或过热蒸汽的过热度 $D=t-t_s$)。已知:(1) $p=0.5$ MPa、$t=500$ ℃;(2) $p=0.3$ MPa、$h=2\ 550$ kJ/kg;(3) $t=180$ ℃、$s=6.0$ kJ/(kg · K);(4) $p=0.01$ MPa、$x=0.90$;(5) $t=400$ ℃、$D=150$ ℃。

11-2 根据水蒸气表，说明下述已知条件下各状态的其他状态参数 t、v、h 及 s。已知：(1) $p=0.3$ MPa、$t=300$ ℃；(2) $p=0.5$ MPa、$t=155$ ℃；(3) $p=0.3$ MPa、$x=0.92$。

11-3 某锅炉每小时生产 10 t 水蒸气，蒸汽的压力为 1 MPa、温度为 350 ℃，锅炉给水的压力为 1 MPa、温度为 40 ℃。已知锅炉效率即蒸汽所得热量占燃料发热量的比率为 78%，煤的发热量为 30 000 kJ/kg，求每小时的耗煤量。

11-4 进入汽轮机的蒸汽的初参数为 $p_1=3$ MPa、$t_1=450$ ℃。绝热膨胀后乏汽的压力为 $p_2=0.005$ MPa。如果蒸汽流量为 30 t/h，试求汽轮机的功率。若汽轮机效率为 85%，问汽轮机的实际功率为多少？这时乏汽的干度及熵有何变化？

11-5 一台功率为 20 000 kW 的汽轮机，其耗汽率为 3.3 kg/(kW · h)。已知乏汽的压力为 $p_2=0.005$ MPa，干度为 0.9，乏汽在冷凝器中向冷却水放热而凝结为饱和水。冷却水的进水温度为 10 ℃，出水温度为 18 ℃。设水的比热容为 4.187 kJ/(kg · K)，试求冷却水消耗量。

11-6 水蒸气的压力为 1.6 MPa、温度为 400 ℃，现经一渐缩喷形管流出而产生高速，喷管出口外背压为 12 MPa。(1) 试求喷管出口的蒸汽流速；(2) 若背压为1 MPa，流速可达到多少？

11-7 已知朗肯循环的蒸汽初压 $p_1=5$ MPa、初温 $t_1=450$ ℃，乏汽压力 $p_2=0.005$ MPa。(1) 试求该循环加热过程的平均加热温度及循环热效率；(2) 若把蒸汽初温提高到 550 ℃，试求循环热效率。

11-8 已知朗肯循环的蒸汽初压 $p_1=5$ MPa、初温 $t_1=500$ ℃，乏汽压力 $p_2=0.005$ MPa。(1) 试求该循环的平均吸热温度、循环热效率及乏汽干度；(2) 若把蒸汽初压提高到 10 MPa，试求循环热效率及乏汽的干度。

11-9 蒸汽动力装置的再热循环，其蒸汽初温 $t_1=550$ ℃、初压 $p_1=14$ MPa，再热过程的蒸汽压力为 3 MPa，再热终了温度为 550 ℃，乏汽压力为 0.005 MPa。试求其循环热效率和乏汽干度，并求具有相同蒸汽初参数及乏汽压力的朗肯循环的循环热效率及乏汽干度，并进行比较。

11-10 一台蒸汽动力装置采用一级抽汽回热。该装置的蒸汽初压 $p_1=14$ MPa、初温 $t_1=550$ ℃、乏汽压力 $p_2=0.005$ MPa。根据理论分析，采用一级抽汽时最佳的给水温度为新蒸汽饱和温度及乏汽温度的中间温度，故取抽汽压力为 0.3 MPa。试求该回热循环的循环热效率及汽轮机的轴功，并求具有相同蒸汽初参数及乏汽压力的朗肯循环的循环热效率及汽轮机的轴功，并进行比较。

第十二章

制冷循环

在能源动力工程领域内，除了各种热能动力装置外，还有一类重要的能量转换设备，就是制冷装置。它用于实现从温度较低的物体吸出热量而释放给温度较高的环境，从而使物体的温度降低到环境温度以下并维持其较低温度。由热力学第二定律可知，热量从低温传至高温是一非自发过程，该过程必然要有功量转变为热量或热量从高温传向低温的自发过程伴随发生才能实现。事实上，制冷装置正是这样实现制冷的。

常见的制冷装置有空气压缩制冷装置、蒸气压缩制冷装置、蒸汽喷射制冷装置和吸收式制冷装置。各类制冷装置所用的工质不同，其工作循环也不相同。

热泵是一种由低温环境吸取热量而向温度较高的物体供给热量的设备。热泵的工作循环实际上和制冷装置的工作循环基本一样，只是其工作目的和温度范围不同，工作性能指标也有所不同。

本章主要讨论空气压缩制冷装置及蒸气压缩制冷装置的理想循环，也适当介绍其他制冷装置的工作循环及有关热泵和制冷剂的基本知识。

12-1 逆向卡诺循环

在一定的冷库温度及环境温度下工作的最简单的制冷循环是逆向卡诺循环。如图 12-1所示，工质先经绝热膨胀过程 1-2 而降温至冷库温度 T_2，接着在定温吸热过程2-3中从低温物体吸热，然后经绝热压缩过程 3-4，工质的温度升高至环境温度 T_1，接着在定温放热过程 4-1 中向环境放热，从而完成

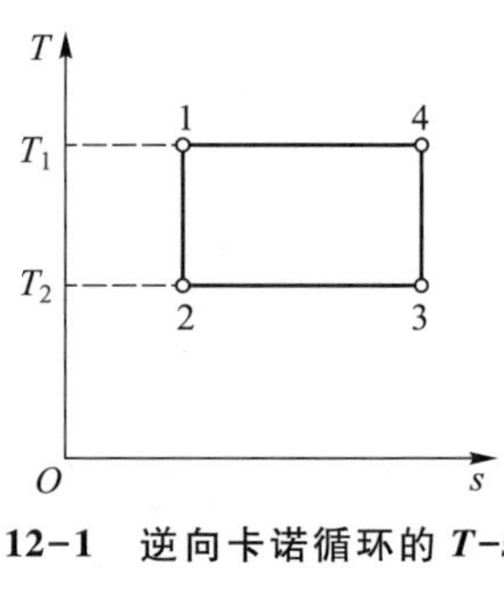

图 12-1 逆向卡诺循环的 T-s 图

逆向卡诺循环。该循环中系统消耗净功$|w_0|$，从冷库中的低温物体吸热q_2，而向温度较高的环境放热$|q_1|$。

在定温吸热过程2-3中，工质从冷库中所吸取的热量可表示为

$$q_2 = T_2(s_3 - s_2)$$

在定温放热过程4-1中，工质向环境放出的热量可表示为

$$|q_1| = T_1(s_4 - s_1)$$

循环中消耗的净功为

$$|w_0| = |q_1| - q_2$$

这里按照习惯，仍用q_2表示工质与低温热源交换的热量，用q_1表示与高温热源交换的热量。

对消耗功量而实现制冷的制冷循环工作有效程度的评价指标是制冷系数，也称为制冷性能系数，用ε表示。它定义为从低温物体吸收的热量与所消耗的净功之比，即

$$\varepsilon = \frac{q_2}{|w_0|} = \frac{q_2}{|q_1| - q_2}$$

因而，逆向卡诺循环的制冷系数可表示为

$$\varepsilon = \frac{T_2}{T_1 - T_2} = \frac{1}{\dfrac{T_1}{T_2} - 1} \tag{12-1}$$

根据此式，逆向卡诺循环所消耗的净功可表示为

$$|w_0| = \frac{q_2}{\varepsilon} = q_2\left(\frac{T_1}{T_2} - 1\right) \tag{12-2}$$

式(12-1)及(12-2)说明：在一定的环境温度T_1的条件下，冷库的温度T_2越低，逆向卡诺循环的制冷系数就越小，循环消耗的净功就越大。反之，冷库的温度T_2稍高一些，制冷系数就可以大一些，而循环消耗的净功就可小一些。由逆向卡诺循环所得的上述结论，对于各种制冷循环都具有重要的指导意义。因此，在保证必需的冷冻条件的情况下，为了避免无谓地消耗过多的功量，制冷装置的冷库温度应该尽量地接近环境温度。

制冷装置单位时间内从冷库吸取的热量称为制冷量，也称制冷能力，可用$\dot{Q}_2$表示。由于制冷循环中工质从冷库吸取的热量q_2实际上是单位质量工质经制冷循环时所完成的制冷量，因而可以得到制冷量的计算公式为

$$\dot{Q}_2 = q_m q_2$$

制冷量的单位常用kW或W。此外，有些国家还常用“冷冻吨”作为制冷量的单位，它表示在24 h内将1 t 0 ℃的水完全冻结成0 ℃的冰所需要的制冷量。1冷冻吨等于3 681.16 W，1英制冷冻吨等于12 000 Btu/h①，即相当于3 516.85 W。

例12-1　设有一台制冷装置，其冷库温度为-10 ℃，环境温度为25 ℃，装置所消耗的功率P为2 kW。假设按逆向卡诺循环计算，试求循环的制冷系数及制冷量。

解　按逆向卡诺循环的制冷系数公式可得

$$\varepsilon = \frac{T_2}{T_1 - T_2} = \frac{263\ \text{K}}{298\ \text{K} - 263\ \text{K}} = 7.51$$

即制冷量为消耗功率的7.51倍，其制冷量为

$$\dot{Q}_2 = \varepsilon P = 7.51 \times 2\ \text{kW} = 15.02\ \text{kW}$$

12-2　空气压缩制冷循环

实际制冷装置并不是按逆向卡诺循环工作的，而是根据制冷装置所采用的工质性质，按不同的制冷循环工作。

空气可用作制冷装置的工质。当采用空气作为工质时，因难于实现定温吸热及放热，故其吸热及放热过程为定压过程。空气压缩制冷装置的示意图如图12-2所示。当外界消耗功量驱动压气机工作时，冷藏库内换热器中的低温空气被吸入压气机进行绝热压缩。提高了压力和温度的空气从压气机出来后进入冷却器，在其中进行定压冷却，其温度降低到冷却水的温度。然后，空气进入膨胀机，在其中进行绝热膨胀而降压、降温。当温度低于冷藏库温度的空气引入冷藏库内的换热器中时，空气就从其周围物体吸热，在定压下其温度升高到等于冷库温度，最后又被压气机吸出重复上述循环。

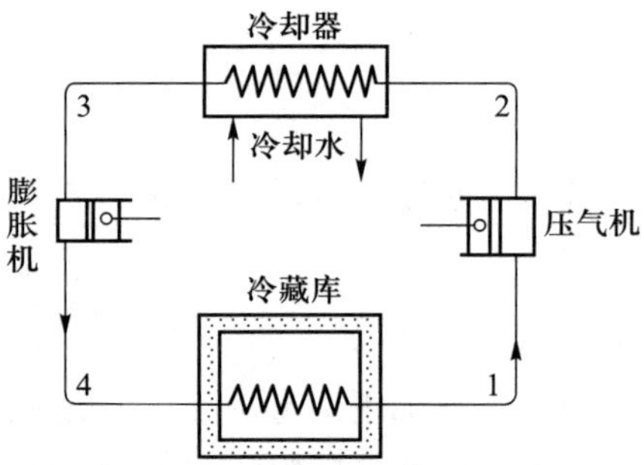

图12-2　空气压缩制冷装置示意图

① Btu为英热单位，1 Btu = 1.055 06 kJ。

空气压缩制冷装置理想循环的 $p-v$ 图和 $T-s$ 图如图 12-3 所示。该循环由四个可逆过程组成，即绝热压缩过程 1-2、定压放热过程 2-3、绝热膨胀过程 3-4 和定压吸热过程 4-1。这是一个逆向循环，其中定压吸热终了的温度 T_1 接近冷藏库温度，而定压放热终了的温度 T_3 接近环境温度。

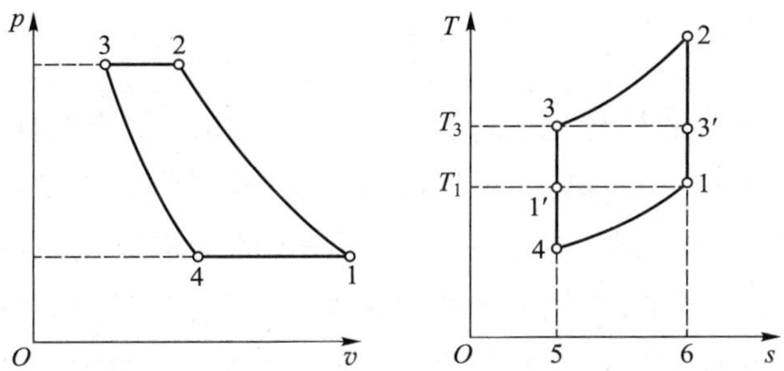

图 12-3　空气压缩制冷理想循环的 $p-v$ 图和 $T-s$ 图

该循环的制冷量为定压吸热过程 4-1 中工质吸取的热量，可表示为

$$q_2=h_1-h_4=\int_4^1 c_{p0}\mathrm{d}T \tag{a}$$

该循环消耗的净功为

$$|w_0|=|(w_s)_{1-2}|-(w_s)_{3-4}=(h_2-h_1)-(h_3-h_4)$$

于是，可得空气压缩制冷循环制冷系数的表达式为

$$\varepsilon=\frac{q_2}{|w_0|}=\frac{(h_1-h_4)}{(h_2-h_1)-(h_3-h_4)} \tag{12-3}$$

设空气的比热容为定值，则有

$$\varepsilon=\frac{c_{p0}(T_1-T_4)}{c_{p0}(T_2-T_1)-c_{p0}(T_3-T_4)}=\frac{T_1\left(1-\dfrac{T_4}{T_1}\right)}{T_2\left(1-\dfrac{T_3}{T_2}\right)-T_1\left(1-\dfrac{T_4}{T_1}\right)}$$

根据绝热过程 1-2 及 3-4，可以得到各状态参数之间的关系式为

$$\frac{T_2}{T_1}=\left(\frac{p_2}{p_1}\right)^{(\kappa-1)/\kappa}=\left(\frac{p_3}{p_4}\right)^{(\kappa-1)/\kappa}=\frac{T_3}{T_4}$$

代入上式，可得空气压缩制冷循环制冷系数的计算式为

$$\varepsilon=\frac{1}{\frac{T_2}{T_1}-1}=\frac{1}{\frac{T_3}{T_4}-1}$$

即

$$\varepsilon=\frac{1}{\left(\frac{p_2}{p_1}\right)^{(\kappa-1)/\kappa}-1} \tag{12-3a}$$

该式说明：当压气机的增压比 p_2/p_1 降低时，空气压缩制冷循环的制冷系数增大。实际上，由图 12-3 可知，当压气机的增压比降低时，该循环吸热过程4-1的平均吸热温度将会提高，并且放热过程 2-3 的平均放热温度将会降低，即两温度互相靠近。于是，按照上节所讨论的关于逆向卡诺循环制冷系数的分析，当吸热温度和放热温度互相靠近时，制冷系数即可增大。从图 12-3 还可看出，在空气压缩制冷循环中，吸热过程 4-1 的平均吸热温度总是低于冷藏库温度 T_1，放热过程 2-3 的平均放热温度总是高于环境温度 T_3，因而其制冷系数总是小于在 T_1、T_3 相同温度下工作的逆向卡诺循环的制冷系数。这一点通过对比两者制冷系数的公式也可证明。

根据空气压缩制冷循环制冷量的表达式(a)，由于空气的比热容数值较小，故制冷量 q_2 较小。若需加大吸热过程 4-1 中空气吸取的热量，当冷库温度 T_1 及环境温度 T_2 一定时，就必须降低绝热膨胀终了的温度 T_4，即增加 p_2/p_1 的比值。根据式(12-3a)，此时循环的制冷系数就要有所降低。因而，空气压缩制冷循环的单位工质制冷量很难增大，总是比较小。为使装置的制冷量提高，只能加大空气的流量，例如可采用叶轮式的压气机和膨胀机代替活塞式的机器。

如果需要获得较低的温度，则空气压缩制冷循环需有较大的增压比，如图 12-4 中循环 1-3′-5′-6-1 所示。这就会使压气机和膨胀机的负荷加重。为此可采用回热器，用空气在回热器中的预热过程代替一部分绝热压缩过程，从而降低增压比。回热式空气压缩制冷装置的示意图及循环如图 12-4 所示。图中：1-2为空气在回热器中的定压预热过程；2-3 为压气机中空气的绝热压缩过程；3-4为冷却器中空气的定压放热过程；4-5 为回热器中空气的定压回热过程；5-6为膨胀机中空气的绝热膨胀过程；6-1 为冷藏库换热器中空气的定压吸热过程。

对比回热循环 1-2-3-4-5-6-1 和高增压比无回热的制冷循环 1-3′-

5′-6-1,如图 12-4 所示,冷藏库中的吸热过程 6-1 对于两个循环是相同的,即两种装置的制冷量相同。冷却器中空气的定压放热过程 3-4 和 3′-5′的温度变化范围相同,故两者的放热量相同,因而按制冷系数的定义式,两种装置的制冷系数相同。但是,采用回热器的空气压缩制冷装置中,压气机的增压比小得多,因而可大大减轻压气机的负荷。正是由于这个优点,使得采用回热器的空气压缩制冷装置在深度冷冻及气体液化中获得了实际应用。

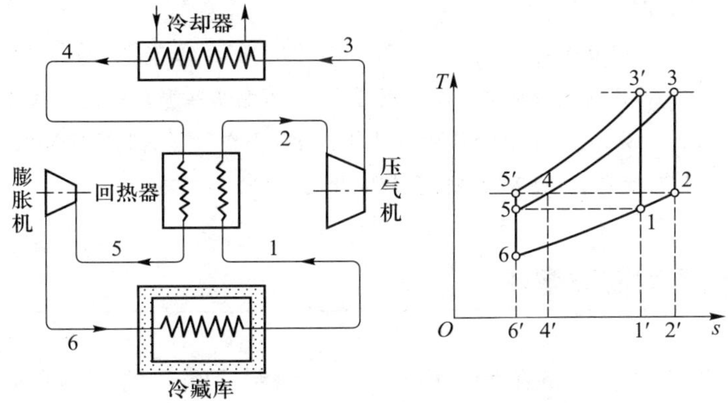

图 12-4　回热式空气压缩制冷装置示意图及其 T-s 图

例 12-2　设空气压缩制冷装置中压气机的增压比为 5,冷库的温度为-10 ℃,环境温度为 25 ℃,试求该装置的制冷系数及制冷量。若增压比降为 4,则两者有何变化?(该循环的 T-s图如图 12-5 所示)

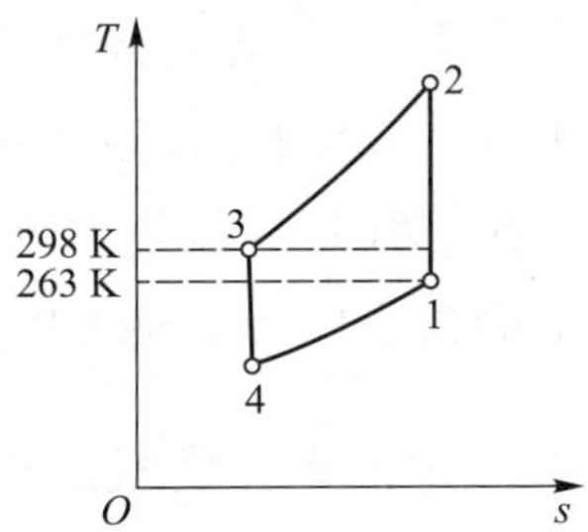

图 12-5

解　(1) 制冷系数

查表得空气的 $\kappa=1.4$。按式

$$\varepsilon=\frac{1}{\left(\frac{p_2}{p_1}\right)^{(\kappa-1)/\kappa}-1}$$

计算可得当$\frac{p_2}{p_1}=5$时,$\varepsilon=1.71$;当$\frac{p_2}{p_1}=4$时,$\varepsilon=2.06$。

(2) 制冷量

已知 $T_1=263\ \mathrm{K}$,$T_3=298\ \mathrm{K}$。因 3-4 过程为绝热过程,故有

$$T_4=T_3\left(\frac{p_4}{p_3}\right)^{(\kappa-1)/\kappa}$$

计算可得当$\frac{p_3}{p_4}=5$时,$T_4=188\ \mathrm{K}$;当$\frac{p_3}{p_4}=4$时,$T_4=200.5\ \mathrm{K}$。

在吸热过程 4-1 中，空气吸取的热量为循环的制冷量，即

$$q_2 = h_1 - h_4 = \int_4^1 c_{p0}\,\mathrm{d}T$$

设比热容为定值，由表查得 $c_{p0} = 1.004\ \mathrm{kJ/(kg \cdot K)}$，于是可得该空气压缩制冷装置的制冷量如下：

当 $T_4 = 188\ \mathrm{K}$ 时，

$$q_2 = 1.004\ \mathrm{kJ/(kg \cdot K)} \times (263\ \mathrm{K} - 188\ \mathrm{K}) = 75.3\ \mathrm{kJ/kg}$$

当 $T_4 = 200.5\ \mathrm{K}$ 时，

$$q_2 = 1.004\ \mathrm{kJ/(kg \cdot K)} \times (263\ \mathrm{K} - 200.5\ \mathrm{K}) = 62.75\ \mathrm{kJ/kg}$$

由上述计算可知，当冷库温度及环境温度一定时，空气压缩制冷循环的制冷系数比逆向卡诺循环（按例 12-1 的计算结果）的制冷系数小得多。当减小空气压缩制冷循环的增压比时，循环的制冷系数可以提高些，但装置的制冷量却因此而减小。

12-3 蒸气压缩制冷循环

由于空气热力性质的限制，使得空气压缩制冷循环的吸热和放热过程都是在定压条件下进行的，因此在相同工作温度范围内，循环制冷系数比逆向卡诺循环的制冷系数小得多。此外，空气的比热容较小，使得单位质量工质的制冷量也较小。在对实际气体的讨论中发现，在饱和状态下，湿饱和蒸气的定压加热过程和定压放热过程就是定温过程。因而，如果用湿饱和蒸气作为工质，就可容易地实现定温吸热和定温放热，从而可以按逆向卡诺循环工作，在一定的冷库温度及环境温度下获得最高的制冷系数。另外，湿饱和蒸气在冷藏库中是靠工质汽化吸热，而一般工质的汽化潜热都比较大，因此以湿饱和蒸气为工质可以得到相当大的单位质量工质的制冷量。

一、单级蒸气压缩制冷循环

图 12-6 是以湿饱和蒸气为工质按逆向卡诺循环工作的制冷循环示意图，从理论上讲，该循环可以获得较高的制冷系数和较大的制冷量。

但是，以湿饱和蒸气为工质按逆向卡诺循环工作时，需要进行湿饱和蒸气的绝热压缩过程。当湿饱和蒸气吸入压气机时，工质中的饱和液体会从压气机气缸壁迅速吸热而汽化，使气缸内工质的压力突然增加，影响压气机吸气，致使压气机的吸气量减少而引起制冷装置的制冷量降低。同时，在压缩

过程中未汽化的液体还可能引起液击现象，以致损坏压气机。此外，湿饱和蒸气在逆向卡诺循环的绝热膨胀过程中，因工质中液体的含量很大，使膨胀机的工作条件很差。

因此，实用的蒸气压缩制冷循环是以逆向卡诺循环为基础，而对压缩过程及膨胀过程进行适当改进而形成的。图 12-7 所示为该循环的 $T-s$ 图及相应的蒸气压缩制冷装置的示意图。

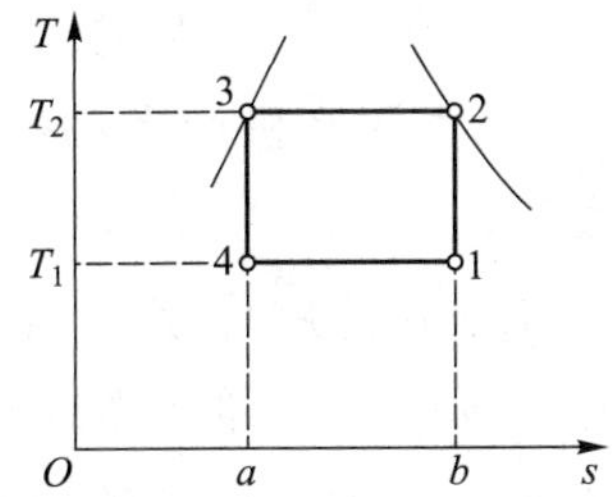

图 12-6 湿饱和蒸气区域内的逆向卡诺循环示意图

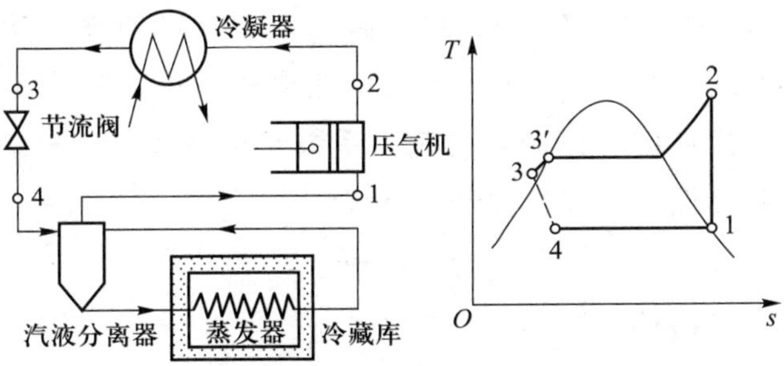

图 12-7 蒸气压缩制冷装置示意图及其理论循环的 $T-s$ 图

进入压气机的工质是干饱和蒸气。为了保证没有液体进入压气机，工质从冷藏库的蒸发器出来后先经过汽液分离器，把剩余未汽化的饱和液分离出来送回蒸发器，而只有干饱和蒸气才可通过分离器进入压气机。这时，工质的绝热压缩过程如图 12-7 中过程 1-2 所示，过程中工质所处的状态除初始状态外都是过热蒸气状态。压缩过程中压气机所消耗的功较逆向卡诺循环有所增加。

工质在冷凝器中的定压放热过程如图 12-7 中过程 2-3 所示。先是过热蒸气冷却变成干饱和蒸气，然后是干饱和蒸气凝结成为饱和液体，最后是饱和液体进一步冷却而温度低于饱和温度。整个放热过程大部分仍是定温过程，但由于还有部分是过热蒸气的放热过程，所以整个放热过程的平均放热温度略高于定温放热的温度。

如图 12-7 中过程 3-4 所示，工质的降温降压不是通过膨胀机绝热膨胀来实现的，而是通过节流阀，利用工质绝热节流的温度效应来实现的。这不仅大大简化了制冷装置，而且便于调节冷藏库温度。但是由于取消了膨胀机，原来由膨胀机产生的那一部分轴功损失掉了，使得装置消耗的净功有所增加。

工质在冷藏库蒸发器中的定压吸热过程如图 12-7 中过程 4-1 所示。由于工质在蒸发器中全部汽化成为干饱和蒸气，因而增大了单位质量工质的制冷量 q_2。但不可逆的绝热节流所引起的熵增使吸热过程起点比熵 s_4增大，从而使吸热过程的吸热量减少，制冷量 q_2降低。此外，定压放热过程 2-3 中液体的放热过程 3′-3 所引起的工质比熵的减少有利于节流后工质的比熵 s_4相应地有所减少，从而使吸热过程的吸热量即制冷量 q_2有所增加。

总的说来，由于上述蒸气压缩制冷循环中压气机消耗的功较大，放热过程的平均放热温度较高，以及绝热节流所造成的不可逆损失等因素的影响，装置的制冷系数比逆向卡诺循环的制冷系数要小一些。

蒸气压缩制冷循环的制冷量可表示为

$$q_2 = h_1 - h_4$$

循环净功即压气机消耗的轴功可表示为

$$|w_0| = |(w_s)_c| = h_2 - h_1$$

于是蒸气压缩制冷循环的制冷系数可按下式计算：

$$\varepsilon = \frac{q_2}{|w_0|} = \frac{h_1 - h_4}{h_2 - h_1} \tag{12-4}$$

根据制冷装置所用工质的热力性质表或图线可进行上述各项计算。计算制冷循环时经常利用 ln p-h 线图（压焓图）。在该图上能方便地表示定压过程、定焓过程，且极易确定各点的焓值。图 12-8 所示为 ln p-h 图上的蒸气压缩制冷循环的循环曲线，1-2 为定熵过程，2-3为定压过程，3-4 为节流过程（其初、终两态的焓相等），4-1 为定压过程。书后附有氨和氟利昂 134a 的 ln p-h 图。

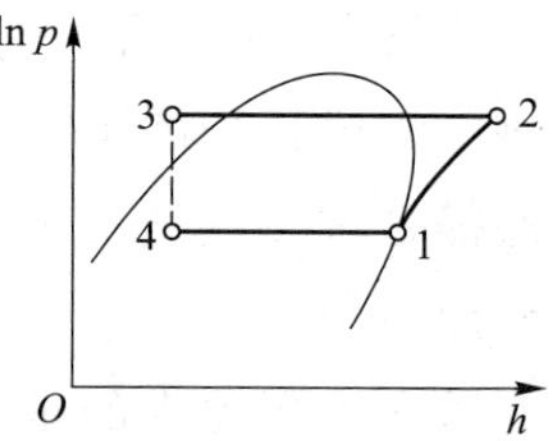

图 12-8　蒸气压缩制冷的压焓图

蒸气压缩制冷循环的吸热过程为定温过程，放热过程也有相当一部分是定温过程，因此其制冷系数比较接近于逆向卡诺循环的制冷系数。同时，蒸气压缩制冷循环是依靠工质汽化吸热，由于汽化潜热较大，因此蒸气压缩制冷装置有较大的制冷量。正因为这样,蒸气压缩制冷装置在实用中得到了极为广泛的应用。

例 12-3 有一台氨蒸气压缩制冷装置。若蒸发温度为-10 ℃,冷凝器出口氨饱和液体的温度为 25 ℃,试求该装置的制冷量及制冷系数。

解 查附录中氨的 ln $p-h$ 图,得 h_1 = 1 435 kJ/kg、h_2 = 1 605 kJ/kg、h_3 = 325 kJ/kg。根据绝热节流过程的性质可知 $h_4=h_3$,于是可得该装置的制冷系数为

$$\varepsilon=\frac{h_1-h_4}{h_2-h_1}=\frac{1\ 435\ \text{kJ/kg}-325\ \text{kJ/kg}}{1\ 605\ \text{kJ/kg}-1\ 435\ \text{kJ/kg}}=6.52$$

装置的制冷量为

$$q_2=h_1-h_4=1\ 435\ \text{kJ/kg}-325\ \text{kJ/kg}=1\ 110\ \text{kJ/kg}$$

对比例 12-1 及例 12-3 可见,蒸气压缩制冷循环的制冷系数虽比逆向卡诺循环小一些,但与空气压缩制冷循环相比,蒸气压缩制冷循环的制冷系数及制冷量却大得多。

二、多级蒸气压缩制冷循环

当制冷温度较低,制冷剂的蒸发温度也较低,此时对于单级蒸气压缩制冷循环,在相同的冷凝条件下,要求压气机有较大的增压比,这就使得制冷循环的压缩耗功增大,压气机排气温度升高。如果采用多级压缩分级节流的制冷循环,可以获得不同制冷温度的制冷量,同时可以减少耗功,降低排气温度。下面以蒸气二级压缩二次节流制冷的理想循环为例来说明多级蒸气压缩制冷循环的工作原理。

图 12-9 为蒸气二级压缩二次节流的制冷装置示意图,来自低压蒸发器压力为 p_1的低压干饱和蒸气进入低压压气机,在其中被压缩到中间压力 p_2。从低压压气机出来的过热蒸气进入中冷器,在其中定压冷却。如果冷却后制冷工质的温度仍高于压力 p_2对应的饱和温度(例如 2′状态),那么这部分工质就与经高压节流阀节流至中间压力 p_2的冷凝液体混合,进行接触换热,使蒸气温度降低到压力 p_2对应的饱和温度后进入气液分离器。

气液分离器上部压力为 $p_2(p_2=p_3)$的干饱和蒸气进入高压压气机,被压缩至冷凝压力 p_4后进入冷凝器进行等压冷凝,然后经过高压节流阀节流降温后送至气液分离器。

气液分离器中液体制冷剂分为两部分,一部分流入中压蒸发器,在其中进行蒸发,获得制冷温度较高的制冷量,另一部分经低压节流阀进入低压蒸发器中进行蒸发,获得低温的制冷量。产生的低压干饱和蒸气进入低压压气

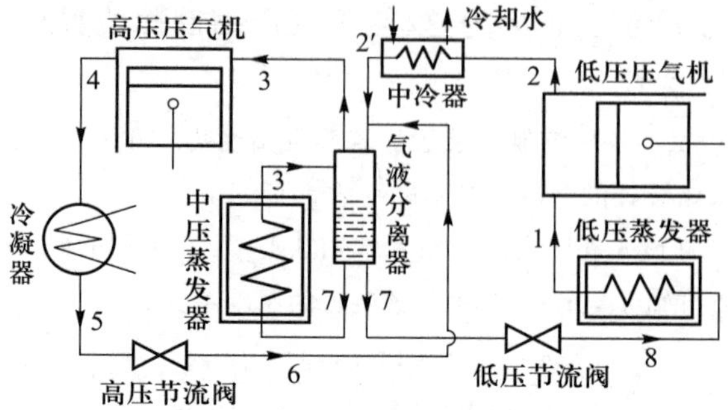

图 12-9　蒸气二级压缩二次节流的制冷装置示意图

机,继续循环。

图 12-10 所示为蒸气二级压缩二次节流制冷理想循环的 T-s 图和 $\lg p$-h 图。

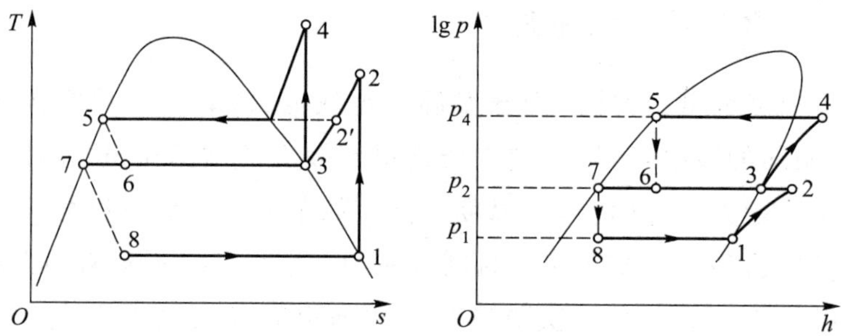

图 12-10　蒸气二级压缩二次节流制冷热力循环示意图

要说明的是,两级压气机的吸气质量是不相同的。高压压气机的吸气由四部分组成:① 低压压气机的排气;② 中压蒸发器蒸发所产生的蒸气;③ 高压节流阀节流闪蒸产生的蒸气;④ 来自高压节流阀的液体与中间冷却器的排气接触换热而汽化产生的蒸气。所以,流经高压压气机的质量流量比低压压气机的质量流量要大。

多级蒸气压缩制冷循环的热力计算方法与单级蒸气压缩制冷循环类似,在此不再重复。需注意的是,多级蒸气压缩制冷循环的制冷量需在确定流经各级蒸发器的工质质量流量的基础上才能确定。

三、复叠式制冷循环

单一制冷剂的蒸气压缩制冷循环在制冷温度很低时,制冷循环的蒸发压力也很低，同时冷凝压力也需提高。制冷循环的蒸发压力过低，使得制冷装置的低压部分在较大的真空度下运行，增加了空气漏入系统的可能性；另外，吸气状态下制冷蒸气的比体积也增大，使得压气机尺寸增大。制冷循环的冷凝压力过高，则要求制冷装置的高压部分有更高的强度，冷凝器和高压管道的壁厚增大，使得制冷装置体积增大，重量增加。此外，冷凝压力的提高和蒸发温度的降低，使得压气机的增压比增大，制冷装置耗功增大。采用复叠式制冷循环可解决上述问题。

复叠式制冷循环是由两种或两种以上的制冷剂及其相应的单级（或多级）蒸气压缩循环叠加而成的循环。图 12-11 是由两个单级蒸气压缩制冷装置叠加而成的二级复叠式制冷装置的示意图，图 12-12 是二级复叠式制冷循环的 $T-s$ 图。

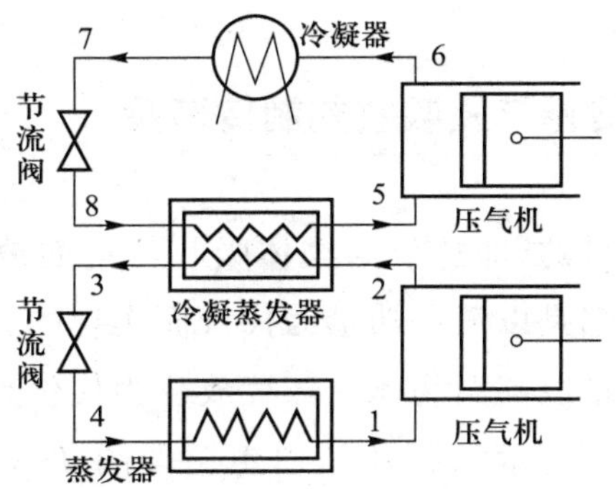

图 12-11　二级复叠式制冷装置示意图

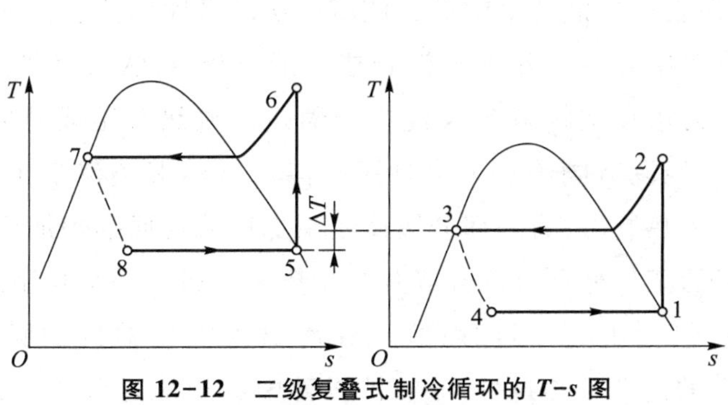

图 12-12　二级复叠式制冷循环的 $T-s$ 图

组成复叠式制冷循环的各单级制冷循环是各自独立的，各单级循环中使用不同的制冷剂，使得装置在获得较低的制冷量的同时，各级循环都有合适的蒸发压力以及在环境温度下冷凝时有适中的冷凝压力。由图 12-11 和图 12-12可见,制冷剂在高压回路 5-6-7-8 中的蒸发吸热使得低压回路 1-2-3-4中的制冷剂冷凝,这样低压回路 1-2-3-4 中的制冷剂蒸发,就能产生较低的蒸发温度。

联系 1-2-3-4 和 5-6-7-8 两个回路的中间热交换器称为冷凝蒸发器。如果冷凝蒸发器与环境隔热良好,则循环 5-6-7-8 中的蒸发吸热量等于循环 1-2-3-4 的冷凝放热量。循环 5-6-7-8 的蒸发温度低于循环 1-2-3-4 的冷凝温度,其温差 ΔT 为冷凝蒸发器的传热温差,通常 $\Delta T=5\sim8$ K。

当采用乙烯和丙烯作为二级复叠式制冷循环的制冷剂时,最低蒸发温度可接近-100 ℃,如果采用甲烷、乙烯和丙烯作为三级复叠式制冷循环的制冷剂,最低蒸发温度可接近-160 ℃。

12-4　蒸汽喷射制冷循环及吸收式制冷装置

为了实现制冷的目的,即从低温物体吸收热量而放给温度较高的环境,上述压缩式制冷装置都是以消耗功量为代价而实现的,而蒸汽喷射制冷装置及吸收式制冷装置则是以高温物体向环境放热为代价来实现制冷的。

蒸汽喷射制冷装置的示意图及其理想循环的 $T-s$ 图如图 12-13 所示。从锅炉产生的高压蒸汽 1,在喷射器的喷管中经绝热膨胀过程至状态 2 而产生高速,并在喷管后的混合室中形成低压。从冷藏库的蒸发器来的低温蒸汽 3,被吸入混合室中并和工作蒸汽汇合成一股气流 4,然后经扩压管,使气流速度降低而压力增高至状态 5,又经冷凝器定压放热凝结成液体状态 6。这时,一部分液体经调节阀绝热节流降压降温成低温湿蒸汽 7,直接送至冷藏库的蒸发器中吸热制冷;另一部分液体经泵加压后送回锅炉加热产生蒸汽。

上述装置的工作循环可以分成两个循环来分析。一个是制冷循环 7-3-4-5-6-7。它包括了五个过程:蒸汽在冷藏库蒸发器内的吸热汽化过程 7-3,混合室中的混合放热过程 3-4,扩压管中的增压过程 4-5,冷凝器中的放热过程 5-6 及蒸汽经调节阀绝热节流降温的过程 6-7。由制冷循环实现了从冷藏库内低温物体吸热而放给温度较高的冷却水。另一个是工作蒸汽的正向循环1-2-4-5-6-8-1。它由六个过程组成:蒸汽在锅炉中的定压加

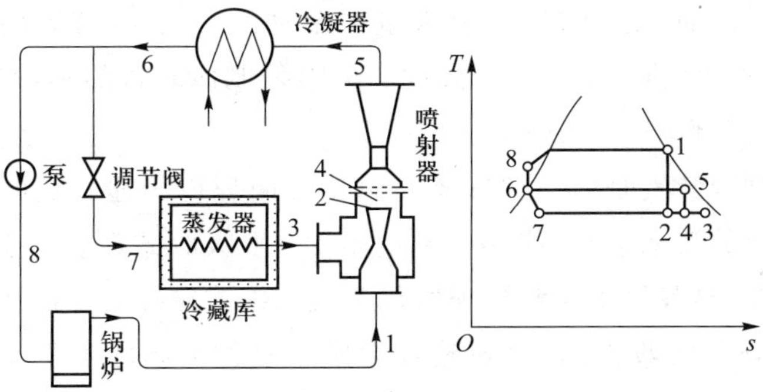

图 12-13 蒸汽喷射制冷装置示意图及其理论循环的 T-s 图

热汽化的过程 8-1,蒸汽在喷管中绝热膨胀产生高速的过程 1-2,蒸汽在混合室中的混合吸热过程 2-4,扩压管中的增压过程 4-5,冷凝器中的定压放热过程 5-6,泵中的加压过程 6-8。在正向循环中,工作蒸汽在锅炉中从高温烟气所得的热量,除在冷凝器中放掉的部分外,另一部分热量以高速气流流动动能的形式转变成机械能。这部分流动动能又在工作蒸汽驱动制冷工质时传递给制冷工质,而当制冷工质在扩压管中降速而增加压力时,这部分流动动能就成为制冷工质的焓。从此过程可以看到,制冷循环中制冷工质的压缩升压仍然是依靠外界消耗机械能来实现的,只是这部分机械能来自和制冷循环同时完成的正向循环。

在蒸汽喷射制冷装置中,是以高温热源向环境传递一定的热量作为代价而实现制冷的,因此采用所得到的制冷量和高温热源所给出的热量的比值来表示制冷循环工作的有效程度,称为热量利用系数,用 ξ 表示,即

$$\xi=\frac{\dot{Q}_2}{\dot{Q}}$$

式中:$\dot{Q}$ 为工作蒸汽从锅炉所得到的热量;$\dot{Q}_2$为制冷量。

蒸汽喷射制冷装置采用喷射器代替压缩制冷的压气机,所以这种制冷装置的设备简单且不需要外界提供功量。蒸汽在喷射器中流动速度很高,因此可以有很大的容积流量。这对于那些在低温下饱和压力很低而饱和蒸汽比体积很大的工质是很有利的。例如,水蒸气在 10 ℃时饱和蒸汽的比体积为 106.4 m^3/kg,因此不能用作压缩式制冷的工质,但作为喷射制冷的工质却没

有任何困难。因而，生产过程中有大量多余蒸汽的工业，常利用喷射制冷装置来获得 2～20 ℃的低于环境的温度。但喷射制冷装置的不可逆损失很大，热量利用系数较低。

吸收式制冷装置是另一种依靠高温热源向环境传递一定的热量作为代价而实现制冷的装置。图 12－14 所示是氨－水吸收式制冷装置的示意图。它采用吸收器、蒸气发生器和泵来取代蒸气压缩式制冷装置的压气机。由于水对氨有很强的吸收作用，故该装置常采用氨作为制冷工质而用水作吸收剂。在吸收器中，氨的水溶液吸收来自冷藏库蒸发器的氨蒸气。由于氨溶解时产生溶解热，为了保持溶液的吸收能力，要用冷却水冷却吸收器。吸收氨后的浓溶液用泵加压后送入蒸气发生器。在蒸气发生器中，溶液被加热，使其中所溶解的氨蒸发产生氨气，但这时所得氨气的压力较高。实际上，通过该过程就实现了氨气的加压，然后氨气先经冷凝器冷却凝结成氨液，再经节流阀绝热节流降压而温度降至低温，低温的氨溶液便可重新送入冷藏库蒸发器吸热制冷。氨气蒸发后蒸气发生器中所剩的浓度较低的氨的水溶液，经调节阀节流降压后又流回吸收器重新利用。

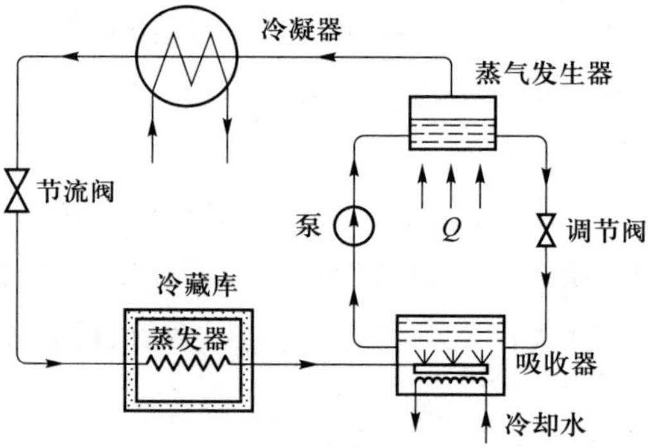

图 12－14　吸收式制冷装置示意图

在这种吸收式制冷装置中，氨的加压是靠泵完成的，显然泵所消耗的功比用压气机压缩氨蒸气所消耗的功要小得多。这种制冷装置需要消耗一定的热量来加热蒸气发生器，使得氨气在较高压力下从氨溶液中蒸发出来。它工作的有效程度也用热量利用系数来表示，即

$$\xi=\frac{\dot{Q}_2}{\dot{Q}}$$

式中：$\dot{Q}$ 为加热蒸气发生器所需的热量；$\dot{Q}_2$为制冷量。

这种吸收式制冷装置的不可逆损失较大，其热量利用系数较小。但吸收式制冷装置的构造简单，造价低廉，特别是它消耗的功率很小，还可利用温度不太高的生产过程的余热来加热蒸气发生器，故在工厂企业中应用这种制冷装置可节约电力的消耗，并充分利用余热。

近年来，以溴化锂作为吸收剂，以水蒸气作为制冷剂的吸收式制冷装置的发展较快，常用来作为大型空气调节装置的制冷设备。此外，已经有采用太阳能作为吸收式制冷装置加热蒸气发生器的热源，从而构成一种太阳能制冷装置。它也为太阳能的利用开辟了一个新的领域，因而受到很大的关注。

12-5 热泵循环

从前面的讨论可见，当消耗一定的功量或高温热量使系统进行一个逆向循环时，可以从温度较低的物体吸出一定的热量，同时释放给温度较高的环境一定的热量。当将这样的逆向循环用于从低温环境吸收热量，而使其温度降低到环境温度以下并维持其较低温度，称其为制冷循环；当将其用于向高温环境提供热量，使其得到和维持相对较高的温度时，称其为热泵循环。

描述热泵循环经济性的指标是热泵供热系数，也称为热泵性能系数，供热系数等于热泵的供热量，即制冷剂在冷凝器中向高温环境放出的热量$|q_1|$与循环中的耗功$|w_0|$之比，即

$$\zeta=\frac{|q_1|}{|w_0|}$$

由热力学第一定律可知，热泵向高温环境的供热量$|q_1|$等于其所消耗的功量$|w_0|$与其从低温环境所吸收的热量 q_2之和，所以

$$\zeta=\frac{|q_1|}{|w_0|}=\frac{|w_0|+q_2}{|w_0|}=1+\varepsilon$$

由此可见，循环的制冷系数 ε 越高，则供热系数 ζ 也越高。

如上所述，当热泵消耗一部分高品位能量时，可以从低温环境（一般情况下为自然环境）中吸收热能，而且可以将这部分热能连同所消耗的高品位能量转换而来的热能一同送到高温环境中去，即实现了将热能从低温环境传

送到高温环境。采用这样的手段，就可以将蕴藏在自然界中的大量难以直接利用的低品位能量，例如水、空气中的显热以及工业生产过程中排放出的许多“废热”加以利用。

近年来，热泵装置在诸如化工、干燥领域中得到了越来越多的应用，特别是在供暖空调领域中应用得更多。在供暖空调领域中经常是利用热泵装置，将环境介质，例如水、空气、土壤中的热能传送到需要供暖的空间。显然，由于热泵利用一小部分高品位能量即能向供暖空间提供更多的热量，因此与其他供暖方式相比，热能装置是一种比较合理的供热装置。

经过合理设计，可以使一套设备具有制冷和供热两种功能。图 12-15 就是这样一台装置的工作示意图，它是利用一个四通换向阀控制制冷剂流向，使得夏天时室内换热器作为蒸发器使用，对室内制冷，冬天时室内换热器作为冷凝器使用，对室内供热。

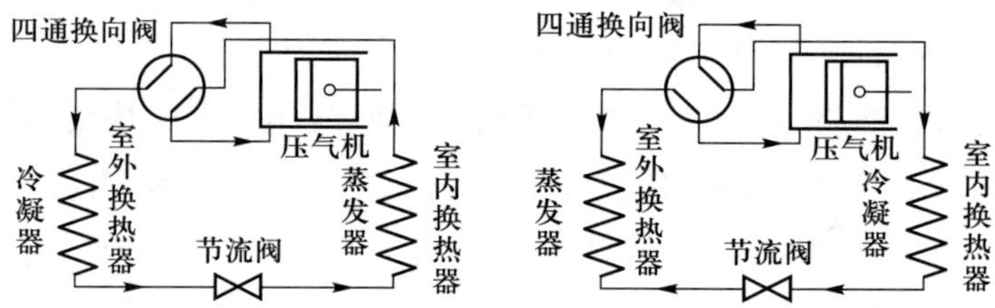

(a) 夏季制冷循环　　(b) 冬季供热循环

图 12-15　制冷和供热两用装置示意图

与一般供热装置相比，热泵装置存在设备相对较复杂、初始投资较高以及当室外温度较低、供热系数较低等不足。这些不足限制了热泵作为供热装置大量推广使用。但是，随着热泵技术的不断提高以及节能工作的进一步深入，热泵技术的应用会越来越普遍。

例 12-4　若用与例 12-1 相同的制冷装置作为热泵，所消耗的功率 P 也是 2 kW，设其从室外-10 ℃的环境吸取热量，而向室内温度为 25 ℃的空间供热，并仍按逆向卡诺循环计算，试求该循环的供热量。

解　由热泵供热系数的定义式

$$\zeta=\frac{|q_1|}{|w_0|}=\frac{|q_1|}{|q_1|-q_2}=1+\varepsilon$$

逆向卡诺循环的供热系数可表示为

$$\zeta=\frac{T_1}{T_1-T_2}=\frac{1}{1-\dfrac{T_2}{T_1}}$$

根据已知条件,该热泵的供热系数为

$$\zeta=\frac{298\ \mathrm{K}}{298\ \mathrm{K}-263\ \mathrm{K}}=8.51$$

按供热系数的定义式,可得该热泵的供热量为

$$Q_1=\zeta P=8.51\times 2\ \mathrm{kW}=17.02\ \mathrm{kW}$$

这就是说,按本题所给的条件(相当于我国北方地区的冬季条件),利用热泵供热,所得热量为耗电量的 8.51 倍。若把室内温度改为 17 ℃,通过计算求得的供热系数可提高到 10.74,即耗电量为 2 kW 时可得热量 21.48 kW。这说明,用热泵代替电热器供暖可以节省大量的电能。

例 12-5 一台以氟利昂 134a 为工质的蒸气压缩热泵装置,用来向环境温度为 25 ℃的房间供热,若室外环境温度为-10 ℃,试求:(1) 在理想条件该热泵装置的供热量和供热系数;(2) 若室外环境温度为-25℃,情况又如何?

解 设热泵的冷凝温度等于室内环境温度,且制冷工质的过冷度为零,蒸发温度等于室外的环境温度,压缩过程为可逆的绝热过程,则其热力循环可表示在如图 12-16 所示的压焓图上。

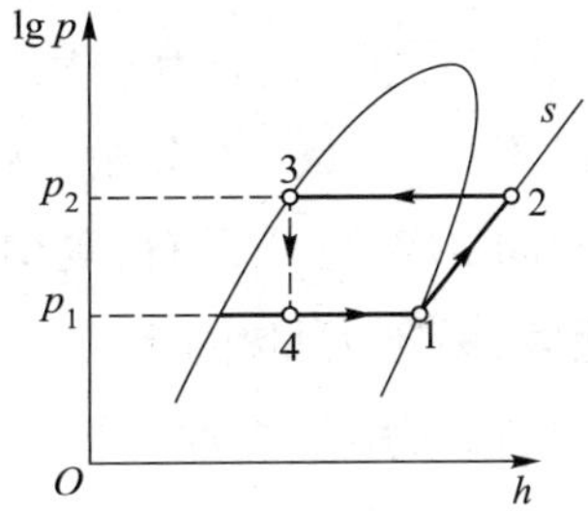

图 12-16

(1) 当室外温度为-10 ℃以及室内温度为 25 ℃时,依题示条件,查氟利昂 134a 的压焓图($\ln p-h$ 图)或热力性质表,可得

$$h_1=h''_{t=-10\ ℃}=392.01\ \mathrm{kJ/kg},h_2=415.80\ \mathrm{kJ/kg}$$

$$h_3=h_4=h'_{t=25\ ℃}=234.63\ \mathrm{kJ/kg}$$

因此可得,该循环的供热量为

$$|q_1|=h_2-h_3=415.80\ \mathrm{kJ/kg}-234.63\ \mathrm{kJ/kg}=181.17\ \mathrm{kJ/kg}$$

其供热系数为

$$\zeta=\frac{h_2-h_3}{h_2-h_1}=\frac{415.80\ \mathrm{kJ/kg}-234.63\ \mathrm{kJ/kg}}{415.80\ \mathrm{kJ/kg}-392.01\ \mathrm{kJ/kg}}=7.62$$

(2) 当室内温度仍为 25 ℃,而室外温度为-25 ℃时,用上述同样的方法,可得

$$h_1=h''_{t=-10\ ℃}=382.79\ \mathrm{kJ/kg},h_2=418.88\ \mathrm{kJ/kg}$$

$$h_3=h_4=h'_{t=25\ ℃}=234.63\ \mathrm{kJ/kg}$$

其循环供热量为

$$|q_1|=h_2-h_3=418.88\ \mathrm{kJ/kg}-234.63\ \mathrm{kJ/kg}=184.25\ \mathrm{kJ/kg}$$

其供热系数为

$$\zeta=\frac{h_2-h_3}{h_2-h_1}=\frac{418.88\ \mathrm{kJ/kg}-234.63\ \mathrm{kJ/kg}}{418.88\ \mathrm{kJ/kg}-382.79\ \mathrm{kJ/kg}}=5.11$$

从上述的讨论可见,当室内温度不变而室外温度降低时,热泵的供热系数减小。

12-6 制冷剂及其热力学性质

制冷装置所用的工质称为制冷剂。虽然制冷系数表达式无法体现其数值大小和制冷剂的性质关系,但制冷量及制冷装置的构造、尺寸、工作压力、材料等都与制冷剂的性质有密切的关系。

按热力学观点,理想的制冷剂应满足下述条件:其相变潜热大,以获得较大的制冷量;在制冷所需的温度范围内其饱和压力应接近或略大于大气压力,以免在冷藏库蒸发器内造成真空度而使空气漏进蒸发器;在环境温度下其饱和压力不太高,以降低压缩机成本及整个系统的耐压要求;其临界点温度应较高而其三相点温度应较低,以使制冷循环能在远低于临界点的状态下工作,可以更多地利用定温过程,提高循环的制冷系数。

在其他物理化学性质方面,制冷剂应满足如下条件:表面传热系数高,以减小换热器的面积;有一定的吸水性,以免发生冰塞;没有腐蚀性;化学稳定性好,不燃、不爆、不分解;无毒、无刺激性;全球变暖潜能值(global warming potential,GWP)低;消耗臭氧潜能值(ozone depleting potential,ODP)为零;价格低廉,易于大量生产。

目前所用制冷剂主要有氨、氟利昂、水等,此外氯甲烷、二氧化硫、二氧化碳等也有应用。表 12-1 列出了一些常用制冷剂的物理性质。

表 12-1 常用制冷剂的物理性质

名称	化学式	相对分子质量	沸点/℃ (0.101 325 MPa 下)	临界温度/℃	临界压力/MPa	冰点/℃ (0.101 325 MPa 下)
水	H_2O	18.016	100.00	374.15	22.120	0.00
氨	NH_3	17.031	-33.4	132.4	11.15	-77.7
二氧化碳	CO_2	44.011	-78.48	31.04	7.3	-56.6
二氧化硫	SO_2	64.06	-10.00	157.3	7.78	-75.3

水和空气的来源最广,且无毒、无害。但是,空气的热容太小,实用价值

不高；水蒸气在温度较低时饱和压力太低，致使蒸发器中真空度太高，故不宜用于较低温度的场合。

氨作为制冷剂有许多优点，其汽化潜热较大而且单位质量工质的制冷量较大；在制冷所需低温及环境温度范围内，其饱和压力适中，当冷却水温度低于 40 ℃时冷凝器中压力不超过 1.6 MPa，而蒸发器内温度不低于-33 ℃时不产生真空度；对钢铁无腐蚀性；不溶于油，故不影响润滑；吸水性强，不产生冰塞。其缺点是对人体有刺激性；在常温下虽不燃烧，但空气中含有 13.1%～26.8%的氨时遇火会燃烧而爆炸。

氟利昂类制冷剂性能稳定，品种多样，可以满足制冷循环不同的工作参数范围及要求，曾被广泛用作为制冷工质，但由于进入大气层的氟利昂被同温层的紫外光损坏后会释放出氯原子，这种氯原子对臭氧层有损耗作用。为了保护臭氧层，国际社会于 1987 年制定了《关于消耗臭氧层物质的蒙特利尔议定书》限定了制冷剂的应用，目前 ODP 大于 0 的制冷剂已经禁止使用。2021 年，《基加利修正案》对中国正式生效，该修正案对制冷剂做出了更加严格要求，大幅降低了制冷剂 GWP，自然工质 R290 和 CO_2将会得到广泛使用。

HFO1234yf 是一种新型有机制冷剂，具有无毒、无味、无色、热稳定性较好、不易燃易爆等特点，化学性质十分稳定，环境友好性强，GWP 为 4，远远小于法规要求的 150，且制冷能力相当，是一种公认的理想的氟利昂替代物。HFO1234yf 目前已广泛应用于汽车空调、冰箱、中央空调等产品和制冷行业，是一种被广泛接受的氟利昂替代物，已得到广泛使用。

自然工质是未来社会发展的重点，R290 和 CO_2 都属于自然工质，R290 易燃易爆，但是温度适应性强，适用于常规的制冷和制热，目前在国际社会得到广泛认可。CO_2系统压力高，制冷性能差，但是热泵性能非常好，在纬度较高的地区特别适用。

思考题

12-1 当冷库温度及环境温度一定时，试证明逆向卡诺循环具有最大的制冷系数。

12-2 空气压缩制冷为何不能像蒸气压缩制冷那样采用节流阀降压而要采用膨胀机降压膨胀？

12-3　当冷库温度及环境温度一定时，为增加单位质量的制冷量，空气压缩制冷循环的制冷系数总要有所降低，试用 $T-s$ 图分析说明之。

12-4　压缩式制冷依靠消耗功量实现制冷，吸收式及喷射式制冷则是依靠消耗高温的热能实现制冷，试根据热力学第二定律说明两者的一致性。

12-5　当高增压比的空气压缩制冷装置采用回热措施降低增压比时，若考虑压气机及膨胀机中的不可逆损失，是否不论采用回热与否循环的制冷系数仍相同？

12-6　是否可以设想，使蒸气压缩制冷装置中工质冷凝放热的过程一直延伸到接近冷库温度，以得到更大的制冷量？

12-7　如果利用制冷产生的低温物质作为热机的低温热源，是否可以提高热机的循环热效率？这样做是否合理？

习　题

12-1　设有一制冷装置按逆向卡诺循环工作，冷库温度为 −5 ℃，环境温度为 20 ℃，求制冷系数的数值。又若利用该机器作为热泵，由 −5 ℃的环境取热而向 20 ℃的室内供热，求其供热系数。

12-2　有一台空气压缩制冷装置，冷藏库温度为 −10 ℃，空气冷却器中冷却水的温度为 15 ℃，空气的最高压力为 0.5 MPa、最低压力为 0.1 MPa，试求制冷系数、单位质量工质的制冷量及装置消耗的净功。

12-3　有一台空气压缩制冷装置，冷藏库温度为 −10 ℃，冷却器中冷却水的温度为 20 ℃，空气的最高压力为 0.4 MPa、最低压力为 0.1 MPa。若装置的制冷量为 150 kW，试求带动制冷装置所需的功率、冷却水带走的热量、装置中空气的流量以及膨胀机和压气机的功率。

12-4　按上题所述条件，若压气机绝热效率为 0.8，膨胀机效率为 0.85，试求装置消耗的功率及制冷系数。

12-5　一台氨蒸气压缩制冷装置，其冷库温度为 −10 ℃，冷凝器中冷却水的温度为 20 ℃，试求单位质量工质的制冷量、装置消耗的功、冷却水带走的热量以及制冷系数。

12-6　若按上题所述条件，装置的制冷量为 100 kW，压气机的绝热效率为 0.8，试求该装置消耗的功率、制冷系数以及装置中氨的流量。

12-7　设把氨蒸气压缩制冷装置用做热泵，其工作温度与题 12-5 相同，试求该热泵的供热量及供热系数。

12-8　冬季室外温度为-5 ℃，室内温度为 20 ℃。设某建筑物的散热量按每 1 ℃温差为 0.5 kW 计算，现用氨蒸气压缩制冷装置作为热泵供热维持室内温度，若室外蒸发器中氨的温度为-13 ℃，而室内冷凝器内温度为 27 ℃，压气机效率为 0.8，试求：(1) 热泵的供热系数、供热的功率以及热泵消耗的功率；(2) 如果采用电炉直接供热，则电炉消耗的功率为热泵消耗功率的多少倍？

12-9　有一台吸收式制冷装置，利用 150 ℃降至 100 ℃的循环热水作为蒸气发生器的热源。已知蒸发器内的温度为-10 ℃、环境介质温度为 20 ℃，假定在完全可逆的理想条件下工作，试：(1) 确定制冷装置的最大热量利用系数；(2) 若制冷量为 2×10^5 kJ/h，求所需热水的最小质量流量为多少？

第十三章

湿空气

一般情况下，空气中或多或少都含有一些水蒸气，故称其为湿空气。完全不含水蒸气的空气称为干空气。虽然在一般情况下由于水蒸气含量很小，在分析空气的状态变化时可以不考虑水蒸气的影响。但是，经常有一些状态变化过程涉及空气中水蒸气所产生的影响，这时就必须分析空气中水蒸气的含量及状态的变化特点。例如，在物料的干燥及加湿过程中，在采暖通风、空气调节工程中，都涉及这类过程。本章主要讲述有关湿空气的基本概念，描述湿空气状态的参数及其相互关系，确定湿空气状态的方法和湿空气的过程。

13-1 湿空气的一般概念

湿空气是干空气和水蒸气的混合物。在常温常压下，湿空气中水蒸气的分压力很低，可以近似地看作理想气体，因而湿空气可以看作理想气体混合物。按理想气体混合物的性质，湿空气的压力 p 应为干空气的分压力 p_a 与水蒸气的分压力 p_v 之和，即

$$p = p_a + p_v \tag{13-1}$$

一般情况下，湿空气中水蒸气的分压力总是低于空气温度所对应的饱和压力，即湿空气中的水蒸气处于过热蒸汽的状态。这种由过热水蒸气和干空气组成的湿空气称为未饱和湿空气。未饱和湿空气中水蒸气的状态如图 13-1中点 A 所示。如保持湿空气的温度不变，使湿空气中水蒸气的含量增加，则湿空气中水蒸气的分压力 p_v 也随之增大。当 p_v 增大至当时空气温度所对应的饱和压力 p_s 时，水蒸气达到饱和状态，如图 13-1 中点 B 所示。这时湿空气中水蒸气的含量达到对应温度下的最大值。这种由饱和水蒸气和干

空气所组成的湿空气称为饱和湿空气。

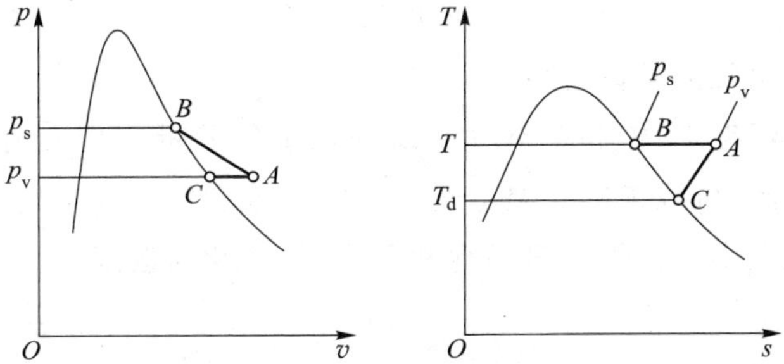

图 13-1 湿空气中水蒸气状态示意图

如果湿空气受冷而温度降低，则湿空气中水蒸气在其分压力 p_v 保持不变的条件下温度不断降低，其状态变化过程如图 13-1 中 $A-C$ 所示。当湿空气的温度降低到水蒸气的分压力 p_v 所对应的饱和温度时，水蒸气达到饱和状态，如图 13-1 中点 C 所示。从点 C 开始，如果湿空气再受冷，就会在湿空气中出现露滴。因此，把湿空气中水蒸气的分压力 p_v 所对应的饱和温度称为湿空气的露点温度（简称露点），用 t_d 表示。

露点温度可用露点计或湿度计测定。露点计中利用乙醚在金属容器中蒸发而使容器表面温度连续下降，当容器外表面上开始出现露滴时的温度就是湿空气的露点温度。根据露点温度的定义，露点温度所对应的饱和压力就是湿空气中水蒸气的分压力 p_v，故可利用饱和水蒸气表或图查取。

13-2 绝对湿度、相对湿度和含湿量

湿空气中水蒸气的含量是影响湿空气状态的一个重要参数。因此，湿空气状态的确定，除了常用的 p、v、T、h 等参数外，还必须有描述湿空气中水蒸气含量的参数。

湿空气中水蒸气的含量，通常采用绝对湿度、相对湿度和含湿量等参数从不同的方面来说明。

每立方米湿空气中含有的水蒸气的质量称为湿空气的绝对湿度。绝对湿度的数值等于湿空气温度及水蒸气分压力确定的状态下水蒸气的密度 ρ_v。绝对湿度的数值可由水蒸气图或表查得，也可按理想气体状态方程式近似计算，即

$$\rho_v = \frac{m_v}{V} = \frac{p_v}{R_{g,v} T} \tag{13-2}$$

式中，$R_{g,v}$为水蒸气的气体常数。

在一定的温度下，饱和湿空气中所含水蒸气的量达最大值，故其绝对湿度值最大。因此，可取未饱和湿空气的绝对湿度和饱和湿空气的绝对湿度的比值表示湿空气中水蒸气含量的饱和程度，称为相对湿度，用 φ 表示，即

$$\varphi = \frac{\rho_v}{\rho_s} \tag{13-3}$$

式中，ρ_s 为饱和湿空气的绝对湿度。相对湿度说明了湿空气进一步吸收水蒸气的能力。相对湿度愈小，其吸收水蒸气的能力愈强，而相对湿度为 100% 的饱和湿空气，其吸收水蒸气的能力为零。若根据理想气体状态方程近似计算，相对湿度可按式(13-2)表示为

$$\varphi = \frac{p_v}{p_s} \tag{13-3a}$$

相对湿度常用毛发湿度计或干湿球温度计测定。干湿球温度计由两个温度计组成：一个为普通温度计，称为干球温度计；另一个是湿球温度计，它是一个在水银球上包有湿布的普通温度计。干球温度计所测得的温度就是湿空气的温度。湿球温度计所测得的温度则是湿布中水的温度。在未饱和湿空气中，湿布中的水总在不断蒸发并要吸收汽化热，因此湿布中水的温度将低于湿空气的温度。湿空气的相对湿度愈小，湿布中水分蒸发得愈快，而湿球温度就愈低。反之，在饱和湿空气中，湿布中的水不能蒸发，于是湿球温度和干球温度相等。将湿空气的相对湿度和干球温度、湿球温度间的对应关系画成图线（图 13-2），就可按照干、湿球温度计上的读数查取所测空气的相对湿度。

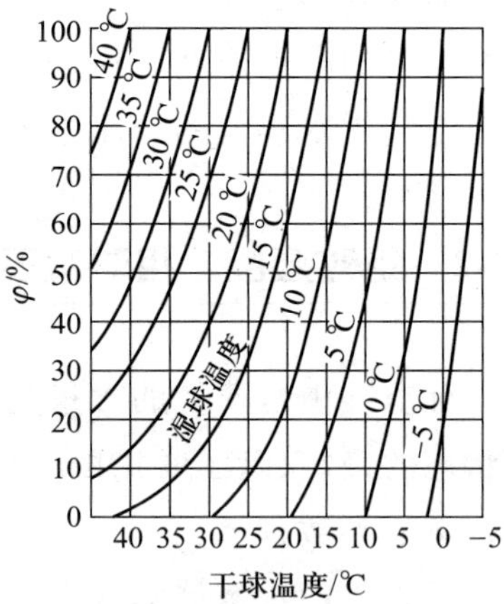

图 13-2　相对湿度与干、湿球温度的关系图线

按照干、湿球温度确定湿空气相对湿度的图线，一般是在大气压力为0.1 MPa的条件下绘制的。当大气压力偏离

0.1 MPa很多时,需加以适当的修正。

需注意的是,湿球温度不仅与湿空气的相对湿度有关,而且还受蒸发和传质速率的影响。显然,相对湿度相同的湿空气,流速高时要比流速低时的湿球温度低。实验表明,当空气流速在 2~10 m/s 的范围内时,可忽略流速对湿球温度的影响。在查图表和进行计算时,应以这种通风式干、湿球温度计的读数为准。

在湿空气的湿度调节或物料的干燥及加湿处理过程中,湿空气中干空气的质量是不变的,因而经常采用相对于单位质量干空气的湿空气所含有的水蒸气的质量来表示湿空气中水蒸气的含量,称为含湿量,用 d 表示,其单位常用 g/kg(干空气)。因此,含湿量的定义可表示为

$$d=1\ 000\frac{m_v}{m_a}=1\ 000\frac{\rho_v}{\rho_a}\ \text{g/kg(干空气)} \tag{13-4}$$

若按理想气体状态方程近似计算,则有

$$m_v=\frac{p_vV}{R_{g,v}T}$$

$$m_a=\frac{p_aV}{R_{g,a}T}$$

即

$$\frac{m_v}{m_a}=\frac{p_v}{p_a}\frac{R_{g,a}}{R_{g,v}}$$

把干空气和水蒸气的气体常数 $R_{g,a}=287.1$ J/(kg · K)及 $R_{g,v}=461.5$ J/(kg · K)代入上式,即可按式(13-4)把含湿量近似地表示为

$$d=622\frac{p_v}{p_a}$$

作为理想气体的混合物,有 $p_a=p-p_v$。于是可得

$$d=622\frac{p_v}{p-p_v} \tag{13-4a}$$

又按相对湿度的关系式 $\varphi=p_v/p_s$,上式可表示为

$$d=622\frac{\varphi p_s}{p-\varphi p_s} \tag{13-5}$$

该式说明:当湿空气的压力 p 和温度 T 一定时,湿空气的含湿量 d 取决于湿

空气的相对湿度 φ。当相对湿度为 100%，即水蒸气的分压力等于饱和压力 p_s 时，含湿量 d 就达到最大值。如果提高湿空气的温度，则对应的水蒸气的饱和压力 p_s 增高，因而湿空气的最大含湿量也随之增大。

例 13-1 设大气压力为 0.1 MPa、温度为 30 ℃、相对湿度为 60%，试求湿空气的露点温度、绝对湿度及含湿量。

解 根据饱和水蒸气表，30 ℃ 时 $p_s=0.004\ 24\ \text{MPa}$，干饱和蒸汽的密度 $\rho''=0.030\ 37\ \text{kg/m}^3$。

（1）露点温度

已知相对湿度 $\varphi=60\%$，故可以得到

$$p_v=\varphi p_s=0.6\times0.004\ 24\ \text{MPa}=0.002\ 544\ \text{MPa}$$

根据饱和水蒸气表，当 $p_s=0.002\ 544\ \text{MPa}$ 时，$t_s=21.5\ ℃$，该温度即为露点温度。

（2）绝对湿度

当相对湿度为 60%时，有

$$\rho_v=\varphi\rho_s=0.6\times0.030\ 37\ \text{kg/m}^3=0.018\ 22\ \text{kg/m}^3$$

（3）含湿量

$$d=622\frac{p_v}{p-p_v}=622\times\frac{0.002\ 544\ \text{MPa}}{0.1\ \text{MPa}-0.002\ 544\ \text{MPa}}=16.2\ \text{g/kg(干空气)}$$

13-3 湿空气的焓-含湿量图

为分析计算湿空气的状态变化及其水蒸气含量的变化，除应用公式进行计算外，还可应用根据有关计算式制成的工程用的线图。我国常用的线图是焓-含湿量图或称 $h-d$ 图。

因湿空气的各种过程主要是考虑湿空气中水蒸气含量发生变化时的有关问题，故湿空气过程分析总是按单位质量干空气所对应的湿空气进行计算。这时，湿空气的焓值为 1 kg 干空气的焓与 d(g) 水蒸气的焓之和，即

$$h=h_a+0.001dh_v \tag{13-6}$$

式中：h、h_a、h_v 的单位为 kJ/kg(干空气)；d 的单位为 g/kg(干空气)。若规定 0 ℃时干空气的焓及饱和水的焓为零，则按焓的表示式为

$$h_a=c_{p0,a}t=1.004\ \text{kJ/(kg·K)}\times t$$

$$h_v=L_{0\ ℃}+c_{p,v}t=2\ 501\ \text{kJ/kg}+1.863\ \text{kJ/(kg·K)}\times t$$

把这两个关系式代入焓的表达式可得

$$h = 1.004\ \mathrm{kJ/(kg \cdot K)} \times t + 0.001d[2\ 501\ \mathrm{kJ/kg} + 1.863\ \mathrm{kJ/(kg \cdot K)} \times t] \tag{13-6a}$$

在焓-含湿量图上有下述图线，如图 13-3 所示：

（1）定含湿量线。如图上 $d=d_A$ 线所示，它是一组垂直线。

（2）定焓线。如图上 $h=h_A$ 线所示，它是与垂直线成 135°角的一组直线。

（3）定温线。如图上 $t=t_A$ 线所示。由式（13-6a）可知，当温度为定值时，焓 h 和含湿量 d 之间保存线性关系，故定温线为一直线，但不同温度的定温线其斜率不同。

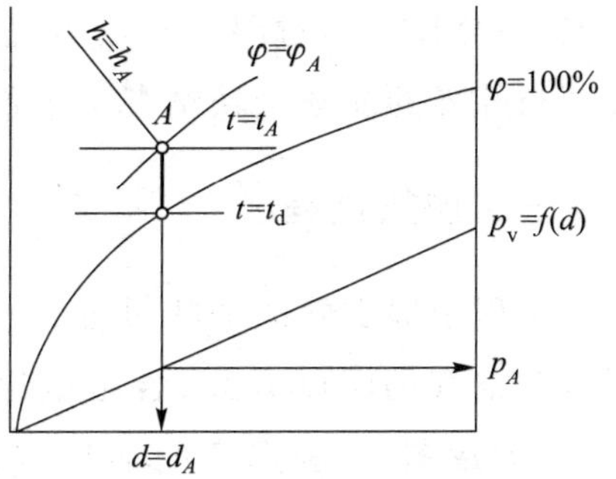

图 13-3　湿空气 $h-d$ 图的示意图

（4）定相对湿度线。如图上 $\varphi=\varphi_A$ 线所示，它是一组曲线。$\varphi=100\%$ 的曲线即为饱和曲线，$\varphi<100\%$ 的区域则为未饱和湿空气区。图中 $\varphi=100\%$ 曲线以下的部分是无意义的，故为空白。

（5）含湿量与水蒸气分压力的换算关系线，即 $p_v=f(d)$ 线。该线给出了 p_v 与 d 的对应数值。

本书附录中的焓-含湿量图是按湿空气压力等于 0.1 MPa 的条件所绘制的，若用于分析湿空气压力范围为（0.1±0.025）MPa 的湿空气性质，所得结果的误差小于 2%。

利用焓-含湿量图可以确定湿空气的各种参数，也可以表示和分析湿空气的变化过程。

例 13-2　按例 13-1 条件，即湿空气压力为 0.1 MPa、温度为 30 ℃、相对湿度为 60%，试由 $h-d$ 图求湿空气的露点温度、焓、含湿量及水蒸气的分压力。

解　查附图 3 湿空气的 $h-d$ 图，当 $t=30$ ℃及 $\varphi=60\%$ 时，有

含湿量　　$d=15.5$ g/kg（干空气）

焓　　$h=69$ kJ/kg（干空气）

水蒸气分压力 p_v：由 $d=15.5$ 线和 $p_v=f(d)$ 线的交点，得 $p_v=2.1\ \mathrm{kPa}=2.1\times10^3\ \mathrm{MPa}$。

露点温度 t_d：由 $d=15.5$ g/kg（干空气）线和 $\varphi=100\%$ 的饱和曲线的交点，得该点温度为 22 ℃，即 $t_d=22$ ℃。

13-4　湿空气的热力过程

工程中经常涉及的湿空气热力过程是湿空气的加热、冷却及冷却去湿、加湿、混合过程。对湿空气热力过程的分析，主要是讨论湿空气的状态变化及其与外界的能量交换情况。下面介绍工程上几种典型的湿空气热力过程。

一、加热过程

工程中湿空气的加热过程，一般是在定压条件下完成的。加热过程的特征是湿空气的温度升高，含湿量保持不变。如图 13-4 中过程 1-2 所示，在焓-含湿量图上，湿空气的加热过程沿定含湿量线向温度升高的方向进行，湿空气的焓值增加，相对湿度降低。

加热过程中，湿空气的吸热量等于其焓值的增加，即

$$q=h_2-h_1$$

式中，h_1、h_2为单位质量干空气的湿空气在过程初、终态时的焓值。

二、冷却及冷却去湿过程

未饱和湿空气和饱和湿空气的冷却过程具有不同的特点。

未饱和湿空气的冷却过程与加热过程的特征相反。在冷却过程中，湿空气保持含湿量不变，温度降低。如图 13-4 中过程 1-2′所示，在焓-含湿量图上，未饱和湿空气的冷却过程沿定含湿量线向温度降低的方向进行，焓值减小，相对湿度增大。

如图 13-4 所示，如将湿空气继续冷却至 3 点，温度降至其露点温度，湿空气达到饱和状态。如再进一步冷却，就有水蒸气不断凝结析出，湿空气的含湿量随之降低，即饱和湿空气的冷却过程伴随着去湿作用，所以常被称为冷却去湿过程。如图 13-4 中过程 3-4 所示，在焓-含湿量图上，湿空气的冷却去湿过程沿

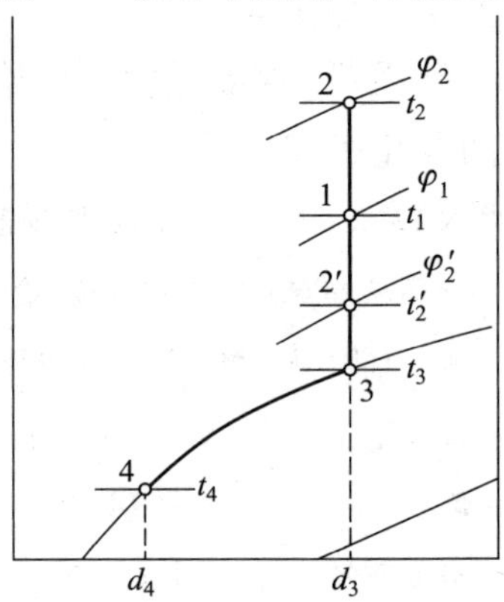

图 13-4　湿空气的加热、冷却和冷却去湿过程示意图

着 $\varphi=100\%$ 的相对湿度线含湿量减小的方向进行。在该过程中，湿空气的温度、焓也都降低。

如在冷却去湿过程中，含单位质量干空气的湿空气析出的水分为 d_3-d_4。根据热力学第一定律可知，冷却去湿过程中湿空气的焓降应等于冷却介质带走的热量与凝结水带走的能量之和，即

$$h_3-h_4=q+0.001(d_3h_{v,3}-d_4h_{v,4})$$

式中：h_3、d_3 和 h_4、d_4 分别为单位质量干空气的湿空气的初、终态时的焓与含湿量；q 为冷却介质带走的热量；$h_{v,3}$、$h_{v,4}$ 分别为初、终态时凝结水的比焓。

三、绝热加湿过程

在绝热的条件下，湿空气吸收水分其含湿量增加的过程称为湿空气的绝热加湿过程。

如图 13-5 所示，绝热加湿过程中，单位质量干空气的湿空气吸收的水分为 d_2-d_1，湿空气的焓增为水分带入的能量，即

$$h_2-h_1=0.001(d_2-d_1)h_v$$

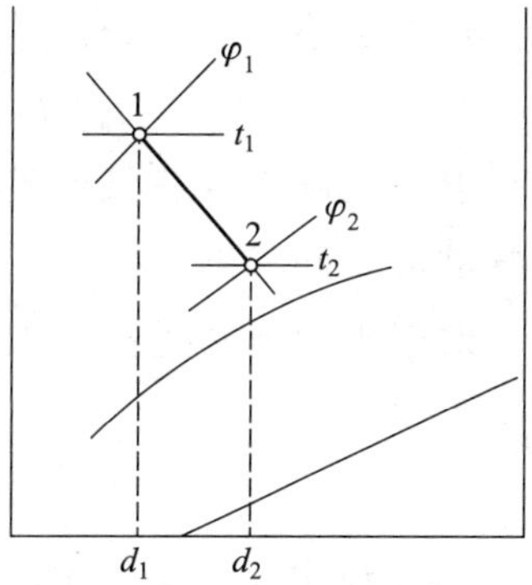

图 13-5 湿空气的绝热加湿过程示意图

式中：h_1、d_1 和 h_2、d_2 分别为单位质量干空气的湿空气的初、终态时的焓与含湿量；h_v 为水的焓。因为过程中水分带入湿空气中的能量 $0.001(d_2-d_1)h_v$ 与湿空气的焓 h_1、h_2 相比很小，可忽略不计，即

$$h_1\approx h_2$$

因此，湿空气的绝热加湿过程可近似地看作定焓过程。在 $h-d$ 图上，湿空气的绝热加湿过程应沿等焓线向含湿量增大的方向进行。

由于绝热加湿过程中水分蒸发生成水蒸气需从空气中吸收汽化潜热，使得湿空气的温度降低，所以该过程也是一个蒸发冷却的过程。

四、绝热混合过程

将状态不同的湿空气气流混合，可得到满足温度及湿度要求的湿空气。忽略混合过程中气流与外界的热量交换，可认为混合过程是在绝热条件下进行的。

气流绝热混合所得到的湿空气的状态，取决于混合前湿空气各气流的流量及状态。

设混合前湿空气各气流的流量、含湿量及比焓分别为 $q_{m1},q_{m2},\cdots,q_{mn}$、$d_1,d_2,\cdots,d_n$和 $h_1,h_2,\cdots,h_n$，而混合后湿空气流量、干空气流量、含湿量及比焓分别为 q_{m0}、$q_{m,a0}d_0$及 h_0，则根据质量守恒定律，有

$$q_{m0}=q_{m1}+q_{m2}+\cdots+q_{mn} \tag{13-7a}$$

$$q_{m,a0}d_0=q_{m,a1}d_1+q_{m,a2}d_2+\cdots+q_{m,an}d_n \tag{13-7b}$$

根据热力学第一定律，有

$$q_{m,a0}h_0=q_{m,a1}h_1+q_{m,a2}h_2+\cdots+q_{m,an}h_n \tag{13-7c}$$

根据混合前湿空气各气流的流量和状态，即可按以上三式确定绝热混合后湿空气的流量和状态。

对于工程上常见的两股湿空气的混合过程，由以上三式可以得到

$$q_{m,a1}h_1+q_{m,a2}h_2=(q_{m,a1}+q_{m,a2})h_0$$

$$q_{m,a1}d_1+q_{m,a2}d_2=(q_{m,a1}+q_{m,a2})d_0$$

用 $q_{m,a2}$除以上二式，并经整理后可得

$$\frac{q_{m,a1}}{q_{m,a2}}=\frac{d_0-d_2}{d_1-d_0}=\frac{h_0-h_2}{h_1-h_0} \tag{13-8}$$

即

$$\frac{h_2-h_0}{d_2-d_0}=\frac{h_0-h_1}{d_0-d_1} \tag{13-8a}$$

如图 13-6 所示，式(13-8a)中左边项是状态点 2 至混合状态点 0 直线的斜率，右边项是状态点 1 至混合状态点 0 直线的斜率。两个斜率相等并有共同的混合状态点，所以混合状态点 0 必定在连接状态点 1 与 2 的直线上。

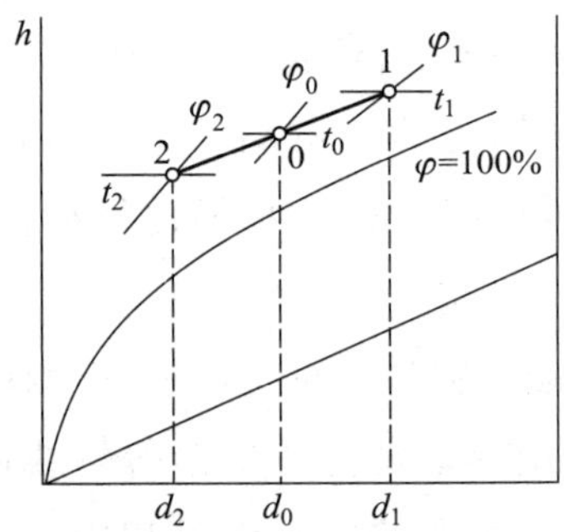

图 13-6 湿空气的绝热混合过程示意图

从式(13-8)还可以看出，混合状态点 0 将直线 1-2 分为两段，线段 1-0 与线段 0-2 的长度之比和干空气质量 $q_{m,a2}$与 $q_{m,a1}$之比相等，即

$$\frac{\overline{10}}{\overline{02}}=\frac{q_{m,a2}}{q_{m,a1}}$$

利用该式即可在线段 1-2 上确定混合状态点的位置。

对两股湿空气的混合过程，由式(13-7b)和式(13-7c)计算求得的 h_0、d_0 值所确定的混合状态点 0 在 $h-d$ 图上的位置也必定落在连接状态点 1 与 2 的直线上。

五、冷却塔中的热湿交换过程

未饱和湿空气和水直接接触时，水从周围湿空气中吸收热量蒸发，使水和湿空气的温度降低的过程称为直接蒸发冷却过程。蒸发冷却主要是利用湿空气的干、湿球温差达到冷却的目的，显然干、湿球温差越大，冷却效果就越好。

在热电站和大型制冷机组中，经常采用冷却塔使来自冷凝设备的冷却水与大气进行热湿交换，使冷却水降低温度后循环使用。

冷却塔中的热湿交换主要依赖蒸发冷却，而且无论是水温高于空气温度还是稍低于空气温度，热湿交换过程的结果总是热量由水传给空气，使水温下降。其极限情况是水温降低到进入冷却塔空气初始状态下的湿球温度。

冷却塔内的热湿交换过程如图 13-7 所示，热水由上部进入，通过喷嘴喷成小水滴沿着塑料或木条组成的网格向下淋洒。空气在浮升力或引风机的作用下由底部进入冷却塔，在向上流动的过程中，与向下淋洒的热水接触并进行热湿交换。过程中部分热水蒸发使自身温度降低，变为冷水后流入底部的水池。热湿交换进行得越充分，离开冷却塔的湿空气的就越接近饱和状态。

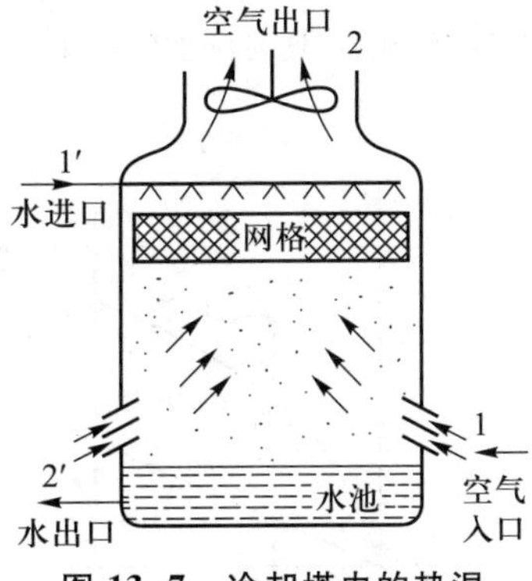

图 13-7 冷却塔内的热湿交换过程示意图

设进入及离开冷却塔湿空气的比焓和含湿量分别为 h_1、h_2[kJ/kg(干空气)]和 d_1、d_2[g/kg(干空气)]，湿空气中干空气的质量流量为 $q_{m,a}$，进入及离开冷却塔的水的质量流量和比焓分别为 $q_{m,w1'}$、$q_{m,w2'}$ 和 $h_{w1'}$、$h_{w2'}$，那么在忽略冷却塔散热、不考虑流动工质的动能和位能变化的情况下，冷却塔热湿交换过程的能量平衡方程为

$$q_{m,a}(h_2-h_1)=q_{m,w1'}h_{w1'}-q_{m,w2'}h_{w2'}$$

质量平衡方程为

$$q_{m,w1'}-q_{m,w2'}=q_{m,a}(d_2-d_1)\times 10^{-3} \tag{13-9}$$

综合上列两式可得

$$q_{m,a}=\frac{q_{m,w1'}(h_{w1'}-h_{w2'})}{(h_2-h_1)-h_{w2'}(d_2-d_1)\times 10^{-3}} \tag{13-10}$$

从式(13-9)和式(13-10)可知,如果进入冷却塔的湿空气状态1已知(一般为当地的大气状态),则在湿空气的出口状态以及进、出冷却塔的水温确定的条件下,可求出冷却塔所需的通风量和所需补充的冷却水量。

例 13-3 设大气压力为0.1 MPa、温度为30 ℃、相对湿度为80%。如果利用空气调节设备使温度降到10 ℃去除水分,然后加热到20 ℃,试确定所得空气的相对湿度。

解 利用附图3湿空气的 $h-d$ 图,按下列各过程求解,则各过程的关系如图13-8所示。

(1) 由 $t_1=30$ ℃、$\varphi_1=80\%$ 得点1含湿量 $d_1=22$ g/kg(干空气)。

(2) 自点1按定含湿量过程冷却降温至点2,$\varphi_2=100\%$,即饱和湿空气。

(3) 饱和湿空气继续冷却时,部分水蒸气凝结为水而析出,湿空气沿饱和空气线($\varphi=100\%$)降低含湿量。当温度降低至10 ℃时,含湿量降为 $d_3=7.8$ g/kg(干空气)。

(4) 接着进行加热过程,湿空气的含湿量保持不变,沿 $d=7.8$ g/kg(干空气)的定含湿量线升温至20 ℃,这时湿空气的相对湿度 $\varphi_4=52\%$。这就是所求的终了状态的相对湿度。

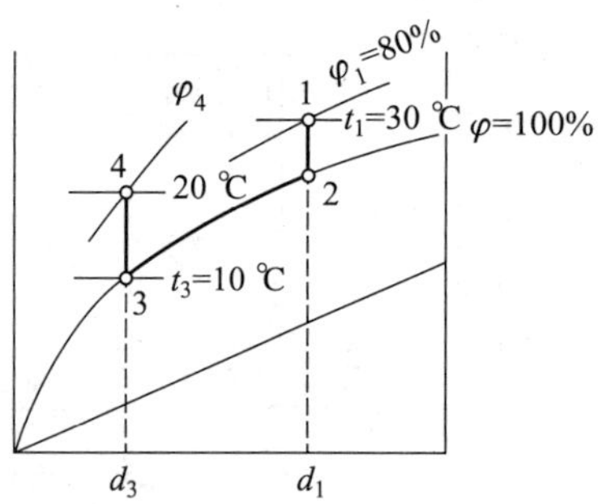

图 13-8

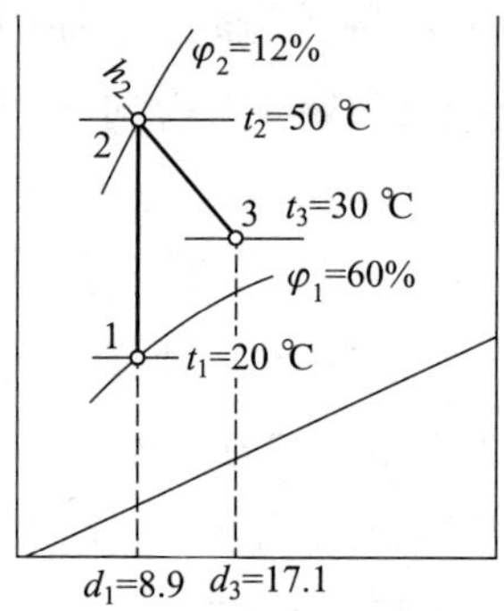

图 13-9

例 13-4 设大气压力为0.1 MPa、温度为20 ℃、相对湿度为60%,现将空气加热至温度为50 ℃,送入干燥箱用于干燥物品。若空气从干燥箱出来时的温度为30 ℃,试求空气从干燥箱内物品带出的水分。

解 利用附图3湿空气的 $h-d$ 图分析该过程,如图13-9所示。

(1) 由 $t_1=20$ ℃、$\varphi_1=60\%$ 得 $d_1=8.9$ g/kg(干空气)。

(2) 自点1加热空气时,含湿量 d_1 不变,湿空气沿定含湿量线温度升高到 $t_2=50$ ℃。由点2知相对湿度 $\varphi_2=12\%$,焓 $h_2=73.5$ kJ/kg(干空气)。

(3) 在干燥箱内,物品从热空气吸热而使水分汽化,使湿空气的含湿量增加。同时,水蒸气把从热空气所得的热量仍以水蒸气焓的形式带回湿空气,故湿空气的焓不变。因此,将沿 $h=73.5$ g/kg(干空气)的定焓线降低至 30 ℃,于是可由图确定湿空气终态的相对湿度 $\varphi_3=64\%$,含湿量 $d_3=17.1$ g/kg(干空气)。

由上可知,空气从干燥箱内物品带出的水分为过程前、后湿空气的含湿量之差,即

$$d_3-d_1=17.1\ \text{g/kg(干空气)}-8.9\ \text{g/kg(干空气)}=8.2\ \text{g/kg(干空气)}$$

此时,只要知道湿空气的流量,就可得到单位时间带走的水分。

思考题

13-1 湿空气的湿球温度和露点温度的数值何者大?在什么条件下两者的数值相等?

13-2 含湿量和相对湿度都是说明湿空气中水蒸气含量的参数,但两者又各有什么不同的意义?

13-3 湿空气的含湿量大是否一定天气潮湿?

13-4 冬季由室外向室内输送空气时除应加热提高其温度外,还应作何种处理?

13-5 试分析在下列三种情况下湿空气的焓、含湿量和温度的变化:

(1) 湿空气与水温和进口湿空气湿球温度相同的循环喷淋水相接触。

(2) 湿空气与低于它本身湿球温度的喷淋水相接触。

(3) 湿空气与水温介于湿空气的干、湿球温度之间的喷淋水相接触。

习题

13-1 设湿空气中水蒸气的状态为:(1) $p_v=0.001$ MPa,$t=20$ ℃;(2) $p_v=0.004$ MPa,$t=29$ ℃。试求按水蒸气表及理想气体状态方程确定水蒸气的比体积所产生的差别。

13-2 湿空气的温度为 50 ℃,相对湿度为 50%,试求绝对湿度及水蒸气的分压力。

13-3 设大气压力为 0.1 MPa,干球温度为 40 ℃,湿球温度为 32 ℃,试求相对湿度及绝对湿度。

13-4 按习题 13-1 的条件,设湿空气的压力为 0.1 MPa,试求湿空气的密度按理想气体状态方程及按水蒸气表计算所产生的差别。

13-5　设大气压力为 0.1 MPa、温度为 35 ℃、相对湿度为 60%，试求在通风良好的遮阴处放置的水可能达到的最低温度。

13-6　冬天室外空气温度为 0 ℃、压力为 0.1 MPa、相对湿度为 80%，引入室内后温度升高至 17 ℃，试根据湿空气的 $h-d$ 图确定室内空气的相对湿度。

13-7　湿空气的压力为 0.1 MPa、温度为 30 ℃、相对湿度为 90%。现欲得到温度为 20 ℃、相对湿度为 76% 的湿空气，试用 $h-d$ 图求解该空气的调节过程。

13-8　湿空气的压力为 0.1 MPa、温度为 10 ℃、相对湿度为 50%。现欲得到温度为 20 ℃、相对湿度为 70% 的湿空气，试用 $h-d$ 图求解该空气的调节过程，并求所需的加热量及加入的水分。

13-9　设大气压力为 0.1 MPa、温度为 15 ℃、相对湿度为 40%，现将空气加热至 50 ℃，然后送入干燥箱用于干燥物品。若空气从干燥箱出来时的温度为 30 ℃，试求空气带出的水分及消耗的热量。

13-10　空气调节时常用两股不同温度及湿度的空气流混合，以获得所需温度和湿度的空气。试根据质量守恒及能量守恒关系，证明合流的状态关系为

$$\frac{|h-h_1|}{|h-h_2|}=\frac{|d-d_1|}{|d-d_2|}=\frac{m_2}{m_1}$$

13-11　设有两股空气流，其状态为 $p_1=p_2=0.1$ MPa、$t_1=10$ ℃、$\varphi_1=40\%$、$t_2=25$ ℃、$\varphi_2=80\%$。若质量流量 $q_{m1}=20$ kg/min、$q_{m2}=30$ kg/min，试求合流后空气的相对湿度、温度和含湿量。按上题所得关系利用 $h-d$ 图求解。

第十四章

化学热力学基础

许多能量转换过程不仅涉及物质的物理状态的变化，而且还涉及物质本身化学组成的变化。实际上，各种热能动力装置用于转换为机械能或电能的热能，主要是通过燃烧反应由燃料的化学能转换而取得的。

研究化学过程或物理化学过程中热能和其他形式能量间转换规律的科学，称为化学热力学。它的主要理论基础仍然是热力学第一定律和热力学第二定律。化学热力学主要研究化学过程和物理化学过程中的能量平衡关系，以及相平衡和化学平衡的基本关系。

燃烧过程是热能动力工程中一种最主要的化学反应过程，因此本章主要通过燃烧过程中能量转换规律的讨论，简要地说明热力学第一定律和热力学第二定律在化学反应过程中的应用，同时适当地讲述一些有关化学反应以及燃烧过程热工计算方面的基本知识。

14-1 化学反应的质量守恒分析

根据质量守恒定律，在化学反应中参加反应的所有物质的原子数及质量均保持守恒。据此可以建立起参加反应各物质的质量守恒关系式，即化学反应方程式。

以甲烷在氧中的燃烧反应为例来说明质量守恒的关系。甲烷燃烧的化学反应方程式可表示为

$$CH_4+2O_2=CO_2+2H_2O$$

方程式左边的物质，即甲烷和氧，称为反应物；方程式右边的物质，即二氧化

碳和水，称为生成物。按质量守恒原理，反应物和生成物中各元素的原子数应相等，相应地两者质量相等。因此，化学反应方程式中各物质均需配以适当的化学计算系数。

在实际燃烧过程中，燃料总是在空气中进行燃烧。因空气中氧的摩尔分数 $y_{O_2}=21\%$，氮的摩尔分数 $y_{N_2}=79\%$，即对应 1 mol 的氧有 3.76 mol 的氮，故在化学反应方程式中应加上氮的有关量——氮的物质的量①。例如，设甲烷在空气中完全燃烧，则其化学反应式应表示为

$$CH_4+2O_2+2\times3.76N_2=CO_2+2H_2O+7.52N_2$$

为了保证有充分的空气量供燃料燃烧，实际提供的空气量总是大于理论计算的完全燃烧时所需的数量。空气量大于其理论值的百分率称为过量空气量。当过量空气量为 50%时，甲烷燃烧的化学反应方程式为

$$CH_4+1.5\times2O_2+1.5\times2\times3.76N_2=CO_2+2H_2O+O_2+11.28N_2$$

当过量空气量比较少时，常发生不完全燃烧。这时燃料中的碳只有一部分生成二氧化碳，而另一部分则生成一氧化碳。例如，过量空气量为 10%时，有 5%的碳生成一氧化碳，则甲烷燃烧时的化学反应方程式为

$$CH_4+1.1\times2O_2+1.1\times2\times3.76N_2=0.95CO_2+0.05CO+2H_2O+0.225O_2+8.27N_2$$

实际上，工程中大部分燃烧过程都属于不完全燃烧反应。

空气量与燃料量的比值称为空气燃料比。如果按物质的量之比计算，称为摩尔空气燃料比；如果按质量之比计算，则称为质量空气燃料比。例如，对于上述甲烷的燃烧反应，按完全燃烧的理论值提供空气量时，空气燃料比的数值为

$$Z_0=\left(\frac{n_a}{n_f}\right)_0=\frac{2\ \text{mol}+7.52\ \text{mol}}{1\ \text{mol}}=9.52$$

$$Z_0'=\left(\frac{m_a}{m_f}\right)_0=\frac{9.52\ \times28.97\ \text{kg}}{16\ \text{kg}}=17.2$$

而当过量空气量为 50%时，空气燃料比的数值为

$$Z=1.5Z_0=14.28$$

$$Z'=1.5Z_0'=25.8$$

例 14-1　列出辛烷（C_8H_{18}）在空气量为理论值时的燃烧反应方程式，并求其空气燃料比。

① 某物质的“物质的量”以 n 表示，单位为 mol。习惯上，以 mol 为单位的物质的量称为摩尔数。

解 在理论空气量下辛烷完全燃烧的化学反应方程式为

$$C_8H_{18}+12.5O_2+12.5\times3.76N_2=8CO_2+9H_2O+47.0N_2$$

其空气燃料比为

$$Z_0=\left(\frac{n_a}{n_f}\right)_0=\frac{12.5\ \text{mol}+47.0\ \text{mol}}{1\ \text{mol}}=59.5$$

$$Z_0'=\left(\frac{m_a}{m_f}\right)_0=\frac{59.5\times28.97\ \text{kg}}{114\ \text{kg}}=15.12$$

例 14-2 列出辛烷(C_8H_{18})在过量空气量为 100%时的燃烧反应方程,并计算各生成物的摩尔分数。

解 在 100%的过量空气量下辛烷完全燃烧的化学反应方程式为

$$C_8H_{18}+2\times12.5O_2+2\times12.5\times3.76N_2=8CO_2+9H_2O+12.5O_2+94N_2$$

按化学反应方程式,生成物的总物质的量为

$$\begin{aligned}\sum n_P&=n_{CO_2}+n_{H_2O}+n_{O_2}+n_{N_2}\\&=8\ \text{mol}+9\ \text{mol}+12.5\ \text{mol}+94\ \text{mol}\\&=123.5\ \text{mol}\end{aligned}$$

于是可得各生成物的摩尔分数为

$$y_{CO_2}=\frac{8\ \text{mol}}{123.5\ \text{mol}}=6.48\%$$

$$y_{H_2O}=\frac{9\ \text{mol}}{123.5\ \text{mol}}=7.29\%$$

$$y_{O_2}=\frac{12.5\ \text{mol}}{123.5\ \text{mol}}=10.12\%$$

$$y_{N_2}=\frac{94\ \text{mol}}{123.5\ \text{mol}}=76.11\%$$

例 14-3 用气体分析器测得,甲烷燃烧生成物去除水分后的摩尔分数为 $y_{CO_2}=10.0\%$、$y_{CO}=0.53\%$、$y_{O_2}=2.37\%$、$y_{N_2}=87.1\%$,试求其空气燃料比及过量空气量。

解 设燃烧反应方程式为

$$aCH_4+bO_2+cN_2=10CO_2+0.53CO+2.37O_2+dH_2O+87.1N_2$$

式中,化学计算系数 a、b、c、d 为待定系数。根据生成物和反应物中各元素的原子数相等的关系,可以得到

$$a=10+0.53=10.53,\quad d=2a=21.06$$

$$c=87.1,\quad b=\frac{c}{3.76}=23.16$$

于是可列出燃烧反应方程式为

$$10.53CH_4+23.16O_2+87.1N_2=10CO_2+0.53CO+2.37O_2+21.06H_2O+87.1N_2$$

改写成 1 molCH_4的燃烧反应方程式，可得

$$CH_4+2.2O_2+8.27N_2=0.95CO_2+0.05CO+2H_2O+0.225O_2+8.27N_2$$

该燃烧反应的空气燃料比为

$$Z_0=\left(\frac{n_a}{n_f}\right)_0=\frac{2.2\ \text{mol}+8.27\ \text{mol}}{1\ \text{mol}}=10.47$$

$$Z_0'=\left(\frac{m_a}{m_f}\right)_0=\frac{10.47\times 28.97\ \text{kg}}{16\ \text{kg}}=18.95$$

根据理论空气量下甲烷的燃烧反应方程式

$$CH_4+2O_2+2\times 3.76N_2=CO_2+2H_2O+7.52N_2$$

可得理论空气量下的空气燃料比为

$$Z_0=\left(\frac{n_a}{n_f}\right)_0=\frac{2\ \text{mol}+7.52\ \text{mol}}{1\ \text{mol}}=9.52$$

于是可得过量空气量为

$$\frac{10.47}{9.52}-1=10\%$$

14-2　热力学第一定律在化学反应中的应用

在化学反应过程中，反应系统和外界之间往往还有功和热量的交换。例如：电池中的物质发生化学反应时可输出电功；燃料燃烧时体积膨胀，对外作功并放出大量热量；等等。根据热力学第一定律，化学反应过程中能量转换的关系可以表示为

$$Q=(U_P-U_R)+W_{tot} \tag{14-1}$$

式中：Q 为化学反应过程中反应系统和外界交换的热量，称为反应热，反应热的符号仍然按热力过程的规定——系统吸热时为正；W_{tot} 为反应系统对外所作的各种功的总和，包括容积变化功和其他各种有用功如电磁功等；U_P 为生成物的热力学能；U_R 为反应物的热力学能。由于不同物质分子内部原子相互结合的化学能是不同的，因此在化学反应过程中反应物转变成生成物时，反应系统本身的化学能也要发生变化。这就是说，在计算反应系统的热力学能 U_P 及 U_R 时，除了通常所取分子热运动的内部热能外，还应包括构造分子的内部化学能。

在许多化学反应过程，例如燃烧过程中，反应系统只是由于容积变化而和外界发生功的交换。如果反应过程中系统的压力保持不变，则系统对外所

作的功为 $p(V_P-V_R)$。对于这种定压反应，过程中系统的能量转换关系可按式(14-1)表示为

$$Q_p=(U_P-U_R)+p(V_P-V_R)$$

即

$$Q_p=H_P-H_R \tag{14-2}$$

如果反应过程中系统的容积保持不变，则系统和外界没有功的交换。对于这种定容反应，过程中系统的能量转换关系可按式(14-1)表示为

$$Q_V=U_P-U_R \tag{14-3}$$

根据式(14-2)及式(14-3)，当化学反应过程中反应系统不作有用功时，在定容反应或定压反应这两种特定的过程中，过程的反应热仅决定于生成物和反应物的状态，而与反应过程经过的步骤无关，这个规律称为盖斯定律。例如，碳的定压燃烧反应 $C+O_2=CO_2$，若分为两步实施该反应过程，即 $C+0.5O_2=CO$ 及 $CO+0.5O_2=CO_2$，则根据式(14-2)可以得到，碳燃烧生成二氧化碳时有

$$Q_p=H_{CO_2}-(H_{O_2}+H_C)=H_{m,CO_2}-(H_{m,O_2}+H_{m,C})$$

式中，H_m 表示 1 mol 物质的焓（称为摩尔焓）。分两步实施该过程时有

$$Q'_p=H_{CO}-(H_{O_2}+H_C)=H_{m,CO}-(H_{m,C}+0.5H_{m,O_2})$$

及

$$Q''_p=H_{CO_2}-(H_{O_2}+H_{CO})=H_{m,CO_2}-(H_{m,CO}+0.5H_{m,O_2})$$

显然有 $Q_p=Q'_p+Q''_p$，即无论是一步实施还是分两步实施，碳燃烧生成二氧化碳的定压反应过程，其反应热的数值相同。但需注意，当反应不是定压过程或定容过程时，反应热就与经过的过程有关。

应用热力学第一定律的能量方程式(14-1)～式(14-3)分析化学反应过程中的能量转换关系时，必须确定反应过程前后系统的热力学能的变化(U_P-U_R)或焓的变化(H_P-H_R)。这就需要确定不同物质的焓及热力学能数值之间的关系。为此，取 25 ℃及 0.101 325 MPa(即 1 atm)的状态作为标准状态，并规定在标准状态下各种稳定元素或稳定单质分子的焓值为零。于是，通过一些典型的化学反应过程，就可按过程中能量转换的关系确定各种物质在标准状态下焓的数值，称为标准生成焓。每 1 mol 物质的标准生成焓用符号 $H^0_{m,f}$ 表示。例如，根据碳的定压燃烧过程 $C+O_2=CO_2$，按其能量转换关系有

$$Q_p=H_P-H_R=H_{m,CO_2}-(H_{m,C}+H_{m,O_2})$$

如果燃烧过程中系统内的温度保持 25 ℃、压力保持 0.101 325 MPa，则通过实验测定得到 1 mol 碳燃烧时放出的热量为 393 520 J。按规定，在标准状态

下 $H_{m,C}=0$、$H_{m,O_2}=0$，故由上式可以得到二氧化碳在标准状态下焓的数值，即标准生成焓的值为

$$H^0_{m,f}=-393\ 520\ J/mol$$

表 14-1 中列出了一些常用物质的标准生成焓。在各种有关的热工手册中也载有各种物质的标准生成焓。

表 14-1　常用物质的热值及标准生成焓(0.101 325 MPa,25 ℃)　kJ/kmol

名　　称	符　　号	物　　态	高热值×10^{-3}	低热值×10^{-3}	$H^0_{m,f}$×10^{-3}
氢	H_2	气	285.8	241.81	0
碳	C	固		393.52	0
一氧化碳	CO	气		283.0	-110.53
二氧化碳	CO_2	气			-393.52
水	H_2O	气			-241.81
水	H_2O	液			-285.8
甲烷	CH_4	气	890.4	802.4	-74.85
乙炔	C_2H_2	气	1 300	1 256	226.7
乙烯	C_2H_4	气	1 411	1 323	52.30
乙烷	C_2H_6	气	1 566	1 428	-84.67
丙烯	C_3H_6	气	2 059	1 927	20.42
丙烷	C_3H_8	气	2 220	2 044	-103.8
丁烷	C_4H_{10}	气	2 878	2 658	-125.1
苯	C_6H_6	气	3 302	3 170	83.43
苯	C_6H_6	液	3 268	3 136	49.04
甲苯	C_7H_8	气	3 948	3 772	50.00
甲苯	C_7H_8	液	3 910	3 734	12.01
辛烷	C_8H_{18}	气	5 513	5 116	-208.4
辛烷	C_8H_{18}	液	5 471	5 075	-249.8

至于各种物质在任意状态下的焓的数值，可以按通常的方法求出任意状态(T,p)和标准状态间该物质的焓的变化值 ΔH_m，再加上标准生成焓的数值就可以求得，即

$$H_{m(T,p)}=H^0_{m,f}+\Delta H_{m(298\ K\to T,0.101\ 325\ MPa\to p)} \tag{14-4}$$

对于理想气体，焓的数值仅与温度有关，并可利用摩尔热容的关系式按温度变化求焓的变化。于是，式(14-4)可以表示为如下形式：

$$H_{m(T)}=H^0_{m,f}+\Delta H_{m(298\ K\to T)}=H^0_{m,f}+\int_{298\ K}^{T}C_{p0,m}\mathrm{d}T \tag{14-4a}$$

于是，只要知道了反应物及生成物的标准生成焓，就可按式(14-4)求得反应物及生成物的焓或热力学能，从而按能量方程式分析化学反应过程中的能量

转换关系。

如果化学反应过程中反应系统的温度和压力均保持不变,则这种反应过程称为定温-定压反应。如果反应过程中反应系统的温度及容积保持不变,则这种反应过程称为定温-定容反应。实际的燃烧反应基本上都是在定压或者定容条件下进行的。在分析这些过程时,一般都可以先把反应过程看作定温-定压反应或定温-定容反应,然后分析温度变化产生的影响。

在定温-定压条件下,燃料完全燃烧时所释放的热量称为该燃料的定压燃烧热,由式(14-2)可以得到其数值为

$$Q_p = H_{\mathrm{P}} - H_{\mathrm{R}}$$

在定温-定容条件下,燃料完全燃烧时所释放的热量称为该燃料的定容燃烧热,由式(14-3)可以得到其数值为

$$Q_V = U_{\mathrm{P}} - U_{\mathrm{R}}$$

燃烧热的绝对值也称为燃料的发热量或热值。

如果反应物和生成物中气态物质都可作为理想气体处理,则对于同一种燃烧反应,在相同温度下其定压燃烧热和定容燃烧热之间存在一个简单的关系。定压燃烧热的关系式可以表示为

$$Q_p = H_{\mathrm{P}} - H_{\mathrm{R}} = (U_{\mathrm{P}} - U_{\mathrm{R}}) + p(V_{\mathrm{P}} - V_{\mathrm{R}})$$

对于同一种燃烧反应,无论是定温-定压燃烧还是定温-定容燃烧,两种过程的反应物和生成物总是相同的。由于理想气体的热力学能仅与温度有关,液体和固体的热力学能在通常压力范围内也可看作仅与温度①有关,因而只要两种过程的反应温度相同,其中反应物和生成物的热力学能也相同。于是,根据定容燃烧的关系式,上式可以写成

$$Q_p = Q_V + p(V_{\mathrm{P}} - V_{\mathrm{R}})$$

由于反应系统的容积主要决定于气态物质的容积,液态物质及固态物质的体积相对很小,故可忽略不计,因此 V_{P} 及 V_{R} 可以看作生成物和反应物中气态物质的容积。按理想气体状态方程,有

$$p(V_{\mathrm{P}} - V_{\mathrm{R}}) = (n_{\mathrm{P}} - n_{\mathrm{R}})RT$$

式中,n_{P} 及 n_{R} 均为气态物质的物质的量。把这个关系代入上述定压燃烧热

① 在绝热条件下,作用于固体及液体的压力增大时物体的体积变化甚小,故外界耗功很少,因而物体的热力学能基本不变。这就说明,固体和液体的热力学能和作用于其上的压力基本无关。

和定容燃烧热的关系式，便可得到

$$Q_p=Q_V+(n_P-n_R)RT \tag{14-5}$$

利用这个关系式，可根据定容燃烧热或定压燃烧热的实验数据求取另一个的数值。在一般情况下，n_P 和 n_R 的数值相差不太大，而 $(n_P-n_R)RT$ 的数值要比 Q_V 的数值小得多，因而可以近似地取定压燃烧热和定容燃烧热相等。在许多工程手册中可以查到标准状态（25 ℃，0.101 325 MPa）下定压热值的数值。表14-1也列出了一些常用物质在标准状态下的定压热值。非标准状态下定压热值的计算实例以及与标准状态定压热值的关系可参阅例 14-4。

燃烧反应生成物中有水蒸气时，若温度较高，则水保持气态；但若温度低于与水蒸气分压力相应的饱和温度，则水就凝结变为液态并放出汽化潜热。因而，燃料燃烧的热值可分为高热值和低热值。当生成物中水为气态时燃烧所得热值较小，称为低热值；当生成物中水分凝结时燃烧所得热值较大，称为高热值。一般热值测定装置测得的为高热值，但在动力设备中燃烧产物温度较高，其中的水分以气态形式存在，所得的为低热值。实际上，其他燃烧产物如在一定条件下发生凝结现象时，也同样会对热值产生类似的影响。

例 14-4　试求在温度为 1 000 K 的条件下甲烷（CH_4）燃烧时的定压热值。

解　按低热值计算。甲烷燃烧的化学反应方程式为

$$CH_4+2O_2=CO_2+2H_2O(气)$$

按能量转换关系，定压燃烧可表示为

$$Q_p=H_P-H_R=(H_{CO_2}+H_{H_2O})-(H_{CH_4}+H_{O_2})$$

查表 14-1 得各物质的标准生成焓为

$$H^0_{m,f,CO_2}=-393\ 520\ kJ/kmol$$

$$H^0_{m,f,H_2O}=-241\ 810\ kJ/kmol$$

$$H^0_{m,f,CH_4}=-74\ 850\ kJ/kmol$$

由附表 7、附表 9 及附表 4 查得，各物质的温度由 298 K 升高至 1 000 K 时其焓的变化 $\Delta H_m=H_{m(1\ 000\ K)}-H_{m(298\ K)}$ 为

$$\Delta H_{m,CO_2}=33\ 405\ kJ/kmol$$

$$\Delta H_{m,H_2O}=25\ 978\ kJ/kmol$$

$$\Delta H_{m,O_2}=22\ 707\ kJ/kmol$$

由附表 2 查得，甲烷的定压摩尔热容关系式为

$$\{C_{p0,m}\}_{J/(mol\cdot K)}=19.89+0.050\ 24\{T\}_K+12.69\times10^{-6}\{T\}_K^2-11.01\times10^{-9}\{T\}_K^3$$

得
$$\Delta H_{m,CH_4}=\int_{298\ K}^{1\ 000\ K}C_{p0,m}dT=38\ 239\ kJ/kmol$$

按任意状态下 1 mol 物质的焓的表达式

$$H_m=H_{m,f}^0+\Delta H_m$$

可得 1 000 K 时各物质的焓值为

$$H_{m,CO_2}=(-393\ 520+33\ 405)\ kJ/kmol=-360\ 115\ kJ/kmol$$

$$H_{m,H_2O}=(-241\ 810+25\ 978)\ kJ/kmol=-215\ 832\ kJ/kmol$$

$$H_{m,CH_4}=(-74\ 850+38\ 239)\ kJ/kmol=-36\ 611\ kJ/kmol$$

$$H_{m,O_2}=22\ 707\ kJ/kmol$$

于是可以得到甲烷的定压燃烧热为

$$Q_p=(H_{m,CO_2}+2H_{m,H_2O})-(H_{m,CH_4}+2H_{m,O_2})=-800\ 582\ kJ/kmol$$

燃烧热的绝对值称为燃料的热值，故在 1 000 K 时甲烷的定压热值为 800 582 kJ/kmol。

根据上面所得 1 000 K 时甲烷定压燃烧热的关系式，可以导得它和标准状态的定压燃烧热之间的关系式。按

$$\begin{aligned}Q_{p(1\ 000\ K)}&=(H_{m,f}^0+\Delta H_m)_{CO_2}+2(H_{m,f}^0+\Delta H_m)_{H_2O}-(H_{m,f}^0+\Delta H_m)_{CH_4}-2\Delta H_{m,O_2}\\&=(H_{m,f,O_2}^0+2H_{m,f,H_2O}^0-H_{m,f,CH_4}^0)+\\&\quad[(\Delta H_{m,CO_2}+2\Delta H_{m,H_2O})-(\Delta H_{m,CH_4}+2\Delta H_{m,O_2})]\end{aligned}$$

即
$$Q_{p(1\ 000\ K)}=Q_{p(298\ K)}+(\Delta H_P-\Delta H_R)_{(298\ K\to1\ 000\ K)}$$

例 14-5　试求乙炔（C_2H_2）在温度为 25 ℃时的定容热值。

解　乙炔燃烧反应的化学反应方程式为

$$C_2H_2+2.5O_2=2CO_2+H_2O(\text{液})$$

由定压燃烧热和定容燃烧热之间的关系

$$Q_p=Q_V+(n_P-n_R)RT$$

查表 14-1 得，标准状态下乙炔的高热值为 $1\ 300\times10^3$ kJ/kmol，故有 $Q_p=-1\ 300\times10^3$ kJ/kmol。代入上式可得

$$Q_V=-1\ 300\times10^3\ kJ/kmol-(2-3.5)\times8.314\ kJ/(kmol\cdot K)\times298\ K=-1\ 296\ 283\ kJ/kmol$$

即定容热值 Q_V 为 1 296 283 kJ/kmol。

本例题的计算结果表明，$(n_P-n_R)RT$ 的数值仅为 Q_p 的 0.3%左右，故实际上可忽略不计，即可近似地取定容热值和定压热值相等。

14-3　理论燃烧温度

如果在保持定压或定容的条件下，燃料在理论空气量下完全燃烧，并且

燃烧过程中燃烧反应系统和外界完全绝热，没有任何热量散失，则燃烧生成物所达到的温度称为理论燃烧温度。这个温度也是所给条件下燃料燃烧可能达到的最高温度。

按定压燃烧的能量转换关系式（14-2），有

$$Q_p = H_P - H_R$$

当定压燃烧系统和外界完全绝热时，$Q_p = 0$，由上式可以得到

$$H_P = H_R \tag{14-6}$$

这就是说，在绝热条件下进行定压燃烧时，随着全部反应物本身发生化学变化转变成生成物，反应物的焓也全部转变成生成物的焓。根据焓和温度的关系，就可按照生成物的焓值确定定压燃烧系统的理论燃烧温度。

同样地，对于在绝热条件下进行的定容燃烧过程，按照定容燃烧的能量关系式（14-3），有

$$Q_V = U_P - U_R$$

考虑到 $Q_V = 0$，即可得到

$$U_P = U_R \tag{14-7}$$

这就是说，在绝热条件下进行定容燃烧时，随着系统中反应物本身发生化学变化而全部转变成生成物，反应物的热力学能也全部转变成生成物的热力学能。根据热力学能和温度的关系，就可按照生成物的热力学能的数值确定定容燃烧系统的理论燃烧温度。

由焓或热力学能确定其所对应的生成物的温度时，主要根据生成焓的数值及温度变化时焓的变化进行计算。由于生成物中包括有多种物质，只有当它们的焓或热力学能的总和等于给定值时才能求得理论燃烧温度，故一般需要经过多次迭代。具体计算过程可参阅例题 14-6。

例 14-6　设丁烷（C_4H_{10}）在温度为 298 K 及过量空气量为 400% 的条件下定压燃烧，试求其理论燃烧温度。

解　过量空气量为 400% 时丁烷燃烧的化学反应方程式为

$$C_4H_{10} + 5\times6.5O_2 + 5\times6.5\times3.67N_2 = 4CO_2 + 5H_2O + 26O_2 + 122.2N_2$$

按定压-绝热燃烧的能量转换关系式（14-6）

$$H_P = H_R$$

由丁烷燃烧的化学反应方程式可得

$$H_R = H_{C_4H_{10}(298\ K)} = H^0_{m,f,C_4H_{10}}$$

查表 14-1 得丁烷的生成焓为

$$H^0_{m,f,C_4H_{10}} = -125\ 100\ \text{kJ/kmol}$$

于是得到反应物的焓 $H_R = -125\ 100\ \text{kJ/kmol}$。

按化学反应方程式有

$$H_P = 4(H^0_{m,f} + \Delta H_m)_{CO_2} + 5(H^0_{m,f} + \Delta H_m)_{H_2O} + 26\Delta H_{m,O_2} + 122.2\Delta H_{m,N_2}$$

查表 14-1 得 CO_2、H_2O 的生成焓为

$$H^0_{m,f,CO_2} = -393\ 520\ \text{kJ/kmol}$$

$$H^0_{m,f,H_2O} = -241\ 810\ \text{kJ/kmol}$$

为求取理论燃烧温度与标准状态温度(25 ℃)之间 CO_2、H_2O、O_2 及 N_2 的焓的变化,假设理论燃烧温度 $T = 880$ K。查附表 7.9.4、5 得

$$\Delta H_{m,CO_2} = 26\ 985\ \text{kJ/kmol}$$

$$\Delta H_{m,H_2O} = 21\ 128\ \text{kJ/kmol}$$

$$\Delta H_{m,O_2} = 18\ 560\ \text{kJ/kmol}$$

$$\Delta H_{m,N_2} = 17\ 579\ \text{kJ/kmol}$$

代入生成物焓的关系式得

$$H_P = 61\ 163.8\ \text{J}$$

由计算结果可知,所得 H_P 的数值大于 H_R,说明假设的理论燃烧温度太高。于是重新设 $T = 840$ K,查附表 4、5、9、7 得

$$\Delta H_{m,CO_2} = 24\ 890\ \text{kJ/kmol}$$

$$\Delta H_{m,H_2O} = 19\ 550\ \text{kJ/kmol}$$

$$\Delta H_{m,O_2} = 17\ 195\ \text{kJ/kmol}$$

$$\Delta H_{m,N_2} = 16\ 350\ \text{kJ/kmol}$$

代入生成物焓的关系式得

$$H_P = -140\ 780\ \text{J}$$

按此计算结果,所得 H_P 小于 H_R,说明假设的理论燃烧温度稍低。为此需进一步假设 T 进行试算。由于第二次计算的 H_P 值已比较接近 H_R,因此也可以不再迭代试算,而采用第一次及第二次计算所得 H_P 的数值与给定的 $H_P = H_R$ 数值间的差值,按线性关系内插的方法,即根据第一次假设的 $T = 880$ K 及第二次假设的 $T = 840$ K,可得到理论燃烧温度 $T = 834$ K。

14-4 热力学第二定律在化学反应中的应用

根据热力学第二定律,一切自发过程都是不可逆过程。而一切不可逆过程的发展总是朝着使系统及有关周围物质的熵的总和趋于增大,只有在理想

的可逆过程中两者熵的总和保持不变，即有

$$dS+dS_0 \geqslant 0$$

把热力学第二定律应用于化学反应，就是要判断化学反应进行的方向以及确定达到化学平衡的条件。对于燃烧过程来说，主要是确定温度、压力和过量空气量对燃烧完全程度的影响以及计算燃烧不完全的程度。

大多数的化学反应可以按定温-定压反应或定温-定容反应分析。对于这类反应过程，系统的温度一定且与周围环境温度相同，因而有

$$dS_0=\frac{-\delta Q}{T_0}=\frac{-\delta Q}{T}$$

代入熵增原理的表达式便可得到

$$TdS-\delta Q \geqslant 0$$

按热力学第一定律应用于化学反应时的能量方程式(14-1)

$$\delta Q=dU+\delta W_{tot}=dU+\delta W+\delta W_u$$

式中：δW 表示容积变化功；δW_u 表示有用功。把这个关系代入上式，便可得到化学反应过程有用功的表达式为

$$\delta W_u \leqslant -(dU-TdS)-\delta W \tag{14-8}$$

在定温-定压反应中，反应系统和外界的温度及压力相等且保持定值，即 $T=T_0$ 及 $p=p_0$，故有 $TdS=d(TS)$、$\delta W=pdV=d(pV)$。于是，由式(14-8)可以得到

$$\delta W_u \leqslant -d(U+pV-TS)=-d(H-TS)$$

显然，$H-TS$ 为一个状态参数，可用符号 G 表示，即

$$G=H-TS \tag{14-9}$$

状态参数 G 称为吉布斯自由能①，也称为吉布斯函数。把吉布斯自由能引入上述定温-定压反应过程有用功的关系式，就可得到

$$\delta W_u \leqslant -dG \tag{14-10}$$

该式不等号适用于不可逆过程，等号适用于可逆过程。

对于可逆的定温-定压反应，反应系统可作出最大的有用功。按式(14-10)有

$$(\delta W_u)_{max}=-dG \tag{14-10a}$$

或

$$(W_u)_{max}=G_1-G_2$$

① 习惯上称自由焓。

即在可逆的定温-定压过程中，系统所作的最大有用功等于系统吉布斯自由能的降低。这就是说，定温-定压反应系统的吉布斯自由能就是可转变为有用功的能量。因此，反应系统的吉布斯自由能越大，就表示它在定温-定压反应中作出有用功的本领越大。

对于不可逆定温-定压反应，按式(14-10)、式(14-10a)可以得到其有用功的关系式为

$$\delta W_u < -dG = (\delta W_u)_{max}$$

或

$$W_u < G_1 - G_2 = (W_u)_{max}$$

即由于不可逆因素的影响，系统所作的有用功小于最大有用功。例如，蓄电池输出的电功总是小于按电池内物质吉布斯自由能降低计算的最大有用功的数值。一般情况下，当发生自发的不可逆化学反应时，系统不作有用功，例如燃烧反应就是这样。这时，因有用功为零，上式可简化为

$$dG < 0 \tag{14-11}$$

或

$$G_1 - G_2 > 0 \tag{14-11a}$$

即不作有用功时，自发的定温-定压反应过程必然向着使系统吉布斯自由能降低的方向进行。或者说，只有使系统吉布斯自由能减小的定温-定压反应过程才能自发地实现。

由于化学反应系统达到化学平衡时系统内的化学组成不会再发生自发的变化，因而在化学平衡状态下反应系统的吉布斯自由能不会再降低而达到极小值，即

$$dG = 0 \quad 且 \quad d^2G > 0 \tag{14-12}$$

该关系式可作为定温-定压反应系统达到化学平衡的判别条件。

在定温-定容反应过程中，反应系统的容积保持不变，故容积变化功为零，即 $\delta W = 0$。又因系统的温度保持不变，故 $TdS = d(TS)$。于是，根据式(14-8)，反应系统的有用功可表示为

$$\delta W_u \leqslant -d(U - TS) = -dF \tag{14-13}$$

式中，$F = U - TS$ 为一个状态参数，称为亥姆霍兹自由能①或亥姆霍兹函数。该式说明，在可逆的定温-定容反应过程中，反应系统所作的最大有用功等

① 习惯上称自由能。

于系统亥姆霍兹自由能的降低；而在不可逆的定温-定容反应过程中，系统所作的有用功小于系统亥姆霍兹自由能的降低。在一般情况下，当发生自发的不可逆反应时，反应系统不作有用功。于是，式(14-13)就简化为

$$dF<0 \tag{14-14}$$

或

$$F_1-F_2>0 \tag{14-14a}$$

这就是说，当不作有用功时，自发的定温-定容反应总是使系统的亥姆霍兹自由能降低。换言之，只有使系统亥姆霍兹自由能减小的定温-定容反应过程才能自发地实现。当定温-定容反应系统达到化学平衡时，亥姆霍兹自由能不再降低而达到极小值，即有

$$dF=0 \quad 且 \quad d^2F>0 \tag{14-15}$$

该式可以作为定温-定容反应系统达到化学平衡的判别条件。

综上所述，根据热力学第二定律，化学反应系统可以采用吉布斯自由能参数及亥姆霍兹自由能参数的变化，作为判别定温-定压反应及定温-定容反应进行方向的依据，并可按反应系统吉布斯自由能或亥姆霍兹自由能的变化为零来确定这两种反应过程达到化学平衡。

14-5 化学平衡和平衡常数

化学平衡是化学反应过程的一个重要性质。在化学反应过程中，反应物之间发生化学反应而形成生成物的同时，生成物之间也在发生化学反应而重新形成反应物。因此，化学反应的关系可以表示为

$$aA+bB \rightarrow dD+eE$$

由于正向反应和逆向反应是同时发生的，因此只有当正向反应较强时，反应过程才按正向发展；反之，当逆向反应较强时，反应过程就按逆向发展。如果正向反应和逆向反应的强弱程度相同，则反应过程就不再发展，反应系统处于一种动态的平衡，这就是化学平衡的状态。当反应系统所处的温度、压力及初始时反应物中各物质的含量不同时，它所达到的化学平衡的状态是不同的。根据反应系统的吉布斯自由能或亥姆霍兹自由能的变化，就可判断定温-定压反应或定温-定容反应的发展方向以及达到化学平衡时的状态。

许多情况下，燃烧反应中的反应物和生成物都可看作理想气体，这类化

学反应称为理想气体反应。对于这种理想气体反应,根据理想气体混合物的性质,反应系统中各组成气体的性质可以像独立存在一样单独进行计算。设反应系统中某种气体,当发生化学变化而其物质的量发生变化时,该气体的吉布斯自由能的变化可以表示为

$$dG=d(nG_{m})=ndG_{m}+G_{m}dn \tag{a}$$

又按摩尔吉布斯自由能的定义:$G_{m}=H_{m}-TS_{m}$,可以得到

$$dG_{m}=d(H_{m}-TS_{m})=dH_{m}-(TdS_{m}+S_{m}dT)$$

按热力学普遍关系式:$TdS_{m}=dH_{m}-V_{m}dp$,代入上式则可得 1 mol 气体的摩尔吉布斯自由能变化的关系式为

$$dG_{m}=V_{m}dp-S_{m}dT \tag{14-16}$$

而反应系统中某种气体的吉布斯自由能的变化可按式(a)、式(14-16)求得为

$$dG=n(V_{m}dp-S_{m}dT)+G_{m}dn \tag{14-17}$$

现在来讨论定温-定压的理想气体反应过程中反应系统吉布斯自由能的变化。设理想气体反应的化学反应方程式为

$$aA+bB\rightarrow dD+eE$$

式中:A、B、D、E 表示物质的化学符号;而 a、b、d、e 表示该反应中各物质的化学计算系数。设该反应系统中发生一个微元化学反应,则根据式(14-17),在定温-定压条件下,即 $dT=0$、$dp=0$,反应系统中任何一种气体例如气体 A,其吉布斯自由能的变化为

$$dG_{A}=G_{m,A}dn_{A}$$

于是,反应系统的吉布斯自由能的变化为各气体吉布斯自由能变化的总和,即

$$dG_{(T,p)}=G_{m,D}dn_{D}+G_{m,E}dn_{E}+G_{m,A}dn_{A}+G_{m,B}dn_{B}$$

因为各物质的物质的量的变化是根据化学反应方程式中相应的化学计算系数按比例变化的,按正向反应计算有

$$-\frac{dn_{A}}{a}=-\frac{dn_{B}}{b}=\frac{dn_{D}}{d}=\frac{dn_{E}}{e}=dn$$

所以反应系统吉布斯自由能的变化可表示为

$$dG_{(T,p)}=(dG_{m,D}+eG_{m,E}-aG_{m,A}-bG_{m,B})dn \tag{14-18}$$

或者可以表示为

$$\frac{dG_{(T,p)}}{dn}=dG_{m,D}+eG_{m,E}-aG_{m,A}-bG_{m,B}=\Delta G_{(T,p)} \tag{14-18a}$$

式中，$\Delta G_{(T,p)}$实际上就是假设各组成气体状态保持不变而有物质的量等于化学计算系数的反应物经正向反应形成为生成物时，反应系统所产生的吉布斯自由能的变化。于是只要知道反应系统所处状态下各组成气体的摩尔吉布斯自由能G_m，就可按式(14-18)求得微元正向反应中反应系统吉布斯自由能的变化。

当温度不变时，理想气体吉布斯自由能的变化可按式(14-16)表示为

$$dG_m=V_m dp=RT\frac{dp}{p}$$

或

$$G_{m2}-G_{m1}=RT\ln\frac{p_2}{p_1}$$

通常取0.101 325 MPa(1 atm)下的吉布斯自由能的数值为标准值，用G_m^0表示。显然，它仅是温度的函数。于是，按上式任何状态下理想气体的摩尔吉布斯自由能可表示为

$$G_m=G^0_{m(T)}+RT\ln\left(\frac{p}{p_0}\right)_{p_0=0.101\ 325\ \mathrm{MPa}}$$

若规定压力p的单位为atm，则上式可直接表示为

$$G_m=G^0_{m(T)}+RT\ln p \tag{14-19}$$

将式(14-18a)中各组成气体的吉布斯自由能用式(14-19)的形式表示时，可以得到

$$\Delta G_{(T,p)}=\Delta G^0_{(T)}+RT(\ln p_D^d+\ln p_E^e-\ln p_A^a-\ln p_B^b)$$

式中，$\Delta G^0_{(T)}=dG^0_{m,D}+eG^0_{m,E}-aG^0_{m,A}-bG^0_{m,B}$为仅决定于反应过程温度的常数。若令

$$-\frac{\Delta G^0_{(T)}}{RT}=\ln K_p$$

显然，K_p仍为仅决定于反应过程温度的常数。将其代入$\Delta G_{(T,p)}$的表达式，可以得到

$$\Delta G_{(T,p)}=RT\left[\ln\frac{p_D^d p_E^e}{p_A^a p_B^b}-\ln K_p\right]$$

于是，按式(14-18a)可以得到微元定温-定压理想气体反应过程中反应系统吉布斯自由能变化的表达式为

$$dG_{(T,p)}=RT\left[\ln\frac{p_D^d p_E^e}{p_A^a p_B^b}-\ln K_p\right]dn \qquad (14-20)$$

当定温-定压反应达到化学平衡状态时，微元反应过程中反应系统的吉布斯自由能保持不变，即 $dG_{(T,p)}=0$。因此，根据式(14-20)有

$$\frac{p_D^d p_E^e}{p_A^a p_B^b}=K_p$$

这就是说，当反应系统中各组成气体的分压力所组成的($p_D^d p_E^e/p_A^a p_B^b$)的数值等于常数 K_p 时，反应系统即达到化学平衡，故 K_p 称为化学平衡常数，简称平衡常数。只要定温-定压反应温度一定，平衡常数 K_p 即有确定的值。由上式可见，若平衡常数 K_p 的数值较大，表示化学反应处于化学平衡状态时生成物的分压力 p_D 及 p_E 越大，即正向反应相对较完全。反之，K_p 的值越小，则表示化学平衡时正向反应相对较不完全。各种常见平衡反应的平衡常数的对数值 $\ln K_p$ 列于表14-2中。

表 14-2 平衡常数的对数值 $\ln K_p$

T/K	$H_2O \to H_2 + \frac{1}{2}O_2$	$H_2O \to \frac{1}{2}H_2 + OH$	$CO_2 \to CO + \frac{1}{2}O_2$	$H_2 \to 2H$	$O_2 \to 2O$	$N_2 \to 2N$	$\frac{1}{2}N_2 + \frac{1}{2}O_2 \to NO$
298	-92.214	-106.214	-103.768	-164.018	-186.988	-367.493	-35.052
500	-52.697	-60.287	-57.622	-92.840	-105.643	-213.385	-20.295
1 000	-23.169	-26.040	-23.535	-39.816	-45.163	-99.140	-9.388
1 200	-18.188	-20.289	-17.877	-30.887	-35.018	-80.024	-7.569
1 400	-14.615	-16.105	-13.848	-24.476	-27.755	-66.342	-6.270
1 600	-11.927	-13.072	-10.836	-19.650	-22.298	-56.068	-5.294
1 800	-9.832	-10.663	-8.503	-15.879	-18.043	-48.064	-4.536
2 000	-8.151	-8.734	-6.641	-12.853	-14.635	-41.658	-3.931
2 200	-6.774	-7.154	-5.126	-10.366	-11.840	-36.404	-3.433
2 400	-5.625	-5.838	-3.866	-8.289	-9.510	-32.024	-3.019
2 600	-4.654	-4.725	-2.807	-6.530	-7.534	-28.317	-2.671
2 800	-3.818	-3.769	-1.900	-5.015	-5.839	-25.130	-2.372
3 000	-3.092	-2.943	-1.117	-3.698	-4.370	-22.372	-2.114
3 200	-2.457	-2.218	-0.435	-2.547	-3.085	-19.950	-1.888
3 400	-1.897	-1.582	-0.163	-1.529	-1.948	-17.813	-1.690
3 600	-1.398	-1.014	-0.695	-0.622	-0.939	-15.911	-1.513

注：$K_p=\frac{p_D^d p_E^e}{p_A^a p_B^b}$中各气体分压力应以标准大气压 atm(1 atm = 0.101 325 MPa)为单位。

根据热力学第二定律,定温-定压反应总是向着使反应系统吉布斯自由能减小的方向发展。也就是说,微元反应过程中总是有 $dG_{(T,p)}<0$。因此,根据式(14-20),在反应系统所处的状态下,若有 $p_D^d p_E^e/(p_A^a p_B^b)<K_p$,则有 $dn>0$,即反应向正向发展;反之,若有 $p_D^d p_E^e/(p_A^a p_B^b)>K_p$,则有 $dn<0$,即反应向逆向发展。于是,按照平衡常数的数值便可判断反应系统在其所处状态下进行化学反应的方向。

对于定温-定容反应,则可根据反应系统的亥姆霍兹自由能的变化来进行分析。按亥姆霍兹自由能的定义式有

$$F=U-TS=H-pV-TS=G-pV$$

因而当反应系统中发生化学变化而系统中各种组成气体的物质的量发生变化时,任意一组成气体的亥姆霍兹自由能的变化可表示为

$$dF=dG-d(pV)$$

把该组成气体吉布斯自由能变化 dG 的关系式(14-17)代入,即可得到

$$dF=n(-pdV_m-SdT)+G_m dn$$

于是,在定温-定容的理想气体反应中,任意一组成气体的亥姆霍兹自由能变化为

$$dF=G_m dn$$

而整个反应系统的亥姆霍兹自由能为

$$dF_{(T,V)}=G_{m,D}dn_D+G_{m,E}dn_E+G_{m,A}dn_A+G_{m,B}dn_B$$

再按照与推导定温-定压系统吉布斯自由能变化公式相同的方法,就可以导出微元定温-定容理想气体反应中系统亥姆霍兹自由能的变化为

$$dF_{(T,V)}=RT\left[\ln\frac{p_D^d p_E^e}{p_A^a p_B^b}-\ln K_p\right]dn \tag{14-21}$$

从而可以得到和上述定温-定压反应相同的结论。

对于复杂化学反应,其平衡常数的数值可以利用简单化学反应的平衡常数通过计算求取。例如化学反应

$$CO+H_2O \rightarrow CO_2+H_2$$

其平衡常数可表示为化学平衡状态下各气体分压力的关系,即

$$K_p=\left(\frac{p_{CO_2}p_{H_2}}{p_{CO}p_{H_2O}}\right)_{eq}$$

式中，下角标“eq”表示化学平衡状态。

为求得 K_p 的数值，可把该反应看作以下两个化学反应：

$$CO+\frac{1}{2}O_2 \rightarrow CO_2 \quad 及 \quad H_2O \rightarrow H_2+\frac{1}{2}O_2$$

因这两个反应的平衡常数可分别表示为

$$K_p' = \left(\frac{p_{CO_2}}{p_{CO}p_{O_2}^{1/2}}\right)_{eq}$$

$$K_p'' = \left(\frac{p_{H_2}p_{O_2}^{1/2}}{p_{H_2O}}\right)_{eq}$$

于是可以得到

$$K_p = K_p' K_p''$$

只要由表 14-2 查得 K_p'' 及 $1/K_p'$ 的数值，代入上式即可求得 K_p 的数值。

14-6 化学平衡和温度、压力及组成的关系

当化学反应的温度、压力以及反应系统中各组成气体的摩尔分数不同时，化学平衡的位置就不相同。

首先讨论温度对化学平衡的影响。根据平衡常数的定义式

$$\ln K_p = \frac{-\Delta G^0}{RT}$$

可知平衡常数为反应温度的函数。对上式微分，有

$$d(\ln K_p) = d\left(\frac{-\Delta G^0}{RT}\right) = d\left(\frac{G_R^0 - G_P^0}{RT}\right)$$

由于 G^0 是压力为 1 标准大气压时的吉布斯自由能，因而按压力不变的条件取式(14-16)中 $dp=0$，可得 $dG^0=-S^0dT$。于是有

$$d\left(\frac{G^0}{T}\right) = \frac{TdG^0 - G^0dT}{T^2} = \frac{T(-S^0dT) - G^0dT}{T^2} = \frac{-H^0dT}{T^2}$$

或

$$d\left(\frac{G_R^0 - G_P^0}{T}\right) = \frac{H_P^0 - H_R^0}{T^2}dT$$

代入平衡常数对数值的微分关系式中，可得到

$$d(\ln K_p)=\frac{\Delta H^0}{RT^2}dT \qquad (14-22)$$

该式称为范特霍夫方程式。它说明平衡常数随反应温度而变化的关系与在该温度及1标准大气压下的反应热 $Q_p=H_P^0-H_R^0$ 有关。在吸热反应中，$\Delta H^0>0$，则随反应温度的提高（$dT>0$），平衡常数 K_p 增大；反之，在放热反应中，$\Delta H^0<0$，则随反应温度的提高（$dT>0$），平衡常数 K_p 反而减小。燃烧反应为放热反应，故燃烧温度越高，平衡常数越小，燃烧越不完全。

其次讨论压力对化学平衡的影响。根据平衡常数和化学平衡状态下各组成气体分压力的关系，引进分压力和各组成气体摩尔分数的关系式 $p_i=y_ip$，便可得到

$$K_p=\left(\frac{p_D^d p_E^e}{p_A^a p_B^b}\right)_{eq}=\left(\frac{y_D^d y_E^e}{y_A^a y_B^b}\right)_{eq}p^{\Delta n} \qquad (14-23)$$

式中：p 为反应系统处于化学平衡状态下的压力；$\Delta n=n_p-n_R=d+e-a-b$，为反应过程中反应系统物质的量的变化。因反应温度一定时，平衡常数 K_p 有确定的数值，因而根据上式，当反应系统的压力 p 变化时，化学平衡状态下各组成气体的摩尔分数将相应地发生变化。对于 $\Delta n>0$，即物质的量增大的反应，随着压力 p 的提高，生成物的摩尔分数将减小，于是正向反应变得不完全；对于 $\Delta n<0$，即物质的量减小的反应，随着压力 p 的提高，生成物的摩尔分数将增大，于是正向反应趋于更完全；对于 $\Delta n=0$，即物质的量不变的反应，则化学平衡时系统内物质的摩尔分数与压力无关。

现在讨论反应系统中某种物质含量变化对化学平衡的影响。把式(14-23)改写为如下形式：

$$\frac{K_p}{p^{\Delta n}}=\left(\frac{y_D^d y_E^e}{y_A^a y_B^b}\right)_{eq}$$

当反应温度及压力一定时，$K_p/p^{\Delta n}$ 为定值。若改变反应系统中某种组成气体的含量，则就会引起化学平衡状态下各组成气体摩尔分数的变化。当增加某反应物的含量或减少某生成物的含量时，都将使其他反应物的摩尔分数减少以及使其他生成物的摩尔分数增加，从而使正向反应趋于更完全。因此，在燃烧反应中增加空气燃料比即增加空气的含量，就可以使燃烧反应更完全。

综上所述，可以总结为一条普遍规律：如果系统所处的外界条件发生变

化，则系统的平衡位置也会相应地发生变化，且其作用总是趋于削弱外界条件变化所产生的影响。这个规律称为平衡移动原理，或称为列-查得里原理。

14-7 离解和离解度

根据化学平衡原理，任何化学反应过程中，在进行正向反应的同时总伴随有逆向反应发生，当正向反应和逆向反应的速率相等时，反应就不再发展，反应系统处于化学平衡的状态。这就是说，始终不可能实现完全反应。在化学平衡状态下，反应系统中除了反应物和生成物外，常常还可能包含有各种中间生成物。例如，碳燃烧时除生成二氧化碳外还会有一氧化碳。因此，在分析处于化学平衡状态的反应系统中各物质的分数时，为了便于分析，可把中间生成物看作生成物因发生离解而形成较简单的物质的结果，并把化学平衡状态下生成物离解的比率称为离解度，用符号 α 表示。实际上，离解度反映了化学反应的不完全程度。

以碳在氧气中燃烧为例，设离解度为 α，则其化学反应方程式可表示为

$$C+O_2=(1-\alpha)CO_2+\alpha CO+\frac{1}{2}\alpha O_2$$

而按化学平衡关系，生成物 CO_2 的离解方程式为

$$CO_2 \rightarrow CO+\frac{1}{2}O_2$$

因而按化学平衡常数的关系式(14-23)有

$$K_p=\left(\frac{y_{CO}y_{O_2}^{1/2}}{y_{CO_2}}\right)_{eq}p^{\Delta n}$$

按各种气体的物质的量，即 $n_{CO_2}=1-\alpha$、$n_{CO}=\alpha$、$n_{O_2}=\alpha/2$，可以得到各气体的摩尔分数为

$$y_{CO_2}=\frac{n_{CO_2}}{\sum n}=\frac{1-\alpha}{1+\frac{1}{2}\alpha}=\frac{2-2\alpha}{2+\alpha}$$

$$y_{CO}=\frac{n_{CO}}{\sum n}=\frac{\alpha}{1+\frac{1}{2}\alpha}=\frac{2\alpha}{2+\alpha}$$

$$y_{O_2}=\frac{n_{O_2}}{\sum n}=\frac{\frac{1}{2}\alpha}{1+\frac{1}{2}\alpha}=\frac{\alpha}{2+\alpha}$$

代入平衡常数的关系式即得

$$K_p=\frac{\alpha}{1-\alpha}\left(\frac{\alpha}{2+\alpha}\right)^{1/2}p^{1/2}$$

根据反应温度查到平衡常数 K_p 的数值后，即可按上式求得反应过程的离解度，从而说明燃烧的不完全程度。

例 14-7　1 mol 碳在 1 mol 氧中燃烧。若反应过程中压力保持为 1 标准大气压，温度由 25 ℃升高到 3 000 K，试求生成物的离解度及摩尔分数。

解　此化学反应的方程式为

$$C+O_2=(1-\alpha)CO_2+\alpha CO+\frac{1}{2}\alpha O_2$$

平衡常数的关系式为

$$K_p=\frac{\alpha}{1-\alpha}\left(\frac{\alpha}{2+\alpha}\right)^{1/2}p^{1/2}$$

由表 14-2 查得 3 000 K 时 $\ln K_p=-1.117$，计算得 $K_p=0.328$。代入上式，可解得离解度 $\alpha=0.436$。

这时各气体的摩尔数为

$$n_{CO_2}=1-\alpha=0.564\ \text{mol}$$

$$n_{CO}=\alpha=0.436\ \text{mol}$$

$$n_{O_2}=\frac{1}{2}\alpha=0.218\ \text{mol}$$

$$\sum n=1.218\ \text{mol}$$

于是可得各生成物的摩尔分数为

$$y_{CO_2}=\frac{0.564\ \text{mol}}{1.218\ \text{mol}}=0.463$$

$$y_{CO}=\frac{0.436\ \text{mol}}{1.218\ \text{mol}}=0.358$$

$$y_{O_2}=\frac{0.218\ \text{mol}}{1.218\ \text{mol}}=0.179$$

例 14-8　按上题相同条件，仅把氧的含量由 1 mol 变为 2 mol，试求离解度及摩尔分数。

解　该反应的化学反应方程式设为

$$C+2O_2=(1-\alpha)CO_2+\alpha CO+\left(1+\frac{1}{2}\alpha\right)O_2$$

其离解反应方程式为

$$CO_2 \rightarrow CO+\frac{1}{2}O_2$$

由各气体的物质的量为 $n_{CO_2}=1-\alpha$、$n_{CO}=\alpha$、$n_{O_2}=1+\alpha/2$，反应系统处于化学平衡时的总物质的量为 $\sum n=2+\alpha/2$，于是可得各气体的摩尔分数为

$$y_{CO_2}=\frac{n_{CO_2}}{\sum n}=\frac{1-\alpha}{2+\frac{1}{2}\alpha}$$

$$y_{CO}=\frac{n_{CO}}{\sum n}=\frac{\alpha}{2+\frac{1}{2}\alpha}$$

$$y_{O_2}=\frac{n_{O_2}}{\sum n}=\frac{1+\frac{1}{2}\alpha}{2+\frac{1}{2}\alpha}$$

这时平衡常数的关系式为

$$K_p=\frac{y_{CO}y_{O_2}^{1/2}}{y_{CO_2}}p^{\Delta n}$$

把各种气体的摩尔分数代入，且有 $p=0.101\ 325$ MPa，则可得到

$$K_p=\frac{\alpha}{1-\alpha}\left(\frac{2+\alpha}{4+\alpha}\right)^{1/2}$$

由表 14-2 查得 3 000 K 时 $\ln K_p=-1.117$，计算得 $K_p=0.328$。代入平衡常数的关系式，可解得离解度 $\alpha=0.310$。

这时各气体的物质的量为

$$n_{CO_2}=1-\alpha=0.690\ \text{mol}$$

$$n_{CO}=\alpha=0.310\ \text{mol}$$

$$n_{O_2}=1+\frac{1}{2}\alpha=1.155\ \text{mol}$$

$$\sum n=2.155\ \text{mol}$$

于是可得各种生成物的摩尔分数为

$$y_{CO_2}=\frac{0.690\ \text{mol}}{2.155\ \text{mol}}=0.320$$

$$y_{CO}=\frac{0.310\ \text{mol}}{2.155\ \text{mol}}=0.144$$

$$y_{O_2}=\frac{1.155\ \text{mol}}{2.155\ \text{mol}}=0.536$$

与例 14-7 的计算结果相比，在相同的条件下，即反应系统的压力相同、化学平衡状态时的温度相同，仅仅由于增加了反应物中 O_2 的含量，反应达到化学平衡时的离解度就减小了很多，生成的 CO 也相应地减少。同时也可看出，生成物的摩尔分数也有很大的变化，即化学平衡的位置不同了。

14-8　绝对熵和热力学第三定律

一般为了确定化学平衡状态下生成物的分数，最方便的方法是利用平衡常数进行计算。而平衡常数则是通过实验或理论计算的方法来确定的。当通过热力学方法来计算平衡常数时，必须根据热力学第三定律确定各种物质的绝对熵的数值。

实验发现，当温度接近绝对零度即 0 K 时，任何反应中物质的熵都不再发生变化，即有

$$\lim_{T\to 0\ \text{K}}\Delta S=0$$

或者说，在绝对零度时各种物质的熵都相同。根据这个事实，普朗克提出一种假说：当趋于绝对零度时，各种物质的熵都趋于零。即

$$\lim_{T\to 0\ \text{K}}S_0=0$$

这就是热力学第三定律。它建立在经验的基础上，是完全独立于热力学第一定律及热力学第二定律的一条经验定律。

根据热力学第三定律，取 0 K 时各种物质的熵值为零，按此计算得到的熵值称为绝对熵。在各种气体热力性质表中所列出的在压力为 1 标准大气压下不同温度时气体的绝对熵值称为标准状态熵，用符号 s^0 表示，对于理想气体，由其熵变化的计算式(3-14)可以得到

$$s-s_0=\int_0^T c_{p0}\frac{\mathrm{d}T}{T}-R_g\ln\left(\frac{p}{p_0}\right)_{p_0=0.101\ 325\ \text{MPa}}$$

按热力学第三定律 $s_0=0$，于是可得各种气体在任意状态下的绝对熵的数值为

$$s=s_{(T)}^0-R_g\ln(p)_{p_0=0.101\ 325\ \text{MPa}} \tag{14-24}$$

根据绝对熵的数值可计算化学反应各物质的吉布斯自由能。按照吉布

斯自由能的定义式，在压力为 1 标准大气压时 1 mol 物质的吉布斯自由能可表示为

$$G_{\mathrm{m}}^{0}=H_{\mathrm{m}}^{0}-TS_{\mathrm{m}}^{0}$$

对于焓的数值，如前所述，当用于计算化学反应的各物质时，可按标准生成焓 $H_{\mathrm{m,f}}^{0}$ 计算，即

$$H_{\mathrm{m}}^{0}=H_{\mathrm{m,f}}^{0}+\Delta H_{\mathrm{m}(298\ \mathrm{K}\to T)}^{0}$$

于是可以得到

$$G_{\mathrm{m}}^{0}=H_{\mathrm{m,f}}^{0}+\Delta H_{\mathrm{m}(298\ \mathrm{K}\to T)}^{0}-TS_{\mathrm{m}}^{0} \tag{14-25}$$

式中，S_{m}^{0} 为标准状态熵。因它是绝对熵，所以 S_{m}^{0} 可用于化学反应中各物质的熵的计算，因而按上式所得的吉布斯自由能的值也可以用于化学反应中各物质的计算，并称为标准吉布斯自由能，它仅是物质温度的函数。

于是，利用化学反应过程有关物质标准吉布斯自由能的数值，根据化学平衡常数的定义式

$$\ln K_{p}=\frac{-\Delta G^{0}}{RT}$$

便可求得该反应过程在温度 T 下的平衡常数。

思　考　题

14-1　对于无化学反应的闭口系统，当给定两个独立参数的值时，系统的状态即可确定。当给定热力过程中某参数的变化规律时，过程的规律即确定。对于化学反应系统，其状态和过程需要如何确定？

14-2　对于热力学能的定义，有化学反应系统和无化学反应的系统在定义上是否有本质的差别？

14-3　在分析化学反应过程中的能量转换关系时，为什么要引入生成焓而不能直接按常规方法进行计算？生成焓的实质是什么？

14-4　根据理论燃烧温度的定义及能量平衡关系，试分析提高燃烧温度的途径。

14-5　试说明吉布斯自由能和亥姆霍兹自由能在分析化学反应过程的进展方向及化学平衡中的重要意义。

14-6　是否可以用平衡常数来确定定温-定压过程及定温-定容过程之

外其他化学反应过程的化学平衡状态？

14-7 试直接按平衡移动原理来说明化学平衡位置和化学反应的温度、压力及组成气体分数的关系。

习 题

14-1 列出辛烷(C_8H_{18})在95%的理论空气量下燃烧时的化学反应方程，已知生成物为CO_2、CO、H_2O及N_2。

14-2 试求丙烷(C_3H_8)在过量空气量为20%的空气中燃烧时的空气燃料比。

14-3 设有某种碳氢化合物燃料在空气中燃烧。当取出生成物中的水分后，分析得到生成物的摩尔分数为$y_{CO_2}=12.5\%$、$y_{CO}=0.5\%$、$y_{O_2}=3.0\%$、$y_{N_2}=84\%$，试求该燃烧过程的质量空气燃料比。

14-4 试求丙烷(C_3H_8)的标准定压热值。

14-5 试求气体状态辛烷(C_8H_{18})的标准定压热值。

14-6 设甲烷(CH_4)在温度为25 ℃的理论空气量中定压燃烧，试求其理论燃烧温度。

14-7 试求在温度为2 000 K下CO_2的离解度。设系统的压力分别为：(1) 1 atm；(2) 10 atm。

14-8 水蒸气和一氧化碳发生反应生成水煤气，其化学反应方程为$CO+H_2O \rightarrow H_2+CO_2$。试求此反应在温度为2 000 K时的平衡常数。

14-9 设有1 mol碳和0.9 mol氧燃烧，若反应在压力保持0.101 325 MPa(1 atm)的条件下进行，燃烧后温度升高到3 000 K，试求生成物的摩尔分数。

14-10 甲烷(CH_4)在温度为25 ℃的理论空气量下定压燃烧，设反应系统的压力为0.101 325 MPa(1 atm)，并只有CO发生离解，试求燃烧温度。

附　　录

附表 1　常用气体的热力性质

气体	摩尔质量 M	气体常数 R_g	密度 ρ_0 (0 ℃,1 atm)	比定压热容 c_{p0}	比定容热容 c_{V0}	比热比 γ_0
	kg/kmol	kJ/(kg·K)	kg/m^3	kJ/(kg·K)	kJ/(kg·K)	
He	4.003	2.077	0.179	5.234	3.153	1.667
Ar	39.94	0.208 1	1.784	0.524	0.316	1.667
H_2	2.016	4.124 4	0.090	14.36	10.22	1.404
O_2	32.000	0.259 8	1.429	0.917	0.657	1.395
N_2	28.016	0.296 8	1.250	1.038	0.741	1.400
干空气	28.97	0.287 1	1.293	1.004	0.716	1.400
CO	28.011	0.296 8	1.25	1.042	0.745	1.399
CO_2	44.010	0.188 9	1.977	0.850	0.661	1.285
H_2O	18.016	0.461 5	0.804	1.863	1.402	1.329
CH_4	16.04	0.518 3	0.717	2.227	1.687	1.32
C_2H_4	28.054	0.296 4	1.260	1.721	1.427	1.208

附表 2　理想气体状态下的摩尔定压热容与温度的关系

$C_{p0,m}=a_0+a_1T+a_2T^2+a_3T^3$　[单位为 kJ/(kmol·K)]

气体	a_0	$a_1\times10^3$	$a_2\times10^6$	$a_3\times10^9$	温度范围/K	最大误差 /%
H_2	29.21	−1.916	−4.004	−0.870 5	273～1 800	1.01
O_2	25.48	1.520	−5.062	1.312	273～1 800	1.19
N_2	28.90	−1.570	8.081	−28.73	273～1 800	0.59
CO	28.16	1.675	5.372	−2.222	273～1 800	0.89
CO_2	22.26	59.811	−35.01	7.470	273～1 800	0.647
空气	28.15	1.967	4.801	−1.966	273～1 800	0.72
H_2O	32.24	19.24	10.56	−3.595	273～1 500	0.52
CH_4	19.89	50.24	12.69	−11.01	273～1 500	1.33
C_2H_4	4.026	155.0	−81.56	16.98	298～1 500	0.30
C_2H_6	5.414	178.1	−69.38	8.712	298～1 500	0.70
C_3H_6	3.746	234.0	−115.1	29.31	298～1 500	0.44
C_3H_8	−4.220	306.3	−158.6	32.15	298～1 500	0.28

附表 3　空气的热力性质

T/K	h/(kJ/kg)	p_r	u/(kJ/kg)	v_r	s^0/[kJ/(kg · K)]
200	199.97	0.336 3	142.56	1 707	1.295 59
210	209.97	0.398 7	149.69	1 512	1.344 44
220	219.97	0.469 0	156.82	1 346	1.391 05
230	230.02	0.547 7	164.00	1 205	1.435 57
240	240.02	0.635 5	171.13	1 084	1.478 24
250	250.05	0.732 9	178.28	979	1.519 17
260	260.09	0.840 5	185.45	887.8	1.558 48
270	270.11	0.959 0	192.60	808.0	1.596 34
280	280.13	1.088 9	199.75	738.0	1.632 79
285	285.14	1.158 4	203.33	706.1	1.650 55
290	290.16	1.231 1	206.91	676.1	1.568 02
295	295.17	1.306 8	210.49	647.9	1.685 15
300	300.19	1.386 0	214.07	621.2	1.702 03
305	305.22	1.468 5	217.67	596.0	1.718 65
310	310.24	1.554 6	221.25	572.3	1.734 98
315	315.27	1.644 2	224.85	549.8	1.751 06
320	320.29	1.737 5	228.43	528.6	1.766 90
325	325.31	1.834 5	232.02	508.4	1.782 49
330	330.34	1.935 2	235.61	489.4	1.797 83
340	340.42	2.149	242.82	454.1	1.827 90
350	350.49	2.379	250.02	422.2	1.857 08
360	360.67	2.626	257.24	393.4	1.885 43
370	370.67	2.892	264.46	367.2	1.913 13
380	380.77	3.176	271.69	343.4	1.940 01
390	390.88	3.481	278.93	321.5	1.966 33
400	400.98	3.806	286.16	301.6	1.991 94
410	411.12	4.153	293.43	283.3	2.016 99
420	421.26	4.522	300.69	266.6	2.041 42

续表

T/K	h/(kJ/kg)	p_r	u/(kJ/kg)	v_r	s^0/[kJ/(kg·K)]
430	432.43	4.915	307.99	251.1	2.065 33
440	441.61	5.332	315.30	236.8	2.088 70
450	451.80	5.775	322.62	223.6	2.111 61
460	462.02	6.245	329.97	211.4	2.134 07
470	472.24	6.712	337.32	200.1	2.146 04
480	482.49	7.268	344.70	189.5	2.177 60
490	492.74	7.824	352.08	179.7	2.198 76
500	503.02	8.411	359.49	170.6	2.219 52
510	513.32	9.031	366.92	162.1	2.239 93
520	523.63	9.684	374.36	154.1	2.259 97
530	533.98	10.37	381.84	146.7	2.279 67
540	544.35	11.10	389.34	139.7	2.299 06
550	554.74	11.86	396.86	133.1	2.318 09
560	565.17	12.66	404.42	127.0	2.336 85
570	575.59	13.50	411.97	121.2	2.355 31
580	586.04	14.38	419.55	115.7	2.373 18
590	596.52	15.31	427.15	110.6	2.301 40
600	607.02	16.28	434.78	105.8	2.409 02
610	617.53	17.30	442.42	101.2	2.426 44
620	628.07	18.36	450.09	96.92	2.443 56
630	638.63	19.48	457.78	92.84	2.460 48
640	649.22	20.64	465.50	88.99	2.477 16
650	659.84	21.86	473.25	85.34	2.493 64
660	670.47	23.13	481.01	81.89	2.509 85
670	681.14	24.46	488.81	78.61	2.525 80
680	691.82	25.85	496.62	75.50	2.541 75
690	702.52	27.29	504.45	72.56	2.557 31
700	713.27	28.80	512.33	67.76	2.572 77

续表

T/K	h/(kJ/kg)	p_r	u/(kJ/kg)	v_r	s^0/[kJ/(kg·K)]
710	724.04	30.38	520.23	67.07	2.588 10
720	734.82	32.02	528.14	64.53	2.603 19
730	746.62	33.72	536.07	62.13	2.618 03
740	756.44	35.50	544.02	59.82	2.632 80
750	767.29	37.35	551.99	57.63	2.647 37
760	778.18	39.27	560.01	55.54	2.661 76
780	800.03	43.35	576.12	51.64	2.690 13
800	821.95	47.76	592.30	48.08	2.717 87
820	843.98	52.49	603.59	44.84	2.745 04
840	866.08	57.60	624.95	41.85	2.771 70
860	888.27	63.09	641.46	39.12	2.797 83
880	910.56	68.98	657.96	36.61	2.823 44
900	932.93	75.89	674.58	34.31	2.848 56
920	955.38	82.05	561.28	32.18	2.878 21
940	977.92	89.28	708.08	30.22	2.897 48
960	1 000.56	97.00	725.02	28.40	2.921 28
980	1 023.25	105.2	741.98	26.73	2.944 63
1 000	1 046.04	114.0	758.94	25.17	2.967 70
1 020	1 068.89	123.4	771.60	23.72	2.990 34
1 040	1 091.85	133.3	793.36	22.39	3.012 60
1 060	1 114.86	143.9	810.62	21.14	3.034 49
1 080	1 137.89	155.2	827.88	19.98	3.056 08
1 100	1 161.07	167.1	845.33	18.896	3.077 32
1 120	1 184.28	179.7	862.79	17.886	3.093 25
1 140	1 207.57	193.1	880.35	16.946	3.118 83
1 160	1 230.92	207.2	897.91	16.064	3.139 16
1 180	1 254.34	222.2	915.57	15.241	3.159 16
1 200	1 277.79	238.0	933.33	14.470	3.178 38
1 220	1 301.31	254.7	951.09	13.747	3.198 34
1 240	1 324.93	272.3	968.95	13.069	3.217 51
1 260	1 348.55	290.8	986.90	12.435	3.236 38
1 280	1 372.24	310.4	1 004.76	11.835	3.255 10

续表

T/K	h/(kJ/kg)	p_r	u/(kJ/kg)	v_r	s^0/[kJ/(kg·K)]
1 300	1 395.97	330.9	1 022.82	11.275	3.273 45
1 320	1 419.76	352.5	1 040.88	10.747	3.291 60
1 340	1 443.60	375.3	1 058.94	10.247	3.309 59
1 360	1 467.49	399.1	1 077.10	9.780	3.327 24
1 380	1 491.44	424.2	1 095.26	9.337	3.344 74
1 400	1 515.42	450.5	1 113.52	8.919	3.362 00
1 420	1 539.44	478.0	1 131.77	8.526	3.379 01
1 440	1 563.51	506.9	1 150.13	8.153	3.395 86
1 460	1 587.63	537.1	1 168.49	7.801	3.412 47
1 480	1 611.79	568.8	1 186.95	7.468	3.428 92
1 500	1 635.97	601.9	1 205.41	7.152	3.445 16
1 520	1 660.23	636.9	1 223.87	6.854	3.461 20
1 540	1 684.51	672.8	1 242.43	6.569	3.477 12
1 560	1 708.82	710.5	1 260.99	6.301	3.492 76
1 580	1 733.17	750.0	1 279.65	6.046	3.508 29
1 600	1 757.57	791.2	1 298.30	5.804	3.523 64
1 620	1 782.00	834.1	1 316.96	5.574	3.538 79
1 640	1 806.46	878.9	1 335.72	5.355	3.553 81
1 660	1 830.96	925.6	1 354.48	5.147	3.568 67
1 680	1 855.50	974.2	1 373.24	4.949	3.583 35
1 700	1 880.1	1 025	1 392.7	4.761	3.597 9
1 750	1 941.6	1 161	1 439.8	4.328	3.633 6
1 800	2 003.3	1 310	1 487.2	3.944	3.668 4
1 850	2 065.3	1 475	1 534.9	3.601	3.702 3
1 900	2 127.4	1 655	1 582.6	3.295	3.735 4
1 950	2 189.7	1 852	1 630.6	3.022	3.767 7
2 000	2 252.1	2 068	1 678.7	2.776	3.799 4
2 050	2 314.6	2 303	1 726.8	2.555	3.839 3
2 100	2 377.4	2 559	1 775.3	2.356	3.860 5
2 150	2 440.3	2 837	1 823.8	2.175	3.890 1
2 200	2 503.2	3 138	1 872.4	2.012	3.919 1
2 250	2 566.4	3 464	1 921.3	1.864	3.947 4

附表 4　氧的热力性质

T	H_m	U_m	S_m^0	T	H_m	U_m	S_m^0
K	kJ/kmol	kJ/kmol	kJ/(kmol·K)	K	kJ/kmol	kJ/kmol	kJ/(kmol·K)
0	0	0	0	1 440	47 102	35 129	256.475
260	7 566	5 405	201.27	1 480	48 561	36 256	257.474
270	7 858	5 613	202.128	1 520	50 024	37 387	258.450
280	8 150	5 822	203.191	1 560	51 490	38 520	259.402
290	8 443	6 032	204.218	1 600	52 961	39 658	260.333
298	8 682	6 203	205.033	1 640	54 434	40 799	261.242
300	8 736	6 242	205.213	1 680	55 912	41 944	262.132
320	9 325	6 664	207.112	1 720	57 394	43 093	263.005
360	10 511	7 518	210.604	1 760	58 880	44 247	263.861
400	11 711	8 384	213.765	1 800	60 371	45 405	264.701
440	12 923	9 264	216.656	1 840	61 866	46 568	365.521
480	14 151	10 160	219.326	1 880	63 365	47 734	266.326
520	15 395	11 071	221.812	1 920	64 868	48 904	267.115
560	16 654	11 998	224.146	1 960	66 374	50 078	267.891
600	17 929	12 940	226.346	2 000	67 881	51 253	268.655
640	19 219	13 898	228.429	2 050	69 772	52 727	269.588
680	20 524	14 871	230.405	2 100	71 668	54 208	270.504
720	21 845	15 859	223.291	2 150	73 573	55 697	271.399
760	23 178	16 859	234.091	2 200	75 484	57 192	272.278
800	24 523	17 872	235.810	2 250	77 397	58 690	273.136
840	25 877	18 893	237.462	2 300	79 316	60 193	273.981
880	27 242	19 925	239.051	2 350	81 243	61 704	274.809
920	28 616	20 967	240.580	2 400	83 174	63 219	295.625
960	29 999	22 017	242.052	2 450	85 112	64 742	276.424
1 000	31 389	23 075	243.471	2 500	87 057	66 271	277.207
1 040	32 789	24 142	244.844	2 550	89 004	67 802	277.973
1 080	34 194	25 214	246.171	2 600	90 956	69 339	278.738
1 120	35 606	26 294	247.454	2 650	92 916	70 883	279.485
1 160	37 023	27 379	248.698	2 700	94 881	72 433	280.219
1 200	38 447	28 469	249.906	2 750	96 852	73 987	280.942
1 240	39 877	29 568	251.079	2 800	98 826	75 546	281.654
1 280	41 312	30 670	252.219	2 850	100 808	77 112	282.357
1 320	32 753	31 778	253.325	2 900	102 793	78 682	283.043
1 360	44 198	32 891	254.404	2 950	104 785	80 258	283.728
1 400	45 648	34 008	255.454	3 000	106 780	81 837	284.399

附表 5　氮的热力性质

T	H_m	U_m	S_m^0	T	H_m	U_m	S_m^0
K	kJ/kmol	kJ/kmol	kJ/(kmol·K)	K	kJ/kmol	kJ/kmol	kJ/(kmol·K)
0	0	0	0	1 440	44 988	33 014	240.350
260	7 558	5 396	187.514	1 480	46 377	34 071	241.301
270	7 849	5 604	188.614	1 520	47 771	35 133	242.228
280	8 141	5 813	189.673	1 560	49 168	36 197	243.317
290	8 432	6 021	190.695	1 600	50 571	37 268	244.028
298	8 669	6 190	191.502	1 640	51 980	38 344	244.896
300	8 723	6 229	191.682	1 680	53 393	39 424	245.747
320	9 306	6 645	193.562	1 720	54 807	40 507	246.580
360	10 471	7 478	196.995	1 760	56 227	41 591	247.396
400	11 640	8 314	200.071	1 800	57 651	42 685	248.195
440	12 811	9 153	202.863	1 840	59 075	43 777	248.979
480	13 988	9 997	205.424	1 880	60 504	44 873	249.748
520	15 172	10 848	207.792	1 920	61 936	45 973	250.502
560	16 363	11 707	209.999	1 960	63 381	47 075	251.242
600	17 563	12 574	212.066	2 000	64 810	48 181	251.969
640	18 772	13 450	214.018	2 050	66 612	49 567	252.858
680	19 991	14 337	215.866	2 100	68 417	50 957	253.726
720	21 220	15 234	217.624	2 150	70 226	52 351	254.578
760	22 460	16 141	219.301	2 200	72 040	53 749	255.412
800	23 714	17 061	220.907	2 250	73 856	55 149	256.227
840	24 974	17 990	222.447	2 300	75 676	56 553	257.027
880	26 248	18 931	223.927	2 350	77 496	57 958	257.810
920	27 532	19 883	225.353	2 400	79 320	59 366	258.580
960	28 826	20 844	226.728	2 450	81 149	60 779	259.332
1 000	30 129	20 815	228.057	2 500	82 981	62 195	260.073
1 040	31 442	22 798	229.344	2 550	84 814	63 163	260.799
1 080	32 762	23 782	230.591	2 600	86 650	65 033	261.512
1 120	34 092	24 780	231.799	2 650	88 488	66 455	262.213
1 160	35 430	25 786	232.973	2 700	90 328	67 880	262.902
1 200	36 777	26 799	234.115	2 750	92 171	69 306	263.577
1 240	38 129	27 819	235.223	2 800	94 014	70 734	264.241
1 280	39 488	28 845	236.302	2 850	95 859	72 163	264.895
1 320	40 853	29 878	237.353	2 900	97 705	73 593	265.538
1 360	42 227	30 919	238.376	2 950	99 556	75 028	266.170
1 400	43 605	31 964	239.375	3 000	101 407	76 464	266.793

附表 6　氢的热力性质

T	H_m	U_m	S_m^0	T	H_m	U_m	S_m^0
K	kJ/kmol	kJ/kmol	kJ/(kmol · K)	K	kJ/kmol	kJ/kmol	kJ/(kmol · K)
0	0	0	0	1 440	42 808	30 835	177.410
260	7 370	5 209	126.636	1 480	44 091	31 786	178.291
270	7 657	5 412	127.719	1 520	45 384	32 746	179.153
280	7 945	5 617	128.765	1 560	46 683	33 713	179.995
290	8 233	5 822	129.775	1 600	47 990	34 687	180.820
298	8 468	5 989	130.574	1 640	49 303	35 668	181.632
300	8 522	6 027	130.754	1 680	50 622	36 654	182.428
320	9 100	6 440	132.621	1 720	51 947	37 648	183.208
360	10 262	7 268	136.039	1 760	53 279	38 645	183.973
400	11 426	8 100	139.106	1 800	54 618	39 652	184.724
440	12 594	8 936	141.888	1 840	55 962	40 663	185.463
480	13 764	9 773	144.432	1 880	57 311	41 680	186.190
520	14 935	10 611	146.775	1 920	58 668	42 705	186.904
560	16 107	11 451	148.945	1 960	60 031	43 735	187.607
600	17 280	12 291	150.968	2 000	61 400	44 771	188.297
640	18 452	13 133	152.863	2 050	63 119	46 074	189.148
680	19 630	13 976	154.645	2 100	64 847	47 386	189.979
720	20 807	14 821	156.328	2 150	66 584	48 708	190.796
760	21 988	15 669	157.923	2 200	68 328	50 037	191.598
800	23 171	16 520	159.440	2 250	70 080	51 373	192.385
840	24 359	17 375	160.891	2 300	71 839	52 716	193.159
880	25 551	18 235	162.277	2 350	73 608	54 069	193.921
920	26 747	19 098	163.607	2 400	75 383	55 429	194.669
960	27 948	19 966	164.884	2 450	77 168	56 798	195.403
1 000	29 154	20 839	166.114	2 500	78 690	58 175	196.125
1 040	30 364	21 717	167.300	2 550	80 755	59 554	196.837
1 080	31 580	22 601	168.449	2 600	82 558	60 941	197.539
1 120	32 802	23 490	169.560	2 650	84 368	62 335	198.229
1 160	34 028	24 384	170.636	2 700	86 186	63 737	198.907
1 200	35 262	25 284	171.682	2 750	88 088	65 144	199.575
1 240	36 502	26 192	172.698	2 800	89 838	66 558	200.234
1 280	37 749	27 106	173.687	2 850	91 671	67 976	200.885
1 320	39 002	28 027	174.652	2 900	93 512	69 401	201.527
1 360	40 263	28 955	175.593	2 950	95 358	70 831	202.157
1 400	41 530	29 889	176.510	3 000	97 211	72 268	202.778

附表 7 二氧化碳的热力性质

T	H_m	U_m	S_m^0	T	H_m	U_m	S_m^0
K	kJ/kmol	kJ/kmol	kJ/(kmol·K)	K	kJ/kmol	kJ/kmol	kJ/(kmol·K)
0	0	0	0	1 440	67 586	55 614	289.743
260	7 979	5 817	208.717	1 480	69 911	57 606	291.333
270	8 335	6 091	210.062	1 520	72 246	59 609	292.888
280	8 697	6 369	211.376	1 560	74 590	61 620	294.411
290	9 063	6 651	212.660	1 600	76 914	63 741	295.901
298	9 364	6 885	213.685	1 640	79 303	65 668	297.356
300	9 431	6 939	213.915	1 680	81 670	67 702	298.781
320	10 186	7 526	216.351	1 720	84 043	69 742	300.177
360	11 748	8 752	220.948	1 760	86 420	71 787	301.543
400	13 372	10 046	225.225	1 800	88 806	73 840	302.884
440	15 054	11 393	229.230	1 840	91 196	75 897	304.198
480	16 791	12 800	233.004	1 880	93 593	77 962	305.487
520	18 576	14 253	236.575	1 920	95 995	80 031	306.751
560	20 407	15 751	239.962	1 960	98 401	82 105	307.992
600	22 280	17 291	243.199	2 000	100 804	84 185	309.210
640	24 190	18 869	246.282	2 050	103 835	86 791	310.701
680	26 138	20 484	249.233	2 100	105 864	89 404	312.160
720	28 121	22 134	252.065	2 150	109 898	92 023	313.589
760	30 135	23 817	254.787	2 200	112 939	94 648	314.988
800	32 179	25 527	257.408	2 250	115 984	97 277	316.356
840	34 251	27 267	259.934	2 300	119 035	99 912	317.695
880	36 347	29 031	262.371	2 350	122 091	102 552	319.011
920	38 467	30 818	264.728	2 400	125 152	105 197	320.302
960	40 607	32 625	267.007	2 450	128 219	107 849	321.566
1 000	42 769	34 455	269.215	2 500	131 290	110 504	322.808
1 040	44 953	36 306	271.354	2 550	134 368	113 166	324.026
1 080	47 153	38 174	273.430	2 600	137 449	115 832	325.222
1 120	49 369	40 057	275.444	2 650	140 533	118 500	326.396
1 160	51 602	41 957	277.403	2 700	143 620	121 172	327.549
1 200	53 848	43 871	279.307	2 750	146 713	123 849	328.684
1 240	56 108	45 799	281.158	2 800	149 808	126 528	329.800
1 280	58 381	47 739	282.962	2 850	152 908	129 212	330.896
1 320	60 666	49 691	284.722	2 900	156 009	131 898	331.975
1 360	62 963	51 666	286.439	2 950	159 117	134 589	333.037
1 400	65 271	53 631	288.106	3 000	162 226	137 283	334.084

附表 8　一氧化碳的热力性质

T	H_m	U_m	S_m^0	T	H_m	U_m	S_m^0
K	kJ/kmol	kJ/kmol	kJ/(kmol·K)	K	kJ/kmol	kJ/kmol	kJ/(kmol·K)
0	0	0	0	1 440	45 408	33 434	246.875
260	7 578	5 396	193.554	1 480	46 813	34 508	247.889
270	7 849	5 604	194.654	1 520	48 222	35 581	248.778
280	8 140	5 812	195.713	1 560	49 635	36 655	249.695
290	8 432	6 020	196.735	1 600	51 053	37 750	250.592
298	8 669	6 190	197.543	1 640	52 572	38 837	251.470
300	8 723	6 229	197.723	1 680	53 895	39 927	252.329
320	9 306	6 645	199.603	1 720	55 323	41 023	253.169
360	10 473	7 480	203.040	1 760	56 756	42 123	253.991
400	11 644	8 319	206.125	1 800	58 191	43 225	254.797
440	12 821	9 163	208.929	1 840	59 626	44 331	255.587
480	14 005	10 014	211.504	1 880	61 072	45 441	256.361
520	15 197	10 874	213.890	1 920	62 516	46 552	257.122
560	16 390	11 743	216.115	1 960	63 961	47 665	257.868
600	17 611	12 622	218.201	2 000	65 408	48 780	258.600
640	18 833	13 512	220.178	2 050	67 224	50 179	259.494
680	20 068	14 414	222.052	2 100	69 044	51 584	260.370
720	21 315	15 328	223.833	2 150	70 864	52 988	261.226
760	22 573	16 255	225.533	2 200	72 688	54 396	262.065
800	23 844	17 193	227.162	2 250	74 516	55 809	262.887
840	25 124	18 140	228.724	2 300	76 345	57 222	263.692
880	26 415	19 099	230.227	2 350	78 178	58 640	264.480
920	27 719	20 070	231.674	2 400	80 015	60 060	265.53
960	29 033	21 051	233.072	2 450	81 852	61 482	266.012
1 000	30 355	22 041	234.421	2 500	83 692	62 906	266.755
1 040	31 688	23 041	235.728	2 550	85 537	64 335	267.485
1 080	33 029	24 049	236.992	2 600	87 383	65 766	268.202
1 120	34 377	25 065	238.217	2 650	89 230	67 197	268.905
1 160	35 733	25 088	239.407	2 700	91 077	68 628	269.596
1 200	37 095	27 118	240.663	2 750	92 930	70 066	270.285
1 240	38 466	28 426	241.686	2 800	94 784	71 504	270.943
1 280	39 844	29 201	242.780	2 850	96 639	72 945	271.602
1 320	41 226	30 251	243.844	2 900	98 495	74 383	272.249
1 360	42 613	31 306	244.880	2 950	100 352	75 825	272.884
1 400	44 007	32 367	245.889	3 000	102 210	77 267	273.508

附表 9　水蒸气的热力性质(理想气体状态)

T	H_m	U_m	S_m^0	T	H_m	U_m	S_m^0
K	kJ/kmol	kJ/kmol	kJ/(kmol·K)	K	kJ/kmol	kJ/kmol	kJ/(kmol·K)
0	0	0	0	1 440	55 198	43 226	248.543
260	8 627	6 466	184.139	1 480	57 062	44 756	249.820
270	8 961	6 716	185.399	1 520	58 942	46 304	251.074
280	9 296	6 968	186.616	1 560	60 838	47 868	252.305
290	9 631	7 219	187.791	1 600	62 748	49 445	253.513
298	9 904	7 425	188.720	1 640	64 675	51 039	254.703
300	9 966	7 472	188.928	1 680	66 614	52 646	255.873
320	10 639	7 978	191.098	1 720	68 567	54 267	257.022
360	11 992	8 998	195.081	1 760	70 535	55 902	258.151
400	13 356	10 030	198.673	1 800	72 513	57 547	259.262
440	14 734	11 075	201.955	1 840	74 506	59 207	260.357
480	16 126	12 135	204.982	1 880	76 511	60 881	261.436
520	17 534	13 211	248.543	1 920	78 527	62 564	262.497
560	18 959	14 303	249.820	1 960	80 555	64 259	263.542
600	20 402	15 413	251.074	2 000	82 593	65 965	264.571
640	21 862	16 541	252.305	2 050	85 156	68 111	265.833
680	23 342	17 688	253.513	2 100	87 735	70 275	267.081
720	24 840	18 854	254.703	2 150	90 330	72 454	268.301
760	26 358	20 039	255.873	2 200	92 940	74 649	269.500
800	27 896	21 245	257.022	2 250	95 562	76 855	270.679
840	29 454	22 470	258.151	2 300	98 199	79 075	271.839
880	31 032	23 715	259.262	2 350	100 846	81 308	272.978
920	32 629	24 980	260.357	2 400	103 508	83 553	274.098
960	34 247	26 265	261.436	2 450	106 183	85 811	275.201
1 000	35 882	27 568	262.497	2 500	108 868	88 082	276.286
1 040	37 542	28 895	263.542	2 550	111 565	90 364	277.354
1 080	39 223	30 243	264.571	2 600	114 273	92 656	278.407
1 120	40 923	31 611	265.833	2 650	116 991	94 958	279.441
1 160	42 642	32 997	267.081	2 700	119 717	97 269	280.462
1 200	44 380	34 403	268.301	2 750	122 453	99 588	281.464
1 240	46 137	35 827	269.500	2 800	125 198	101 971	282.453
1 280	47 912	37 270	270.679	2 850	127 962	104 256	283.429
1 320	49 707	38 732	271.839	2 900	130 717	106 205	284.390
1 360	51 521	40 213	272.978	2 950	133 486	108 959	285.338
1 400	53 351	41 711	274.098	3 000	136 264	111 321	286.273

附表 10　氨(NH_3)的饱和性质(温度基准)

t	p_s	v''	v'	h''	h'	s''	s'
℃	kPa	$m^3/kg\times10^{-3}$		kJ/kg		kJ/(kg·K)	
-60.00	21.99	3 685.08	1.401 0	1 373.19	-69.533 0	6.659 2	-0.109 09
-55.00	30.29	3 474.22	1.412 6	1 382.01	-47.506 2	6.545 4	-0.007 17
-50.00	41.03	2 616.51	1.424 5	1 390.64	-25.434 2	6.438 2	0.092 64
-45.00	54.74	1 998.91	1.436 7	1 399.07	-3.302 0	6.336 9	0.190 49
-40.00	72.01	1 547.36	1.449 3	1 407.26	18.902 4	6.241 0	0.286 51
-35.00	93.49	1 212.49	1.462 3	1 415.20	41.188 3	6.150 1	0.380 82
-30.00	119.90	960.867	1.475 7	1 422.86	63.562 9	6.063 6	0.473 51
-28.00	132.02	878.100	1.481 1	1 425.84	72.538 7	6.030 2	0.510 15
-26.00	145.11	803.761	1.486 7	1 428.76	81.530 0	5.997 4	0.546 55
-24.00	159.22	736.868	1.492 3	1 431.64	90.537 0	5.965 2	0.582 72
-22.00	174.41	676.570	1.498 0	1 434.46	99.560 0	5.933 6	0.618 65
-20.00	190.74	622.122	1.503 7	1 432.23	108.599	5.902 5	0.654 36
-18.00	208.26	572.875	1.509 6	1 439.94	117.656	5.872 0	0.698 84
-16.00	227.04	528.257	1.515 5	1 442.60	126.729	5.842 0	0.725 11
-14.00	247.14	487.769	1.521 5	1 445.20	135.820	5.812 5	0.760 16
-12.00	268.63	450.971	1.527 6	1 447.74	144.929	5.783 5	0.795 01
-10.00	291.57	417.477	1.533 8	1 450.22	154.056	5.755 0	0.829 65
-9.00	303.60	401.860	1.536 9	1 451.44	158.628	5.740 9	0.846 90
-8.00	316.02	386.944	1.540 0	1 452.64	163.204	5.726 9	0.864 10
-7.00	328.84	372.692	1.543 2	1 453.83	167.785	5.713 1	0.881 25
-6.00	342.07	359.071	1.546 4	1 455.00	172.371	5.699 3	0.898 35
-5.00	355.71	346.046	1.549 6	1 456.15	176.962	5.685 6	0.915 41
-4.00	369.77	333.589	1.552 8	1 457.29	181.559	5.672 1	0.932 42
-3.00	384.26	321.670	1.556 1	1 458.42	186.161	5.658 6	0.649 38
-2.00	399.20	310.263	1.559 4	1 459.53	190.768	5.645 3	0.966 30
-1.00	414.58	299.340	1.562 7	1 460.62	195.381	5.632 0	0.983 17
0	430.43	288.880	1.566 0	1 461.70	200.000	5.618 9	1.000 00
1.00	446.74	278.858	1.569 4	1 462.76	204.625	5.605 8	1.016 79
2.00	463.53	269.253	1.572 7	1 463.80	209.256	5.592 9	1.033 54
3.00	480.81	260.046	1.576 2	1 464.83	213.892	5.580 0	1.050 24
4.00	498.59	251.216	1.579 6	1 465.84	218.535	5.567 2	1.066 91
5.00	516.87	242.745	1.583 1	1 466.84	223.185	5.554 5	1.083 53
6.00	535.67	234.618	1.586 6	1 467.82	227.841	5.541 9	1.100 12
7.00	555.00	226.817	1.590 1	1 468.78	232.503	5.529 4	1.116 67
8.00	574.87	219.326	1.593 6	1 469.72	237.172	5.517 0	1.133 17
9.00	595.28	212.132	1.597 2	1 470.64	241.848	5.504 6	1.149 64
10.00	616.25	205.221	1.600 8	1 471.57	246.531	5.492 4	1.166 07

续表

t	p_s	v''	v'	h''	h'	s''	s'
℃	kPa	$m^3/kg\times10^{-3}$		kJ/kg		kJ/(kg · K)	
11.00	637.78	198.580	1.604 5	1 472.46	251.221	5.480 2	1.182 46
12.00	659.89	192.196	1.608 1	1 473.34	255.918	5.468 1	1.198 82
13.00	682.59	186.058	1.611 8	1 474.2	260.622	5.456 1	1.215 15
14.00	705.88	180.154	1.615 6	1 475.05	265.334	5.444 1	1.231 44
15.00	729.79	174.475	1.619 3	1 475.88	270.053	5.432 2	1.247 69
16.00	754.31	169.009	1.623 1	1 476.69	274.779	5.420 4	1.263 91
17.00	779.46	163.748	1.626 9	1 477.48	279.513	5.408 7	1.280 10
18.00	805.25	158.683	1.630 8	1 478.25	284.255	5.397 1	1.296 26
19.00	831.69	153.804	1.634 7	1 479.01	289.005	5.385 5	1.312 38
20.00	858.79	149.106	1.638 6	1 479.75	293.762	5.374 0	1.328 47
21.00	880.57	144.578	1.642 6	1 480.48	298.527	5.362 6	1.244 52
22.00	915.03	140.214	1.646 6	1 481.18	303.300	5.351 2	1.360 55
23.00	944.18	136.006	1.650 7	1 481.87	308.081	5.339 9	1.376 54
24.00	974.03	131.950	1.654 7	1 482.53	312.870	5.328 6	1.392 50
25.00	1 004.6	128.037	1.658 8	1 483.18	317.067	5.317 5	1.408 43
26.00	1 035.9	124.261	1.663	1 483.81	322.471	5.306 3	1.424 33
27.00	1 068	120.619	1.667 2	1 484.42	327.284	5.295 3	1.440 20
28.00	1 100.7	117.103	1.671 4	1 485.01	332.104	5.284 3	1.456 04
29.00	1 134.3	113.708	1.675 7	1 485.59	336.933	5.273 3	1.471 85
30.00	1 168.6	110.430	1.680 0	1 486.14	341.769	5.262 4	1.487 62
31.00	1 203.7	107.263	1.684 4	1 486.67	346.614	5.251 6	1.503 37
32.00	1 239.6	104.205	1.688 8	1 487.18	351.466	5.240 8	1.519 08
33.00	1 276.3	101.248	1.693 2	1 487.66	356.326	5.230 0	1.534 77
34.00	1 313.9	98.391 3	1.697 7	1 488.13	361.195	5.219 3	1.550 42
35.00	1 352.2	93.629 0	1.702 3	1 488.57	366.072	5.208 6	1.566 05
36.00	1 391.5	92.957 9	1.706 9	1 488.99	370.957	5.198 0	1.581 65
37.00	1 431.5	90.374 3	1.711 5	1 489.39	375.851	5.187 4	1.597 22
38.00	1 472.4	87.874 8	1.716 2	1 489.76	380.754	5.176 8	1.612 76
39.00	1 514.3	85.456 1	1.720 9	1 490.10	385.666	5.166 3	1.628 28
40.00	1 557.0	83.115 0	1.725 7	1 490.42	390.587	5.155 8	1.643 77
41.00	1 600.6	80.848 4	1.730 5	1 490.71	395.519	5.145 3	1.659 24
42.00	1 645.1	78.653 6	1.735 4	1 490.98	400.462	5.134 9	1.674 70
43.00	1 690.6	76.527 6	1.740 4	1 491.21	405.416	5.124 4	1.690 13
44.00	1 737.0	74.467 8	1.745 4	1 491.41	410.362	5.114 0	1.705 54
45.00	1 784.3	72.471 6	1.750 4	1 491.58	415.362	5.103 6	1.720 95
46.00	1 832.6	70.536 5	1.755 5	1 491.72	420.358	5.091 2	1.736 35
47.00	1 881.9	68.060 2	1.760 7	1 491.83	425.369	5.082 7	1.751 74

续表

t	p_s	v''	v'	h''	h'	s''	s'
℃	kPa	$m^3/kg\times10^{-3}$		kJ/kg		kJ/(kg·K)	
48.00	1 932.2	66.540 3	1.765 9	1 491.98	430.399	5.072 3	1.767 14
49.00	1 983.3	63.074 6	1.771 0	1 491.91	435.450	5.061 8	1.783 54
50.00	2 035.9	61.360 8	1.776 6	1 491.89	440.523	5.051 4	1.797 98
51.00	2 089.1	61.697 1	1.782 0	1 491.83	445.623	5.040 9	1.813 43
53.00	2 199.1	58.511 4	1.793 1	1 491.58	455.913	5.019 8	1.844 45
55.00	2 312.2	55.501 4	1.804 4	1 491.12	466.353	4.998 3	1.875 71

附表 11　HFO1234yf 过热蒸气热力性质

$p=0.05$ MPa($t_s=-40.64$ ℃)				$p=0.10$ MPa($t_s=-26.45$ ℃)		
t	v	h	s	v	h	s
℃	m^3/kg	kJ/kg	kJ/(kg·K)	m^3/kg	kJ/kg	kJ/(kg·K)
-20.0	0.404 77	388.69	1.828 2	0.193 79	383.10	1.751 0
-10.0	0.421 95	396.49	1.858 4	0.207 42	395.08	1.797 5
0.0	0.438 98	404.43	1.888 0	0.216 33	403.20	1.828 2
10.0	0.455 86	412.53	1.917 1	0.225 08	411.44	1.857 8
20.0	0.472 73	420.79	1.945 8	0.233 79	419.81	1.886 8
30.0	0.489 45	429.21	1.974 0	0.242 42	428.32	1.915 4
40.0	0.506 17	437.79	2.001 9	0.250 94	436.98	1.943 5
50.0	0.522 81	446.53	2.029 4	0.259 45	445.79	1.971 2
60.0	0.539 45	455.43	2.056 5	0.267 93	454.76	1.998 5
70.0	0.556 02	464.50	2.083 3	0.276 37	463.88	2.025 5
80.0	0.572 58	473.73	2.109 8	0.284 77	473.15	2.052 1
90.0	0.589 06	483.12	2.136 0	0.293 13	482.58	2.078 4
$p=0.15$ MPa($t_s=-17.20$ ℃)				$p=0.20$ MPa($t_s=-10.14$ ℃)		
t	v	h	s	v	h	s
℃	m^3/kg	kJ/kg	kJ/(kg·K)	m^3/kg	kJ/kg	kJ/(kg·K)
-10.0	0.135 84	393.63	1.760 7	0.099 98	392.14	1.732 9
0.0	0.142 03	401.93	1.791 6	0.104 86	400.63	1.764 6
10.0	0.148 13	410.32	1.821 8	0.109 61	409.17	1.795 3
20.0	0.154 10	418.81	1.851 2	0.114 26	417.79	1.825 2
30.0	0.160 02	427.42	1.880 1	0.118 81	426.51	1.854 5
40.0	0.165 86	436.17	1.908 5	0.123 32	435.34	1.883 1
50.0	0.171 68	445.05	1.936 5	0.127 75	444.30	1.911 3
60.0	0.177 42	454.08	1.964 0	0.132 15	453.39	1.939 0
70.0	0.183 13	463.25	1.991 1	0.136 52	462.62	1.966 3
80.0	0.188 83	472.57	2.017 9	0.140 86	471.98	1.993 2

续表

90.0	0.194 49	482.04	2.044 3	0.145 16	481.50	2.019 7
100.0	0.200 16	491.66	2.070 4	0.149 45	491.15	2.046 0
$p=0.25$ MPa($t_s=-4.35$ ℃)				$p=0.30$ MPa($t_s=0.63$ ℃)		
t	v	h	s	v	h	s
℃	m³/kg	kJ/kg	kJ/(kg·K)	m³/kg	kJ/kg	kJ/(kg·K)
0.0	0.082 53	399.30	1.742 7			
10.0	0.086 47	408.00	1.774 0	0.071 03	406.81	1.756 0
20.0	0.000 31	416.76	1.804 4	0.074 34	415.70	1.786 8
30.0	0.094 06	425.58	1.834 0	0.077 56	424.64	1.816 8
40.0	0.097 77	434.51	1.863 0	0.080 72	433.66	1.846 1
50.0	0.101 41	443.54	1.891 4	0.083 81	442.77	1.874 7
60.0	0.104 98	452.69	1.919 2	0.086 88	451.99	1.902 8
70.0	0.108 54	461.98	1.946 7	0.089 89	461.33	1.930 5
80.0	0.112 07	471.39	1.973 8	0.092 88	470.80	1.957 6
90.0	0.115 57	480.95	2.000 4	0.005 83	480.40	1.984 4
100.0	0.119 04	490.64	2.026 8	0.098 75	490.13	2.010 9
110.0	0.122 50	500.48	2.052 8	0.101 68	500.00	2.037 0
$p=0.40$ MPa($t_s=8.93$ ℃)				$p=0.50$ MPa($t_s=15.72$ ℃)		
t	v	h	s	v	h	s
℃	m³/kg	kJ/kg	kJ/(kg·K)	m³/kg	kJ/kg	kJ/(kg·K)
20.0	0.054 33	413.51	1.757 8	0.042 27	411.22	1.733 6
30.0	0.056 89	422.70	1.788 6	0.044 45	420.68	1.765 3
40.0	0.059 39	431.92	1.818 5	0.046 56	430.12	1.796 0
50.0	0.061 03	441.20	1.047 7	0.048 60	439.58	1.825 7
60.0	0.064 20	450.56	1.876 2	0.050 59	449.09	1.854 7
70.0	0.066 55	460.02	1.904 2	0.052 53	458.68	1.883 0
80.0	0.068 86	469.59	1.931 6	0.054 44	468.36	1.910 8
90.0	0.071 14	479.28	1.958 7	0.050 32	478.14	1.938 2
100.0	0.073 41	489.09	1.985 4	0.058 17	488.04	1.965 1
110.0	0.075 64	499.03	2.011 7	0.060 00	498.05	1.991 5
120.0	0.077 86	509.11	2.037 6	0.061 83	508.19	2.017 7
130.0	0.080 06	519.31	2.063 2	0.063 63	518.46	2.043 5
$p=0.60$ MPa($t_s=21.55$ ℃)				$p=0.70$ MPa($t_s=26.72$ ℃)		
t	v	h	s	v	h	s
℃	m³/kg	kJ/kg	kJ/(kg·K)	m³/kg	kJ/kg	kJ/(kg·K)
30.0	0.036 13	418.58	1.745 2	0.030 13	416.37	1.727 0

续表

40.0	0.037 98	428.26	1.776 6	0.031 83	426.32	1.759 3
50.0	0.039 77	437.91	1.807 0	0.033 44	436.19	1.790 4
60.0	0.041 49	447.58	1.836 4	0.034 98	446.04	1.820 4
70.0	0.043 17	457.31	1.865 2	0.036 48	455.91	1.849 6
80.0	0.044 82	467.10	1.893 3	0.037 94	465.82	1.878 0
90.0	0.046 44	476.90	1.920 9	0.039 36	475.81	1.905 9
100.0	0.048 02	486.97	1.948 0	0.040 76	485.89	1.933 3
110.0	0.049 59	497.06	1.974 7	0.042 13	496.06	1.960 2
120.0	0.051 13	507.27	2.001 0	0.043 48	506.33	1.986 7
130.0	0.052 66	517.59	2.027 0	0.044 83	516.72	2.012 8
140.0	0.054 17	528.04	2.052 6	0.046 15	527.23	2.038 5
	$p=0.80$ MPa($t_s=31.32$ ℃)			$p=0.90$ MPa($t_s=35.50$ ℃)		
t	v	h	s	v	h	s
℃	m^3/kg	kJ/kg	kJ/(kg · K)	m^3/kg	kJ/kg	kJ/(kg · K)
40.0	0.027 18	424.31	1.743 5	0.023 55	422.19	1.728 7
50.0	0.028 67	434.41	1.775 3	0.024 94	432.57	1.761 3
60.0	0.030 09	444.45	1.805 9	0.026 26	442.81	1.792 5
70.0	0.031 45	454.47	1.835 5	0.027 52	453.00	1.822 7
80.0	0.032 77	464. 52	1.864 4	0.028 74	463.10	1.851 9
90.0	0.034 06	474.62	1.892 6	0.029 92	473.40	1.880 4
100.0	0.035 31	484. 79	1.920 2	0.031 06	483.67	1.908 3
110.0	0.036 54	495.04	1.947 3	0.032 19	494.01	1.937 5
120.0	0.037 75	505.39	1.974 0	0.033 29	504.43	1.962 5
130.0	0.038 95	515.84	2.000 2	0.034 38	514.05	1.988 9
140.0	0.040 13	526.40	2.026 1	0.035 44	525.57	2.015 0
	$p=1.0$ MPa($t_s=39.49$ ℃)			$p=1.1$ MPa($t_s=42.99$ ℃)		
t	v	h	s	v	h	s
℃	m^3/kg	kJ/kg	kJ/(kg · K)	m^3/kg	kJ/kg	kJ/(kg · K)
40.0	0.020 61	419.97	1.714 5			
50.0	0.021 94	430.64	1.748 1	0.019 47	428.64	1.735 5
60.0	0.023 19	441.12	1.780 0	0.020 66	439.37	1.768 2
70.0	0.024 37	451.49	1.810 7	0.021 78	449.93	1.799 4
80.0	0.025 51	461.82	1.840 4	0.022 85	460.42	1.829 6
90.0	0.026 60	472.16	1.869 2	0.023 88	470.89	1.858 8
100.0	0.027 66	482.53	1.897 4	0.024 88	481.37	1.887 3
110.0	0.028 70	492.96	1.925 0	0.025 84	491.89	1.915 1

续表

120.0	0.029 71	503.46	1.952 0	0.026 79	502.48	1.942 4
130.0	0.030 71	514.05	1. 978 7	0.027 71	513.14	1.969 2
140.0	0.031 69	524.73	2.004 8	0.028 62	523.88	1.995 5
150.0	0.032 65	535.52	2.030 6	0.029 51	534.72	2.021 4
	$p = 1.2$ MPa($t_s = 46.31$ ℃)			$p = 1.3$ MPa($t_s = 49.44$ ℃)		
t	v	h	s	v	h	s
℃	m^3/kg	kJ/kg	kJ/(kg · K)	m^3/kg	kJ/kg	kJ/(kg · K)
50.0	0.017 39	426.53	1.723 3	0.015 59	424.30	1.711 3
60.0	0.018 54	437.55	1.756 9	0.016 73	435.65	1.745 9
70.0	0.019 62	448.33	1.788 8	0.017 78	446.68	1.778 5
80.0	0.020 64	458.99	1.819 4	0.018 75	457.52	1.809 6
90.0	0.021 61	469.60	1.849 0	0.019 68	468.28	1.839 7
100.0	0.022 55	480.19	1.877 8	0.020 57	478.99	1.866 8
110.0	0.023 46	490.81	1.905 9	0.021 44	489.72	1.897 2
120.0	0.024 34	501.48	1. 933 4	0.022 27	500.47	1.924 9
130.0	0.025 21	512.21	1.960 3	0.023 09	511.28	1.952 0
140.0	0.026 06	523.02	1.986 8	0.023 88	522.16	1.978 7
150.0	0.026 89	533.02	2.012 9	0.024 67	533.12	2.004 9
	$p = 1.4$ MPa($t_s = 52.48$ ℃)			$p = 1.5$ MPa($t_s = 55.23$ ℃)		
t	v	h	s	v	h	s
℃	m^3/kg	kJ/kg	kJ/(kg · K)	m^3/kg	kJ/kg	kJ/(kg · K)
60.0	0.015 16	433.66	1.7351	0.013 79	431.57	1.724 5
70.0	0.016 18	444.96	1.768 5	0.014 79	442.17	1.758 8
80.0	0.017 13	456.01	1.800 3	0.015 72	454.45	1.791 2
90.0	0.018 02	466.92	1.830 8	0.016 58	465.54	1.822 2
100.0	0.018 88	477.77	1.860 2	0.017 41	476.52	1.852 0
110.0	0.019 70	488.60	1.888 9	0.018 19	487.47	1.881 0
120.0	0.020 50	499.45	1.916 8	0.018 95	498.41	1.909 2
130.0	0.021 27	510.34	1.944 2	0.019 69	509.38	1.936 7
140.0	0.022 02	521.28	1.971 0	0.020 41	520.40	1.963 7
150.0	0.022 76	532.30	1.997 3	0.021 11	531.48	1.990 2
	$p = 1.6$ MPa($t_s = 57.94$ ℃)			$p = 1.7$ MPa($t_s = 60.45$ ℃)		
t	v	h	s	v	h	s
℃	m^3/kg	kJ/kg	kJ/(kg · K)	m^3/kg	kJ/kg	kJ/(kg · K)
60.0	0.012 56	429.36	1.713 9			
70.0	0.013 56	441.32	1.749 3	0.012 47	439.37	1.739 8

续表

80.0	0.014 47	452.84	1.782 4	0.013 36	451.17	1.773 8
90.0	0.015 32	464.11	1.813 9	0.014 19	462.65	1.805 8
100.0	0.016 11	475.25	1.844 1	0.014 97	473.94	1.836 5
110.0	0.016 87	486.31	1.873 4	0.015 70	485.14	1.866 1
120.0	0.017 60	497.36	1.901 8	0.016 41	496.29	1.894 8
130.0	0.018 31	508.41	1.929 6	0.017 09	507.43	1.922 8
140.0	0.019 00	519.50	1.956 8	0.017 75	518.60	1.950 2
150.0	0.010 60	530.65	1.983 4	0.018 39	529.81	1.977 0
	$p=2.0$ MPa($t_s=67.57$ ℃)			$p=3.0$ MPa($t_s=86.26$ ℃)		
t	v	h	s	v	h	s
℃	m^3/kg	kJ/kg	kJ/(kg · K)	m^3/kg	kJ/kg	kJ/(kg · K)
70.0	0.009 75	432.85	1.711 2			
80.0	0.010 65	445.76	1.748 3			
90.0	0.011 46	457.99	1.782 4	0.005 85	436.84	1.701 1
100.0	0.012 19	469.84	1.814 6	0.006 69	452.92	1.744 8
110.0	0.012 88	481.47	1.845 4	0.007 37	467.11	1.782 4
120.0	0.013 52	492.97	1.875 0	0.007 96	480.41	1.816 6
130.0	0.014 15	504.40	1.903 7	0.008 50	493.22	1.048 8
140.0	0.014 74	615.82	1.931 7	0.008 99	505.72	1.879 4
150.0	0.015 32	527.24	1.959 0	0.009 46	518.04	1.908 9
	$p=4.0$ MPa($t_s=100.35$ ℃)			$p=5.0$ MPa		
t	v	h	s	v	h	s
℃	m^3/kg	kJ/kg	kJ/(kg · K)	m^3/kg	kJ/kg	kJ/(kg · K)
60.0				0.000 92	285.68	1.270 0
70.0				0.000 96	301.31	1.316 3
80.0				0.001 00	317.85	1.363 8
90.0				0.001 08	335.94	1.414 3
100.0				0.001 22	357.51	1.472 8
110.0	0.004 24	445.56	1.711 2	0.001 71	394.74	1.571 1
120.0	0.004 98	463.93	1.758 6	0.002 89	437.91	1.682 5
130.0	0.005 54	479.52	1.797 7	0.003 63	461.41	1.741 6
140.0	0.006 03	403.90	1.833 0	0.004 17	479.51	1.785 9
150.0	0.006 47	507.59	1.865 7	0.004 02	495.48	1.824 1
160.0	0.006 87	520.87	1.896 7	0.005 02	510.34	1.858 8
170.0	0.007 25	533.88	1.926 4	0.005 37	524.53	1.891 2

附表 12　HFO1234yf 的饱和性质(温度基准)

t	p_s	v''	v'	h''	h'	s''	s'
℃	kPa	$m^3/kg\times10^{-3}$		kJ/kg		kJ/(kg · K)	
-85.00	2.56	5 890.907	0.648 4	345.37	94.12	1.870 2	0.534 8
-80.00	3.87	4 045.366	0.655 01	348.41	99.89	1.853 5	0.566 8
-75.00	5.72	2 816.477	0.661 06	351.48	105.68	1.837 9	0.597 4
-70.00	8.27	2 004.070	0.667 19	354.57	111.46	1.823 9	0.627 2
-65.00	11.72	1 442.296	0.673 27	357.68	117.38	1.810 7	0.656 2
-60.00	16.29	1 055.363	0.679 47	360.81	123.37	1.798 7	0.684 7
-55.00	22.24	785.161	0.685 83	363.95	129.42	1.787 8	0.712 7
-50.00	29.90	593.412	0.692 38	367.10	135.54	1.778 2	0.740 5
-45.00	39.58	454.926	0.699 16	370.25	141.72	1.769 5	0.767 8
-40.00	51.69	353.529	0.706 19	373.40	147.96	1.761 8	0.794 9
-35.00	66.63	278.087	0.713 48	376.54	154.26	1.754 9	0.821 6
-30.00	84.85	221.302	0.721 05	379.67	160.62	1.748 8	0.847 9
-25.00	106.86	177.937	0.728 92	382.79	167.04	1.743 4	0.874 0
-20.00	133.18	144.450	0.737 12	385.89	173.52	1.738 7	0.899 7
-15.00	164.36	118.481	0.745 72	388.97	180.04	1.734 6	0.925 3
-10.00	201.00	97.832	0.754 63	392.01	186.63	1.730 9	0.950 4
-5.00	243.71	81.304	0.763 88	395.01	193.29	1.727 6	0.975 3
0.00	293.14	68.164	0.773 65	397.98	200.00	1.724 8	1.000 0
5.00	349.96	57.470	0.783 84	400.90	206.78	1.722 3	1.024 4
10.00	414.88	48.721	0.794 53	403.76	213.63	1.720 1	1.048 6
15.00	488.60	41.532	0.805 77	406.57	220.55	1.718 2	1.072 7
20.00	571.88	35.576	0.817 62	409.30	227.55	1.716 5	1.096 5
25.00	665.49	30.603	0.830 17	411.96	234.63	1.714 9	1.120 2
30.00	770.21	26.424	0.843 47	414.52	241.80	1.713 5	1.143 7
35.00	886.87	22.899	0.857 68	416.99	249.07	1.712 1	1.167 2
40.00	1 016.32	10.803	0.872 84	419.34	256.44	1.710 8	1.190 6
45.00	1 159.45	17.320	0.889 19	421.55	263.94	1.709 3	1.213 9
50.00	1 317.19	15.112	0.906 94	423.62	271.57	1.707 8	1.237 3
55.00	1 490.52	13.203	0.926 34	425.51	279.36	1.706 1	1.260 7
60.00	1 680.47	11.538	0.947 75	427.18	287.33	1.704 1	1.284 2
65.00	1 888.17	10.080	0.971 75	428.61	295.51	1.701 6	1.308 0
70.00	2 114.81	8.788	0.999 02	429.70	303.94	1.698 6	1.332 1
75.00	2 361.75	7.638	1.030 73	430.38	312.71	1.694 8	1.356 8
80.00	2 630.48	6.601	1.068 69	430.53	321.92	1.689 8	1.382 2
85.00	2 922.80	5.647	1.116 21	429.86	331.74	1.682 9	1.408 9
90.00	3 240.89	4.751	1.180 24	427.99	342.54	1.673 2	1.437 9
95.00	3 587.80	3.851	1.279 26	423.70	355.23	1.657 4	1.471 4

续表

t	p_s	v''	v'	h''	h'	s''	s'
℃	kPa	$m^3/kg \times 10^{-3}$		kJ/kg		kJ/(kg·K)	
100.00	3 969.25	2.779	1.534 10	412.19	395.04	1.623 0	1.523 4
101.00	4 051.31	2.382	1.968 10	404.50	392.88	1.601 8	1.570 7
101.15	4 064.00	1.969	1.968 50	393.07	393.07	1.571 2	1.571 2

附表 13　HFO1234yf 的饱和性质(压力基准)

p_s	t	v''	v'	h''	h'	s''	s'
kPa	℃	$m^3/kg \times 10^{-3}$		kJ/kg		kJ/(kg·K)	
10.00	-67.32	1 676.284	0.670 44	356.24	114.63	1.816 6	0.642 8
20.00	-56.94	868.908	0.683 59	362.86	127.30	1.791 5	0.703 0
30.00	-49.94	591.338	0.692 47	367.14	135.62	1.778 0	0.740 8
40.00	-44.81	450.539	0.699 42	370.37	141.95	1.769 2	0.768 8
50.00	-40.64	364.782	0.705 27	373.00	147.16	1.762 7	0.791 4
60.00	-37.08	306.836	0.710 41	375.24	151.64	1.757 7	0.810 5
80.00	-31.25	234.033	0.719 13	378.90	159.04	1.750 3	0.841 4
100.00	-26.45	189.737	0.726 67	381.89	165.15	1.745 1	0.866 5
120.00	-22.37	159.324	0.733 19	384.42	170.43	1.740 9	0.887 5
140.00	-18.82	137.972	0.739 20	386.63	175.04	1.737 8	0.905 9
160.00	-15.64	121.490	0.744 61	388.58	179.20	1.735 1	0.922 0
180.00	-12.79	108.637	0.749 55	390.31	182.95	1.732 8	0.936 4
200.00	-10.14	98.326	0.754 38	391.93	186.45	1.7310	0.949 7
250.00	-4.35	79.485	0.765 17	395.41	194.16	1.727 3	0.978 6
300.00	0.63	66.694	0.774 92	398.36	200.85	1.724 5	1.003 1
350.00	5.00	57.477	0.783 83	400.90	206.77	1.722 3	1.024 4
400.00	8.93	50.444	0.792 20	403.16	212.16	1.720 6	1.043 5
450.00	12.44	45.016	0.799 92	405.14	217.00	1.719 1	1.060 4
500.00	15.72	40.612	0.807 44	406.96	221.55	1.718 0	1.076 1
550.00	18.75	36.955	0.814 61	408.62	225.79	1.716 9	1.090 6
600.00	21.55	33.870	0.821 29	410.11	229.74	1.715 8	1.103 8
650.00	24.21	31.327	0.828 13	411.54	233.50	1.715 2	1.116 4
700.00	26.72	29.081	0.834 65	412.85	237.09	1.714 4	1.128 3
800.00	31.32	25.428	0.847 14	415.18	243.71	1.713 1	1.150 0
900.00	35.50	22.569	0.859 11	417.22	249.80	1.712 0	1.169 5
1 000.00	39.39	20.228	0.870 91	419.05	255.53	1.710 9	1.187 7
1 200.00	46.31	16.708	0.893 71	422.11	265.93	1.708 9	1.220 1
1 400.00	52.48	14.130	0.916 33	424.58	275.42	1.706 9	1.248 9
1 600.00	57.94	12.198	0.938 64	426.52	284.01	1.704 9	1.274 5

续表

p_s	t	v''	v'	h''	h'	s''	s'
kPa	℃	$m^3/kg\times10^{-3}$		kJ/kg		kJ/(kg·K)	
1 800.00	62.92	10.664	0.961 40	428.04	292.07	1.702 7	1.298 1
2 000.00	67.56	9.398	0.985 26	429.21	299.80	1.700 2	1.320 3
2 200.00	71.74	8.375	1.009 48	429.99	306.95	1.697 4	1.340 6
2 400.00	75.72	7.482	1.035 76	430.45	314.01	1.694 1	1.360 4
2 600.00	79.42	6.714	1.063 91	430.54	320.83	1.690 4	1.379 2
2 800.00	82.93	6.036	1.095 10	430.28	327.59	1.686 1	1.397 7
3 000.00	86.25	5.421	1.130 32	429.55	334.34	1.680 9	1.415 9
3 200.00	89.39	4.860	1.171 07	428.32	341.14	1.674 6	1.434 2
3 400.00	92.33	4.340	1.219 92	426.45	348.12	1.667 0	1.452 7
4 064.00	101.15	1.969	1.968 50	393.07	393.07	1.571 2	1.571 2

附表 14 各种单位的换算关系

(1) 压力单位换算

单位	帕(Pa)	巴(bar)	标准大气压(atm)	工程大气压(kgf/cm^2)	毫米汞柱(mmHg)[托(Torr)]	毫米水柱(mmH_2O)
Pa	1	1×10^{-5}	$9.869\ 23\times10^{-6}$	$1.019\ 72\times10^{-5}$	$7.500\ 62\times10^{-3}$	$1.019\ 72\times10^{-1}$
bar	1×10^{5}	1	$9.869\ 26\times10^{-1}$	1.019 72	$7.500\ 62\times10^{2}$	$1.019\ 72\times10^{4}$
atm	$1.013\ 25\times10^{5}$	1.013 25	1	1.033 23	760	$1.033\ 23\times10^{4}$
at(kgf/cm^2)	$9.806\ 55\times10^{4}$	$9.806\ 65\times10^{-1}$	$9.678\ 41\times10^{-1}$	1	735.559	1×10^{4}
mmHg(Torr)	133.322	133.322×10^{-5}	$1.315\ 79\times10^{-3}$	$1.359\ 51\times10^{-3}$	1	13.595 1
mmH_2O	9.806 65	$9.806\ 65\times10^{-5}$	$9.678\ 41\times10^{-5}$	1×10^{-4}	735.559×10^{-4}	1

(2) 功、热量和能量单位换算

单位	千焦(kJ)	千瓦时(kW·h)	大卡(kcal)	马力·时(hp·h)	千克力·米(kgf·m)
kJ	1	$2.777\ 78\times10^{-4}$	$2.388\ 46\times10^{-1}$	$3.776\ 726\times10^{-4}$	$1.019\ 72\times10^{2}$
kW·h	3 600	1	859.845	1.359 621	$3.670\ 98\times10^{5}$
kcal	4.186 8	1.163×10^{-3}	1	$1.581\ 24\times10^{-3}$	426.936
hp·h	$2.647\ 796\times10^{3}$	735.499×10^{-3}	632.415	1	270 000
kgf·m	$9.806\ 65\times10^{-3}$	$2.724\ 069\times10^{-6}$	$2.342\ 28\times10^{-3}$	$3.703\ 704\times10^{-6}$	1

(3) 功率单位换算

单位	千瓦 (kW)	千克力·米/秒 [(kgf·m)/s]	马力 (hp)	大卡/时 (kcal/h)	英尺·磅力/秒 [(ft·lbf)/s]
kW	1	$1.019\,72\times10^{-2}$	1.359 62	859.845	$7.375\,62\times10^{2}$
(kgf·m)/s	$9.806\,65\times10^{-3}$	1	$1.333\,33\times10^{-2}$	8.433 20	7.233 01
hp	735.499×10^{-3}	75	1	632.415	542.476
kcal/h	1.163×10^{-3}	$1.185\,93\times10^{-1}$	$1.581\,24\times10^{-3}$	1	0.857 783
(ft·lbf)/s	$1.355\,82\times10^{-3}$	$1.382\,55\times10^{-1}$	$1.843\,40\times10^{-3}$	1.165 80	1

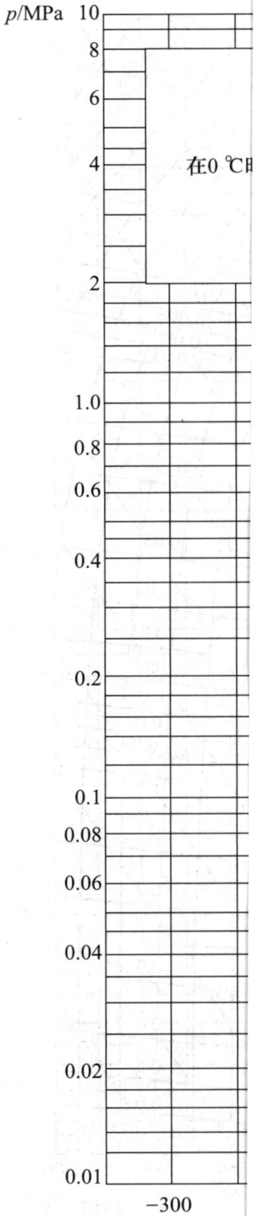

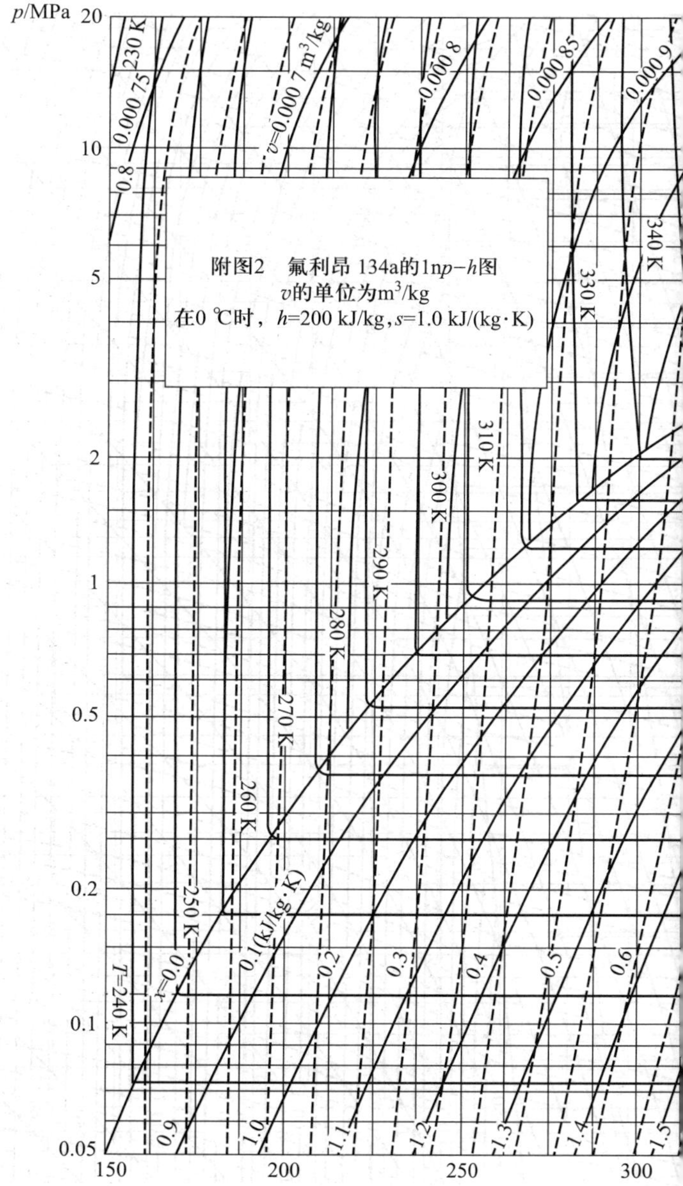

附图2 氟利昂 134a的ln$p$−h图

v的单位为m³/kg

在0 ℃时，h=200 kJ/kg，s=1.0 kJ/(kg·K)

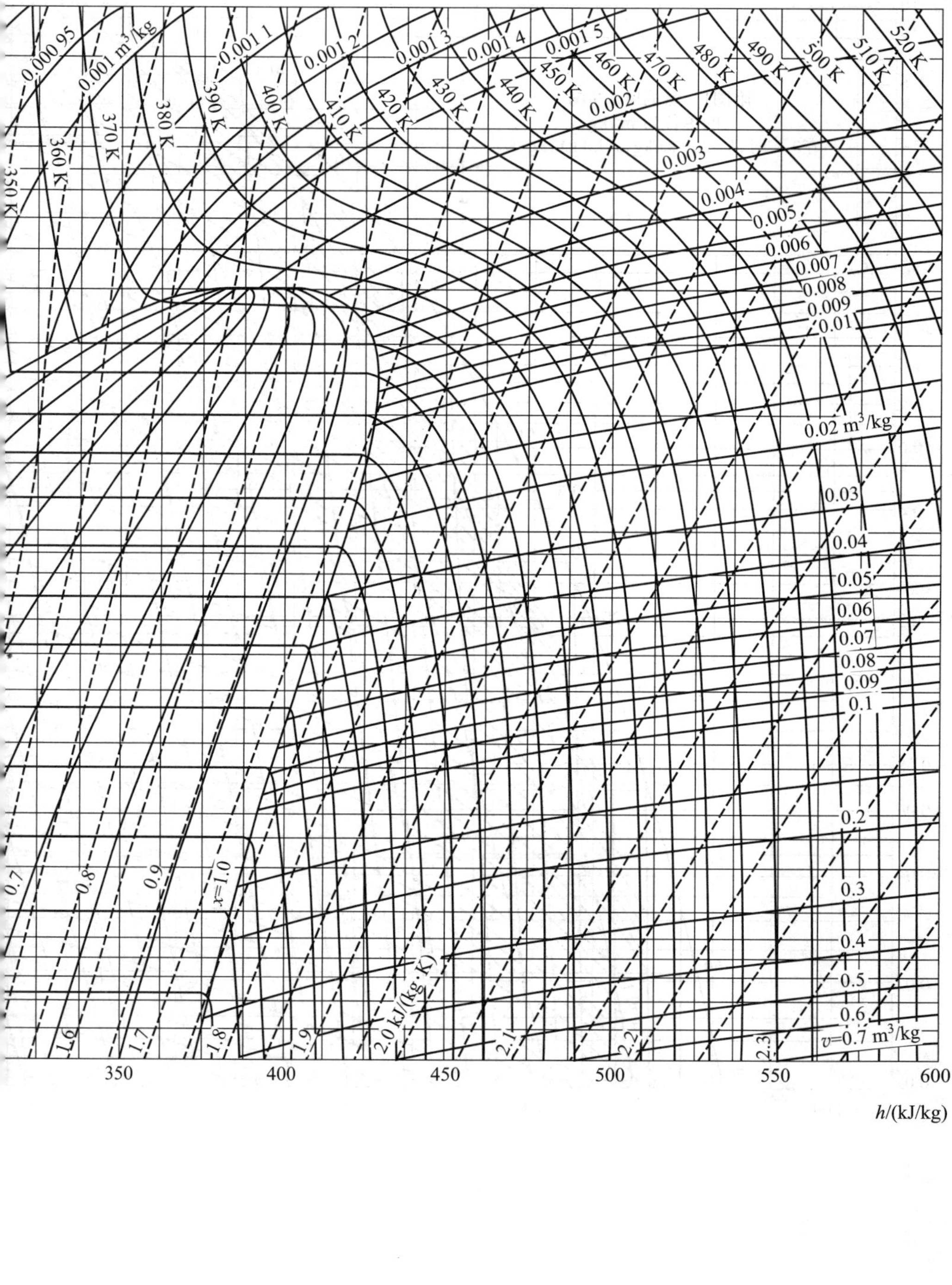

0.000 95
0.001 m³/kg
0.001 1
0.001 2
0.001 3
0.001 4
0.001 5
0.002
0.003
0.004
0.005
0.006
0.007
0.008
0.009
0.01
0.02 m³/kg
0.03
0.04
0.05
0.06
0.07
0.08
0.09
0.1
0.2
0.3
0.4
0.5
0.6
v=0.7 m³/kg
350 K
360 K
370 K
380 K
390 K
400 K
410 K
420 K
430 K
440 K
450 K
460 K
470 K
480 K
490 K
500 K
510 K
520 K
0.7
0.8
0.9
x=1.0
1.6
1.7
1.8
1.9
2.0 kJ/(kg·K)
2.1
2.2
2.3
350
400
450
500
550
600
h/(kJ/kg)

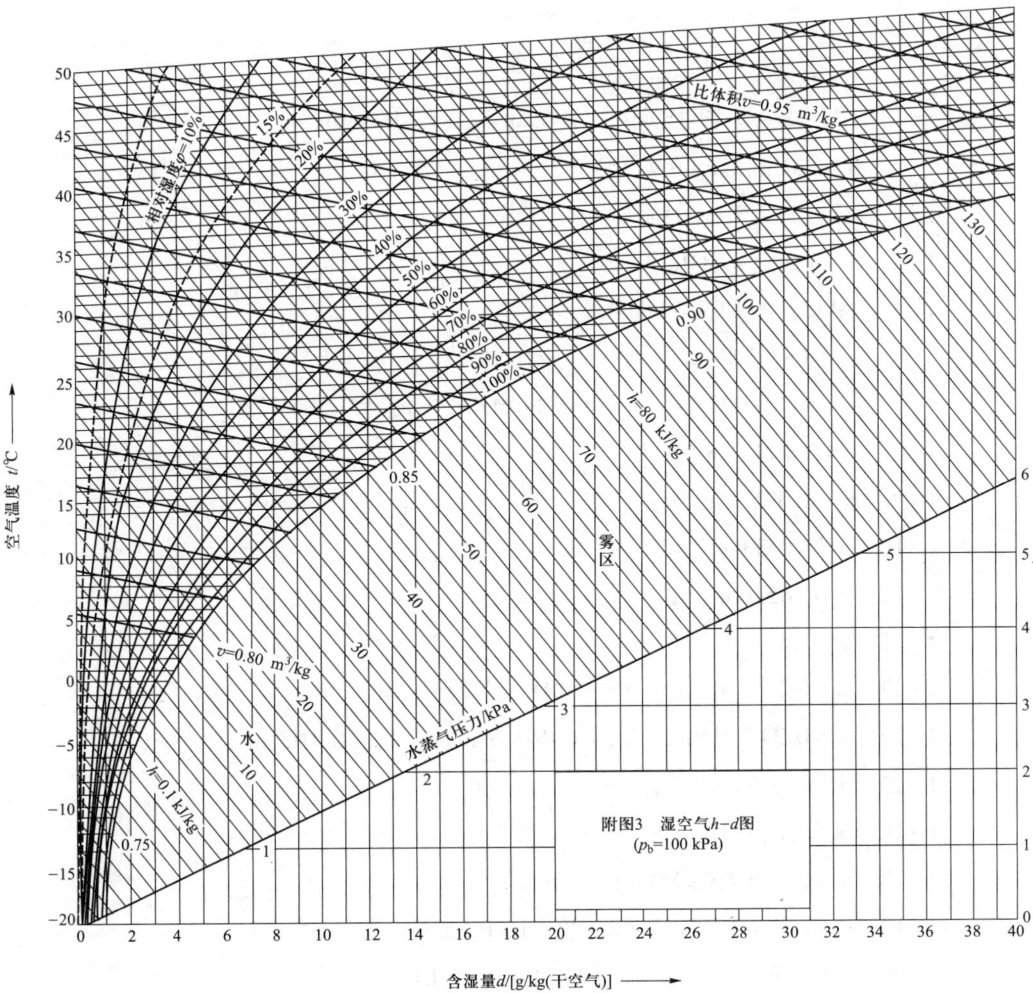

附图3 湿空气h-d图

(p_b=100 kPa)

部分习题答案

第一章

1-1 (1) $\Delta h_w = 10.19$ mm;(2) $\Delta h_{酒精} = 12.92$ mm。

1-2 $p_v = 80$ mmH_2O(4 ℃)。

1-3 $\Delta p = 297.5$ mmHg(0 ℃)。

1-4 $p = 0.392\ 8$ MPa。

1-5 (2) $p = 0.099\ 65$ MPa。

1-6 $p_v = 133.5$ Pa。

1-7 $p_{g,C} = 0.07$ MPa, $p_{\mathrm{I}} = 0.29$ MPa, $p_{\mathrm{II}} = 0.29$ MPa。

1-8 $V = 0.497\ 3\ m^3$。

1-9 $m = 0.095\ 5$ g。

1-10 $V_B = 0.33\ m^3$。

1-11 $\tau = 285$ min。

1-12 $n = 27$。

1-13 $p = 0.222$ MPa, $V = 0.148\ m^3$。

1-14 $p = 0.245$ MPa, $V_A = 0.061\ 3\ m^3$, $V_B = 0.163\ m^3$。

1-15 $W = -7.71 \times 10^3$ J。

1-16 $W = 182$ kJ。

1-18 $w_{1-2} = 94.45$ kJ/kg。

1-19 (1) $W = 17.6$ kJ;(2) $W = 16.6$ kJ。

1-20 (1) $W_{1-2} = 3.75$ kJ;(2) $W = 0.75$ kJ。

1-22 (1) $W = 2\ 050$ J;(2) $W_e = -50$ J。

第二章

2-1 $Q_2 = -9.84 \times 10^5$ kJ。

2-2　(1) $Q_g=-1.392\times10^7$ kJ/h；(2) $Q_w=-1.59\times10^7$ kJ/h。

2-3　$\Delta U=3\ 600$ kJ/h。

2-4　$\Delta U=3.78\times10^5$ kJ/h。

2-5　$\tau_{max}=20.6$ min。

2-6　$W=1\ 420$ J。

2-7　$W_{2-3}=30$ kJ，　$\oint\delta W=15$ kJ。

2-8　$Q_2=2\ 648$ kJ/h。

2-9　$\Delta H_g=-25$ kJ/s。

2-10　$m=3\ 853.5$ kg/h。

2-11　$w_s=90$ kJ/kg。

2-12　$t=26.86$ ℃。

2-13　$\dfrac{Q_p}{Q_V}=\dfrac{c_p}{c_V}$。

2-14　$q_m=19.45$ kg/min。

2-15　$Q=701.7$ J。

2-16　$Q=-10.13$ kJ。

2-17　$Q=18.9$ kJ。

第　三　章

3-1　$q_V=296.4$ kJ/kg。

3-2　$\Delta\%=29.37\%$。

3-3　$t_2=20$ ℃，　$p_2=20$ kPa。

3-4　$w_{1-2}=24.3$ kJ/kg。

3-5　$W_s=-66$ kJ/kg。

3-6　$c_{f2}=245.4$ m/s。

3-7　$\Delta U=4\ 977.1$kJ/mol。

3-8　$\dfrac{q_{800\ ℃\to1\ 020\ ℃}}{q_{300\ ℃\to520\ ℃}}=1.136$。

3-9　$c_{p,m}\Big|_{25\ ℃}^{327\ ℃}=1.051$ kJ/(kg·K)。

3-10　$\Delta S=-0.023\ 28\ kJ/K$。

3-11　（1）$\Delta s=23.52\ J/(mol\cdot K)$；（2）$\Delta s=22.73\ J/(mol\cdot K)$。

3-12　（1）$t_2=147\ ℃$。

3-13　$w=934\ kJ/kg$，　$T=526.5\ K$。

3-14　$t=27\ ℃$。

3-15　$T_2=350.65\ K$。

3-16　（1）$w_{O_2}=0.163\ 2$，　$w_{N_2}=0.760\ 8$，　$w_{CO_2}=0.056$，　$w_{H_2O}=0.02$；

（2）$M=28.8\ g/mol$；

（3）$R_g=288.7\ J/(kg\cdot K)$。

3-17　（1）$p_A=0.093\ 5\ MPa$，　$p_g=0.001\ 52\ MPa$；

（2）$M=30.33\ g/mol$；（3）$R_g=274\ J/(kg\cdot K)$。

3-18　（1）$u=214.7\ kJ/kg$，　$h=300.7\ kJ/kg$；

（2）$c_{V0}=0.721\ kJ/(kg\cdot K)$，　$c_{p0}=1.010\ kJ/(kg\cdot K)$。

3-19　$c_{V0}=0.745\ kJ/(kg\cdot K)$，　$c_{p0}=1.032\ kJ/(kg\cdot K)$。

3-20　$T_2=330.93\ K$，　$p_2=765\ Pa$。

第　四　章

4-1　$\Delta U=10.5\ kJ$，　$\Delta S=0.036\ 11\ kJ/K$，　$Q=13.5\ kJ$。

4-2　（1）$\Delta u=111.15\ kJ/kg$，　$\Delta s=0.421\ kJ/(kg\cdot K)$，$q_{1-2}=155.7\ kJ/kg$；

（2）$\Delta u=111.15\ kJ/kg$，　$\Delta s=0.421\ kJ/(kg\cdot K)$，$q_{1-3-2}=147.25\ kJ/kg$。

4-3　（1）$T_2=378.8\ K$，　$v_2=1.089\ m^3/kg$；

（2）$T_2=382.6\ K$，　$v_2=1.10\ m^3/kg$。

4-4　$\varepsilon=11.33$，　$p_2=3.378\ MPa$。

4-5　$W_{1-2}=119.7\ J$；　$\Delta S=0.0195\ J/K$。

4-6　（1）$w=-108.04\ kJ/kg$；　$w_s=-151.34\ kJ/kg$。

（2）$w=w_s=-123.44\ kJ/kg$。

4-7　$T_2=401.93\ K$，　$w_s=2\ 203.24\ kJ/kg$。

4-8　（1）$T_T=757\ K$，　$w_T=166\ kJ/kg$；

（2）$T_c=466\ K$，　$p_c=0.467\ MPa$。

4-9　$\Delta m=1.988\ kg$。

4-10 $n=1.32$。

4-17 $T_2=267.74\ \text{K}$， $w=41.07\ \text{kJ/kg}$。

4-18 $T_2=836\ \text{K}$， $Q_{1-2}=5.06\ \text{kJ}$。

4-20 $p_2=0.25\ \text{MPa}$， $T_A=306\ \text{K}$， $T_B=477.6\ \text{K}$。

4-21 $p_2=0.3\ \text{MPa}$， $T_A=322.35\ \text{K}$， $T_B=397.54\ \text{K}$。

4-22 $W=30.76\ \text{kJ}$， $T=274.37\ \text{K}$。

4-23 $T_A=354.5\ \text{K}$， $T_B=324.1\ \text{K}$， $p=0.262\,2\ \text{MPa}$， $W=10\ \text{kJ}$。

4-24 $p=0.266\ \text{MPa}$。

第 五 章

5-1 $\eta_t=25.4\%$。

5-2 $\eta_t=2.12\%$。

5-3 $T_{r1}=497\ \text{K}$， $P=0.44\ \text{kW}$。

5-4 $\eta_t=16.7\%$。

5-5 报告不正确,不可能实现。

5-6 673 K,602.6 K。

5-7 $w_0=288\ \text{kJ/kg}$， $p_{max}/p_{min}=270$， $v_{max}/v_{min}=81$。

5-9 $q_1=415.6\ \text{kJ/kg}$， $q_2=-373.4\ \text{kJ/kg}$， $w_0=42.2\ \text{kJ/kg}$， $\eta_t=10.2\%$。

5-14 $w_0=0.522\ \text{kJ/kg}$， $w'_0=10.04\ \text{kJ/kg}$。

5-15 不可能实现。

5-16 可能实现。

5-17 (1) $\Delta S_{iso}=0.176\ \text{kJ/K}$；(2) $\Delta S_{iso}=0.343\ \text{kJ/K}$。

5-18 $T=967.7\ \text{K}$， $\Delta S+\Delta S_{r1}+\Delta S_{r2}=0.124\ \text{kJ/K}$。

5-19 $T_1=825.5\ \text{K}$。

5-20 $W_0=260.6\ \text{kJ}$。

5-23 $\Delta S=2.034\,3\ \text{kJ/K}$

5-24 $W_{1-2}=26.13\ \text{kJ}$， $T_2=735\ \text{K}$， $\Delta S=0.005\,62\ \text{kJ/K}$。

5-25 $W_{1-2}=-8.822\ \text{kJ}$， $T_2=423\ \text{K}$， $\Delta S=0.003\ \text{kJ/K}$。

5-26 $w_s=366.4\ \text{kJ/kg}$， $T_2=735\ \text{K}$， $\Delta s=0.057\,3\ \text{kJ/(kg·K)}$。

5-27 $P_T=15\ \text{kW}$， $T_2=773.7\ \text{K}$， $T_{2'}=449.3\ \text{K}$； $p_{2'}=0.365\ \text{MPa}$。

5-28 $\Delta S_A = 0.020\ 7\ \text{kJ/K}$， $\Delta S_B = 0.005\ 7\ \text{kJ/K}$，$\Delta S_{A+B} = 0.026\ 4\ \text{kJ/K}$。

5-29 （1）$\oint \frac{\delta q}{T_r} = -0.01\ \text{kJ/K}$， $\oint ds = 0$；

（2）$\Delta S_{r1} + \oint dS + \Delta S_{r2} = 0.135\ 8\ \text{kJ/K}$。

第 六 章

6-1 $V = 0.25\ \text{m}^3$。

6-2 （1）$e_{x,U1} = 208.3\ \text{kJ/kg}$， $e_{x,U2} = 154.14\ \text{kJ/kg}$；

（2）$e_{x,U3} = 144.56\ \text{kJ/kg}$。

6-3 $W_{s,1-2} = -19.08\ \text{kJ}$， $e_{x,H1} = 0\ \text{kJ/kg}$， $e_{x,H2} = 159.4\ \text{kJ/kg}$。

6-4 $\Delta S_g = 1.147\ \text{J/K}$， $E_{x,L} = 343.1\ \text{J}$。

6-5 $\Delta S_g = 0.514\ 2\ \text{kJ/K}$， $\Delta E_{x,L} = 154.3\ \text{kJ}$。

6-6 绝热充气：$\Delta S_g = 0.027\ 7\ \text{kJ/K}$， $E_{x,L} = 8.39\ \text{kJ}$；

等温充气：$\Delta S_g = 0.033\ \text{kJ/K}$， $E_{x,L} = 9.99\ \text{kJ}$。

6-7 （1）$W_s = -150\ \text{kJ}$， $E_{x,L} = 148.7\ \text{kJ}$； （2）$E_{x,L} = 32.89\ \text{kJ}$。

6-8 $W_{rev} = -15.95\ \text{kJ}$， $E_{x,L} = 3.13\ \text{kJ}$。

6-9 $E_{x,L} = 67.1\ \text{kJ/kg}$。

6-10 $w_s = 399.15\ \text{kJ/kg}$， $e_{x,H1} = 618.6\ \text{kJ/kg}$， $e_{x,H2} = 201.4\ \text{kJ/kg}$，

$w_{rev} = 417.4\ \text{kJ/kg}$， $w_L = 18.1\ \text{kJ/kg}$。

6-11 $\eta_t = 63.55\%$，$\eta_{E_x} = 100\%$。

第 七 章

7-1 $q_m = 638\ 981\ \text{kg/h}$。

7-2 $Ma_2 = 1.107$， $Ma_2 = 0.878$。

7-3 $p_2 = 0.1\ \text{MPa}$， $c_{f2} = 256.8\ \text{m/s}$， $p_2 = 0.132\ \text{MPa}$， $c_{f2} = 317\ \text{m/s}$。

7-4 （1）$Ma_2 = 0.783\ 6$； （2）$Ma_2 = 1$。

7-5 缩放喷管，$p_2 = 0.15\ \text{MPa}$， $c_{f2} = 1\ 298\ \text{m/s}$， $Ma_2 = 1.2$。

7-6 （1）$q_m = 0.334\ 7\ \text{kg/s}$； （2）$q_m = 0.583\ 3\ \text{kg/s}$。

7-7 $c_{f2} = 372.65\ \text{m/s}$， $q_m = 0.583\ 3\ \text{kg/s}$。

7-8 $\dfrac{c_f'}{c_f''}=1.043\ 7$， $\dfrac{q_m'}{q_m''}=0.958$。

7-9 $c_{f2}=510.5\ \text{m/s}$， $\Delta c_f\%=-0.3\%$， $\Delta q_m\%=+0.3\%$。

7-10 $c_{f2}=695\ \text{m/s}$； $A_{min}=10.1\ \text{cm}^2$， $d_{min}=35.9\ \text{mm}$；

$A_2=14.86\ \text{cm}^2$， $d_2=43.5\ \text{mm}$； $l=4.36\ \text{cm}$。

7-11 $\dfrac{q_m}{q_{m,max}}=0.951\ 7$。

7-12 $p_{2,max}=0.162\ 9\ \text{MPa}$。

7-13 $t=40.8\ ℃$。

7-14 $T=360.2\ \text{K}$， $\Delta s=3.29\ \text{kJ/(kg·K)}$。

7-15 $c_{f2}=250.3\ \text{m/s}$， $p_2=0.1\ \text{MPa}$；

$c_{f2}=317\ \text{m/s}$， $p_2=0.127\ 2\ \text{MPa}$。

7-16 $c_{f2}=353.53\ \text{m/s}$， $q_m=0.567\ 8\ \text{kg/s}$， $A_2=10.96\ \text{cm}^2$。

第 八 章

8-1 （1）$(w_s)_{c,s}=-176\ \text{kJ/kg}$。

（2）$(w_s)_{c,n}=-163\ \text{kJ/kg}$， $q_{c,n}=-48.94\ \text{kJ/kg}$；

（3）$(w_s)_{c,T}=-138.6\ \text{kJ/kg}$， $q_{c,T}=-138.6\ \text{kJ/kg}$。

8-2 $\eta_{V,s}=0.892$， $\eta_{V,n}=0.869$， $\eta_{V,T}=0.8$。

8-3 $\left(\dfrac{p_2}{p_1}\right)_s=70.98$； $\left(\dfrac{p_2}{p_1}\right)_n=44.95$； $\left(\dfrac{p_2}{p_1}\right)_T=21$。

8-4 $(w_s)_c=-324.5\text{kJ/kg}$， $q_c=-62.26\ \text{kJ/kg}$， $q=-131\ \text{kJ/kg}$。

8-5 $P_c=-76.3\ \text{kW}$。

8-6 $p_{max}=0.62\ \text{MPa}$。

第 九 章

9-1 $w_0=368.9\ \text{kJ/kg}$， $\eta_t=0.527$。

9-2 $\Delta T_{m1}=58.8\ \text{K}$， $\Delta T_{m2}=14.3\ \text{K}$， $\Delta\eta_t=3.8\%$。

9-3 $w_0=342.24\ \text{kJ/kg}$， $\eta_t=0.489$。

9-4 $w_0=320.45\ \text{kJ/kg}$， $\eta_t=0.458$。

9-5 $w_0=712\ \mathrm{kJ/kg}$， $\eta_t=0.638$。

9-6 $w_0=176.65\ \mathrm{kJ/kg}$， $\eta_t=0.40$。

9-7 $\eta_t=0.26$。

9-8 $w_0=184.5\ \mathrm{kJ/kg}$， $\eta_t=0.389$。

9-9 $\eta_t=0.476$， $\Delta\eta_t\%=19\%$。

9-11 (1) $\left(\dfrac{T_{max}}{T_{min}}\right)_s=2.178$， $\left(\dfrac{p_{max}}{p_{min}}\right)_s=15.25$， $q_{1,s}=0.365\ \mathrm{kJ/kg}$；

(2) $\left(\dfrac{T_{max}}{T_{min}}\right)_{otto}=5.437$， $\left(\dfrac{p_{max}}{p_{min}}\right)_{otto}=8.056$。

9-12 $\eta_t=0.736$， $\Delta\eta_t\%=2.94\%$。

第 十 章

10-1 $v=0.047\ 8\ \mathrm{m^3/kg}$， $\Delta v\%=1.45\%$。

10-2 $v=0.014\ 6\ \mathrm{m^3/kg}$， $\Delta v\%=24\%$。

第 十 一 章

11-3 $q_m=1\ 277.5\ \mathrm{kg/h}$

11-4 $P=9\ 875\ \mathrm{kW}$， $P'=8\ 394\ \mathrm{kW}$； $x=0.836$， $x'=0.908$；
$\Delta s=0.585\ \mathrm{kJ/(kg\cdot K)}$。

11-5 $q_m=4.3\times10^3\ \mathrm{kg/h}$。

11-6 (1) $c_f=412.3\ \mathrm{m/s}$；(2) $c_f'=583.1\ \mathrm{m/s}$。

11-7 (1) $\eta_t=0.388$， $t_{m1}=227\ ℃$；(2) $\eta_t'=0.403$。

11-8 (1) $\eta_t=0.395$， $t_{m1}=232.9\ ℃$，$x_2=0.822$；(2) $\eta_t'=0.419$， $x_2'=0.774$。

11-9 $\eta_t=0.454\ 5$， $x_2=0.871$， $\eta_t'=0.435\ 4$， $x_2'=0.769$。

11-10 $\eta_t=0.469$， $w_s=1\ 359.5\ \mathrm{kJ/kg}$， $w_s'=1\ 455\ \mathrm{kJ/kg}$。

第 十 二 章

12-1 $\varepsilon=10.72$， $\xi=11.72$。

12-2 $\varepsilon=1.71$， $q_2=81.49\ \mathrm{kJ/kg}$，$w_0=-47.6\ \mathrm{kJ/kg}$。

12-3 $P = 72.98$ kW， $\dot{Q}_1 = 2\ 222.89$ kW， $q_m = 8\ 159$ kg/h， $P_T = 218$ kW， $P_c = 290.84$ kW。

12-4 $\varepsilon = 0.657$， $P = 228.3$ kW。

12-5 $q_2 = 1\ 152$ kJ/kg， $w_0 = -150$ kJ/kg， $q = -1\ 302$ kJ/kg， $\varepsilon = 7.68$。

12-6 $\varepsilon = 6.144$， $P = 16.276$ kW， $q_m = 312.5$ kg/h。

12-7 $q_1 = -1\ 302$ kJ/kg， $\zeta = 8.68$。

12-8 （1）$\zeta = 5.17$， $\dot{Q} = 12.5$ kW， $P = 2.217\ 6$ kW；

（2）$P = 12.5$ kW，为热泵耗功的 5.17 倍。

12-9 $\xi_{max} = 2.31$， $q_{min} = 0.115$ kg/s。

第 十 三 章

13-1 （1）$v = 136\ m^3/kg$， $v_i = 135.5\ m^3/kg$；

（2）$v = 34.80\ m^3/kg$， $v_i = 34.8\ m^3/kg$。

13-2 $\rho_v = 0.041\ 51\ kg/m^3$， $p_v = 6.167$ kPa。

13-3 $\varphi = 56\%$， $\rho_v = 0.028\ 65\ kg/m^3$。

13-4 （1）$\rho = 1.184\ kg/m^3$， $\rho_i = 1.184\ kg/m^3$；

（2）$\rho = 1.136\ kg/m^3$， $\rho_i = 1.136\ kg/m^3$。

13-5 $t_{min} = 28$ ℃。

13-6 $\varphi = 26\%$。

13-8 $q = 27$ kJ/kg(干空气)， $\Delta d = 6.7$ g/kg(干空气)。

13-9 $\Delta d = 7.8$ g/kg(干空气)， $q = 35$ kJ/kg(干空气)。

13-11 $d = 10.92$ g/kg(干空气)， $\varphi = 75\%$，$t = 19.6$ ℃。

第 十 四 章

14-2 $Z_0 = 28.6$， $Z_0' = 18.8$。

14-3 $Z_0' = 16.89$。

14-6 $T = 2\ 329.13$ K。

14-7 （1）$\alpha = 0.014\ 9$；（2）$\alpha = 0.007$。

14-8　$K_p = 0.220\ 9$。

14-9　$y_{CO_2} = 0.454$，　$y_{CO} = 0.422$，　$y_{O_2} = 0.124$。

14-10　$T = 2\ 256\ K$。

参考文献

[1] 童钧耕,王丽伟,叶强.工程热力学[M].6 版.北京:高等教育出版社,2022.

[2] 曾丹苓,敖越,张新铭,等.工程热力学[M].3 版.北京:高等教育出版社,2002.

[3] 严家騄.工程热力学[M].6 版.北京:高等教育出版社,2021.

[4] 谭羽飞,吴家正,朱彤.工程热力学[M].6 版.北京:中国建筑工业出版社,2016.

[5] 朱明善,刘颖,林兆庄,等.工程热力学[M].2 版.史琳,吴晓敏,段远源,改编.北京:清华大学出版社,2011.

[6] 严家騄,王永青.工程热力学[M].北京:中国电力出版社,2007.

[7] WARK K,RICHARDS J D E.热力学[M].6 版.北京:清华大学出版社,2006.

[8] 严家騄,余晓福,王永青.水和水蒸气热力性质表[M].4 版.北京:高等教育出版社,2021.

[9] 波特尔,萨默顿.工程热力学[M].郭航,等译.北京:科学出版社,2002.

[10] 张学学.热工基础[M].3 版.北京:高等教育出版社,2024.

[11] 施明恒,李鹤立,王素美.工程热力学[M].南京:东南大学出版社,2003.

[12] 李斯特.工程热力学原理[M].北京:化学工业出版社,1990.

[13] 陶文铨,李永堂.工程热力学[M].武汉:武汉理工大学出版社,2001.

[14] 何雅玲.工程热力学精要解析[M].2 版.西安:西安交通大学出版社,2022.

[15] 姚寿广.工程热力学纲要指南及典型习题分析[M].北京:国防工业出版社,2004.

[16] 朱明善.工程热力学题型分析[M].2 版.北京:清华大学出版社,2000.

[17] 陈贵堂,王永珍.工程热力学[M].北京:清华大学出版社,2020.

[18] 王修彦.工程热力学[M].2 版.北京:机械工业出版社,2022.
[19] 切盖尔,博尔思,卡诺卢,等.工程热力学[M].9 版.李明佳,刘向阳,杨富鑫,缩编.西安:西安交通大学出版社,2022.
[20] 傅秦生.工程热力学[M].2 版.北京:机械工业出版社,2020.